Black Robin Blue Petrel Chatham Island Taiko Cattle Egret Hihi Hakoakoa Hoiho Kahu Kaka Little Spotted Kiwi Great Spotted Kiwi North Island Brown Kiwi Okarito Brown Kiwi Southern Tokoeka Haast Tokoeka Kakariki Kaki Kawau Kakapo Korora Karearea Kotare Kea Kotuku Kereru Kuaka Matuku Koekoea Parera Kokako Pipiwharauroa Korimako Piwakawaka Matata Pukeko MiroMiro Ruru Mohoua Takapu Ngutuparore Taranui Papango Tauhou Pateke Titi Pihoihoi Toroa Popokatea Welcome Swallow Putangitangi RiroRiro Taiko Takahe Tarapiroe Tarapunga Tieke Titipounamu Tuturiwhatu Torea Tui Toutouwai Weka Whio

Adzebill Blackbird Huia
Australian Magpie
Brown Quail Koreke
California Quail Moa
Chaffinch Piopio
Crimson Rosella Pouakai
Dunnock Stephens Island
Wren Eastern Rosella
Whekau Goldfinch
House Sparrow Malay
Spotted Dove Mynah
Peafowl Rainbow
Lorikeet Rook

ブルーガイド
わがまま歩き……27

ニュージーランド

世界中のツーリストをひきつけてやまないホスピタリティと大自然の絶景！

C O N T E N T S

トラベルインフォメーション日本編

トラベルインフォメーションNZ編

この本の使い方

●通貨記号

NZ＄はニュージーランド・ドル。NZ＄1=約74円（2019年5月現在）

●地図記号

- Ⓗ…ホテル
- Ⓡ…レストラン
- Ⓢ…ショップ
- Ⓝ…ナイトスポット
- ☕…カフェ
- 〒…郵便局
- ⛪…キリスト教会
- ✈…空港
- ✚…病院
- 🏫…学校
- ⓘ…観光案内所
- ☒…警察
- ♀…バス停

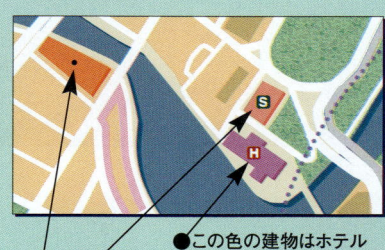

●この色の建物はホテル
●この色の建物はショッピングセンター
●この色の建物は主な見どころ

◎料金、営業時間、電話番号、交通機関の時刻などの各種データは、2019年3月確認時までのものです。
◎各ホテルの宿泊料金は室料（税別）の最低料金です。掲載後の変更も予想されますので、ご旅行の前にWebサイトなどでご確認いただくか、現地でお確かめください。Sはシングル、Tはツイン、Dはダブルベッドルームを示します。
◎データ中の休業日は定休日を表示し、クリスマスや年末年始、イースターホリデーなどは省略しています。休みなしとなっているところでも、クリスマスなどの祝祭日には休業する場合があります。
◎ホテルの記事中のデータの略記号については、主な紹介ページの欄外に詳細を説明していますので、そちらを御参照ください。

ニュージーランド旅行基本情報

正式国名

英語：ニュージーランド　New Zealand
マオリ語：アオテアロア　Aotearoa

首都

ウェリントン　Wellington

面積

27万534km²（日本の約4分の3）

人口

約487万人（日本の4%・世界第121位）
＊2018年3月

元首

イギリス君主エリザベス2世

政体

立憲君主制／ジャシンダ・アーダーン首相

公用語

英語、マオリ語、ニュージーランド手話

宗教

信仰を持っている国民は総人口の53%で、その半数がキリスト教。42%の国民は無宗教

民族

ヨーロッパ系74%、マオリ系15%、アジア系12%、ポリネシア系7%など

建国

1840年2月6日、イギリスと先住民マリオ族の間で「ワイタンギ条約」が締結され、イギリス領であることが宣言された日が建国記念日。実際にはその後も、イギリスの支配に対するマリオ族の抵抗は１００年以上にわたって継続している。

国歌

一般行事では、「God Defend New Zea-land／Aotearoa（神よニュージーランドを守り給え）」を、マオリ語に続いて英語で1番ずつ斉唱。女王が列席する英国連邦の式典では、英国国歌「God Save the Queen（女王陛下万歳）」を斉唱する。

日本からのフライト時間

東京（成田）からオークランドまで直行便で10時間50分、大阪（関空）から10時間55分

ニュージーランド国旗

1901年から使われている国旗は、英国連邦の一国家としてのユニオン・ジャックと、南十字星を表す4つの星を組み合わせたもの。植民地を連想させるユニオン・ジャックを消すこと、オーストラリアの国旗と差別化することなどの理由から、2016年に国旗のデザイン変更に関する国民投票を行った結果、56.6%が今の国旗維持に賛成。今後も使い続けることになった。

ニュージーランドあれこれ

■世界一

飛べない鳥の種の多さ（キウイなど）
国民一人当たりのアイスクリーム消費量
世界一長い地名（ホークスベイ）
世界一急な坂（ダニーデン）

■世界初

女性の選挙権獲得（1893年）
エベレスト山登頂（1953年ヒラリー卿）
バンジージャンプ商業化（1988年A・J・ハケット・バンジー社）
現職首相の産休（2018年ジャシンダ・アーダーン首相）

■日本で有名なニュージーランド人

レイ・セフォー（総合格闘技選手）
ピーター・ジャクソン（映画監督）
ラッセル・クロウ（俳優）
デイム・キリ・テ・カナワ（オペラ歌手）
ヘイリー（歌手）

■NZで撮影をした映画

『ピアノ・レッスン』、『ロード・オブ・ザ・リング』、『ラスト・サムライ』、『ナルニア国物語　第1章ライオンと魔女』、『どろろ』『ホビット』など

祝祭日

1月1日 New Year's Day ニューイヤーズデー（元日）

1月2日 Day after New Year's Day（元日の翌日）

2月6日 Waitangi Day ワイタンギ・デー（建国記念日）

1840年同日、北島ワイタンギで先住民族マオリと英国の間に条約が成立し、ニュージーランドはイギリスの統治下に入った。

聖金曜日 Good Friday グッド・フライデー

キリスト教でキリストが処刑されたとする日。復活祭（春分の後の最初の満月の次の日曜日）前週の金曜日。

復活祭翌月曜日 Easter Monday イースター・マンデー

4月25日 ANZAC Day アンザック・デー

1915年同日、第一次世界大戦下のトルコで戦死したオーストラリアとニュージーランドの連合軍兵士の追悼日。午前中は店の営業が禁止されている。

6月第1月曜日 Queen's Birthday クイーンズ・バースデー（エリザベス2世誕生日）

国の元首である英国女王の誕生を公式に祝う日。実際の誕生日は4月21日。

10月第4月曜日 Labour Day レイバー・デー（勤労感謝の日）

12月25日 Christmas Day クリスマス

12月26日 Boxing Day ボクシング・デー

クリスマス翌日。全国で一斉に年末セールが始まる。

ビジネスアワー

季節によって異なるが、通常の店は、平日の朝9時または10時から午後5時まで、土曜は午後4時までの営業となる。日本と違い、日曜には多くの店が休業するので注意。また、10〜3月のサマーシーズンには、冬期より営業時間を延長する店も少なくない。

都市部にある免税店や観光客向けのみやげもの店は、年中無休で、夜10時ごろまで営業している。

単位

長さはメートル、重さはグラムで、液体量はリットルと、基本的には日本と同じでわかりやすい。ただ、身長にはフィートを使う人も多い。1フィートは30.48センチ。

階数表示

英国式で、日本でいう1階は「Ground Floor（グラウンド・フロア、略してGF）」と呼ばれる。「2F」と書かれている場所は、日本でいう3階にあたる。

気候

1〜2月が最も暑く7〜8月が最も寒いが、年間の気温差は日本ほどではない。ただ、年間を通して朝夕は冷え込み、一日の気温差が大きい。南北に長い地形を持つため、北へ行くほど気温が上がる。

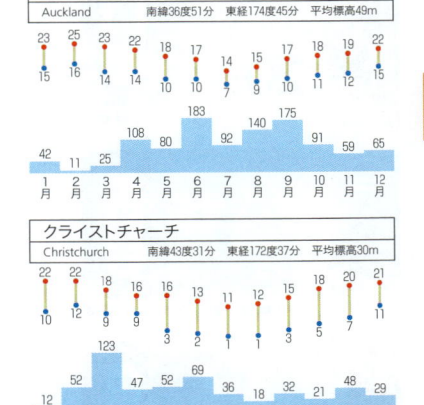

上から平均最高気温、平均最低気温、降水量

電圧とプラグ

電圧は230／240V、50Hzで、プラグはフラット3極式。プラグを抜き差しする時にはコンセント横のスイッチをオフにしておくと安全だ。日本の電化製品を使うときは、変圧器（240V対応式なら不要）とO2型の変換プラグが必要。

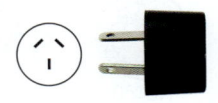

通貨

通貨単位：ニュージーランド・ドル（NZ$）

NZ$1＝約74円 　＊ニュージーランドの紙幣はポリマー紙幣（合成樹脂製）である

NZ$100 　ノーベル賞受賞の科学者アーネスト・ラザーフォード

NZ$50 　マオリ人政治家アピラナ・ヌガタ

NZ$20 　エリザベスⅡ世女王

NZ$10 　女性解放運動家ケイト・シェパード

NZ$5 　登山家エドモンド・ヒラリー卿

NZ$2 　　　　NZ$1

NZ¢50 　　NZ¢20 　　NZ¢10

両替比較表

NZ$1＝約74円 　1万円＝約NZ$135

NZ$1	74円	NZ$50	3,700円
NZ$3	222円	NZ$70	5,180円
NZ$5	370円	NZ$100	7,400円
NZ$7	518円	NZ$150	11,100円
NZ$10	740円	NZ$300	22,200円
NZ$15	1,110円	NZ$700	51,800円

＊2019年5月現在

チップ

原則的には必要ないが、レストランやホテルで特別に良いサービスを受け、感謝の気持ちを表したいときには、NZ$5ほどのチップを渡すとスマートだ。

旅行に役立つマーク

●i-SITE（アイ・サイト）

ニュージーランド政府観光局公認の観光案内所のマーク。旅の途中で迷うことがあったら、ここで相談しよう。

●クォールマーク

黒白のシダのイラストにQUALMARK（Mark of Quality）のロゴが入っている。ニュージーランド観光業界の公式な品質認定のマーク。このマークのある業者は、サービスや設備などの審査に合格している証明なので、安心の目安となる。

服のサイズ

■女性用

日　本	7	9	11	13	15
ニュージーランド	8	10	12	14	16

■男性用

日　本	S	M	L	XL	-
ニュージーランド	XS	S	M	L	XL

通信手段

●NZから日本へ
日本の03-1234-5678にダイヤル直通電話をかける場合

00	国際電話の識別番号
81	日本の国番号
3	市外局番の0を取る
12345678	相手の電話番号

●日本からNZへ
オークランドの09-123-4567にかける場合

電話会社の識別番号

001 KDDI	

0033 NTTコミュニケーションズ	0061 ソフトバンクテレコム

いずれか1つを選ぶ

010	国際電話の識別番号
64	NZの国番号
9	市外局番の0を取る
1234567	相手の電話番号

●NZから日本へのクレジットカード通話
KDDIスーパージャパンダイレクト　**0800-88-1811**
日本語の音声ガイダンスに沿ってダイヤルする。

●NZから日本へのコレクトコール
KDDIジャパンダイレクト　**0800-88-1810**
日本語オペレーターに、相手払いの「コレクトコール」であることを伝え、相手の電話番号を読み上げて電話をつないでもらう。

●現地での携帯電話使用について
日本で使っている携帯端末が国際ローミング対応なら、NZでもそのまま使える。現地でレンタルも可能（→P.288）。

Wi-Fi環境
空港、公共施設、ホテル、カフェなど、多くの場所で無料Wi-Fiを使うことができる。日本と事情は似ていて、パスワードが不要なところもあれば必要なところもある。不要なところでも、ログインするときにメールアドレスなどの登録が必要だったり、接続時間が制限されている場合がある。ホテルやカフェでパスワードが必要な場合は、スタッフに教えてもらうとよい。

ホテルでは客室で無料Wi-Fiが使えるところが増えているが、まだ有料だったり、ロビーやカフェなど共用スペースだけが無料だったりするところもある。最近のホテルのHPや予約サイトにはWi-Fi環境が記載されているので、予約前に確認しておくことをおすすめする。
街中の散策や乗り物での移動中など、無料Wi-Fiのない場所でもWi-Fiを使いたい場合は、Wi-Fiルーターをレンタルして持ち歩くことになる。日本でニュージーランドで使えるWi-Fiルーターを借りる時のレンタル料金の目安は1日1000円。1台で複数のスマホやタブレット端末が同時に使えるので、グループで旅行する場合にはとても便利だ。

時差
日本とニュージーランドの時差は通常3時間、サマータイムは4時間。
ニュージーランドが先に進むので、日本時間はNZ時間から3時間遅れ（サマータイムでは4時間遅れ）となる。
【例】ニュージーランドの午後2時は日本の午前11時。サマータイムの午後2時は日本の午前10時。
ニュージーランドのサマータイム（南半球なので日本の冬）は、9月最終日曜日から翌4月第1日曜日までの約6カ月。

喫煙とタバコ

「禁煙環境改正法」により、レストラン、バー、ホテルを含むすべての屋内公共施設での喫煙は禁じられている。カフェのテラス席やホテルのバルコニーも禁煙。喫煙するときは、必ず屋外の灰皿が設置されている場所で。歩きタバコも含め「Smoke Free（禁煙）」「No smoking」の場所では喫煙しないようにしよう。なお、日本から免税で持ち込めるタバコの本数は1人50本まで。国内でのタバコ1箱（20本）の平均価格は約NZ$25（1850円）だ。

※夏時間（サマータイム）のことを、ニュージーランドではデーライト・セイビングと呼んでいる。

歩かなくては見られない景色がそこにある！

世界遺産トレッキング

国土の約10%がユネスコの世界遺産に指定されているニュージーランド。
その中にある国立公園には、複数のトレッキングコースが整備されており、
世界遺産の絶景の中を歩くことができる。

World Heritage Tram

氷河に火山、谷、湖など大自然が詰まったエリア

　「地球の箱庭」と呼ばれるニュージーランドは、様々な地形と変化に富んだ風景が広がる国。国民の自然保護への意識も非常に高く、国土の3分の1が自然保護区となっている。また、北島で1つ、南島で4つの国立公園が世界遺産に登録されており、世界遺産エリアが国土の約10％を占めることからも、この国の大自然の美しさがわかるだろう。太古の姿を残すみずみずしい森、火山地帯特有の荒涼とした風景、ターコイズ色の湖や、氷河が覆うアルプスの山々など、見どころは数えきれない。

絶景へと導いてくれるトレッキングルートが充実

　世界遺産エリアには、宿泊を伴う長距離のトレッキングコースや、気軽に歩けるハイキングコースがたくさんある。山や谷の懐を歩き、息をのむような絶景に抱かれた時の感動は、忘れられない思い出になるだろう。また、この国には「グレートウォーク」と呼ばれる、人気のトレッキングコースが9つあり、世界遺産エリアにはそのうち4つ（ミルフォードトラック、ルートバーントラック、ケプラートラック、トンガリロトラック）がある。次のページでは、人気の4コースを紹介しよう！

ping in New Zealand

緑深い太古の森から絶景が待つ峠へ
ミルフォードトラック

所要 3 泊 4 日（テアナウから）
距離 53.5 km　最高地点 1154 m

「世界で一番美しい散歩道」を歩こう

テアナウダウンズからテアナウ湖を船で渡った場所から歩き始め、ミルフォードサウンドへと抜けるこの道は、国内屈指の人気ルート。自然保護の観点から、シーズンは10月下旬から4月下旬までとされ、1日あたり90人（ガイドウォーク50人、個人歩き40人）の入山制限もある。また、歩く方向や泊まる山小屋など、行程も限定されている。

それでもなお、多くの人が訪れるのは、平坦な道が多く、比較的挑戦しやすいことと、その景観の素晴らしさに尽きる。クリントン川の清流や美しい森、草原、峠からの圧巻の見はらし、国内最大落差の滝、奇岩など、最初から最後まで見どころの連続だ。

ルートのハイライト

本格的な歩きは2日目から。マスが泳ぐ清流に沿って、シダが生い茂る森を抜けていく。クリントンキャニオンの谷底に広がる草原では、左右の山々の眺めが素晴らしい。ハイライトは3日目、ジグザグの山道を登りつめたマッキンノン峠から見渡す大パノラマだ。壮大な山脈と谷のダイナミックな地形に息をのむ。峠を降りたら、580mの落差を誇るサザーランド滝を見に行こう。4日目もマッケイ滝や奇岩ベルロックなどの見どころが続くが、船に乗り遅れないようペース配分に気を付けたい。

現地発着ツアー
Ultimate Hikes NewZealand
☎03-450-1940、0800-659-255　営11月〜4月上旬
URL www.ultimatehikes.co.nz

Tutoko Outdoor Guides
☎03-249-9029、027-210-5027（日本語可、10月〜4月のみ）　営10月下旬〜4月上旬
URL www.tutokoguides.co.nz

短い距離の中に、山、谷、森の魅力が満載！
ルートバーントラック

所要 2 泊 3 日（クイーンズタウンから）
距離 32 km　最高地点 1255 m

本格山歩きの充実感が味わえる

フィヨルドランド国立公園内のザ・ディバイドとマウントアスパイアリング国立公園側のグレノーキーを結ぶコース。穏やかな谷歩きと本格的な登山の両方が含まれており、さまざまな景色が楽しめるトラックだ。

来た道を引き返す日帰りハイキングや1泊のトレッキング、また同じ山小屋で2泊まで連泊やテント山行もOK。グレノーキー側から歩くと、ルートバーンフォールズ小屋までの急登を一気に登りつめる場所があり、ディバイド側から歩くと緩やかな登りの時間が長くなる。ハウデン小屋からグリーンストーントラックやケープルズトラックともリンクしており、さまざまな行程が組めるのも魅力。

ルートのハイライト

ルートバーン川に沿って歩く森の道、圧巻の水量を誇るルートバーン滝、360度の眺望が広がるコニカルヒル、ホリフォードの谷と秀峰が連なるダーラン山脈を眺めながら歩く水平道、エミリーピークとマッケンジー湖のコントラスト、さらに山上の湿原地帯キーサミットなど、セクションごとの楽しみがある。

現地発着ツアー
Ultimate Hikes NawZealand
☎03-450-1940、0800-659-255　営11月〜4月上旬
URL www.ultimatehikes.co.nz

Tutoko Outdoor Guides
☎03-249-9029、027-210-5027（日本語可、10月〜4月のみ）　営10月下旬〜4月上旬
URL www.tutokoguides.co.nz

MAP P.83

最高峰マウントクックを仰ぐ感動ハイキング

フッカーバレートラック

所要：往復4時間〜（マウントクック・ビレッジから）
距離8km（ビレッジから14km）、最高地点900m

アルプスと氷河の眺めが楽しめる

　国内最高峰マウントクックの麓を歩くこのコースは、9〜5月まで多くの人でにぎわう。山々に囲まれた氷河の谷の中を歩くため、道はほぼ平坦だが、石や岩が多く、滑りやすい場所も多いため、しっかりした靴を用意しよう。また、雨対策、日焼け対策も万全に。車がある場合、あるいはツアーに参加する場合は、キャンプ場に車を停めて歩き始め、フッカー氷河湖まで歩いて、引き返す。車がなければ、ハーミテージ

ホテルのそばから延びる登山道からアクセスできるが、片道7km程度の距離になる。時間に余裕がない場合は、2つ目の吊り橋を越えたところから、引き返すとよいだろう。

ルートのハイライト

　絶景ポイントは、2つ目の吊り橋を超えた河原とフッカー湖のあたり。氷河が溶けた銀色の水が流れるフッカー川や氷塊が浮かぶ湖、マウントセフトンの懸垂氷河なども見どころ。コース後半の木道周辺は、11月〜1月にかけてマウントクックリリーの花が咲き乱れる。

現地発着ツアー
働 Hermitage Hotel
☎ 03-435-1809、0800-686-800　運行 通年
URL www.hermitage.co.nz

山登りのごほうびは、間近に迫る青い氷河

ロブロイ氷河

MAP P.34-F

所要5時間（ワナカから）
距離10km　最高地点780m

谷も森も氷河も堪能できる日帰りコース

　マウントアスパイアリング国立公園内の日帰りハイキングで、一番人気のコース。ガイドツアーが行われているが、スタート地点のラズベリークリークへは、ワナカからシャトルバスも運行している。

　マトゥキトゥキ谷の底に広がる草原には、放牧された牛がたくさんおり、この国らしい、のどかな雰囲気が漂う。なだらかな道を30分ほど歩いた後、吊り橋を渡り、ここから約2時間の山登りだ。眺望は減るが、森の中では、野鳥やこの国固有の植物がたくさん見られるので、飽きることなく歩ける。やがて、視界が開けた場所が現れたらそこがゴール。ロブロイ氷河の大迫力の景観に、疲れも吹き飛ぶだろう。

ルートのハイライト

　テワヒポウナムには、たくさんの氷河谷（氷河が流れたことで形成されたU字型の谷）があるが、なかでもマトゥキトゥキ谷は多くの人を魅了する美しさ。急峻な斜面に張り付くロブロイ氷河を、高所から正面に望めるのもこのコースの特徴。氷塊が谷へ落下する音を聞いたり、落差263mの滝を眺められる。

現地発着ツアー
働 Eco Wanaka Adventures
☎ 03-443-2869、0800-926-326　運行 通年
URL www.ecowanaka.co.nz

ニュージーランド流 トレッキングを楽しもう

ベストシーズンは 12 〜 2 月 谷を歩く絶景コースも多数！

日本の「トレッキング」は山歩きを意味するが、こちらのトレッキング（NZ では「トランピング」と呼ばれる）は、平坦な谷を歩きながら、周辺の山々の絶景を見上げて楽しむコースがたくさんある。また、圧倒的に人が少なく、クマやヘビなど危険な動物もいないため、体力的にも精神的にもストレスを感じずに、絶景を独り占めできる点が最大の魅力だ。

標高の低い場所は 1 年を通して歩けるが、標高の高いエリアを含むトレッキングは、10 〜 4 月頃がシーズン。特に高山植物が咲き誇る 12 〜 2 月は、世界中から多くの人が訪れる。この時期は、20 時頃まで明るいので、思う存分、大自然を満喫することができる。

© TNZ

ガイドウォークと 個人ウォークの違いとは？

人気のコースでは、ガイドウォークが催行されている。ガイドから自然や歴史に関する知識を得られるだけでなく、宿泊を伴うコースでは専用の山小屋を使用し、すべての食事を用意してもらえるため、荷物も軽量で済む。一方、個人ウォークのメリットは、ガイドツアーの 10 分の 1 程度という費用の安さと自由度の高さ。その分、自分で食糧計画やアクセスを含む綿密な計画を立て、山小屋の予約もしなくてはならない（予約不要な小屋もある）。また、食料や鍋、燃料、寝袋を担ぐ必要があるので、経験者向きだ。

宿泊する山小屋にも 違いがある

ガイドウォークの山小屋はダイニングを兼ねたラウンジ、個室、温水のシャワーや衣類の乾燥室を完備。ベッドにはシーツや布団が用意されており、夕食時にはワインも供されるなどホテル並みのサービスが受けられる。個人ウォークで使用される山小屋は、小屋のカテゴリーによって設備が異なり、料金も 1 泊 NZ$5 〜 54 ドルと幅広い。一般的な小屋はテーブルと水、マット付きのベッド、トイレ、暖炉（森に近い場所のみ）を備えている。

個人ウォークをするには

自然保護省（DOC、Department of Conservation）のホームページや、各町にある DOC の事務所で情報収集ができる。コースマップや山小屋のチケットの購入、グレートウォークの山小屋の予約もここで OK だ。

山小屋の料金の支払い方法は小屋によって異なるが、グレートウォークの場合は、専用のチケットを購入し、山小屋の管理人に提示する。

URL www.doc.govt.nz/

ニュージーランドの世界遺産ガイド

© Real Journey Tours

国土の約 10％を占める広大な世界遺産エリア

　ニュージーランドでは、北島で1つ、南島で4つの国立公園が世界遺産に登録されている（右のイラストマップ参照）。

　北島のトンガリロ国立公園（P.222）は、1894年、マオリの人々が、ヨーロッパ移民の大規模な開拓から自分たちの聖地を守るため、土地を保護することを条件に、国に寄贈した歴史があり、自然と文化の複合遺産として登録されている。一方、南島のテ・ワヒポウナム（アオラキ・マウントクック、マウント・アスパイアリング、ウエストランド、フィヨルドランドの4つの国立公園を合わせたエリア）は、サザンアルプスと氷河の絶景が広がるエリアで、自然遺産に登録されている。

世界遺産登録を目指すテカポの星空を見に行こう！

　ニュージーランドでは全国で美しい星空が楽しめるが、なかでもテカポ湖は、幾千もの星が空を埋め尽くすかのような満天の星空が広がる。これは、西海岸からサザンアルプスを越えてくる風の影響で、空気の透明度が高く、国内随一の晴天率を誇ること、人口が少なく町の明かりが少ないことによるものだ。

　しかし、人工的な光が増えると、多くの星がかすんで見えなくなってしまうため、町の開発を制限する目的で、数年前から世界遺産登録を目指す活動が行われている。前例がないことから登録は難航しているが、認められれば、テカポが世界初の星空遺産となるはずだ（星空観察ツアー P.81、89）。

NZ世界遺産マップ

ウエストランド国立公園

トンガリロ国立公園

マウントクック国立公園
（フッカーバレー）

テ・ワヒポウナム

マウントアスパイアリング国立公園
（ルートバーントラック、ロブロイ氷河）

フィヨルドランド国立公園
（ミルフォードトラック、ルートバーントラック）

旅の疲れは温泉で癒そう
ニュージーランドで温泉めぐり

日本と同様、環太平洋火山帯に属し、各地に温泉が点在するニュージーランドは、南半球の温泉大国。原生林の中にある温泉地や湖に臨む露天風呂など、大自然の景色を眺めながら贅沢な時間が過ごせる。

温度が異なる露天風呂
ポリネシアンスパ

地熱活動が盛んなロトルアは1840年代から、温泉の治癒効果を求めて多くの観光客が訪れている場所。中でも、ロトルア湖畔に建つポリネシアン・スパは、ニュージーランドを代表する温泉複合施設で、広い敷地に26の温泉プールを備えている。湖に面したレイクスパは、温度の異なる石造りの露天風呂が4つあり、ロトルア湖を眺めながらのんびりくつろげる。ハイドロセラピーをはじめとした各種スパセラピー（45分 NZ$135〜）のメニューも豊富だ。

圏Polynesian Spa 住Lakeside , Hinemore St., Rotorua 交ロトルアi-SITEから徒歩10分
☎07-348-1328 営8:00〜23:00 困なし 料 NZ$30〜 URL www.polynesianspa.co.nz
MAP P.203-D

●本音でガイド●

ニュージーランドの温泉施設でよく見かけるのが「顔をお湯につけないこと」という注意書き。ごく稀に温泉水を介した感染症が発生することがあるため、温泉プールに潜ったりするのはやめた方がいいだろう。

原生林の中にある純和風の温泉宿
マルイア・ホット・スプリングス

マルイアとはマオリ語で「山深い渓谷」という意味。ルイスパス国立自然保護地域に指定されている深い原生林の中にあるマルイア温泉は、新潟の赤倉温泉「ホテル秀山」が営む日本情緒あふれる温泉宿。河原の石を積んだ岩風呂や打たせ湯を備えた日本式の温泉は、ニュージーランドの人々にも評判だ。

Maruia Hot Springs　SH7, Lewis Pass　クライストチャーチから車で2時間　☎03-523-8840　1泊NZ$253〜、立ち寄り入浴NZ$40　20　www.maruiahotsprings.nz　MAP P.35-C

©Ian Trafford

ヨーロッパ風の温泉リゾート
ハンマースプリングス

ハンマースプリングスは、クライストチャーチから車で北へ45分ほどの場所に位置するハルヌイという街にある。静かな森に囲まれた北欧風のリゾートの趣がある街には、オーストラリアをはじめ、世界各国から休暇を過ごすために訪れる観光客が後を絶たない。28度〜42度の温度の異なる複数の屋外プールにはウォータースライダーなどもあり、子ども連れのファミリーでにぎわっている。

Hanmer Springs Thermal Pools & Spa　42 Amuri Ave., Hanmer Springs　クライストチャーチから車で1時間30分　☎03-315-0000　10:00〜21:00　なし　入場料NZ$25〜　hanmersprings.co.nz　MAP P.35-H

肌が潤う泥風呂とマオリ式マッサージ
ヘルズゲート

ロトルアに住むマオリの人々の湯治場として、700年以上前から利用されていた温泉。地熱地帯の中にスパ施設を備えたヘルズゲート（地獄の門、P.207）では、温泉のほかにミネラルを多く含んだ泥風呂や、ミリミリと呼ばれるマオリ伝統のマッサージなど、ユニークなスパ体験が楽しめる。地熱泥配合のスキンケア商品が人気。

Hell's Gate　SH30 Tikitere, Rotorua　ロトルア中心部から車で20分（送迎あり）　☎07-345-3151　8:30〜20:30（夏期は〜22:00）　なし　入場料NZ$35〜、泥風呂NZ$75（約1時間）　www.hellsgate.co.nz　MAP P.201-B

©Chris McLennan

地熱地帯の散策と温泉をセットで楽しむ
ワイキテバレー・サーマルプール

ロトルアの南側に位置するテマナロア源泉を利用した天然温泉施設。20m×9mの温泉プールのほか、原生林を見渡せる静かなガーデンプールやプライベートスパなど、複数の温泉が楽しめる。敷地内には「テマナロア温泉エコトレイル」という遊歩道が整備され、地熱活動が盛んなテマナロア温泉エリアを散策することができる。

Waikite Valley Thermal Pools　Waikite Valley Rd1, Rotorua　ロトルア中心部から車で30分　☎07-333-1861　10:00〜21:00　なし　NZ$18、プライベートプールNZ$23（40分）　www.hotpools.co.nz　MAP P.201-F

©allblacks.com

ニュージーランドの国技
ラグビー観戦ガイド

ラグビーの本場ニュージーランドでは、週末にはあちこちのスタジアムでゲームが行われ、トップレベルのチームの試合は必ずテレビ中継される人気ぶり。2016年からは「スーパーラグビー」に日本チーム「サンウルブス」が参戦。さらなる盛り上がりを見せている。

ラグビーのシーズンは長い

トップレベルの試合は、毎年2月下旬から8月にかけて行われる「スーパーラグビー」、6月に行われる「ステインラガーシリーズ」、8月～10月に行われる「ITM CUP（国内地区代表選手権）」、8、9月の「ラグビーチャンピオンシップ」、10月の「ブレディスローカップ」と続く。

このうち「ステインラガーシリーズ」「ラグビーチャンピオンシップ」「ブレディスローカップ」には、世界に名を馳せる「オールブラックス」が出場する。

現地で観戦を楽しむには

上記で紹介した試合以外にも、各地域のクラブチームによる試合が行われている。レベルとしては「ITM CUP」の下に属するが、実力のあるクラブチームは日本代表と同等の力があるといわれており、決してあなどれない。クラブラグビーの試合は各地域の小さなスタジアムで行われ、ほとんどが無料で観戦できるので、タイミングが合えば出かけてみよう。

現地で観戦を楽しむには

ニュージーランドではひいきのチームのジャージを着たり、顔にチームカラーやロゴをペイントして観戦に出かける人が多い。試合中も旗を振ったりウェーブをしたり、立ち上がって歓声を上げるなど大騒ぎ。熱い地元ファンたちに倣って一緒に盛り上がると楽しいだろう。会場でフェイスペイントの無料サービスを実施していることがあるので、早めに出かけてお願いすると気分がより上がる。

オールブラックス戦ではスタジアムのVIPエリアでの食事やドリンク、特別ゲストが登場するイベントなどが指定席チケットとセットになった豪華パッケージがある。地元や世界中のファンと交流を図る絶好の機会なので、奮発してみるのもおすすめ。

©allblacks.com

オールブラックスと強豪オーストラリア代表「ワラビーズ」との一戦は大いに盛り上がる

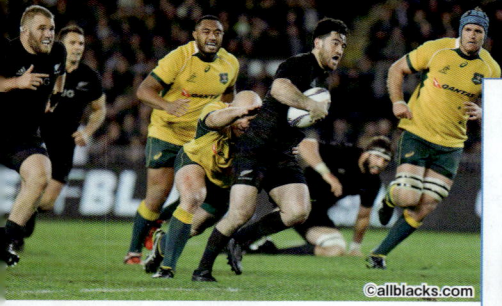
©allblacks.com

NZの主要スタジアム

ニュージーランドにある代表的なスタジアムは以下の通り。どこも美しい芝のグランドが特徴だ。本場のラグビーを観戦しに行こう！

©Tourism New Zealand

オークランドのイーデンパーク

オークランド

イーデンパーク　EDEN PARK
🏠Reimers Ave., Kingsland, Auckland
☎ 09-815-5551 URLwww.edenpark.co.nz
🚇ブリトマート駅からウエストラインでキングスランド駅下車、徒歩6分。試合開催日はチケットを提示すると無料で乗車できる。ほかに中心部から特別送迎バスが運行される

QBE スタジアム　QBE Stadium
🏠Stadium Dr., Albany, Auckland
☎ 0800-782-3486（スタジアム）、09-374-7525
URLwww.aucklandstadiums.co.nz/sites/Venues/qbe-stadium
🚇ブリトマート駅からノーザンエクスプレスバスでアルバニー駅下車、徒歩20分

ハミルトン

FMGスタジアムワイカト　FMG Stadium Waikato
🏠128 Seddon Rd., Hamilton
☎ 07-929-3000
URLwww.fmgstadiumwaikato.co.nz
🚇トランスポートセンターからBusit! バス9番でワイカトスタジアム下車。試合開催日は無料のシャトルバスが運行される

ウェリントン

ウエストパック スタジアム Westpac Stadium
🏠105 Waterloo Quay, Wellington
☎ 04-473-3881
URLwww.westpacstadium.co.nz
🚇ウェリントン駅から徒歩12分

クライストチャーチ

クライストチャーチ スタジアム　Christchurch Stadium
🏠95 Jack Hinton Dr., Christchurch
☎ 0800-8227369（VBASE NZ）
URLvbase.co.nz/venues/ami-stadium
🚇メトロバス・オレンジラインでリンカーンロードとホワイトリアーアベニューの交差点付近で下車、徒歩5分

ダニーデン

フォーサイスバー スタジアム　Forsyth Barr Stadium
🏠130 Anzac Ave., Dunedin
☎ 0800-246464
URLforsythbarrstadium.co.nz
🚇オクタゴンから徒歩約20分。または50、59、61、63番などのバスでフォースストリート下車、徒歩5分

チケットの入手方法

　試合や場所により異なるが、下記のようなチケット販売サイトで購入できる。オンライン決済で受け取りもメールで行えるので便利。言葉に不安がある場合や確実にチケットを入手したい時は、現地の日系旅行会社に代行を依頼すると安心だ。
チケテック URLwww.ticketek.co.nz
チケットマスター URLwww.ticketmaster.co.nz
チケットディレクト URLwww.ticketdirect.co.nz
グローバルネット URLwww.globalnetnz.com

チケットの料金

　試合のレベルやスタジアムによって料金はまちまちだが、屋根付き席、屋根なし席、芝生席などで料金が異なる。一般に、ポールの立っているエンド側（トライを決めるライン側）の席の方が、サイドの席より安い。スタジアムによっては3人で買うと割引になるなど、独自の料金設定をしているところもある。
料金の目安　※試合によって異なる
【スーパーラグビー、ITM CUPの場合】
オークランド・イーデンパーク
NZ$26～56
ウェリントン・ウエストパックスタジアム
NZ$25～55
クライストチャーチ・AMIスタジアム
NZ$16～46
【オールブラックスの試合の場合】
NZ$60～160

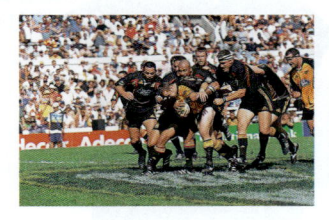

ニュージーランドメイドの**おみやげ**

キウイフルーツ

バラエティ豊富なお菓子が揃う、ビタミンたっぷりのキウイフルーツ。定番の売れ筋商品はチョコレートとジャム。

キウイワイン NZ$35.50Ⓐ
キウイジャムセット NZ$15Ⓐ

キウイフルーツ＆チョコレートブレッド
NZ$13.00Ⓑ

羊グッズ

星の数ほどある羊のグッズ。最近のトレンドは、手触りふわふわのキュートなぬいぐるみ、羊のエンジェルと冬のファッションアイテムに欠かせないシープスキンのブーツなどだ。

羊のぬいぐるみ
小NZ$15、
大NZ$24.90Ⓐ

シープスキンの
ブーツ
NZ$258Ⓐ

翡翠パウアのアクセサリー

NZ定番のアクセサリーといえば、パウア貝（アワビの一種）と翡翠（マオリ語で「ポウナム」）。ポウナムはマオリ族に伝わる独特のデザインが人気。

翡翠のペンダント
NZ$250Ⓒ

パウアのバングル
NZ$30〜Ⓕ
パウアのピアス
NZ$60〜Ⓕ

ラグビーグッズ

絶大な人気を誇るNZラグビー。男性用だけではなく女性用のグッズも充実している。コルの模様がおしゃれなポロシャツやフィット感のいいTシャツが好評。

ラグビー
ポロシャツ
NZ$120Ⓓ

Ⓐオーケー・ギフトショップ（P.164）
ⒷＤＦＳギャラリア（P.164）
Ⓒザ・ヴォールト（P.165）
Ⓓチャンピオンズ・オブ・ザ・ワールド
　（P.106、P.166）
Ⓔアンタッチト・ワールド（P.165）
Ⓕパウアネジア（P.166）

ニュージーランドのおみやげの定番は、羊毛グッズやはちみつ、ワイン、キウイフルーツ、マオリ伝統の工芸品など。健康関連グッズや美容プロダクツも充実し、国内のアーティストが手がけるアクセサリーやアイテムにも人気が集まっている。

スキンケアプロダクツ

ニュージーランドの人気コスメブランド「Wild Ferns」。高い抗菌作用を持つアクティブマヌカハニーにニュージーランドの羊毛由来の成分プロシナを配合したシリーズが大人気。プラセンタクリームも不動の人気ぶりだ。

（左から）Wild Ferns マヌカハニーのハンド＆ネイルクリーム NZ$16.70Ⓐ、Wild Ferns マヌカハニーのボディーローション NZ$19.90Ⓐ、プラセンタ美容液 NZ$49.90Ⓐ

はちみつプロダクツ

胃炎や消化不良などの症状に効き、抗菌作用のあるマヌカハニーと「天然の抗生物質」として有名なプロポリスなどは、健康マニアには欠かせない。

（左から）アクティブマヌカハニーのど飴 NZ$13.80Ⓐ、アクティブマヌカハニープロポリス咳止めシロップ NZ$33.50Ⓐ、アクティブマヌカハニーMGO400+ 250g NZ$79.90Ⓐ

NZブランド

Supanoza Jacket NZ$480

世界中で愛用されているニュージーランド発祥のアウトドアブランド「mac pac」。アウトドアシーンだけでなく、普段着としても着てもオシャレ。

ジッパージャケット NZ$699Ⓔ

注目度上昇中のNZのファッションブランド。「アンタッチト・ワールド」のラインは、国産のメリノを使用した製品が多く、おみやげに人気。

ワイン

世界中でブレイクしつつあるNZワイン。そのきっかけを作ったのがマールボロ地方にある有名ワイナリー「クラウディベイ」。特にソーヴィニヨン・ブランが人気で、受賞歴多数。Cloudy Bay Sauvignon Blanc 2015 NZ$39Ⓐ

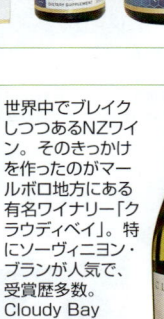

ピノ・ノワールの名産地として世界中に知られるセントラル・オタゴ地方に、広大な葡萄畑を持つワインメーカー Mud House Pinot Noir 2014 NZ$40Ⓐ

NZアート

アーティスティックでユニークなデザインは室内のインテリアにするだけで、どこにいてもNZを身近に感じられるはず。

セラミックカップ NZ$24Ⓒ

クライストチャーチ復興のためにデザインされた木製ネックレス NZ$45Ⓒ

※商品の在庫や価格は変更されることがあります。

ニュージーランドの暮らしが見える
スーパーマーケットで
お買いもの！

地元気分で楽しくショッピング

ニュージーランドのスーパーマーケットは日本よりずっと大型。広々とした店内にはこの国ならではの珍しい食材が並び、いかにも"海外"なおもしろ雑貨やお菓子も豊富。自炊に、おみやげ探しに、大いに活用しよう。

質の良さが評判のニュージーランドワインは、日本ではあまりお目にかかれないが、地元のスーパーならよりどりみどり。

野菜や果物などは量り売りが基本。キッチン付きの宿なら、ぜひ自炊に挑戦して、ラム肉やベニソン（鹿肉）、マッスルなどのNZグルメを味わおう。

スーパー買い物術 A to Z

1 野菜はビニールに入れて

備え付けの袋に必要な分だけの野菜を入れよう。

2 量り売りもある

無駄がなくて便利な量り売りが一般的。量りスケールも完備。

3 肉はグラム買い

畜産が盛んなだけに肉の安さは感動モノ。量り売りOK！

6 クレジットもOK

現金以外にクレジットカードも利用可。

5 カゴから出して

商品をカートから取り出し、仕切り棒の後ろから順に並べる。

4 仕切りを置く

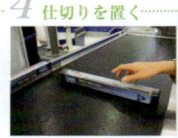

レジでは、まずベルトコンベアの上に仕切り棒を置く。

グルメなおみやげ探し
スーパーのお買いものセレクション

オーガニックマヌカハニー
濃厚な味わいのマヌカハニーを一度食べたら、やみつきになるかも。Mountain Valley Manuka Honey NZ$10.65(500g)

オーガニックピーナッツバター
ノンシュガーだから、料理の隠し味にも使える。Kaiora Organic Peanut Butter NZ$4.95(250g)

ソルト＆ペッパー
香辛料は、料理好きの友達へのおみやげに最適。Additionz Salt&Pepper NZ$4.95(300g)

スモークマッスル
ムール貝の燻製をオイル漬けにしたもの。ワインのおつまみに最適！Aquahaven Smoked Mussels NZ$7.99(100g)

フィジョアのチョコレート
柑橘系フルーツ、フィジョア味のクリームが入ったチョコ。Donovans Milk Chocolate Feijoa NZ$10.95(150g)

ベジマイト
NZの家庭に欠かせない発酵食品。パンに塗って食べる。KRAFT Vegemite NZ$4.50(150g)

フレーバーティー
ゴールデンキウイ味とフィジョア味のフレーバーティーは、ニュージーランドならでは。香りもいい。Healtheries Golden Kiwi Tea, Feijoa Tea(どちらもNZ$3.99)

コーヒー豆
クライストチャーチのハミングバードカフェが焙煎するコーヒー豆。売り上げの一部が、クライストチャーチ復興に寄付される。Hummingbird Coffee NZ$8.19(200g)

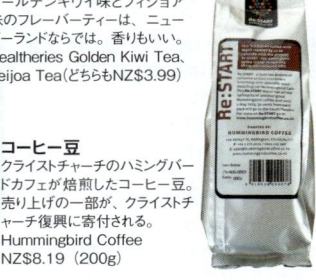

シリアルバー
ニュージーランドはシリアルバーの種類が豊富。ナッツやドライフルーツがたっぷり入ったシリアルバーはアウトドアのおやつに最適。Tasti Nut Bar NZ$3.99

Pick Up スーパーマーケット

ニューワールド
New World

1950年代創業のスーパーマーケットチェーンで、国内に約140店舗ある。商品は高級志向。

カウントダウン
Countdown

ニュージーランド全土に約180店舗を展開。高品質・低価格で顧客に好評。

パックン・セーブ
PAK'n Save

袋詰めを行わないことで価格を抑え、「国内一の安価」を提供するスーパー。国内57店舗。

※商品の在庫や価格は変更されることがあります。

オーガニック・グルメがいっぱい！
マタカナ・ファーマーズ
マーケットへ出かけよう

国内のいたるところでファーマーズマーケットが行われるニュージーランド。中でも一番の人気は、北島マタカナで土曜の朝に開かれるマーケットだ。美味な食材を探しに行こう！

26

ワインの名産地で開かれる
地元グルメの人気イベント

オークランド（P.144）から北に車で約1時間半ほどの小さな街マタカナ。有名な「プロヴィダンス」をはじめとする高級ワインが作られているワインの名産地だ。ワイン以外にも、チーズやハチミツなど、美味な食材が揃うマタカナは隠れたグルメスポット。毎週土曜に開かれるファーマーズマーケットは、ドライブがてら買い出しにやってくるオークランダーでいつも賑わっている。

ニューヨークタイムズ誌でも紹介されたこのマーケットは、パーマカルチャーを実践する地元のオーガニックファーム「レインボーファーム」のオーナーが、日本の花巻を訪れた際に見た市場が原型になっているそうだ。新鮮な有機野菜や果物、オリーブオイルに焼きたてパンなど、常時30軒以上のショップが軒を連ねている。

マタカナヴィレッジ・ファーマーズマーケット

Matakana Village Farmers Market
📍2 Matakana Valley Rd.,
Matakana, Warkworth
🕐毎週土曜8:00〜13:00
（冬は9:00〜）MAP●P.142-E
🔗matakanavillage.co.nz

マタカナへのアクセス
オークランド中心部から北へ車で1時間。1号線を北上し、ワークワースからマタカナロードに入る。

地元のワイナリーHeron's Flight Vineyardのワインも買える

1.旬の果物も販売 2.手作りフルーツソース 3.オーガニックスキンケア商品 4.ワインの試飲ができる 5.チャツネやピクルスも 6.熱々のクレープが人気

マーケットで買ったもの

葡萄ジュース　NZ$5
サンジョベーゼというワイン用の葡萄で作った濃厚なジュース

エコバッグ　NZ$5
ここでしか売っていないマーケットのロゴ入りエコバッグ

マヌカハニー　NZ$7
地元で家族経営している養蜂場の手作りマヌカハニー

ライブミュージックを聴きながら、マタカナの地元グルメに舌鼓を打ち、お祭り気分を味わおう

全国のファーマーズマーケット

まだまだあります！

シティ・ファーマーズマーケット（オークランド）
The City Farmer's Market at Britomart
住Behind the Britomart Trainstation, Gore St.
営毎週土曜8:30〜12:30

Parnell Trust Farmer's Market
住Jubilee Bldg., Carpark, Panerll
営毎週土曜8:00〜12:00

ネイピアアーバン・ファーマーズマーケット（ネイピア）
Napier Urban Farmer's Market
住Clive Square, Off Tennyson St.
営毎週土曜9:00〜13:00

ネルソン・ファーマーズマーケット（ネルソン）
Nelson Farmers' Market
住Kirby Lane, Nelson
営毎週水曜8:30〜13:30

クライストチャーチ・ファーマーズマーケット（クライストチャーチ）
Christchurch Farmer's Market
Reccarton Hause & Bush
住16 Kahn Rd., Riccarton
営毎週土曜9:00〜13:00

オタゴ・ファーマーズマーケット（ダニーデン）
Otago Farmers Market
住Carpark of Dunedin Railway Station
営毎週土曜8:00〜12:30

NZ流ファストフード＆スイーツ

手軽に食べられるファストフードは、
値段も手ごろで、ボリュームのあるものが多いので地元では大人気。
お天気の日にビーチや公園に出かけて、
ピクニック気分で楽しみたい人気のメニューをご紹介。

ハンバーガー

ボリューム満点のハンバーガー。中身は牛肉のハンバーグから鶏肉、鹿肉まであり、野菜もビートルート（赤カブ）、アボカド、マッシュルームなど盛りだくさん。フライドポテトを組み合わせると1人では食べきれない量になるのでご注意！

パイ

毎年ベストパイが発表されるこの国では、パイはファストフードの王様だ。各地にパイ専門店があり、ミンチやステーキなどの定番から、バターチキンなどエスニックテイストのものまで、各店オリジナリティを競っている。

寿司

NZでは「ヘルシーフード」として認知されている寿司。テイクアウェイ寿司店やフードコートで販売されている寿司の多くは、アジア人移民によって作られている。NZ産の脂の乗ったサーモンや照り焼きチキンなどにアボカドが入った巻き寿司がおいしい。

マフィン

スーパーやコンビニ、カフェなど、どこでも買えるマフィン。日本のものと比べるとサイズが大きく、ずっしりと食べ応えがある。プレーンのほか、チョコチップやブルーベリーが入ったマフィンが多い。

フィッシュ＆チップス

子どもから大人までに愛され続けているファストフードといえば、揚げたての白身魚とアツアツのチップス（フライドポテト）。レストランやパブでもお目にかかれる。週末の夜になると、家庭の食卓に登場するという人気ぶり。

パブロヴァ

ニュージーランドの伝統的なケーキ。ケーキのベース部分がメレンゲになっており、その上に生クリームやフルーツがトッピングされている。家庭で作られるデザートとしても知られており、ホームステイなどで食後のデザートとして出されることも。

ニュージーランドのカフェ文化

イギリス文化の影響が色濃いニュージーランド。紅茶党が多いと思いきや、意外にもコーヒーの専門店が多く、バリスタの競技も盛ん。「フラットホワイト」など、日本人には耳慣れない種類もあり、コーヒー好きにはぜひおすすめしたい。ヨーロピアンほど濃くなく、アメリカンほど薄くない、その絶妙な味わいは日本人好みかもしれない。

フラットホワイト
エスプレッソ1/3にミルク2/3。最もポピュラー。

ラテ
フラットホワイトよりも泡立てたミルクが多め。

ロングブラック
エスプレッソを2倍くらいのお湯で割ったもの。

ショートブラック
いわゆるエスプレッソ。小さなカップで出てくる。

モカチーノ
エスプレッソにホットチョコレートを加えたもの。

カプチーノ
ラテよりもエスプレッソが多め。チョコパウダー入り。

ニュージーランドのビール

ビールがウマイ！

　ニュージーランドでビールを味わいたかったら、パブに行こう。NZ産のビールやその土地の地ビールが堪能できる。パブでは店員が注文を取りに来るのではなく、カウンターに行って注文し、飲み物と引き換えに料金を支払うCash on Delivery方式。軽食もあり、レストラン代わりに利用する人も多い。イギリスに似てラガーのほかにエールやスタウトなど多様なビールがあり、スーパーなどで350ml缶がNZ＄2ぐらいからある。

パブではぜひNZ産ビールを味わいたい

■ NZの人気地ビールカタログ

スタインラガー
Steinlager
ニュージーランドを代表するビールで、国外にも大量に輸出されている。ホップの苦味ほどよく効いたドライな味で、のどごしすっきり。どの料理とも相性がいいのも人気の理由。
醸造地：北島オークランド
アルコール度：5%

ライオン・レッド
Lion Red
国産ビールの売り上げナンバー1を誇り、特に地元オークランドで人気。ほのかなモルトの香りとさっぱりとした味わいが万人にうけている。赤身の肉料理との相性がいい。
醸造地：北島オークランド
アルコール度：4%

トゥイ・イーストインディア・ペールエール
Tui East India Pale Ale
1889年に発売されて以来、1世紀以上に渡り、変わらぬ人気を誇っている。ほんのりとチョコレートの香りが漂い、甘くまろやかな味わいが特徴。
醸造地：北島バヒアツア
アルコール度：4%

マックス・ゴールド
Mac's Gold
クリーミーな泡、すっきりした味わいはクセがなく、フルーティーな香りが後味として残る。どのような料理にもあうため、多くのレストランに置かれているモルトラガービール。
醸造地：南島ネルソン
アルコール度：4%

ディービー・ドラフト
DB Draught
フルーティーな味わいと強すぎないホップのバランスが絶妙。飲み干した後の舌に残るほのかな甘さに、「もう1杯」と言いたくなる。ミートパイやキャセロールとともに楽しみたい。
醸造地：南島ティマル
アルコール度：4%

スペイツ・ゴールドメダル・エール
Speight's Gold Medal Ale
"プライド・オブ・ザ・サウス（南島の誇り）"と呼ばれるにふさわしい、モルツの苦味と香りが売りのビール。ベニスン、カモ、ウサギなど、味や香りが多少強い肉料理との相性が抜群。
醸造地：南島ダニーデン
アルコール度：4%

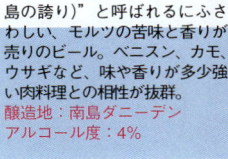

エマーソンズ
Emerson's
2009年New Zealand Champion Breweryに輝いたダニーデン産の地ビール。小規模生産で作られるこのビールは、何と言ってもフルーティーな香りが格別。
醸造地：南島ダニーデン
アルコール度数：3.7%

モア
MOA
ワイン醸造家が、シャンパンの製法を用いて作ったプレミアムビール。きめ細かい泡立ちとさわやかな喉越しは、まるでシャンパンのような味わい。
醸造地：南島マールボロー
アルコール度数：5.5%

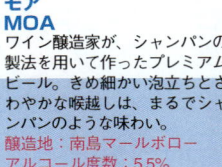

フード／ビール／ワイン
フルーティーなニュージーランドワイン

■ソーヴィニヨンブランで大ブレイク

　ニュージーランドのワイン造りの歴史は浅く、本格的なワイン造りが始まったのは1960年代以降のこと。しかし、この国の気候と土壌が葡萄栽培に見事にマッチし、マールボロ地区で造られたソーヴィニヨンブランがヨーロッパで高く評価されるなど、一躍世界の脚光を浴びた。それ以降、ニュージーランドワインの評判はうなぎ上りで、1995年に204軒だった全国のワイナリー数は2015年には700軒近くに増えている。

　大規模なワインメーカーは少なく、ほとんどは家族経営の小さなブティックワイナリーばかり。しかし、そんな小規模なワイナリーから、世界の注目を浴びる個性的な逸品が生まれているのも事実なのだ。

　シャルドネやソーヴィニヨンブランなど白ワインが多いが、重厚なヨーロッパタイプの赤ワインも生産されており、稀少価値が高い。

■ワイナリーへ行ってみよう

　近年、日本に輸入されるニュージーランドワインは増加しているが、やはり量も種類も限られていて、ほんの一部に過ぎない。現地で飲むワインは格別の味わいだ。旅の途中でワイナリーを訪れて、お気に入りの1本を探してみてはどうだろう。

　ワイン産地では、各種ワイナリーツアーが盛んに行われている（P.68、100、228のニュージーランドのワイン産地の記事参照）。地元ワイナリーに精通したドライバーが、ミニバンで数カ所のワイナリーを案内してくれるので、効率的かつ安全に試飲が楽しめる。

試飲の際のマナー

　基本的に購入するための試飲なので、無料だからといって飲みすぎはNG。ワイナリーによっては試飲が有料になり、チーズの盛り合わせなどのフィンガーフードをつまみながら、ゆっくりと試飲が楽しめるところもある。

　複数の種類を試飲する時は、ソーヴィニヨンブランなど軽めの白→重い赤の順で飲むと味がよくわかる。

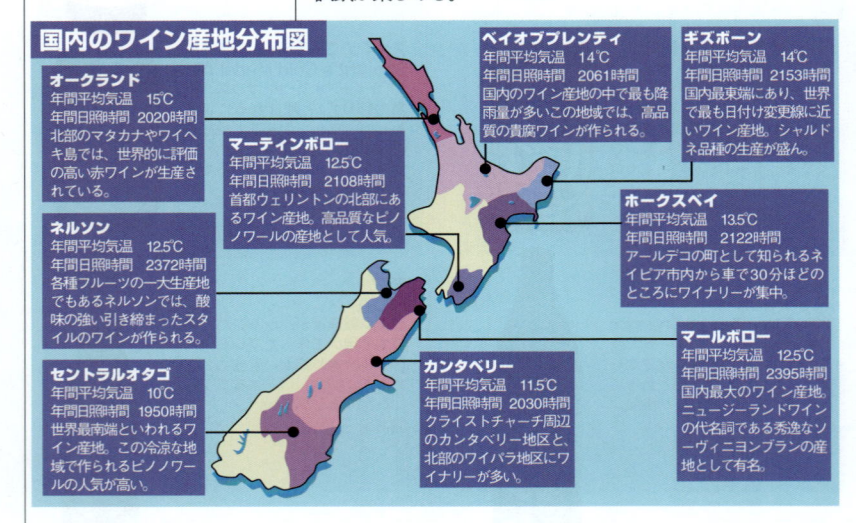

国内のワイン産地分布図

ベイオブプレンティ
年間平均気温　14℃
年間日照時間　2061時間
国内のワイン産地の中で最も降雨量が多いこの地域では、高品質の貴腐ワインが作られる。

ギズボーン
年間平均気温　14℃
年間日照時間　2153時間
国内最東端にあり、世界で最も日付け変更線に近いワイン産地。シャルドネ品種の生産が盛ん。

オークランド
年間平均気温　15℃
年間日照時間　2020時間
北部のマタカナやワイヘキ島では、世界的に評価の高い赤ワインが生産されている。

マーティンボロ
年間平均気温　12.5℃
年間日照時間　2108時間
首都ウェリントンの北部にあるワイン産地。高品質なピノノワールの産地として人気。

ホークスベイ
年間平均気温　13.5℃
年間日照時間　2122時間
アールデコの町として知られるネイピア市内から車で30分ほどのところにワイナリーが集中。

ネルソン
年間平均気温　12.5℃
年間日照時間　2372時間
各種フルーツの一大生産地でもあるネルソンでは、酸味の強い引き締まったスタイルのワインが作られる。

マールボロ
年間平均気温　12.5℃
年間日照時間　2395時間
国内最大のワイン産地。ニュージーランドワインの代名詞である秀逸なソーヴィニヨンブランの産地として有名。

セントラルオタゴ
年間平均気温　10℃
年間日照時間　1950時間
世界最南端といわれるワイン産地。この冷涼な地域で作られるピノノワールの人気が高い。

カンタベリー
年間平均気温　11.5℃
年間日照時間　2030時間
クライストチャーチ周辺のカンタベリー地区と、北部のワイパラ地区にワイナリーが多い。

■ワイナリーレストランで食事を楽しむ

ワイナリーの中には、敷地内にレストランやカフェを併設しているところが少なくない。ワイナリーレストランでは、テイスティングカウンターで試飲して気に入ったワインを、食事とともにゆっくりと味わうことができる。レストランによっては、メニューに、それぞれの料理に合ったおすすめワインを表記しているところもあり、料理とワインのマリアージュを楽しめる。

オープンテラスのテーブルで、目の前に広がる葡萄畑を眺めながらいただくワインと地元料理の味は格別だ。

■旅先でワインを購入したら…

現地のワイナリーやショップでワインを購入すると、日本への発送を手配してもらえる。自分で持って帰る場合、免税となるのはボトル3本（1本につき750㎖）まで。それ以上の本数を持って帰りたい時は、1ℓにつき200円の関税を支払えばOK。手荷物がかなり重くなるが、ニュージーランドから日本までの送料を節約したい人には、これが一番コストのかからない方法だ。

ニュージーランドの郵便局では、ワイン専用箱を販売している。この箱を使えば梱包は簡単で、通常の小包扱いで発送できる。

1本用ペーパーボックスNZ$5

レストランを併設している主なワイナリー

●クイーンズタウン郊外
Amisfield Bistro & Cellar Door
🏠10 Lake Hayes Road, RD1, Queenstown ☎03-442-0556
URLamisfield.co.nz

Gibbston Valley Winery
🏠SH 6, Gibbston, RD 1, Queenstown ☎03-442-6910
URLwww.gibbstonvalley.com

●クライストチャーチ郊外
Pegasus Bay Winery & Restaurant

ペガサスベイ・ワイナリー
🏠Stockgrove Rd., Waipara, RD2 Amberley
☎03-314-6869
URLwww.pegasusbay.com

●マールボロー
Allan Scott Family Winemakers
（→P.68）
🏠Jacksons Rd, RD 3, Blenheim
☎03-572-9054
URL www.allanscott.com

NZワインを紹介している日本語サイト

オンラインでワインが購入できるほか、ワイナリー情報や日本販売店まで紹介。エリア別現地発着ワイナリーツアーの検索もできて便利。

ニュージーランドワイン総合サイト
www.nz-wines.co.nz

大自然の中で爽快プレー
ゴルフ *in New Zealand1*

©Carrington Resort

国内に400以上のゴルフコースを擁し、住民1人当たりのゴルフ場の数が世界一。ニュージーランドは、知られざるゴルフ天国だ。国際大会が開催される名門コースでプレーしてみよう。

ニュージーランドのゴルフスタイル

ほとんどの街にゴルフ場があり、どこにいても約30分でゴルフコースに到着できる。日本と比べるとグリーンフィーが安く、服装に関する規定も厳しくないので気軽に楽しめることが最大の魅力だ。18ホールを通してプレーするため、4〜5時間で1ラウンドが終了。夏時間であれば1日に2ラウンド回るのも余裕だ。覚えておきたいのは、ゴルフ場にキャディがいないこと。プレーヤーは自らカートを引き、残り距離などの判断をする必要がある。

旅先でゴルフを楽しむポイント

会員権制度を設けているゴルフ場でもビジターOKのところがほとんど。時間を選ばなければ予約は取りやすく、急に思い立ってもどこかでプレイできる。もちろん1人でも回れるが、地元のゴルファーと一緒にプレーをして交流するのがおすすめ。キウイは気さくなので、英語が得意でなくても楽しめる。また、距離表示は「メートル」のため、「ヤード」に慣れている人は、メートル表記に1.1倍をかけてクラブを選択しよう。

©Chris Cameron

おすすめゴルフコース

ガルフハーバー・カントリークラブ
Gulf Harbour Country Club（オークランド）
2006年「NZオープン」の開催地。設計者はR.T.ジョーンズ Jr.。
（住）180 Gulf Harbour Dr., Gulf Harbour, Whangaparaoa, Auckland （交）オークランドから車で45分 ☎09-428-1380 （料）グリーンフィー（ビジター）NZ$150、ゴルフカート1人 NZ$42
（URL）www.gulfharbourcountryclub.co.nz/

ティティランギ・ゴルフクラブ
Titirangi Golf Club（オークランド）
アリスター・マッケンジーが設計した戦略性の高いコース。
（住）11 Links Rd., New Lynn, Auckland （交）オークランドから車で約20分 ☎09-827-5749 （料）グリーンフィー（ビジター）NZ$200、ゴルフカート NZ$45
（URL）www.titirangigolf.co.nz/

チャンバレイン・パーク・ゴルフコース
Chamberlain Park Golf Course（オークランド）
ビギナーでも予約不要で気軽に楽しめるオークランド市運営のゴルフ場。
（住）46a Linwood Ave., Mount Albert, Auckland （交）オークランドから車で約10分 ☎09-815-4999 （料）グリーンフィー NZ$30〜、ゴルフカート NZ$35〜

ジャックスポイント
Jack's Point（クイーンズタウン）
ワカティブ湖畔の景勝コース。難易度が高く、すべてのショットを楽しめる。
（住）Jack's Point, Queenstown （交）クイーンズタウンから車で約5分 ☎03-450-2050 （料）グリーンフィー（ビジター）NZ$210、ゴルフカート1人 NZ$30
（URL）www.jackspoint.com/

ミルブルック・リゾート
Millbrook Resort（クイーンズタウン）
ボブ・チャールズ設計の27ホールのリゾートコース。自然の景観が美しい。
（住）Malaghans Rd., Arrowtown （交）クイーンズタウンから車で約20分 ☎03-441-7010 （料）グリーンフィー（ビジター）NZ$85〜、ゴルフカート NZ$40〜 （URL）www.millbrook.co.nz

クイーンズタウン・ゴルフクラブ
Queenstown Golf Club（クイーンズタウン）
ワカティブ湖が望める高台のゴルフ場。コースは美しく、レイアウトも豊富。
（住）759 Peninsula Rd., Kelvin Heights, Queenstown （交）クイーンズタウンから車で約5分 ☎03-442-9169 （料）グリーンフィー（ビジター）NZ$75〜、ゴルフカート NZ$45
（URL）www.queenstowngolf.co.nz/

オークランド在住のゴルフナビゲーター、佐井恭司さんが運営する情報サイト （URL）nzgolfcourse.com/

南島

ニュージーランドを代表する景観美に出あえる

South Island

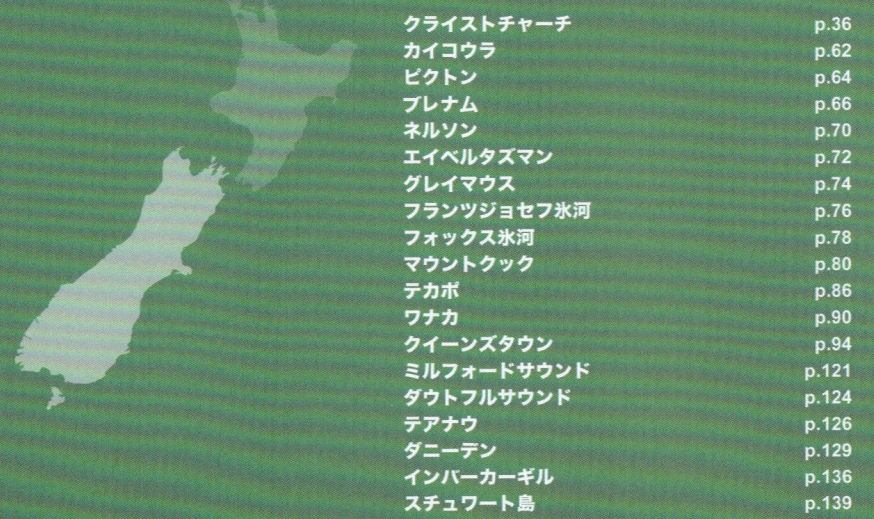

南島
South Island

0　　　　　50km

タスマン海
Tasman Sea

N

A

B

34

E

F

I

J

フォックス氷河
Fox Glacier

ジャクソンベイ
Jackson Bay

フランツジョセフ氷河
Franz Josef Glacier

フォックス氷河
Fox Glacier

ウェストランド国立公園
Westland National Park
クック山
Mt. Cook ▲3754

ハースト
Haast

マウントクック
Mount Cook 80

ホリフォードトラック
Hollyford Track

マウントアスパイアリング国立公園
Mt. Aspiring National Park

ハースト・
パス
Haast
Pass

マウントクック国立公園
Mt. Cook National Pa

ミルフォードトラック
Milford Track

ツトコ山
Mt. Tutoko
2746▲

アスパイアリング山
Mt. Aspiring ▲3027

ロブロイ氷河
Lobroi

オハウ湖
L. Ohau

プカキ
Pukaki

テカポ
Tekapo

ミルフォードサウンド
Milford Sound

ルートバーントラック
Routeburn Track

ワナカ湖
L. Wanaka

トレブルコーン
スキー場

ハウェア湖
L. Hawea

リッポン・ヴィンヤード＆
ワイナリー

トゥイゼル
Twizel

グレノーキー
Glenorchy

ワナカ
Wanaka

ルッガテ
Luggate

ワナカ・ピア・
ワークス

オマラマ
Omarama

L. Benmore

ダウトフルサウンド
Doubtful Sound

テアナウ湖
L. Te Anau

ワカティプ湖
L. Wakatipu

クイーンズタウン
Queenstown

アロータウン
Arrowtown

タラス
Tarras

オテマタタ
Otematata

L. 83

クロウ
Kurow

フィヨルドランド国立公園
Fiordland National Park

ディープコーブ
Deep Cove

テアナウ洞窟
Te Ana-au Caves

クラサ・セントラル
Clutha Central

クロムウェル
Cromwell

85

ダスキーサウンド
Dusky Sound

マナポウリ湖
L. Manapouri

テアナウ
Te Anau

オマカウ
Omakau

オタゴ
Otago

カイバーン
Kyeburn

ダントルーン
Duntroon

マナポウリ
Manapouri

ザ・キー
The Key

キングストン
Kingston

アレクサンドラ
Alexandra

モスバーン
Mossburn

ファイブ・リバーズ
Five Rivers

ロックスバーグ
Roxburgh

ハイド
Hyde

オアマル
Oamaru

サウスランド
Southland

ランズデン
Lumsden

ミドルマーチ
Middlemarch

モエラキボールダーズ
Moeraki Boulders

クリフデン
Clifden

ディプトン
Dipton

リバーズデール
Riversdale

パマートン
Palmerton

オラウィア
Orawia

レイズ・ジャンクション
Raes Junction

タイエリ峡谷鉄道
Taieri Gorge Railway

ワイコウアイティ
Waikouaiti

オレプキ
Orepuki

ウィントン
Winton

ゴア
Gore

タパヌイ
Tapanui

ローレンス
Lawrence

マタウラ
Mataura

ワイパヒ
Waipahi

インバーカーギル
Invercargill

98

エデンデール
Edendale

アンダーソン公園

ダニーデン
Dunedin

オタゴ半島
Otago Pen.

フォーボー海峡
Foveaux Strait

ブラフ
Bluff

バルクルーサ
Balclutha

ミルトン
Milton

スチュワート島
Stewart Island

ハーフムーンベイ
Halfmoon Bay

フォートローズ
Fortrose

ワイカワ
Waikawa

カイタンガタ
Kaitangata

92

オワカ
Owaka

パパトワイ
Papatowai

カトリンズコースト
Catlins Coast

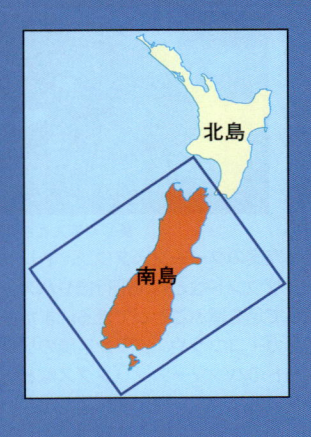

35

クライストチャーチ

Christchurch

クライストチャーチから出発する、人気の高原列車「トランツアルパイン」

クライストチャーチのプロフィール

人口：約37.5万人
面積：約1426k㎡
気温：1月（夏）平均最高気温22.7度、平均最低気温12.3度、7月（冬）平均最高気温11.3度、平均最低気温1.9度
降水量：年間618mm
日本の姉妹都市：岡山県倉敷市

クライストチャーチへのアクセス

✈ オークランドから1時間25分、ニュージーランド航空で1日15～20便、料金NZ$49～。クイーンズタウンから1時間、ニュージーランド航空で1日3～6便、料金NZ$49～。
🚌 ピクトンからインターシティで6時間、1日2便料金NZ$34～。

クライストチャーチ国際空港
URL www.christchurch-airport.co.nz
→P.273

空港内の観光案内所

南島の最大都市を理解する
街のあらましとしくみ

北島のオークランド同様、国際空港があり、ニュージーランドの玄関口であるクライストチャーチ。南島の観光の拠点となっていたクライストチャーチは、2011年2月に発生した大地震によって、街のシンボル、大聖堂をはじめとする建物が崩れるなど、大きな被害を受けた。現在は、大聖堂広場周辺の立ち入り禁止も解除され、クローズしていた宿泊施設や観光スポット、レストランなどが続々とリニューアルオープン。街には、以前のような活気が戻りつつある。

ガーデンシティ（庭園の街）と呼ばれる美しい街並み

クライストチャーチは、南島の東海岸に広がるカンタベリー平野の中央部分、バンクス半島の付け根に位置し、街の東側には南太平洋、西側にサザンアルプス連峰を望む。

街なかを流れるエイボン川を中心にして区画された市内は、街のシンボルである大聖堂を軸に、郊外へ向かって碁盤の目のように道が広がっている。緑豊かな街並みはとても美しく、別名ガーデンシティ（庭園の街）とも呼ばれている。この街に住む人々は庭づくりをとても大切にし、庭の手入れが行き届いていて、道行く人々の目を楽しませてくれる。毎年庭園のコンテストも開かれているほどだ。

南島での観光の拠点

クライストチャーチは見どころの多い南島の観光拠点。この街から南島を縦走するサザンアルプスの最高峰マウントクックや、善き羊飼いの教会のあるテカポ

美しく手入れされた庭が多い

湖、アクティビティ充実のクイーンズタウン、トレッキングが盛んなミルフォードサウンドなどへ、飛行機やバス、鉄道などの交通手段を利用して足を運ぶことができる。またホエールウォッチングで有名なカイコウラや、フランス風のリゾート地アカロア、温泉リゾートのハンマースプリングスなどへは、クライストチャーチから日帰りツアーや定期バスが出ている。

空港を出ると、タクシーやシャトル
が並んでいる

主なシャトル会社
スーパーシャトル
☎0800-748885

バス乗車時の会話例
「このバスは○○に行きますか？」
"Does this bus go to ○○?"
「○○に着いたら、教えてください」
"Would you please tell me when we
arrived ○○"
「どれくらい時間がかかりますか？」
"How long does it take to get
there?"
「次で降ります」
"I'll get off next."

クライストチャーチ鉄道駅
Clarence St., Addington
☎0800-801-070
MAP-P.37-C

空港から市内へ

クライストチャーチ国際空港（MAP P.37-C）から市内中心部までは約11km、車で20〜30分とアクセスは便利。交通機関は市バス、シャトル、タクシーなどがある。いずれの乗り場も到着ロビーの出口を出てすぐ。

◆シャトル

空港の外には乗り合いのシャトルが常時待機しており、ドアtoドアで目的地まで連れて行ってくれる。シャトルは7〜8人が乗ることができるミニバンのことで、行き先が近い人を乗せて満員になると出発する。目的地が近い人から降ろしていき、だいたい20〜30分ほどで中心部まで運んでくれる。料金の目安はNZ＄25（乗車人数によって異なる）。

◆タクシー

シャトル同様、タクシーも空港の外で常に数台が待機している。空港から目的地まで最も早く到着できる交通手段（大聖堂広場まではおよそ20分）。市内中心部までの乗車料金はNZ＄45〜70。チップ、トランク使用料などは不要。

◆市バス

空港から市中心部行きバスはパープルラインと29番バス。車体に「City」と表示されているのでわかりやすい。空港と市内中心部の大聖堂広場前までを約30分おきに運行している。料金は片道NZ＄8と格安。空港から市内中心部までは30分ほどかかる。

鉄道駅から市内へ

◆シャトル、タクシー

クライストチャーチ鉄道駅は、街の中心から南西に1.5kmほど離れた場所にある。駅前にバスの停留所がなく、市バスの停留所までは数分歩かなくてはならないため、荷物がある旅行者にはシャトルかタクシーの利用がいいだろう。鉄道の運行本数は1日2本で、駅周辺はふだんはひっそりと静まり返っているが、列車の発着時間が近づくと、シャトルやタクシーが駅正面のロータリーに列をつくる。

鉄道駅から市内中心部までの料金はシャトルがNZ＄15、タクシーはNZ＄30くらい。所要時間は15分ほど。

鉄道駅前の駐車場

市内の交通

◆市バスMetro

クライストチャーチの市バスはメトロMetroと呼ばれ、市内を広範囲に渡って運行している。

料金はそれぞれ区間制で、市内中心部（ゾーン1）はNZ＄4、ゾーン2はNZ＄5.50。コロンボストリートとリッチフィールドストリートの角にあるバス・インターチェンジ（MAP P.42-E）で路線別の時刻表が入手できる。

料金は前払い制。バスの運転手に行き先、または何ゾーンかを告げ、料金を支払う。下車したい時は、バス内にあるボタンを押すか、車種によってはボタンの代わりに窓の上のロープを引っぱり、運転手に知らせる。

日本と異なり、ニュージーランドのバス停留所は名前がなく、車内アナウンスもない。乗車時に、あらかじめバスの運転手に目的地を伝えて、着いたら知らせてもらえるように頼んでおくと安心だ（P.38欄外を参照）。

◆オービター

オービターはクライストチャーチの郊外を網羅するバス。イーストゲートモールからウェストフィールド・リカトン、カンタベリー大学、ノースランズモールなどを循環する。

◆トラムTram

レトロな路面電車トラムはクライストチャーチのシンボル。15〜20分間隔で運行し、ニューリージェントストリートやハグレーパークなど、中心部の見どころを巡回する。料金はNZ＄25で、1日中乗り降り自由だ。古い車両を修復したレトロな電車は雰囲気がある。9:00〜18:00の運行。

◆タクシー／レンタカー

クライストチャーチ郊外の観光スポットに出かけるには、タクシーの利用が便利。シティの中心部の至るところにあるタクシー乗り場または主要ホテル前から乗車するか、電話で呼び出す。タクシー料金は日本と同じメーター式で初乗りは約NZ＄3。いくつかの見どころを自由にまわりたい人にはレンタカーがおすすめ。ニュージーランドのレンタカー事情については、P.284を参照。

広範囲な路線網を持つ市バス

バス・インターチェンジ
MAP-P.42-E
☎03-366-8855
メトロインフォメーションセンター
図月〜金曜7:30〜18:00
　土・日曜9:00〜17:00
URL www.metroinfo.co.nz

何度も乗車する人は、メトロカードがおトク
クライストチャーチで複数回バスに乗車する予定があるなら、メトロカードを購入しよう。バス・インターチェンジやセントラルキオスク、市内の図書館でNZ＄10で購入し、最初にNZ＄10をチャージ（top up）する。メトロカードだとゾーン1はNZ＄2.65、ゾーン2はNZ＄3.85に割引き。ほかにも、ゾーン1で1日最大NZ＄5.30などの特典がある。

市内中心部にある
バス・インターチェンジ

タクシー会社
ブルースター・タクシーズ
Blue Star Taxis
☎03-379-9799
ゴールドバンド・タクシーズ
Gold Band Taxis
☎03-379-5795

レンタカー
エースレンタルズカーズ（空港）
Ace Rental Cars
☎0800-502-277
URL www.acerentalcars.co.nz

クライストチャーチ

39

市内交通

クライストチャーチ市内中心部
ウォーキングの基礎知識

i-SITEで最新情報をチェックして市内観光をスタートしよう

観光案内所 i-SITE
Christchurch i-site
MAP-P.42-B 国Arts Centre, 28 Worcester Blvd. ☎03-379-9629 图8:30〜17:00（土・日曜、祝日は〜16:00）困なし

大聖堂広場から

歩き方のヒント
クライストチャーチ

楽しみ
アクティビティ ★★★
見どころ ★★★★★
リラックス ★★
交通手段
徒歩 ★★★★
バス ★★★
タクシー ★★★
エリアの広さと交通手段
市内の見どころは大聖堂広場を中心とし、半径1kmの範囲にある。歩けない距離ではないが、疲れたらバスに乗って目的地まで行こう。天気がよければレンタサイクルでまわるのもいい。

クライストチャーチ市内観光の拠点となるのは、大聖堂広場だ。震災前はここに観光案内所があり、トラムやツアーバスなど各交通機関の発着地点になっていたが、街のシンボルであっ

整備が進む大聖堂広場

た大聖堂は地震によって塔が崩壊し、一部が残るのみ。崩壊した大聖堂に代わり、大聖堂広場の東側にあるラティマースクエアの近くに、不燃紙を利用したカードボード・カセドラルが仮設聖堂として建てられている。この仮設聖堂は、日本人建築家の坂 茂（ばん しげる）氏の設計によるもので、2013年に完成した。大聖堂は一時は解体することも検討されたが、2017年に復元することが決定された。復元工事には10年以上かかるといわれるが、その間は仮設聖堂が使われる予定だ。

現在、観光案内所は、植物園近くのアートセンター、ボーイズハイBoy's Highにある。ここで、最新の状況をチェックしてから街歩きを始めるといいだろう。

カンタベリー博物館を背にして、右手に2ブロックほど進み、キャシェルストリートを東へ進むと、地震に耐え残った追憶の橋が見えてくる。

追憶の橋からダーハムストリートを北に歩くと、パンティング乗り場が見えてく

カフェやレストランが並ぶNew Regent Street

る。パント（平底舟）に乗り込んで、エイボン川から街の眺めを楽しむのもいいだろう。

市民の憩いの場として知られるビクトリア広場には、英国第6代女王のビクトリア女王と、キャプテンクックの像が立っている。大きな噴水があり、のんびりくつろげる場所だ。広場の東側、カラフルな建物が並ぶニューリージェントストリートでは、カフェで休憩するのがおすすめ。現在、中心部には一部まだ車では進入できないストリートや、建築途中の建物もあるので、街なかの標識に従って安全に留意して市内観光しよう。

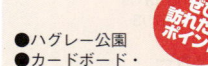
ぜひ訪れたいポイント

●ハグレー公園
●カードボード・カセドラル
●カンタベリー博物館
●植物園

40

クライストチャーチ 完全攻略モデルプラン

大聖堂を中心に、徒歩圏内に見どころが集中しているクライストチャーチ。
郊外の見どころは、メトロのバスや各施設の送迎バスを利用して効率的にまわることができる。

START!

植物園＆博物館→P.45、46

ハグレーパークの南側に広がる植物園からスタート。入り口には観光案内所があるので、街の概要をつかんでからスタート。

パンティング →P.50

優雅に川面から市内観光してみよう。エイヴォン川の約2キロの行程を30分かけてまわる。

クライストチャーチ・ゴンドラ→P.48

カヴェンディッシュ山にかかる945mの長いゴンドラ。標高500mの山頂にある展望レストランやカフェで景色を眺めながらのランチもいい。

41

国際南極センター →P.47

南極の厳しい気候や調査隊の生活がわかる博物館。ペンギン観察や、南極で使用されている雪上車ハグランドに乗る体験もできる。

GOAL!

ウィローバンク野生動物公園→P.48

NZ国内でもキーウィがかなり近くで見られる施設。園内にはレストランがあり、ガイドツアーやマオリショーも見られる。

オススメルート Recommemded Route

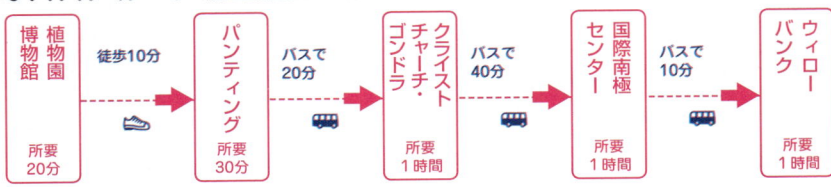

植物園博物館	徒歩10分	パンティング	バスで20分	クライストチャーチ・ゴンドラ	バスで40分	国際南極センター	バスで10分	ウィローバンク
所要20分		所要30分		所要1時間		所要1時間		所要1時間

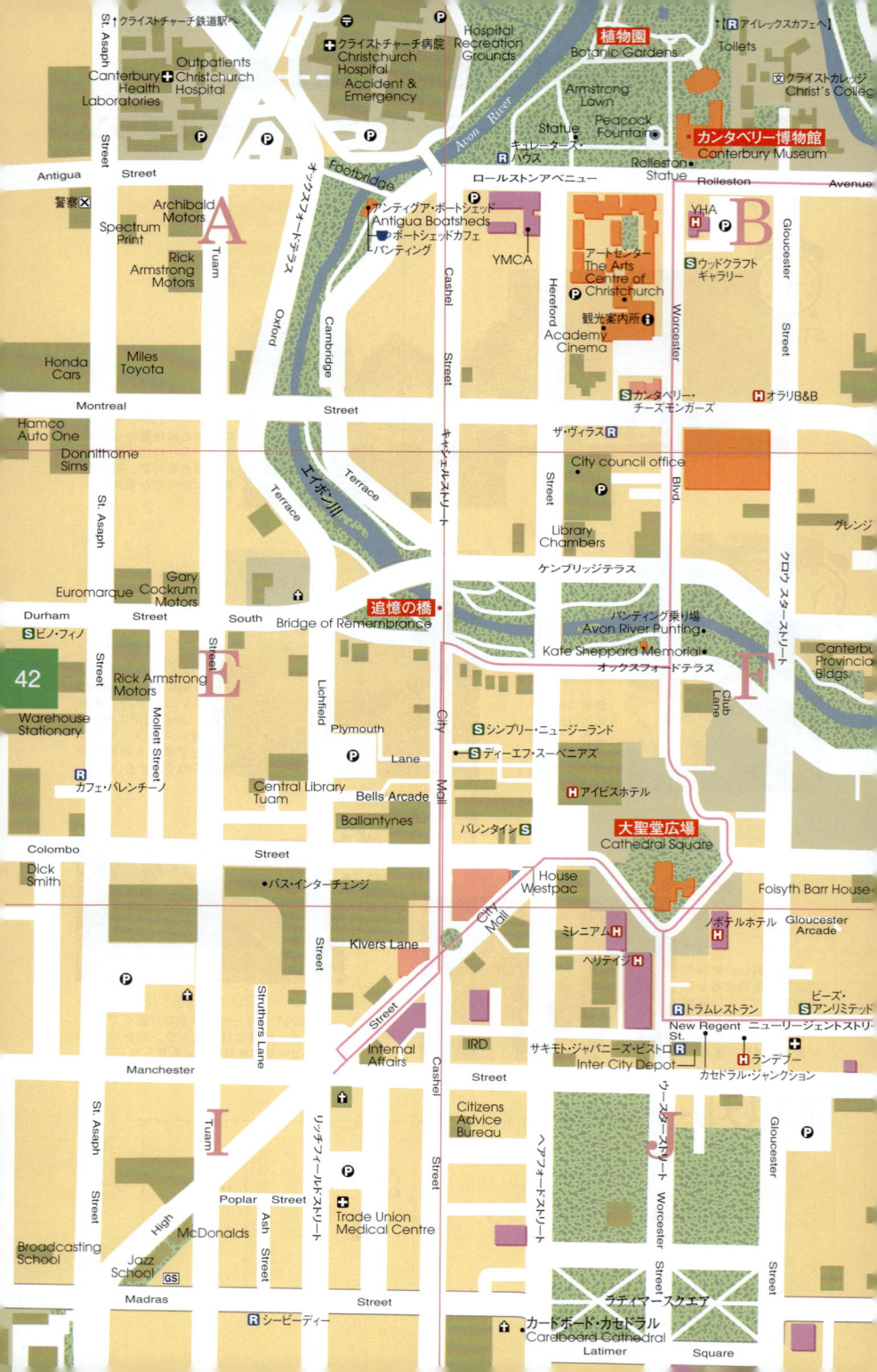

Cycle Way

Special
Events
Area

ハグレー公園
Hagley Park

サッカー場

Avon River
エイボン川

Park

[H] シャトーオンザパークへ

クライストチャーチ国際空港へ

ストロベリーフェア [R]

Beary

Park
Terrace

Terrace

Cathedral 文
Grammar
School

Chester

文 Cathedral
Grammar
School

Kilmore

Peterborough

Salisbury

Victoria

ペスカトーレ [R]
50ビストロ [R]
ジョージホテル [H]

Dorset

Street

Dublin

GS

Street

Street

ザ・スマッシュパレス ●

[R] ビックスカフェ

HMNZS
Pegasus

[R] リトル・ネイバーフッド

Street

C

Armagh

Cranmer

Square

クランマースクエア

Cranmer

Square

Street

Street

Montreal

Clock Tower ●

Conference

Beveridge

Peacock

Avenue

D

Street

Street

Street

Street

Street

クウェイク・シティ
● Quake City

District
Court

High
Court

Law
Court

West

Durham

G

Street

Street

Street

クライストチャーチカジノ
Christchurch Casino

ダーハムストリート

Street

North

**ビクトリア
広場**

Victoria
Square

● Captain Cook
Statue

Queen
Victoria
Statue

Bowker
Fountain

コロンボストリート

Colombo

Christchurch
Central Library
Peterborough

センター・ポイント・オン・コロンボ [H]
モーテル

Street

コロンボストリート

H

43

[R][H]
コーテシー・コート・モーテル

ベイリーズへ

Terrace

アーマーストリート

Terrace

キルモアストリート

Peterborough

サリスベリーストリート

Salisbury

Manchester

Street

マンチェスターストリート

Armagh

Oxford

Avon River

Cambridge

K

Kilmore

Street

Street

Briscoes

L

N

Elsie Locke Park

Street

Madras

Street

74

クライストチャーチ中心部
Central Christchurch

GS

0   200m

クライストチャーチ市内の見どころ

見る

エイボン川
Avon River

市内中心部を蛇行しながらゆるやかに流れるエイボン川は、両岸が並木のような深い緑でおおわれ、川面では水鳥が遊び、市民の憩いの場となっている。左岸がケンブリッジテラス、右岸がオックスフォードテラスと呼ばれる散歩道が整備されている。イギリス風の舟遊び、パンティング（→P.50参照）で、緑豊かな川岸の景色を優雅に眺めるのもおすすめ。川には美しい橋がいくつも架かっているが、総数は38になるという。川の周辺は2011年の地震で大きな被害を受けたが、クライストチャーチ病院からマーガレットマーヒ公園までの約2kmの区間は「シティプロムナード」として整備された。

🚶観光案内所から徒歩5分

見る   MAP-P.42-J

カードボード・カセドラル
Cardboard Cathedral

日本人建築家、坂 茂（ばんしげる）氏の設計によるクライストチャーチ大聖堂の仮設聖堂。防水加工を施した不燃性の紙管が使用され、耐久性は50年といわれる。聖公会から依頼を受け、坂 茂氏は設計を無償で引き受けた。

🏠234 Hereford St.
🚶観光案内所から徒歩12分

見る   MAP-P.42-E

追憶の橋
Bridge of Remembrance

エイボン川に架かるアーチのある石橋。第一次世界大戦当時、橋の近くにあったキング・エドワード兵舎から戦場へ赴く兵士たちが、家族や友人、故郷の人々に見送られながら、この橋を渡ってクライストチャーチ駅まで行進し、西アジア、ヨーロッパへと出征していった。兵士たちにとってこの橋は、懐かしく忘れえぬものだったことから、この名前がついた。

🚶観光案内所から徒歩5分

見る   MAP-P.43-G

ビクトリア広場
Victoria Square

エイボン川を挟んで芝生で覆われた美しい広場は、かつてクライストチャーチの中心といわれた場所。ビクトリア女王や探検家 キャプテンクックの像、バウカーの噴水、花時計がある。タウンホール（市役所）や小さな円形劇場もある。両岸の広場を結んで架かる鉄橋は市内最古。

🚶観光案内所から徒歩8分

見る　MAP-P.43-G
クウェイク・シティ
Quake City

2011年2月の地震がどのようにして起こったかを展示する施設。震災当時の様子や地震後の活動などをモニターで見られる。

🏠299 Durham St. North　🚶観光案内所から徒歩5分　休12/25　🕐10:00〜17:00　料NZ$20

見る　MAP-P.42-J
ニューリージェントストリート
New Regent Street

1932年に作られた小さな商店街で、両側にスペイン風コロニアル様式のカラフルな建物が建ち並ぶユニークな通り。10分も歩けば端から端までの短い通りだが、個性的なカフェやバー、ジュエリーショップや雑貨店などが軒を連ねており、見ているだけでも楽しいところだ。

🏠New Regent St.　🚶観光案内所から徒歩12分

道の真ん中をトラムが走る

見る　MAP-P.42-B
カンタベリー博物館
Canterbury Museume

マオリ文化、開拓時代の歴史、南極探検の展示のほか、アジアやヨーロッパの歴史的遺物の展示や、ニュージーランド固有の鳥類の展示もある。1階にはリトルトン港に最初に入港した移民船の船室の実物大の模型や、入植直後の街が再現されていて、当時のクライストチャーチの様子をうかがい知ることができる。マオリギャラリーには、マオリ文化に関する民族資料や、彫刻などが豊富に取り揃えられている。2階は南極資料館や、巨鳥モアの標本があるバードホールなどもあり、すべてをじっくりと見てまわるには数時間かかる。

🏠Rolleston Ave.　☎03-366-5000　🚶観光案内所から徒歩1分　🕐10〜3月9:00〜17:30、4〜9月9:00〜17:00　休12/25　料寄付制

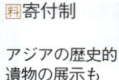
アジアの歴史的遺物の展示も

見る　MAP-P.37-C
リカトンハウス＆ブッシュ
Riccarton House & Bush

1843年にクライストチャーチを最初に開拓したディーンズ兄弟が住んだコテージが現存している。クライストチャーチの歴史を知るには重要な場所だ。公園の一角には原生林（リカトン・ブッシュ）が広がっており、10分ほどのブッシュウォークを楽しむことができる。土曜には、地場産の野菜や焼き立てパンなどが並ぶファーマーズマーケットが開催されている。

🏠16 Kahu Rd.　🚶観光案内所から車で10分　🕐ハウス見学ツアー／月〜金曜14:00、日曜11:00、14:00（マーケット／土曜9:00〜13:00）　料NZ$18

クライストチャーチ　市内の見どころ

見る　MAP-P.42-B、43-C

ハグレー公園&植物園
Hagley Park & The Botanic Gardens

ガーデンシティの名にふさわしい広大な公園と植物園。国内外から収集したさまざまな植物がおよそ1万種類植えられているが、中でも250種が集められたバラ園がみごと。園内にある温室や冷房室の中では熱帯植物や高山植物などが栽培されている。エイボン川に沿った川岸には水仙畑と森林庭園があり、四季折々の花で彩られる。園内にはカフェ（P.56）があるので、ゆったりと昼下がりのお茶を楽しむのもいい。天気のいい日にはトーストラックと呼ばれる電気自動車が運行されており、植物園を一周できて便利だ。

園内をまわるには電気自動車の利用が便利

250種が集められたバラ園がみごと

交 観光案内所から徒歩2分
時 植物園／7:00〜21:00
休 なし　料 無料

とっておき情報

チャーチの夜はカジノで決まり!

オークランドのスカイシティより以前の1994年にオープンしたニュージーランドのカジノ1号店。豪華なシャンデリアがきらめく建物の中では、ブラックジャック、ポーカー、アメリカンルーレットなど428種類ものゲームが用意されている。古代エジプトをテーマにしたゲームマシーンのコーナーは、エジプトの彫刻やナイル川のボートなどのオブジェが飾られ、各マシーンにはエジプトにちなんだ名前が付いている。

チャーチのカジノではドレスアップする必要はないが、一応ドレスコードがあり、ジーンズやサンダルなどの服装では入場を断られる場合がある。大きな荷物はレセプションに預けて入場しよう。

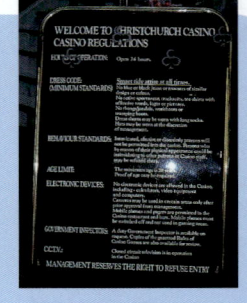

クライストチャーチカジノ
MAP-P.43-G
住 30 Victoria St.　電 03-365-9999
時 11:00〜翌3:00（金曜11:00〜月曜3:00までは終日）　休 なし
URL www.christchurchcasino.co.nz
＊18時以降はホテルへの送迎あり。入場は20歳以上に限る。

クライストチャーチ郊外
ウォーキングの基礎知識

見どころが多い郊外へは、バスツアーを利用

　クライストチャーチ郊外にある見どころは、ゴンドラやサインオブタカへ、サムナービーチなどがある南東部と、国際南極センターやウイローバンク野生動物公園、オラナパークなどがある北西部の2つのエリアに分かれて集中している。おもな見どころを効率よく網羅したければ、メトロなどの市バス（P.39参照）を利用するのが便利だ。国際南極センターなど、街の中心部までの無料送迎バスを出しているところもある。

見る MAP-P.37-C

国際南極センター
International Antarctic Centre

ペンギン観察もできる

　南極への玄関口ともいえるクライストチャーチならではの施設がこ、国際南極センター。近代的な建物の中で、南極探検の歴史や南極に生息する動物などについて楽しく学べる。たとえばスノー＆アイス体験コーナーでは、50トンの本物の雪を運んで南極を再現し、冷風機でマイナス25度の風を作り出すことによって、南極の極寒を疑似体験できる。また、インターネットを使ってリアルタイムの南極スコット基地の様子を見ることもできる。オーディオビジュアルによる解説が聞けるが、日本語での解説が聞きたい場合は、入口でヘッドフォンを借りよう

　施設の外には、実際に南極で使用されていたハグランドと呼ばれる特別仕様の雪上車に乗って、南極の地形を再現したデコボコ道や斜面、水の中を走るエキサイティングなアトラクションがある。また、4D効果が施されているシアターでは、南極大陸を撮影した3D映像に合わせて観客席が揺れたり、風や霧が現れて匂いが漂ったりと、南極を全身で体感できる。

住38 Orchard Rd, Christchurch Airport　☎03-357-0519
交国際空港から徒歩5分　休なし　営9:00〜17:30　料NZ$59
URL www.iceberg.co.nz

歩き方のヒント
クライストチャーチ

楽しみ

アクティビティ	★★★
見どころ	★★★★
リラックス	★★

交通手段

徒歩	★
バス	★★★★
タクシー	★★★

エリアの広さと交通手段

郊外の見どころは、中心部から南東に10kmほどのエリアと、北西に10kmのエリアに集中。中心部からはバスかタクシーの利用が便利。

市内からは専用バスを利用

厳しい南極の気候を体験

南極仕様の雪上車ハグランド

ぜひ訪れたいポイント
●国際南極センター
●ウィローバンク
●アカロア

クライストチャーチ郊外の見どころ

見る　MAP-P.37-A外

オラナ・ワイルドライフパーク
Orana Wildlife Park

狭い檻の中にいるのとは違い、自然に近い環境で飼育されている動物たちを観察できる。園内は徒歩でまわることもできるが、30分ごとに運行しているサファリシャトルと呼ばれるバスに乗るのが便利。園内に数カ所ある停留所での乗り降りは自由だ。毎日定刻に行われる動物へのエサやりも見学できる。

🏠793 McLeans Island Rd.　☎03-359-7109
🚌観光案内所前から車で25分　🕐10:00〜17:00　休12/25
💰NZ$34.50　ホテルへの送迎あり（要予約、有料）

見る　MAP-P.37-F

クライストチャーチ・ゴンドラ
Christchurch Gondola

標高499mのカヴェンディッシュ山にかかる、全長945mのゴンドラ。山頂からはリトルトン港やサザンアルプスまで、360度のパノラミックな景色が見渡せる。頂上にあるサミットカフェでは、クライストチャーチ市内を眺めながら軽食がとれる。

🏠10 Bridle Path Rd., Heathcote
☎03-384-0310　🚌カンタベリー博物館前からシャトルバスあり
🕐10:00〜17:00　休12/25
💰NZ$30

頂上には展望レストランがある

見る　MAP-P.37-C

モナベイル
Mona Vale

1905年にエイボン河畔に建てられた大富豪アニー・タウンエンド夫人の豪邸。バラやアイリス、シャクナゲなどが咲く庭園が見事。ビクトリア様式の洋館はレストランになっていだが、2018年10月に営業を終了した。

🏠40 Mona Vale Ave.　☎03-341-7450　🚌市内中心部からバス10分　🕐7:00〜17:30（月によって変動あり）
休なし　💰無料

見る　MAP-P.37-A

ウィローバンク野生動物公園
Willowbank Wildlife Reserve

ガラス越しではなく、間近にキーウィが見られる貴重な場所。夜行性のキーウィは真っ暗なハウス内にいるので、目を慣らし辛抱強く観察する必要がある。キーウィ以外にもケア、ウッドピジョンなど、ニュージーランド固有の鳥を飼育しており、生態が観察できる。夜間に園内をまわるナイトツアーも人気。夕方から6時間ほどのガイド付きツアーで、マリオ族の勇壮なハカや公園内のレストランでバイキングディナーも楽しめる。ホテルなどで申し込みができる。

🏠60 Hussey Rd.
☎03-359-6226
🚌観光案内所から車で20分
🕐9:30〜17:00（10〜4月〜19:00）
休12/25　💰NZ$32.50

©TNZ

ヘリコプター遊覧飛行
Helicopter Flight

クライストチャーチ市内を上空から見学した後、リトルトンハーバーやバンクス半島周辺を遊覧飛行する。遊覧飛行だけにとどまらず、インストラクターの指導のもとで自ら操縦体験ができるトライアルフライトも体験できる。

問Garden City Helicopters ☎03-358-4360　所要20分
催行毎日（祝日除く）　料NZ$199（市内遊覧飛行）
URLwww.helicopters.net.nz

ジェットボート　Jet Boat

クライストチャーチの市内中心部から車で15分ほどのワイマカリリ川ではエキサイティングなジェットボートが楽しめる。小型高速ボートで、川面を飛ぶように走る快感はジェットボートならでは。

問Jet Thrills ☎03-385-1478
所要30分　催行毎日　料NZ$90
URLalpinejetthrills.co.nz

スリル満点のアクティビティ

乗馬　Horse Trekking

クライストチャーチ郊外の大自然の中を馬に乗って進む。経験豊富なガイドが付いてくれるので、初心者でも大丈夫。

問Waimakriver Horse Riding Centre
☎03-323-9064
URLwaimakriverridingcentre.com
所要1時間　催行毎日　料NZ$70
＊市内までの送迎有り（有料、要予約）

熱気球　Balloon Flight

広大なカンタベリー平野の彼方に連なるサザンアルプスや紺碧の南大平洋の景観を楽しみながら、空中散歩ができるアクティビティ。早朝の澄み切った空を飛ぶ気分は爽快。着陸後は、冷えたシャンパンのサービスがある。

問Ballooning Canterbury ☎03-318-0860
所要4〜5時間（飛行時間1時間）
料 NZ$395 (13歳以上、身長110cm以上)
URL ballooningcanterbury.com

ショップ
Shops

みやげものなら
何でも揃う

中心部では、ハイストリート周辺におしゃれなショップが集まっている。

ディーエフ・スーベニアス
DF Souvenirs

MAP-P.42-F

おみやげデパートのような店

クイーンズタウンにも支店があるクライストチャーチの老舗みやげ物店。店内いっぱいにオールブラックス製品やシープスキン製品など、さまざまなみやげ物が並ぶ。インターネットでの買い物ができる。

田 99 Cashel St.
☎ 03-379-8670
図 観光案内所から徒歩7分
圏 9:00〜18:00（土・日曜10:00〜）
困 なし

冬期の営業時間は異なる

ラグビー専門店
チャンピオンズ
Champions of the World

MAP-P.37-C

オールブラックスグッズが揃う

オールブラックスとスーパー14のチームグッズが豊富。アディダスが作っているオールブラックスのジャージやTシャツ、ジャケットなどが売れ筋だ。ラグビーのビデオもあり、ラグビーファン必見のショップ。

田 555 Colombo St, Shop 29, South City Mall　☎ 03-374-9271　図 観光案内所から徒歩10分　圏 9:00〜18:00（日曜10:00〜17:00）　困 なし
URL champions.co.nz

NZならではのラグビー専門店

アートグッズ
フォーム・ギャラリー
Form Gallery

MAP-P.37-C

NZアーティストの作品が買える店

NZに在住する約100名のアーティストの作品を展示、販売するお店。ジュエリーとガラス製品を中心に時計、シルク製品等すべて手作りの1点ものばかり。日本人ジュエリーデザイナー、コージ・ミヤザキ氏が経営。

田 468 Colombo.St
☎ 03-377-1211　図 観光案内所から徒歩15分　圏 10:00〜17:00
困 日・月曜
URL www.form.co.nz

美しいガラスアートが目を引く

ギフトショップ
シンプリー・ニュージーランド
Simply New Zealand

MAP-P.42-F

空港でもおなじみのみやげ物店

大聖堂広場から移転して再開。NZ産翡翠やボーンカービングのアクセサリーや貝殻で作ったバッグ、陶器にオールブラックスグッズ、メリノミンク製品など、ありとあらゆる商品が揃っている。

田 BNZ Centre,101-110 Cashel St.
☎ 03-366-7977　図 観光案内所から徒歩7分　圏 9:00〜17:00
困 なし
URL www.simplynewzealand.co.nz

（注）写真は旧店舗。空港に支店あり

アート、ギフト
ウッドクラフトギャラリー
Wood Craft Gallery

MAP-P42-B

手作りの木工アート

震災前にアートセンターに入っていた店舗が向かい側に移転し、コンテナマーケットとして営業。ニュージーランド原産の木工品をはじめとする手作りクラフトやカード、ニット製品などが並ぶ。ニュージーランドならではの素朴なおみやげ探しにぴったりな場所だ。

田 33 Worcester Blvd.
図 観光案内所から徒歩1分
圏 9:30〜17:00　困 なし

地元アーティストの作品も

デパート
バレンタイン
Ballantynes

MAP-P.42-F

NZの老舗デパート

1854年にニュージーランド初のデパートとしてオープンしたバレンタインは、クライストチャーチでは唯一のデパートだ。店内にはクオリティーの高い国内外の品々が揃うので、ギフトショップとしても利用できる。

⌂ Cashel St.
☎ 03-379-7400
🚶 観光案内所から徒歩7分
🕐 9:00〜17:30、土曜〜17:00、日曜10:00〜17:00
休 なし

オシャレなローカルの御用達

ビーズショップ
ビーズ・アンリミテッド
Beadz Unlimited

MAP-P.42-J

自分だけのビーズアクセサリー

カラフルなビーズからヴェネチアンガラスまで、サイズ、形とも無数に揃う店内で、ピアスやネックレス、ブレスレットなどをその場で作って購入できる。世界でたったひとつのビーズは、旅の思い出にもなるはず。

⌂ 7 New Regent St.
☎ 03-379-5391
🚶 観光案内所から徒歩12分
🕐 9:00〜17:30（金曜〜17:00、日曜10:00〜）
休 なし

ワークショップは女性や子どもに人気

ギフトショップ
ミ・ウーリーズ
Mi Woollies

MAP-P.37-C

直営工場で作る羊毛製品

羊の国ニュージーランドで、ぜひ買い求めたいのがシープスキン製品。こちらのギフトショップでは、自社工場で作る高品質なシープスキンやウール製品を、リーズナブルな価格で種類豊富に取り揃えている。

⌂ 12 Symes Rd.
☎ 03-389-1038
🚶 観光案内所から車で15分
🕐 8:30〜17:00、土曜9:00〜16:30
休 日曜
URL www.miwoollies.com

1枚は欲しい高級シープスキン

セーター
アンタッチト・ワールド
Untouched World

MAP-P.37-C

SnowyPeakの直営店

有名セーターブランド『SnowyPeak』の直営店で、隣が工場になっている。ウール100%マウンテンシルクのセーターなどがここで入手できるほか、アロマオイルやオーガニックワインも扱う。

⌂ 155 Roydvale Ave.
☎ 03-357-9399 🚶 観光案内所から車で15分 🕐 月〜金曜8:00〜17:00、土・日曜9:00〜 休 なし
URL www.untouchedworld.com

オーガニックカフェを併設

チーズ
カンタベリー・チーズモンガーズ
Canterbury Cheese Mongers

MAP-P.42-B

絶品チーズがいっぱい

国内外から厳選されたチーズが並ぶお店。チーズに合う自家製パンも焼いており、ランチタイムには自分で選んだチーズと焼きたてパンのサンドイッチが人気。週末には地元のマーケットにも出店。

※2019年6月現在、新店舗開店準備中。土曜日のクライストチャーチ・ファーマーズマーケットには出店。（→P27参照）
URL www.cheesemongers.co.nz

※写真は旧店舗

ワイン
ビノ・フィノ
VINO FINO

MAP-P.42-E

こだわりのワインが揃う

1993年より、こだわりを持ったワインスペシャリストとして営業。ニュージーランド産を中心に、海外産も含めて、選りすぐられたワインが豊富に揃っている。店内では、ワインに関するイベントなどが行われている。

⌂ 188 Durham St. South
☎ 03-365-5134 🚶 観光案内所から徒歩10分
🕐 9:00〜18:00 休 日曜
URL vinofino.co.nz

NZワインはココで！

レストラン
Restaurants

チャーチの食は、選択の幅が広い

ダウンタウンのレストランは、続々リニューアルオープン。地元カンタベリー産のワインも楽しみたい。

ニュージーランド料理
ストロベリーフェア
Strawberry Fare

MAP-P.43-D

スイーツが豊富

クライストチャーチで25年の歴史を持ち、今も地元の人々に愛される家族経営のレストラン。おすすめは、種類豊富なデザート。ティラミスやクリームブリュレなど、甘党にはたまらないメニューばかり。

🏠 19 Bealey Ave. ☎03-365-4897
🚶観光案内所から徒歩12分
🕐7:00〜深夜（土・日曜8:30〜）
休 なし 💰NZ$18〜
URL www.strawberryfare.com

デザートメニューが豊富

カフェ
ビックスカフェ
Vic's Café

MAP-P.43-D

パンがおいしいカフェ

週末の朝はクライストチャーチの地元の人で込み合う人気のカフェ。フェリーミードにあるVic's bakehouseで焼かれたパンも販売。ニュージーランドのBest Breadも受賞したことがある絶品パンだ。

🏠132 Victoria St. ☎03-963-2090
🚶観光案内所から徒歩10分
🕐7:00〜16:00（土・日曜7:30〜）
休 なし 💰NZ$7〜
URL www.vics.co.nz

焼きたてパンは、午前中が狙い目

カフェ
アイレックスカフェ
Ilex Cafe

MAP-P42-B外

植物園内の洗練されたカフェ

バラ園近くにある純白の建物に入っているカフェ。ガラス張りの大きな窓から緑が見渡せ、リラックスできる。ワッフルやグラノーラなどの朝食メニューや、サンドイッチ、パイなどの軽食類が充実。

🏠Christchurch Botanic Gardens
☎03-941-5556
🚶観光案内所から徒歩5分
🕐9:00〜17:00 休12/25
💰NZ$5〜

天気のいい日はテラス席でワインを飲みたい

スペイン／ニュージーランド料理
キュレーターズ・ハウス
Curator's House Restaurant

MAP-P.42-B

公園の中の名レストラン

ハグレーパークの中にあるレストランは、花に囲まれながら優雅に過ごせる特別な場所。地元の食材を使ってスペイン料理風に仕上げた料理は、タパスメニューのほか、チョリソやパエリアなど、定番の料理を楽しめる。

🏠7 Rolleston Ave. ☎03-379-2252
🚶観光案内所から徒歩3分
🕐11:00〜15:30（冬期11:30〜15:00）、17:00〜22:00 休なし 💰ランチNZ$23〜、ディナーNZ$34〜

シーフードづくしの名物パエリア

日本料理
きんじ
Sushi Dining KINJI

MAP-P.37-C

地元在住日本人に人気の店

20年以上の経験を持つオーナーが作る、NZ近海の魚介を使った本格的な寿司や、地元で作られた有機野菜を使う斬新な創作料理が大人気。前菜盛り合わせやみそ汁、漬け物が付いておトク感あり。

🏠279B Greers Rd., Bryndwr ☎03-359-4697 🚶観光案内所から車で10分 🕐17:30〜22:00 休日曜、祝日 💰NZ$16〜 URL www.kinjirestaurant.com

平日でも予約は必須

ニュージーランド料理
ペスカトーレ
Pescatore

MAP-P.43-C

国内トップクラスの実力派

　こぢんまりとしたアットホームな雰囲気で供される料理の極上の味わいに魅了され、国内外のセレブが訪れるレストラン。地元の新鮮な食材を活かした料理の中でも、いろいろな味が楽しめるデギュスタシオンが人気。

🏠50 Park Terrace（ジョージホテル2階）☎03-371-0257
🚶観光案内所から徒歩7分
🕐18:00〜22:30 休日・月曜、祝日 💰NZ$40〜

鹿肉のカルパッチョ

ニュージーランド料理
50ビストロ
50 Bistro

MAP-P.43-C

若手シェフの逸品を味わう

　数々の賞を受賞するシェフが活躍するジョージホテルのレストラン部門。1階のレストランでは、こだわりと自信を持つ若きシェフが食材そのものの味を活かしながら、丁寧に作り上げた料理をじっくりと味わいたい。

🏠50 Park Terrace（ジョージホテル1階）☎03-371-0250 🚶観光案内所から徒歩7分 🕐6:30〜22:00 休なし 💰ランチNZ$20〜、ディナーNZ$35〜

シンプルでありながら洗練された店内

日本料理
サキモト・ジャパニーズ・ビストロ
Sakimoto Japanese Bistro

MAP-P.42-J

魚介がおいしい和食店

　レストランやホテル、みやげ物店が並ぶアーケード、カセドラルジャンクション内にある日本食の店。焼き鳥やたこ焼きなどのおつまみ系から、うどんや丼もの、刺身や寿司まで幅広いメニューを揃える。

🏠119 Worcester St. ☎03-379-0652 🚶観光案内所から徒歩10分 🕐12:00〜14:30、17:00〜21:00（月・水曜は夜のみ）休日曜 💰NZ$15〜

脂がのったサーモンの西京焼き

ニュージーランド料理
カフェ・バレンチーノ
Café Valentino

MAP-P.42-E

カジュアルなレストラン

　NZで人気のイタリアンレストランで、有名人も訪れる。ピザ、パスタともに豊富なメニューから選べる。ニューヨークチーズケーキやクレームブリュレ、ティラミスなど、デザート（一律NZ$15.50）も評判。

🏠168 St Asaph St. ☎03-377-1886
🚶観光案内所から徒歩10分
🕐11:45〜深夜 休なし
💰NZ$20〜
🔗www.cafevalentino.co.nz

「V」の看板が目印

日本料理
友栄
Lin's TOMOEI

MAP-P.37-C

本格的なシーフードレストラン

　新鮮な魚貝類を提供するクライストチャーチ最大のシーフードレストラン。南島の地元で取れるイセエビ、アワビ、キングクラブなどの素材を使った海鮮丼、和風パエリア、アワビ粥などがおすすめ。

🏠West Link Mall, 8 Brake Street, Upper Riccarton ☎03-348-9381
🚶観光案内所から車で10分
🕐11:00〜21:30 休なし
💰NZ$10〜

個室ではカラオケも楽しめる。

カフェ
ボートシェッドカフェ
Boatshed Cafe

MAP-P.42-A

ボート小屋を利用したカフェ

　店内には古いカヌーが飾られており、古いボート小屋の雰囲気が漂う。本日のスープ（パン付きNZ$12.50）や、フライドポテトを添えたステーキサンドイッチ（NZ$21.50）などの軽食のほか、ワインやビールもある。

🏠2 Cambridge Tce. ☎03-366-6768 🚶観光案内所から徒歩5分 🕐6:30〜17:00（夏期〜17:30）休4/25、6/5、10/23、12/25 💰NZ$8〜＊カヤックなどのレンタルもできる

川を見下ろす窓際の席が眺めよし

トラムレストラン
Christchurch Tramway Restaurant

MAP-P.42-J

走るトラムで豪華ディナー

　中心部を巡る観光トラムが、夜になると走るレストランに衣替え。クラシックな車内で、前菜からデザートまでのコース料理が楽しめる。メインは鹿肉やサーモンなど4種類からチョイス。車窓に流れる景色を眺めながら過ごすユニークなディナータイムは、忘れられない思い出になるはず。

🏠109 Worcester St.
☎03-366-7830
🚶観光案内所から徒歩10分
🕐19:00〜22:00（11〜2月19:30〜）
休祝日　料NZ$109

カセドラルジャンクションのトラム乗り場から19時に出発する

車内は全36席。完全予約制

ボリューム満点の本格コース料理が堪能できる

ベイリーズ
Bailies Bar & Restaurant

MAP-P.43-L外

ランチも食べられる

　30年近く大聖堂の横で営業していた店舗は地震によって取り壊され、場所を変えてリニューアルオープン。モットーのフレンドリーな対応は変わらずに、ランチから深夜まで営業している。

🏠1066 Colombo St.
☎03-366-5159　🚶観光案内所から車で5分　🕐11:00〜23:00（土・日曜9:00〜）　休なし

地元の人からサポートされている店

リトル・ネイバーフッド
Little Neighbourhood

MAP-P.43-D

コンテナを利用したバー

　コンテナで区切られた店は、地震の被害から立ち上がるクライストチャーチの今を表すコンセプト。椅子などもリサイクルされた素材から作られている。グラスビールにはおなじみのKIRINもある。

🏠94 Victoria St.　☎03-379-9559
🚶観光案内所から徒歩10分
🕐16:00〜深夜（金〜日曜12:00〜）
休なし

週末は若者でにぎわう

本音でガイド

地震災害から復活したトラム

　2011年2月のカンタベリー大地震で大きな被害を受け、運行停止を余儀なくされたクライストチャーチの名物、トラム（路面電車）だが、2013年11月から順次運行を再開、2017年に完全復活した。17の駅をつないで市の中心部を循環するトラムに乗ることは、エイボン川のパンティング（→p.50参照）と並ぶ市内観光の人気アクティビティとなっている。1日乗り放題チケットNZ$25。

大聖堂前広場に停まるトラム

ホテル
Hotels

**最高級ホテルから
バックパッカーズ
まで、幅広い**

中心部の再開発に伴い、ホテルも続々とリニューアルオープン。中心部の北側エリアにリーズナブルなモーテルが点在する。

ホテル
ランデブー
Rendezvous

MAP-P.42-J

中心部にそびえる高層ホテル

にぎやかなニューリージェントストリートに続くカセドラル・ジャンクションに位置しており、市内中心部の観光スポットはどこも徒歩圏内。トラム乗り場にも近い。

🍴☕🍸🏊🅱🏋

⊞166 Gloucester St.
☎03-943-3888 🗺観光案内所から徒歩10分 🏨S・T／NZ$155〜
🛏171室
URL www.rendezvoushotels.com

館内にはサウナもあり

ホテル
ヘリテイジ
The Heritage

MAP-P.42-J

窓から見える夜景を楽しむ

クラシックな雰囲気を活かしたアパートメントスタイルの部屋は、自炊用キッチンを備えた長期滞在者向き。フィットネスセンター、屋内プール、スパなどの施設も利用できる。

🍴☕🍸🏊🅱🏋♨

⊞28-30 Cahtedral Square
☎03-983-4800
🗺観光案内所から徒歩10分
🏨S・T／NZ$250〜 🛏35室
URL www.heritagehotels.co.nz

高級ホテル
ジョージホテル
The George Hotel

MAP-P.43-C

🅱🍴☕🍸🅱

国内外のセレブが宿泊

ハグレー公園がすぐ目の前という理想的な場所に建つ高級ホテル。ゴージャスでエレガントな佇まいときめ細かいサービスに定評があり、国内の閣僚や欧米の著名人などがクライストチャーチ滞在時の宿として利用している。

⊞50 Park Terrace
☎03-379-4560
🗺観光案内所から徒歩10分
🏨S・T／NZ$375〜
🛏53室
URL www.thegeorge.com

ホテル
ペッパーズ・クリアウォーター
Peppers Clearwater

MAP-P.37-A

自然を楽しめるホテル

クライストチャーチ郊外の、ゴルフコースと屋外テニスコートを備えた、スポーツ好きにはぴったりなリゾートホテル。客室は2人用やファミリー向けのヴィラなど、さまざまなタイプを揃えている。

⊞Clearwater Ave.
☎07-5665-4426
🗺観光案内所から車で30分
🏨S・T／NZ$230〜 🛏79室
URL www.peppers.co.nz

広大な敷地に建つヴィラ

ホテル
パークビュー・オン・ハグレー
Park View on Hagley

MAP-P.37-C

部屋からハグレー公園を望む

リカトンロードの角に位置するホテルで、敷地の真横にハグレー公園が広がる便利かつ静かで落ち着いた立地。リカトン地区にも徒歩で行ける。地上階には、オープンテラスのバーを併設している。

⊞1 Riccarton Rd.
☎03-348-0723 FAX03-348-0724
🗺観光案内所から車で5分
🏨S・T／NZ$175〜 🛏40室
URL www.hotelparkview.co.nz

ショッピングモールまで徒歩8分

🅱日本語が通じる 🍴レストラン ☕カフェラウンジ 🍸バーラウンジ 🏊プール 🅱ビジネスセンター 🏋フィットネス ♨スパ

ホテル
コモドアホテル
Commodore Hotel

MAP-P.37-C

手入れされた庭にも注目

　クライストチャーチ国際空港から車で数分の場所に位置し、ビジネス客にもよく利用されるホテル。室内プールやスパ、サウナ、ジムがあり、無料でレンタサイクルも利用できる。空港までのシャトルサービスもあり。

🏠449 Memorial Ave. ☎03-358-8129 FAX03-358-2231 🚗クライストチャーチ空港から車で3分 💰S・T／NZ$250〜 🛏157室 URLwww.commodorehotel.co.nz

空港に近い好ロケーション

ホテル
アイビスホテル
Ibis Hotel

MAP-P.42-F

スタイリッシュなシティホテル

　大聖堂広場に隣接する好立地のビジネスホテルタイプのホテル。エイボン川や植物園、博物館、観光案内所をはじめ、ダウンタウン中心部の見どころまでは徒歩圏内だ。ショッピングモールにも近く、買い物も便利。

🏠107 Hereford St. ☎03-367-8666 🚶観光案内所から徒歩5分 💰S・T／NZ$135〜 🛏155室 URLwww.ibis.com

シティーセンターに近くて便利

B&B
オラリB&B
ORARI B&B

MAP-P.42-B

街なかながら落ち着く

　街の中心部にありながら、敷地に一歩入ると落ち着いた雰囲気を感じる静かなB&B。部屋数10室と規模は大きくないが、アパートメントタイプの宿泊設備も備えている。

🏠42 Gloucester St. ☎03-365-6569 🚶観光案内所から徒歩2分 💰S・T／NZ$170〜 🛏10室 URLwww.orari.net.nz

アットホームな雰囲気

ホテル
スディマ・エアポート
SUDIMA Christchurch Airport

MAP-P.37-C

早朝フライトに便利

　南極センターとクライストチャーチ国際空港に隣接するホテルで、空港へのアクセスが便利。24時間空港への無料シャトルが利用できる。クライストチャーチ郊外の見どころを中心にまわる際も便利。

🏠550 Memorial Ave. ☎03-358-3139 FAX03-358-3029 🚗クライストチャーチ空港から徒歩3分 💰S・T／NZ$230〜 🛏240室 URLwww.sudimahotels.com

空港から徒歩圏内

ホテル
シャトーオンザパーク
The Chateau on the Park

MAP-P.37-C

美しいガーデンホテル

　2万㎡もの敷地に建つ4つ星のリゾートホテル。フランスのシャトーを模したユニークな建築で、大半の部屋からバラやシャクナゲ、アゼリアなどに囲まれた、手入れの行き届いた美しい庭園の景色を望むことができる。

🏠189 Deans Ave. ☎03-348-8999 FAX03-343-9756 🚗観光案内所から車で5分 💰S・T／NZ$240〜 🛏192室 URLdoubletree3.hilton.com/en/index.html

由緒あるホテル

B&B、モーテル
グレンジ
The Grange

MAP-P.42-F

ゆっくりとした時間が流れる

　1874年にニュージーランド原産のカウリやトタラの木材を使って、住居として建てられた歴史的建造物。現在はB&Bとして生まれ変わっている。B&Bのほか、キッチンを備えたモーテルタイプの部屋も8室備えている。

🏠56 Armagh St. ☎03-366-2850 FAX03-374-2470 🚶観光案内所から徒歩5分 💰S・T／NZ$165〜 🛏14室 URLwww.thegrange.co.nz

かわいらしい木造の宿

モーテル
センターポイント・オン・コロンボモーテル
Centre Point on Colombo Motel

MAP-P.43-H

観光に便利な立地

　日本に滞在したことがあるニュージーランド人と日本人のカップルが営むモーテル。街のメインストリートに位置しており、どこへ行くにも便利なロケーションだ。

住859 Colombo St.　☎03-377-0859　FAX03-377-1859　図観光案内所から徒歩15分　料S・T／NZ$150〜　室12室　URLwww.centrepointoncolombo.co.nz

日本語OK

ホテル
ハートランドホテル・コッツウォルド
Heartland Hotel Cotswold

MAP-P.37-C

長期滞在もOK

　「ガーデンシティー」らしく、花壇が美しく手入れされているかわいらしい外観のホテル。ホテルの向かいにモーテルタイプの部屋もあり、長期滞在にも向いている。

住88-96 Papanui Rd.　☎03-355-3535　図観光案内所から車で10分　料S・T／NZ$140〜　室77室　URLwww.scenichotelgroup.co.nz

花がきれいな宿

ホテル
アシュリーホテル
The Ashley Hotel

MAP-P.37-C

ショッピングセンターが近い

　にぎわうリカトン地区に位置し、ビジネス、レジャーのどちらであっても便利なロケーション。クライストチャーチ最大のウェストフィールド・ショッピングセンターへは徒歩10分ほど。

住106 Mandeville St.　☎03-348-5049　図観光案内所から車で7分　料S・T／NZ$80〜　室45室　URLwww.ashleyhotelchristchurch.co.nz

デラックスルームあり

ホテル
パビリオンズ
Pavilions

MAP-P.37-C

カジノへも歩いて行ける

　おしゃれなメリベール地区から徒歩圏内にあるホテル。カジノやレストランへも歩いて行ける便利な場所に位置する。客室は広々として明るい印象の部屋が多い。

住42 Papanui Rd.　☎03-355-5633　図観光案内所から車で7分　料S・T／NZ$210〜　室89室　URLwww.pavilionshotel.co.nz

客室は清潔感がある

B&B
ミンナハウス
Minna House

MAP-P.37-C　🅱

人との出会いを大切にする宿

　静かな住宅街の中に建つ1軒家。クライストチャーチに移住した日本人オーナーの自宅を利用したB&Bで、知りあいの家に遊びに来たような気軽さが魅力。素泊まりや週単位のステイなど、都合にあわせた滞在が可能だ。

住62 Hawkesbury Ave.　☎03-355-3977　FAX03-355-3977　図観光案内所から車で10分　料S・T／NZ$115〜　室2室

リピーターが多い宿

モーテル
コーテシーコートモーテル
Courtesy Court Motel

MAP-P.37-C　♨

レンタカーでの旅に便利なモーテル

　部屋の前に車が駐車できるモーテルは、レンタカーでの旅に最適。ステュディオタイプから2ベッドルームのユニットまで揃い、部屋によってはスパバスが付いている。黄色を基調にしたインテリアは明るい雰囲気。

住33 Sherborne St.　☎03-379-5225　FAX03-379-9566　図観光案内所から車で5分　料S・T／NZ$120〜　室16室

2階建てのモーテル

🅱日本語が通じる　🍴レストラン　☕カフェラウンジ　🍸バーラウンジ　🏊プール　🅱ビジネスセンター　🤸フィットネス　♨スパ

ニュージー流
ガーデニングの魅力

ガーデニング自慢の
お庭を訪問できる

　南半球のガーデン王国と呼ばれるニュージーランドには、全国に花々の美しい庭園が点在している。なかでも「ガーデンシティ」の愛称を持つクライストチャーチでは、市民の間でガーデニングが非常に盛ん。思わず足を止めてしまうような美しい庭が実に多い。

　それもそのはず、クライストチャーチでは100年以上も前から街の美化を目的として春と夏の2回、ガーデンコンテストが行われているのだ。コンテストの審査後、入賞ガーデンの多くが一般解放されるため、クライストチャーチには国内外からたくさんのガーデニング好きが集まってくる。

　取材に訪れた11月末は、市内でバラの花が見ごろを迎えていた。ローズコテージと呼ばれる庭が有名な、ジョーンズ家のお宅を訪問。この家のご主人はバラの品種改良が趣味だそうで、庭にはなんと430種類ものバラが咲き乱れている。中には「Empress Michiko（美智子妃殿下）」という名前のバラもある。ご主人が改良した白くてトゲのない大輪のバラには、奥さまの名前が付けられていた。

バラづくしの庭が有名なジョーンズ家

クライストチャーチのガーデンの見ごろ

1月	2月	3月	4月	5月	6月	7月	8月	9月	10月	11月	12月

夏のコンテスト参加ガーデン

夏の受賞ガーデン

マーガレット、ラベンダー

プロテア、ルーカデンドン

サクラ

春の受賞ガーデン

バラ

ツアーで巡るプライベートガーデン

　滞在期間に余裕がなく、効率的にプライベートガーデン巡りをしたいのなら、現地のガーデンツアーに参加することをおすすめする。ニュージーランドの花々に精通しているガイドが、その時期の一番の見どころの庭を案内してくれる。

ガーデニング談義に花が咲く

　10月〜11月初旬はシャクナゲやツツジ、11月中旬〜1月はバラ、6月〜9月は日本では見られないプロテアやルーカデンドンと、季節ごとに訪れる庭を変えているのが特徴。2月〜3月は夏のコンテスト受賞ガーデン、10月〜11月は春のコンテスト受賞ガーデンへの訪問がツアーに組込まれる。ニュージーランドでは部屋の模様替えと同じように、庭も植え替えをする。カラフルな夏の庭、緑のグラデュエーションが美しい春の庭と、季節によって印象が変わるため四季折々の楽しみがある。

現地の人とのふれあいが楽しめる

園芸店に行くこともある

プチ・ガーデンツアー（クライストチャーチ）
Big Fun Tours　☎03-366-3343
URL www.bigfuntours.co.nz　出発時間15:00（12月〜3月は16:00）　運行10月〜翌3月　料金NZ$80　日本語ガイド付き、ホテルまでの送迎サービスあり

クライストチャーチ・ガーデンツアー
ワールドブリッジ　☎03-3562-7878（日本）　FAX 03-3562-7615（日本）
URL www.world-bridge.co.jp　出発時間9:00〜13:00、13:30〜17:00
日本語ガイド付き、ホテルまでの送迎サービスあり

個人でプライベートガーデンを訪れるには？

　書店でガーデン案内の本が販売されているほか、各地の観光案内所でガーデン情報が入手できる。クライストチャーチの観光案内所では市内14カ所のガーデンを地図入りで紹介した「Scenic Drive Guide」という無料マップを配布。またニュージーランド・ガーデン・トラストのウェブサイト（英語）には、一般開放しているプライベートガーデンの住所、電話番号、料金などが紹介されている。個人庭を訪れる前には事前に連絡を。

ニュージーランド・ガーデン・トラスト
URL www.gardens.org.nz

©Christchurchnz.com

©Christchurchnz.com

カイコウラ

Kaikoura

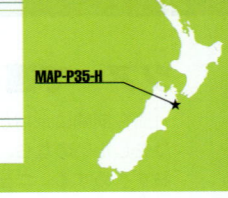

MAP-P35-H

カイコウラへのアクセス

🚆 クライストチャーチから
コースタルパシフィックで3時間
15分、1日1便（午前）、料金
NZ$89～。

🚌 クライストチャーチから
インターシティで2時間50分、1
日2便（午前1便／午後1便）、料
金NZ$33～。

観光案内所 i-SITE

Kaikoura i-SITE
MAP **P.62** 住West End
☎03-319-5641
営9:00～18:00 困なし
URLwww.kaikoura.co.nz
毎日1時間ごとに上映しているオ
ーディオビジュアルショーで、カ
イコウラに集まる野生動物の生態
を紹介している。

歩き方のヒント
カイコウラ

楽しみ
アクティビティ ★★★★★
見どころ ★
リラックス ★★★

交通手段
徒歩 ★★★
レンタサイクル ★★★★

エリアの広さ
鉄道駅に併設されたホエールウォ
ッチ・カイコウラのオフィスの東
側にあるウエストエンドがメイン
ストリート。数分で歩けるこの通
りにショップやギフトショップ、
レストランなどが集まっている。
観光案内所はウエストエンドの最
東端に位置する。ウエストエンド
からエスプラネードの終わりまで
歩いても、1時間程度。タクシー
は数が少ないので、あまりアテに
できない。

▼街のしくみと歩き方

　鉄道駅からメインストリートのウエストエンド、それに続く
エスプラネードを通り過ぎ、さらにカイコウラ半島の先端にあ
るシールコロニーまで歩いても、片道1時間半ほどの小さな街。
　シールコロニーからの帰り道は、海岸線に沿って続く遊歩道
を歩いてみると、波に削られたユニークな地層が見られる。遊
歩道の行程は約2時間半。満潮になると歩けない場所があるの
で、あらかじめ満潮時を調べておきたい。カイコウラの観光の
目玉は、ホエールウォッチングだ。ここでは複数の会社が海、
空からクジラを見るツアーを催行しているが、天気などの諸条
件によってキャンセルになることも珍しくないので、できれば
数日間の滞在を見ておきたい。ウエストエンドに続く海沿いの
通り、エスプラネードには海に面して宿泊施設が建ち並ぶ。
　車で旅をする人が多く立ち寄るカイコウラには、キッチン付
きのモーテルが圧倒的に多い。宿泊料金はだいたい1泊NZ＄
100～程度。ちなみにカイコウラとは、マオリ族の言葉で「ク
レイフィッシュ（イセエビ）を食べる」という意味。カイコウ
ラに寄ったら、ぜひクレイフィッシュを賞味したい。

見る　　　　　　　　　　　MAP-P.62
シールコロニー
Seal Colony

10メートル以内には近づかないよ
うにと書いてある

　カイコウラ半島の先端にある
シールコロニーは、野生のオッ
トセイの生息地。日によっては、
陸から沖に続く岩場に寝そべる姿が間近に見られることもある。
見学時には、オットセイを脅かすような行為は厳禁。

レストラン MAP-P.62外
ヒスロップカフェ
Hislops Cafe

　オーガニック食材にこだわった自然食カフェ。ベジタリアンやアレルギーのある人でも安心して食事ができる。

住33 Beach Rd.　☎03-319-6971　交観光案内所から徒歩10分　圏8:30〜16:00　休なし　予ランチ／ディナー　NZ$15〜

レストラン MAP-P.62
クレイポット
Craypot

　カイコウラの海の幸が楽しめる。名物クレイフィッシュを味わってみたい人には、1/4のクレイフィッシュがのったサラダがおすすめ。

住70 West End　☎03-319-6027　交観光案内所から徒歩1分　圏8:00〜20:00（土曜〜17:30、日曜〜15:30）　休なし　予ランチ/ディナーNZ$17〜

クレイフィッシュサラダ

ホテル MAP-P.62
ウェイブス
Waves

　スタイリッシュな外観が目をひくアパートメントタイプの宿。客室はすべて2ベッドルームで、バスルームも2つ。

住78 Esplanade　☎03-319-5890　交観光案内所から徒歩3分　料$260〜　室11室

全室から海が見える

ホテル
ポイントB&B
The Point B&B

　シールコロニーへ向かう途中にある築約130年のB&B。カイコウラ半島に広がる牧場のオーナーファミリー宅のゲストルームに泊まり、ファー

ホテル MAP-P.62
シエラビーチフロントモーテル
Sierra Beachfront Motel

　通りを隔てて海が目の前。2人用のステュディオから、7人まで宿泊可能なファミリーユニットまである。

住160 Esplanade　☎03-319-5622　FAX03-319-5622　交観光案内所より徒歩5分　料T／NZ$95〜　室13室

ムステイのような滞在ができる。1日2回、羊の毛刈りショーが行われる。
住85 Fyffe Quay
☎03-319-5422
交観光案内所から徒歩20分
料S/NZ$170〜　室2室
URLwww.pointbnb.co.nz

牧場主のピーター

カイコウラはエコツアーの宝庫

　15種類ものクジラやイルカが集まるカイコウラの海。暖流と寒流がぶつかる沖合いでは大量のプランクトンが発生し、その豊富なエサを求めて、大小さまざまな海洋生物が集まる。ゆえに、海のエコツアーがよりどりみどりというわけなのだ。以下に紹介するツアーは、すべて観光案内所で申し込むことができる。

ホエールウォッチング
↓ボートから見る
回ホエールウォッチ・カイコウラ
☎03-319-6767　料NZ$150　所要3時間30分
URLwww.whalewatch.co.nz
↓セスナから見る
回ウイングス・オーバーホエールズ
☎03-319-6580　料NZ$180　所要30分
URLwww.whales.co.nz
イルカと泳ぐ
回ドルフィン・エンカウンター
☎03-319-6777　料NZ$180　所要3時間
URLwww.dolphinencounter.co.nz

オットセイと泳ぐ
回シールスイム・カイコウラ
☎03-319-6182　料NZ$120〜　所要2時間30分
URLwww.sealswimkaikoura.co.nz
↓シーカヤックでオットセイを見る
回シーカヤック・カイコウラ
☎0800-452-456　料NZ$110（半日ツアー）
URLwww.Kaikourakayaks.co.nz

瞳が愛くるしいオットセイ

絵ハガキのようなシーンが目の前で見られる

ピクトン

Picton

MAP-P35-D

ピクトンへのアクセス

🚌 クライストチャーチから
コースタルパシフィックで6時間
15分、1日1便、料金NZ$159〜。

🚐 クライストチャーチから
インターシティで約5時間30分、
1日2便、料金NZ$65〜。

⛴ ウェリントンからインターアイランダーで約3時間、1日3
〜5便、料金NZ$63〜75。

観光案内所 i-SITE

Picton i-SITE
MAP **P.64** 🏠 The Foreshore
☎03-520-3113 ⏰8:30〜18:00
（日曜、祝日10:00〜15:00）休12/25

歩き方のヒント
ピクトン

楽しみ
アクティビティ ★★★
見どころ ★
リラックス ★★★

交通手段
徒歩 ★★★★★
レンタルオートバイ ★★★
タクシー ★

エリアの広さ
フェリーターミナルを起点として、
ハイストリートの周辺が街の中心。
1泊以上するなら、クルーズまた
はトレッキングでクイーンズシャー
ロットまで足を延ばしたい。

街の入口にある看板

ピクトン博物館
Picton Community Museum
🏠9 London Quay ☎03-573-82
83 🚶観光案内所から徒歩1分
⏰10:00〜16:00 休なし 料NZ$5

▼街のしくみと歩き方

　タスマン海峡を渡るフェリーの南島側の発着点となるピクトン。ほとんどのツーリストが通過点として通り過ぎる小さな街だが、クイーンズシャーロットのクルーズやトレッキングなど、美しいフィヨルドを活かしたアクティビティが楽しめる穴場的な観光スポットだ。街歩きのスタート地点は、フェリーターミナル。南島各地からの長距離バスは、このフェリーターミナル前で停まり、各レンタカー会社のオフィスも集中している。

　フェリーターミナルを出て南に50mほど歩くとピクトン駅があり、向かいに観光案内所がある。隣は海に面した公園になっており、園内にはピクトン博物館がある。博物館の横の階段を上がって門をくぐると、正面に、この街のメインストリートであるハイストリートがのび、200メートルほどの道沿いにレストランやみやげもの店、モーテルが建ち並んでいる。

見る　　　　　　　　　　　　　　　　MAP-P.64

ピクトン博物館
Picton Community Museum

　観光案内所がある公園内に建つ、こじんまりとした博物館。かつては捕鯨で栄えていたこの街らしく、捕鯨基地のようすや、捕鯨に使われていた道具などの展示が豊富。ほかに、マオリ族の工芸品も見ることができる。公園側からも入館できるが、正面玄関はロンドンキーに面している。

ピクトン中心部
Central Picton

0　　　　200m

（ウェリントン行き）
フェリーターミナル
Ferry Terminal

ピクトンハーバー
Picton Harbour

エドウィンフォックス号
Edwin Fox Maritime Museum

シーワールド・アクアリウム

観光案内所

ピクトン博物館
Picton Community
Museum

ピクトン駅
Picton Station

ロンドンキー
London Quay
チョイス・ギャラリ

カフェ・コルサド
ツーリスト
コートモーテル
ウェイブカフェ&コートヤ
アメリカーノ・モーターイ

ピクトン・ビレッジ・
ベーカリー
Dublin St.

ハーバービュー・
モーテル

郵便局

Waikawa Rd.

Wellington
Auckland St.
High St.

見る　MAP-P.64
エドウィンフォックス号
Edwin Fox Maritime Museum

　1853年に東インド会社によって建造された木造の貨物船。イギリスやスコットランドからの入植者が、この船に乗ってニュージーランドにやってきた。現存する木造の貨物船としては、世界でも数少ないもののひとつ。フェリーターミナル近くに展示されている。
住Dunbar Wharf ☎03-573-6868
交観光案内所から徒歩1分
営9:00 ～ 17:00 休12/25 料NZ$15

ショップ　MAP-P.64
チョイス・ギャラリー
The Choice Gallery

　観光客で賑わうハイストリート沿いにある店では、地元ピクトンをはじめ、NZ産のおみやげを厳選して販売。西海岸で作られた翡翠のネックレスやガラス細工のジュエリーがおすすめ。
住19 High St ☎03-573-6648
交観光案内所より徒歩3分
営11:00～17:00　休土・日曜

レストラン　MAP-P.64
ピクトン・ビレッジ・ベーカリー
Picton Village Bakery

　オランダ出身のオーナーが心をこめて焼いているパンは、数々の賞を受賞し、その味を求め遠くからのお客さんも後を絶たない。ボリュームたっぷりのサンドウィッチやオランダ伝統のスイーツも人気。
住46 Auckland St ☎03-573-7082
交観光案内所より徒歩5分
営6:00～16:00 休日曜・祝日

見る　MAP-P.64
エコワールド・アクアリウム
Ecoworld Aquarium

　英語ではシーホースと呼ばれるさまざまなタツノオトシゴを集めて展示しているユニークな水族館。館内には、生まれたばかりのタツノオトシゴを育てている水槽もあり、間近で観察できるようになっている。全長6メートルの巨大イカの展示も目を引く。
住Picton Foreshore ☎03-573-6030 交観光案内所からすぐ
営9:30～17:00 休なし 料NZ$24

レストラン　MAP-P.64
カフェ・コルタド
Cafe Cortado

　メインストリート沿いにあるイタリア風カフェ。潮風を感じながら食べるイタリアンは優雅な時間を感じさせてくれる。自家製のピザは地元客からも愛されている一品。
住Cnr. High and London Quay ☎03-573-5630 交観光案内所より徒歩3分 営8:00～深夜 休12/25、4～9月は月・火曜

レストラン　MAP-P.64
ウェイブカフェ＆コートヤード
Wave Cafe and Courtyard

　朝7時からオープンしているカフェ。観光案内所から徒歩3分と便利な立地。人気メニューのビッグビーフバーガーはボリューム満点。手作りのパイやケーキはコーヒーにぴったり。バスやフェリーの待ち時間に立ち寄りたい。
住22 High St. ☎03-573-5650
交観光案内所から徒歩3分
営7:00～16:00 休なし
料NZ$10.50～

ホテル　MAP-P.64
ハーバービュー・モーテル
Harbour View Motel

　ピクトン港を一望する人気のモーテル。リーズナブルな価格と、清潔感のある部屋が自慢。シャトルバスでの送迎サービスあり。
住30 Waikawa Rd. ☎03-573-6259 交観光案内所から徒歩9分 料S・T／NZ$110～
室14室 URLwww.harbourviewpicton.co.nz

本音でガイド
クルーズとトレッキングで、クイーンズシャーロットを体験

　入り組んだフィヨルドの景観が美しいクイーンズシャーロットは、地元では有名なトレッキングスポット。ピクトンから出発してシップコーブまでのクルーズを楽しみ、陸に上がって67kmのトラックを南下する。この行程をフルで歩くとなると3～4日かかるのだが、3～4時間のトレッキングを楽しんだ後、また船に乗り込んでピクトンまで戻る半日～1日のツアーがあり、観光客に人気がある。トレッキングが苦手な人は、クイーンズシャーロットを巡るクルーズに参加するだけでも、充分にその景観が満喫できる。各種ツアーのクルーズ船は、i-SITEがある公園の東側から発着する。
クイーンズシャーロット・トラックの観光情報
URLwww.qctrack.co.nz

ブレナム

Blenheim

MAP-P35-D

ブレナムへのアクセス

🚂　クライストチャーチからコースタルパシフィックで5時間45分、1日1便、料金NZ$159〜。ピクトンから約30分、1日1便、料金NZ$49〜。

🚌　クライストチャーチからインターシティで5時間25分、1日1便、料金NZ$33〜。

観光案内所 i-SITE

Blenheim i-SITE
MAP P.66　⊞8 Sinclair St.
☎03-577-8080　⊞8:30〜17:00
（土・日曜9:00〜15:00）　㊡12/25

歩き方のヒント
ブレナム

楽しみ
アクティビティ　★★
見どころ　★
リラックス　★★★

交通手段
徒歩　★
レンタサイクル　★★★
タクシー　★★★

エリアの広さ
ブレナム鉄道駅正面に観光案内所があり、長距離バスもここから発着。ブレナムといえば、ワイナリー巡りが観光の目玉だが、範囲が広いので、ワイナリーツアーやレンタカーの利用が便利だ。自転車でまわるワイナリーツアーもある。

マールボロ博物館

⊞26 Arthur Baker Place　☎03-578-1712　区観光案内所から車で10分　⊞10:00〜16:00
㊡12/25、聖金曜日　㊎NZ$10
URL www.marlboroughmuseum.org.nz

▼街のしくみと歩き方

　ニュージーランドを代表するワイン産地、マールボロ地方の拠点となるブレナム。地元のポリテクニック（専門学校）にはワイン醸造学部が置かれ、郊外にはぶどう畑が広がっている。この地方で生産されるソービニヨン・ブランは、世界のどの産地でも出せない独特のアロマを持ち、国内外で多くの受賞歴がある。名実共にニュージーランド1のワインの街だ。ワイナリーは、街の西側と北側10キロほどの間に多い。

　観光案内所前のシンクレアストリート（SH1）を南に進み、ラウンドアバウトのある交差点を右折すると、アルフレッドストリートに入る。そこからテイラー川にかかる橋を渡ると、街の中心部。目抜き通りのマーケットストリートを中心に、カフェやショップが並んでいる。

タウンセンターの憩いの場、セイモアスクエア

　時計台のあるマーケットプレイスからハイストリートを西へ進むと、セイモアスクエアの向かいにシャトーマールボロがある。観光案内所からマーケットプレイスまで徒歩約10分。

見る　　　　　　　　　　　　MAP-P.66外

マールボロ博物館
Marlborough Museum

　地元の自然や歴史に関する展示があり、特にマールボロワインの歴史についての展示は、ワイン好きには興味深い。博物館のあるブライショー公園内には、古い街並みを再現したエリアも。

ブレナム中心図
Blenheim
0　　　　500m

見る　MAP-P.66
ミレニアム・ギャラリー
Millennium Art Gallery

　街の中心に位置し、鮮やかな群青色の外観が人目を引く。地元アーティストや海外作家の作品を所蔵し、企画展も年間を通して行われている。
🏠Seymour St.　☎03-579-2001　🚶観光案内所から徒歩7分　🕐10:30〜16:30（土・日曜、祝日13:00〜16:00）　🈂なし　URLwww.marlboroughart.org.nz/

見る　MAP-P.66
リバーサイドパーク
Riverside Park

　街なかを流れるテイラー川沿いは、約2.5キロに渡って公園として整備され、市民の憩いの場になっている。天気がいい日には、レンタサイクルでのサイクリングをおすすめ。日曜日にはトロッコ列車も走る。
🚶観光案内所から徒歩5分

ショップ　MAP-P.66外
マカナ・チョコレートファクトリー
Makana Confections

　ケリケリ（P.186参照）に本店があるチョコレートとスイーツの店。工房はガラス張りになっていて、チョコレートの製造工程を見学できる。チョコのほか、地元マールボロのワインを使ったゼリー菓子などもあり、どれもとろけるようなおいしさ。
🏠Cnr Rapaura & O'dwyers Rds.　☎03-570-5370　🚶観光案内所から車で約15分　🕐9:00〜17:30　🈂なし
URLwww.makana.co.nz

ホテル　MAP-P.66
シャトー・マールボロ
Chateau Marlborough

　街の中心部に位置する高級ホテル。モノトーンを基調としたインテリアはモダンな雰囲気。キッチン付きのアパートメントタイプの部屋もある。
🏠Corner High and Henry Sts.　☎03-578-0064　🚶観光案内所から徒歩10分　🛏S・T／NZ$140〜　🚪80室
URLwww.marlboroughnz.co.nz

カフェ　MAP-P.66
ウォータリー・マウス・カフェ
Watery Mouth Cafe

　セイモアスクエア前にある絶好のロケーション。静かな2階席は満席になることも多い人気カフェだ。旬の地元食材を使ったメニューが評判で、ベジタリアン、グルテンフリーメニューを豊富に揃える。
🏠71 High St,　☎03-578-3828　🚶観光案内所から徒歩8分　🕐7:00〜16:00　🈂祝日　🍴NZ$25　URLwww.waterymouthcafe.co.nz

レストラン　MAP-P.66
ホテル・デュルヴィル
Hotel d' Urville

　19世紀に建てられた石造りの建物は、エレガントな雰囲気。地元で有名な女性シェフが作る料理は、繊細かつ優雅で評判が高い。その名の通り、ホテルルームもある。
🏠52 Queen St.　☎03-577-9945　🚶観光案内所から徒歩10分　🕐7:30〜21:00　🈂日・月曜　🍴NZ$40〜

レストラン　MAP-P.66
サヴール・カフェ
Saveur Cafe,Bistro & Patisserie

　テイラー川沿いにあるカフェレストランで、川を見下ろすテラス席が気持ちいい。ディナーだけでなく、ランチにもコースメニューを用意（要予約）。地元のクラフトビールなども飲める。
🏠6 Symons St.　☎03-577-8822　🚶観光案内所から徒歩5分　🕐7:30〜深夜　🈂なし　🍴NZ$25〜

本音でガイド
レンタサイクルで街めぐり

　土地が平坦なブレナムは、サイクリングが盛ん。テイラー川沿いにサイクルロードが整備されているので、自転車を借りて街を散策してみるのもおもしろい。自転車を借りたら、まずはマールボロ博物館のあるブライショー公園まで川沿いを走ってみよう。

レンタサイクル
🏠Avanti Plus Blenheim　🏠61 Queen St.　☎03-578-0433　🕐8:30〜17:30（土曜10:00〜14:00）　🈂日曜　🚲MTB／NZ$40、タンデム／NZ$60、電気／NZ$80　URLwww.bikemarlborough.co.nz

ワイナリーツアー体験記

マールボローの
ワイナリーツアーで
ほろ酔い気分になる

国内最大のワイン産地マールボローには120軒以上のワイナリーがあり、あたり一面どこまでもブドウ畑が広がっている。ニュージーランドワインの特徴でもあるフルーティーなソーヴィニヨンブランは、この産地で造られているものが多い。

ほとんどのワイナリーは個人で訪ねてテイスティングできるが、ブレナムやピクトンからワイナリーツアーがいくつか出ているので、ここはドライバーに運転をまかせ、極上のワインでほろ酔い気分になってみよう。

クラウディベイ　　Cloudy Bay

住230 Jacksons Rd.　☎03-520-9147
営10:00〜16:00　休12/25、聖金曜日
URLwww.cloudybay.co.nz

ピクトンを午後1時半に出発する半日コースに参加。近くのホテルやB&Bに寄って、ほかの参加者をピックアップしたミニバンは、一路ブレナムへ。まず最初に訪れたのが、クラウディベイだ。そもそもニュージーランドのソーヴィニヨンブランを世界に知らしめた

のがこのワイナリー。非常にフルーティなこのワインは、日本でもファンが多い。ラベルにも描かれているリッチモンド山脈の景色を眺めながら味わうワインはまた格別。

アランスコット　　Allan Scott

住Jacksons Rd.　☎03-572-9054　営9:00〜16:30　休なし　URLwww.allanscott.com

次に訪れたのは、クラウディベイと通りをはさんではす向かいに建つアランスコット。車を降りると、センスのいい個性的な建物にまず目を奪われる。ワイナリーにレストランが併設されていて、1日コースに参加するとここでランチが食べられる。すぐ近くに家族

洗練された雰囲気のアランスコット

ブドウ畑の向こうに見えるリッチモンド山脈はクラウディベイのラベルに描かれている

スコット家の一員がそれぞれのワインについて詳しく説明してくれる

が経営しているビール工場があり、シャンパンのような味わいのビールが試飲できる。

ハンターズ　Hunter's Wines

住603 Rapaura Rd.　☎03-572-8489　営9:30〜16:30　休12/25、1/1、聖金曜日
URL www.hunters.co.nz

　最後に訪れたのは、ハンターズ。世界の女性醸造家のベスト5に入ると評判の高いジェーン・ハンターさんのワイナリーだ。ここでもずらっと並べられた10種類以上のワインがすべてテイスティングできる。ハンターズには併設のレストランのほか、地元アーティストの工房があり、自由に見学できる。

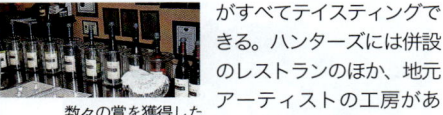

数々の賞を獲得したハンターズのワイン

ピクトン発のワイナリーツアー
問サウンズコネクション Sounds Connection
☎03-573-8843　料NZ85（半日）、NZ$120（1日）
所要半日：13:30〜17:30、1日：10:30〜17:30
URL www.soundsconnection.com
ブレナム発のワイナリーツアー
問マールボロ・ワイナリーツアーズ Marlborough Winery Tours　☎03-574-2889　料NZ$110〜
所要4時間　URL marlboroughwinetours.co.nz

●本音でガイド●

日本人ワインメーカーが案内するブレナム・ワイナリーツアー

　さまざまなワインを試飲しながら、作り手のこだわりや努力を知ることができるワイナリーツアーだが、専門用語が多く、通訳なしで内容を理解するのはなかなか難しい。そこでおすすめなのが、ブレナムでワイン醸造家として活動する木村滋当さんのワイナリーツアー。1日1組限定で、木村さんおすすめのワイナリーや地元の見どころを見学。ブドウ畑のなかで、木村さんのワインも試飲できる。

問キムラセラーズ　料NZ$150（半日）、NZ$250（1日）　※2人以上で参加の場合の1名料金（1人で参加の場合は＋NZ＄50）
URL kimuracellars.com

2009年からワイン造りを行う木村さん。オーガニック農法でていねいに作られたワインが評判

マールボロー　ワイナリーマップ

- ハンターズ　Hunter's
- Rapaura Rd
- Shingle Peak
- Corbans
- Cairnbrae
- Domaine Georges Michel
- Gillan Estate
- Drylands Estate Winery
- Lake chalice
- Stoneleigh
- Jacksons Rd
- Allan Scott　アランスコット
- クラウディベイ　Cloudy Bay
- Forrest Estates
- Whitehaven
- Nautilus Estate
- Old Renwick Rd
- Cellier Le Brun
- Jackson Estate
- Peter Jackson Old Road Wines
- Tewhare Ra
- Middle Renwick Rd
- Lynskeys
- Hawkesbridge　Wairau Peaks

ネルソン

Nelson

MAP-P35-D

(no rotation)

ネルソンへのアクセス

✈ オークランドから1時間20分、1日11便、料金NZ$49〜。クライストチャーチから55分、1日8便、料金NZ$49〜。

🚌 ピクトンからインターシティで約2時間15分、1日1便、料金NZ$28〜。

観光案内所 i-SITE

Nelson i-SITE
MAP **P.70** 🏠Cnr. Trafalgar & Halifax Sts. ☎**03-548-2304**
圏8:30〜17:00（土・日曜、祝日9:00〜16:00）圏12/25

歩き方のヒント ネルソン

楽しみ
アクティビティ ★★★
見どころ ★★
リラックス ★★★★
交通手段
徒歩 ★★★★★
バス ★★★
タクシー ★★
エリアの広さ
大聖堂のあるトラファルガー広場から、トラファルガーストリートを海に向かって10分ほど歩くと交差点角に観光案内所がある。その途中にあるブリッジストリートを右折すると、クイーンズガーデンと隣接するスーター美術館。さらに北東に進むとファウンダーズパーク、宮津ガーデンに出る。大聖堂から宮津ガーデンまでは、徒歩で約20分。

週末にネルソンにいるならぜひ訪れたいネルソンマーケット

▼街のしくみと歩き方

ピクトンから110km西にあるネルソンは、国内で最も日照時間が長い場所だ。ふりそそぐ陽光と温暖な気候のせいか、街の雰囲気も明るい印象を受ける。こぢんまりとしながらも、自然と調和したその街並みは美しく、多くのアーティストが好んで住むというのも納得できる。

この街のメインストリートは、大聖堂のあるトラファルガー広場から海に向かってまっすぐにのびるトラファルガーストリート。大聖堂から観光案内所まで徒歩10分ほどの短い距離と、それに交差するハーディストリート、ブリッジストリートにスーパーマーケット、レストラン、

大聖堂からのびるトラファルガーストリート

カフェ、ショップなどが集中している。

長距離バスの発着点であるバスターミナルは、大聖堂から徒歩5分のブリッジストリートにあり、近郊へのアクセスはとても便利。このターミナルからエイベルタズマンへのバスも出発する。また、シーカヤックなどのエイベルタズマン国立公園内でのアクティビティは、ネルソンまでの送迎付きがほとんど。

ネルソン中心部
Central Nelson
0   200m

見る MAP-P.70
大聖堂
The Cathedral

ネルソンの街を見下ろす高台にあり、街のシンボル的な存在であるイギリス国教会の大

正面入口はこの反対側

聖堂。建物は現在までに3回建て直されている。石造りのゴシック様式で、中には見事なステンドグラスがある。礼拝時には、巨大なパイプオルガンが美しい音色を奏でる。
☎03-548-1008 図観光案内所から徒歩10分 開8:00～18:00 休なし 料無料

見る MAP-P.70
スーター美術館
Suter Art Gallery

国内外の現代作家による常設展のほか、ネルソン在住アーティストの企画展が行われる。前衛的な作品が多いのが特徴。
住208 Bridge St. ☎03-548-4699 図観光案内所から徒歩10分 開9:30～16:30 休祝日 料無料

クイーンズガーデンの緑の中にある

見る MAP-P.70外
宮津ガーデン
Miyazu Japanese Garden

ネルソンの郊外にある日本庭園。天橋立で知られる京都府宮津市とネルソンの姉妹都市提携20周年を記念して、1996年に造られた。
住Atawai Dve. 図観光案内所から徒歩25分 料無料 休なし

見る MAP-P.70外
ファウンダーズパーク
Founders Park

教会や消防署、印刷所や商店、民家など開拓当時の街並みを再現した歴史公園。園内のカフェで地ビールが飲める。
住87 Atawhai Dve. ☎03-548-2649 図観光案内所から徒歩20分 開10:00～16:30 休12/25、聖金曜日 料NZ$7

ホテル MAP-P.70
ラザフォードホテル
Rutherford Hotel

大聖堂隣に位置するネルソンの最高級ホテル。ジムやプールのほか、本格的な日本食レストラン「宮津」もある。
住Trafalgar Square ☎03-548-2299 FAX03-546-3003 図観光案内所から徒歩10分 料S／NZ$230～ 室113室 URLwww.rutherfordhotel.nz

3つのレストランを併設

ホテル MAP-P.70
トレイルウェイズホテル
Trailways Hotel

目抜き通りのトラファルガーストリートに面しており、どこに行くにも便利。マイタイ川を見下ろすロケーションで、街なかにありながら落ち着いた雰囲気。レストランも評判がいい。
住66 Trafalgar St. ☎03-548-7049 FAX03-546-8495 図観光案内所から徒歩1分 料S・T／NZ$130～ 室47室 URLwww.trailwayshotel.co.nz

地元の食材を使った料理が人気

レストラン MAP-P.70外
ボートシェッドカフェ
Boat Shed Cafe

約100年前のボート小屋を改造した人気のレストラン。はり出したテラスから水平線とエイベルタズマンの山々を望む絶好のロケーションだ。特別な日のディナーにシェフおまかせコース（Trust the Chef NZ$75～）が人気。
住350 Wakefield Quay ☎03-546-9783 図観光案内所から車で7分 開10:30～深夜（土・日曜9:30～） 休なし 料NZ$40～ URLwww.boatshedcafe.co.nz

ショップ MAP-P.70
ネルソンマーケット
The Nelson Market

モンゴメリー広場駐車場で毎週土曜に開催されるフリーマーケット。新鮮な野菜や手作りパンと一緒に地元アーティストの工芸品なども並び、地元の人から観光客まで多くの人でにぎわう。日曜の午前中には、同じ場所でモンティーズ・サンデーマーケットが開催される。
住Montgomery Square ☎03-546-6454 開8:00～13:00（毎土曜） 図観光案内所から徒歩7分

銀行や郵便局もある

エイベルタズマン

Abel Tasman

MAP-P35-D

MAP-P.72

▼エリアのしくみと歩き方

　エイベルタズマンはネルソンの北西約60kmに位置する国立公園。この地名は、ヨーロッパ人として初めてニュージーランドを発見したオランダ人探検家、エイベルタズマンの名にちなんでつけられた。国立公園としては国内最小であるにもかかわらず、国内一の観光客動員数を誇るほど人気が高い。人気の理由は、変化にとんだ美しい海岸線と原生林を交互に歩くトレッキングが楽しめることにある。また、波が穏やかなタズマン湾でのシーカヤックも人気のアクティビティだ。トレッキングは3〜5日かけて歩くコースがあるが、主要ビーチから出ている定期ボート便（アクアタクシー）を利用すれば、コースの途中まで歩いて日帰りもできる。

　マラハウの南、トコナワ・ポイントには、リンゴを割ったような形をした岩、スプリット・アップル・ロックSplit Apple Rockがあり、観光名所。国立公園の西側に位置するゴールデンベイの先には、35kmに渡って細長くのびた国内最長の砂州、フェアウェル岬Farewell Spitがあり、コリングウッドCollingwoodから四輪駆動車を利用したエコツアーが出ている。

エイベルタズマンへのアクセス

　ネルソンからマラハウまでシーニックNZバスで約1時間、1日1便（午前）、料金NZ$21。

観光案内所i-SITE

Motueka i-SITE
🏠20 Wallace St. ☎03-528-65 43 🕐夏期9:00〜17:00（土・日曜9:00〜16:30）、冬期9:00〜16:30 🚫12/25

エイベルタズマンの主要ビーチを結ぶアクアタクシー

☎0800-278-282
マラハウ〜アンカレッジ　NZ$37
マラハウ〜アワロア　NZ$47

歩き方のヒント
エイベルタズマン

楽しみ
アクティビティ　★★★★
見どころ　★★
リラックス　★★★★

交通手段
徒歩　★★★★★
アクアタクシー　★★

エリアの広さ
国立公園南端に隣接する小さな村マラハウが公園への玄関口となる。マラハウからトタラヌイまでの51kmを数日かけて歩くコースが人気。マラハウからトレントベイまでは15.5km（満潮時。干潮時のルートは12.4km）。トレントベイからアワロアまでが19.2km。アワロアからトタラヌイまでが5.5kmある。各ポイントを結ぶアクアタクシーが運行している。

泊まる　MAP-P.72

エイベルタズマン・マラハウロッジ

Abel Tasman Marahau Lodge
海岸まで徒歩3分！スパやサウナもあり。
🏠295 Sandy Bay-Marahau Rd. ☎03-527-8250 🚇観光案内所から徒歩3分 🛏T／NZ$160〜 🛏14室 🌐www.abeltasmanlodge.co.nz

泊まる　MAP-P.72

オーシャンビュー・シャレー

Ocean View Chalets
名前の通り、タズマン海が一望できる。
🏠305 Sandy Bay-Marahau Rd. ☎03-527-8232 FAX 03-527-8211 🚇観光案内所から徒歩5分 🛏S・T／NZ$145〜 🛏10室

エイベルタズマン
Abel Tasman
0　　　　　2km

国立公園内でシーカヤック体験

エメラルドブルーの海と深緑の原生林

エイベルタズマン国立公園内のシーカヤックツアーは、トレッキングとならぶ人気のアクティビティ。海に囲まれたニュージーランドは至るところでシーカヤックができるが、波もなく透明度の高いエイベルタズマンは特にシーカヤックに最適で、世界中のカヤッカーの憧れの場所でもあるのだ。シーカヤックツアーを催行している会社はいくつかあり、初心者から上級者までを対象とした、日帰りから5日間のツアーまでさまざまなタイプが選べる。カヤックには2人艇を使い、海に出る前にインストラクターがしっかりレクチャーしてくれるので、初めての人でも安心だ。

オットセイやイルカ、ペンギンと遭遇

国立公園内は、野鳥や海洋生物の宝庫。パドリングを楽しんでいるうちに、リトルブルーペンギンやオットセイ、イルカを近くで見ることも珍しくない。特にオットセイが繁殖を終えた秋頃には、かわいらしい赤ちゃんオットセイがじゃれついてくることも。ランチタイムは、カヤックでしか上陸できない無人の美しいビーチで過ごす。食事の前後に原生林の中を散策することもでき、ちょっとしたトレッキング気分が味わえる。帰りは風の向きによっては、艇をならべて帆を上げ、のんびりとセーリングを楽しめることもある。

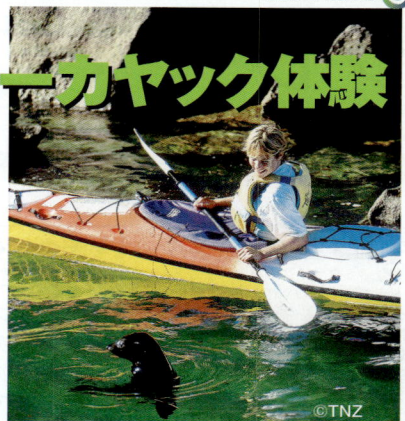
©TNZ

↑オットセイがすぐ近くに来ることも

←ピタサンドとエスプレッソでランチタイム

エイベルタズマン・カヤックス
エイベルタズマン国立公園内で、半日〜7日間のカヤックツアーを催行。地域の歴史や環境についての解説が聞けるガイドウォークとセットになった1日ツアーも人気がある。
⊞273 Sandybay-Marahau Rd. ☎03-527-8022、0800-732-529
⊞NZ$165〜 URLwww.abeltasmankayaks.co.nz
＊ネルソンへの送迎有り

透き通った穏やかな水面をゆっくりと進む

入口の看板

グレイマウス

Greymouth

グレイマウスへのアクセス

🚃 クライストチャーチからトランツアルパインで4時間50分、1日1便（午前）、料金NZ$199〜。

🚌 クライストチャーチからアトミックシャトルで約3時間45分、1日1便（午前）、料金NZ$65。ウエスト・コースト・シャトルは約4時間15分、1日1便（午後）、料金NZ$60〜。

観光案内所i-SITE

Greymouth i-SITE
MAP P.74　📍164 Mochey St.　☎03-768-7080
🕐9:00〜17:00（5〜12月の土・日曜、祝日10:00〜16:00）

堤防沿いにある時計台

歩き方のヒント グレイマウス

楽しみ
アクティビティ　★★
見どころ　★
リラックス　★★★

交通手段
徒歩　★★★
レンタカー　★★

エリアの広さ
ショップやレストランが連なるメインのエリアは徒歩で充分歩ける範囲内にある。ただしレンタカーやツアーを利用してパパロア国立公園やシャンティタウンへ足を延ばすのも一案。

レンタカー

NZ Rent A car
📍170 Tainui St.　☎03-768-0379
💰1日NZ$49〜
URL www.nzrentacar.co.nz

▼街のしくみと歩き方

ウエストコーストで最大の街であるグレイマウスは西海岸の旅の基点。タスマン海に流れ込むグレイ川の河口（グレイマウスのマウスは英語で河口を意味する）に位置しているため、繰り返し洪水の災害に見舞われた歴史を持つが、現在は街を守る堤防が完成しており、静かなたたずまいの街としての印象が強い。人口は1万人強にすぎず、通り過ぎてしまうだけの旅行者が多いのも確かだが、実はユニークなアクティビティが揃っている街でもある。街の中心はマッケイストリートと直角に交わるハーバートストリート。グレイマウス駅にはインターシティなどの発着所と観光案内所があり、情報はここで集められる。レストラン、カフェはマッケイストリート沿いに並んでおり、これに交差するショッピングモールもある。またタイヌイストリートの突き当たりに、街のシンボルである時計台がある。

見る　MAP-P.74

レフトバンク・アートギャラリー
Left Bank Art Gallery

ウエストコースト地方在住の芸術家の作品を展示。写真、絵画、陶器、人形、衣類など幅広い作品を鑑賞することができる。グリーンストーンの原石やアクセサリーもあり、一部は購入が可能。

📍1 Tainui St.　☎03-768-0038
🚶観光案内所から徒歩2分　🕐10:30〜16:00（土曜11:00〜14:00）
📅日・月曜　💰寄付制
URL www.leftbankarts.org.nz

グレイマウス中心部
Central Greymouth
0　　　200m

見る MAP-P.74

モンティース・ビール工場
Monteith's Brewing Company

地ビール、モンティースは国内外で数多くの受賞歴を持つビール。工場では見学ツアーが行われており、ビールの醸造行程を見せてもらえる。ツアー終了後の試飲が楽しみ。
住Cnr. Turumaha & Herbert St.
☎03-768-4149 交観光案内所から徒歩10分 時ツアーは11:30、15:00、16:30、18:00（要予約）休なし 料NZ$20
URLwww.monteiths.co.nz

5種類のビールが味わえる

見る MAP-P.74外

シャンティタウン
Shantytown

ゴールドラッシュにわいた1860年代当時の家並みを再現。医療道具や生活雑貨、衣類などが展示されている。
住316 Rutherglen Rd.
☎03-762-6634
時8:30〜17:00
休12/25 料NZ$33.50
URLwww.shantytown.co.nz

砂金探しは思わず真剣に

ホテル MAP- P.74

キングスゲートホテル・グレイマウス
Kingsgate Hotel Greymouth

市内中心部にある便利なロケーションのホテル。エコノミールームがNZ$99〜とリーズナブルな上、併設のレストランやバーも宿泊者に評判だ。
住32 Mawhera Quay
☎03-768-5085
交観光案内所から徒歩6分
料S・T／$110〜 室98室

ホテル MAP-P.74

ゴールデンコーストB＆B
Golden Coast Bed & Breakfast

鉄道の駅から200mという好ロケーション。季節の花が咲き乱れる庭が目印だ。気さくなファミリーが経営するアットホームな宿で、インテリアの雰囲気は女性向き。
住10 Smith St. ☎03-768-7839

交観光案内所から徒歩3分
料T／NZ$100 室4室

美しい庭を眺め、のんびりできる

レストラン MAP-P.74

ボンザイピッツェリア
Bonzai Pizzeria

シーフードピザやリブステーキが人気メニュー。ケーキやピザ、キッシュのテイクアウェイもできる。
住31 Mackay St.
☎03-768-4170
交観光案内所から徒歩8分
時7:30〜21:00（土・日曜9:00〜）休なし 料ランチNZ$7〜、ディナーNZ$12〜

グレイマウス

75

見る／ホテル／レストラン

とっておき情報

グレイマウスでもツチボタルが見られる！

洞窟の中の川を浮き輪を使って流れていくケーブラフティングでのツチボタル見学はスリル満点。頭にランプとヘルメット、ゴムの長靴を履き、全身はウエットスーツというものものしい格好で洞窟へ向かい、ガイドに先導されて探検隊のように真っ暗闇の中を歩く。やがて底を流れる水は川となり、ここからはタイヤのような浮き輪を使ってぷかぷかと流れていく。ゆっくりと移動しながら見えるのは辺り一面にちりばめられたツチボタルの青白い光。水は少々冷たいが、この幻想的な景色は格別だ。温かいココアを飲んだあと、鍾乳石が複雑に入り組む場所をすり抜けて出口へ。スリリングで探検度の高いツアーだが、忘れられない強烈な体験ができる。

真っ暗な洞窟はスリル満点！

情ワイルドウエスト・アドベンチャー Wild West Adventure
MAP P.74 住8 Whall St. ☎03-768-6649 料NZ$125
URL www.fun-nz.com

フランツジョセフ氷河

MAP-P34-F

Franz Josef Glacier

フランツジョセフへのアクセス

　グレイマウスからインターシティで約3時間30分、料金NZ$44〜、1日1便（午後）。クイーンズタウンから約8時間、料金NZ$73〜、1日1便（午前）。

観光案内所i-SITE

Franz Josef i-SITE
MAP P.76 　69 Cron st.
☎0800-354-748 　8:30〜18:00（冬期は〜17:00）　なし

歩き方のヒント フランツジョセフ

楽しみ
アクティビティ ★★★
見どころ ★
リラックス ★★★

交通手段
徒歩 ★★★

エリアの広さ
小さな街なので徒歩で充分。ただし夏（11〜2月）は宿が不足気味になるため、街外れまで宿を探しに出かけなくてはならないこともある。夏の予約は早めに、が鉄則だ。

76

▼街のしくみと歩き方

　双子の氷河として知られるフランツジョセフとフォックスはそれぞれの氷河のふもとに村があり、氷河ツアーの基点となっている。メインストリートにはレストランやホテル、ツアー会社が並び、一本裏に入るとモーテルやバックパッカーズなどが軒を連ねている。

見る　　　　　　　　　　　　　　　　　MAP-P.76
フォックス＆フランツジョセフ・ヘリサービス
Fox and Franzjosef Heli Service

　ヘリコプターの氷河遊覧。フォックスとフランツジョセフ氷河をまわるツイン・グレーシャーコースと、マウントクックとタスマン氷河を加えたグランドツアーがある。

　Alpine Adventure Centre,29 Main Rd.
☎03-752-0793、0800-800-793（予約）　図観光案内所から徒歩4分
　7:00〜21:00（冬期8:00〜18:00）　なし
　NZ$350（ツイン・グレーシャーコース）、NZ$480（グランドツアー）
URL www.heliservices.nz/franzjosef　※3人より催行

見る　　　　　　　　　　　　　　　　　MAP-P.76
ウエストコースト・ワイルドライフセンター
West Coast Wildlife Centre

　2003年に新種として確認されたウエストコーストの一部のみで生息する希少なオカリト・ブラウン・キーウィが見られる施設。レンジャーたちが行っている繁殖や人工孵化作業を観察できる入場券もある。

　Cnr. Cowan and Cron Sts.　☎03-752-0600　FAX 03-752-0606
図観光案内所から徒歩3分　　8:00〜17:30　　なし
　NZ$39〜 URL www.wildkiwi.co.nz

ワイルドライフセンターは屋内なので雨でも安心

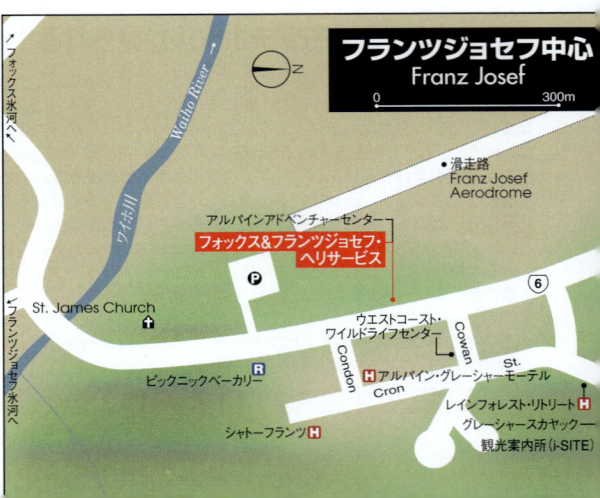

フランツジョセフ中心
Franz Josef
0　　　　　　300m

Waiho River
ワイホ川

滑走路
Franz Josef
Aerodrome

アルパインアドベンチャーセンター
フォックス＆フランツジョセフ・ヘリサービス

ウエストコースト・ワイルドライフセンター

St. James Church

⑥

Cowan

Condon

ピックニックベーカリー

アルパイン・グレーシャーモーテル

Cron

St.

シャトーフランツ

レインフォレスト・リトリート
グレーシャースカヤック
観光案内所（i-SITE）

見る　MAP・P.76
アルパインアドベンチャーセンター
Alpine Adventure Centre

　街の中でひときわ目立つ山小屋風の建物。中には複数のツアーデスクとみやげ物屋、カフェがある。「Frowing West」という20分の映画を上映しており、ウエストコーストの迫力ある映像が楽しめる。
🏠29 Main Rd.　☎03-752-0793
🚶観光案内所から徒歩4分
🕐7:00～21:00(冬期8:00～18:00)
🈳なし　💰映画はNZ$15

氷河の映像が見られる

アクティビティ　MAP・P.76
グレーシャーカヤック
Glacier Kayaks

　近郊の氷河湖、マポウリカでカヤックが楽しめる。サザンアルプスの山並みやレインフォレストの絶景を湖から眺め、氷河について学べる。
🏠64Cron St.　☎03-752-0230
🚶観光案内所から徒歩1分
💰NZ$85 ～　URL www.glacierkayaks.com

ホテル　MAP・P.76
レインフォレスト・リトリート
Rainforest Retreat

　ログハウスのコテージやバックパッカーなど、さまざまなタイプの客室が揃う。シダや木々が生い茂る敷地内は雰囲気がよく、朝からオープンしているカフェを併設。
🏠46 Cron St.　☎03-752-0220
FAX 03-752-0003
🚶観光案内所から徒歩3分
💰ドミトリー／NZ$27、D／NZ$80、T／NZ$135
URL www.rainforestretreat.co.nz

ホテル　MAP・P.76
アルパイン・グレーシャーモーテル
Alpine Glacier Motels

　モーテルタイプの宿でキッチン完備。メインストリートのレストランやショップ、観光案内所からも近く、便利。
🏠17 Cron St.　☎03-752-0226
🚶観光案内所から徒歩4分
💰S・D／NZ$130 ～、D・T／NZ$160～　🛏24室
URL www.alpineglaciermotel.com

ホテル　MAP・P.76
シャトーフランツ
Chateau Franz

　花に囲まれた明るい雰囲気のバックパッカーズ。ホットスパやインターネットサービスなど設備も充実。
🏠8 Cron St.　☎03-752-0738
🚶観光案内所から徒歩5分
💰ドミトリー／NZ$23～
🛏120（ベッド数）

ユースホステルの隣

経験不要だが、体力が必要

悠久の時を氷上で実感

氷河ハイクに挑戦！

　氷河ハイクは、ヘリで氷河の中腹まで飛んで着陸後に歩くツアーと、氷河の末端部分から歩くツアーの2種類がある。フランツジョセフグレーシャーガイズはヘリハイクのみ、フォックスグレーシャーガイディングは両方のツアーを催行しており、どちらも大変な人気だ。出発前にオフィスで山靴とアイゼンを借り、バスに乗って出発。氷河上の滑りそうなところはガイドさんがつるはしを使って削ってくれるので、安心して歩ける。氷河のトレールをゆっくり登ったところで振り返ると、目に映るのは波打つような氷の河が地面まで続いている絶景。アイスブルーの氷が陽射しを受けて輝くその造形美には驚かざるをえない。

🏢フランツジョセフグレーシャーガイズ　MAP P.76外
☎03-752-0763　💰NZ$499（ヘリハイク）
URL www.franzjosefglacier.com

🏢フォックスグレーシャーガイディング　MAP P.78
☎03-751-0825　💰NZ$469（ヘリハイク）
URL www.foxguides.co.nz

フォックス氷河

Fox Glacier

MAP-P34-F

フォックス氷河へのアクセス

🚌　グレイマウスからインターシティで約4時間10分、料金NZ$47〜、1日1便（午後）。クイーンズタウンからは約7時間15分、料金NZ$69〜、1日1便（午前）。

観光案内所

Fox Glacier Imformation Centre
MAP **P.78**　住43 Sullivan Rd.
☎03-751-0044
営9:00〜16:30　休土・日曜

歩き方のヒント
フォックス

楽しみ
アクティビティ　★★★
見どころ　★★
リラックス　★★★

交通手段
徒歩　★★★★
レンタサイクル　★★★★

エリアの広さ
フランツジョセフ以上に小さな村なので、徒歩でOK。ただし、村から6km離れた場所にあるマセソン湖を訪れるなら、各主要ホテルのレンタサイクルを利用しよう。

ツチボタルが見られる岩場がある

▼街のしくみと歩き方

　フランツジョセフから約20km。小さなフォックス氷河の街は、村と呼ぶほうがふさわしい規模。ハイウェイ沿いに数軒の店とツアー会社があり、これと交わるクック・フラットロードにモーテルが連なっている。

　クック・フラットロードを進み、看板のある場所で右に折れた方角の先には、神秘的な景色で有名なマセソン湖がある。村の中にはツチボタル（P.218参照）の小さな洞窟があるので、ぜひのぞいてみたい。

見る　　　　　　　　　　　　　　MAP-P.78

グレーシャー・ヘリコプター

Glacier Helicopter

　ヘリコプターに乗って、上空からフォックス氷河、フランツジョセフ氷河、マウントクックを眺める遊覧飛行。
☎03-751-0803　料20〜40分のフライトでNZ$270〜480
休なし（3人より催行、天候の悪い日はフライト中止）
URL www.glacierhelicopters.co.nz

見る　　　　　　　　　　　　　　MAP-P.78

マセソン湖

Lake Matheson

　歩くには少し遠いが、ぜひ訪れたい湖。晴れた日には湖面にマウントクックの山並みを映し出す様子が眺められる。湖の周囲は遊歩道があり、ハイキングにもいい。入口にはオープンテラスもカフェがある。交観光案内所から自転車で30分

ホテル　　　　　　　　　　　　　MAP-P.78

ハートランドホテル・フォックスグレーシャー

Heartland Hotel Fox Glacier

　ハイウェイの角にあり、村で最も便利なロケーション。館内にバーがあり、ナイトライフも充実。
住11 Cook Flat Rd.　☎03-751-0839
交観光案内所から徒歩1分　料T・D／NZ$175〜
URL www.scenichotelgroup.co.nz

フォックス氷河中心
Fox Glacier
0　　　300m
N
滑走路
Fox Aerodrome
クック・フラットロード　Cook Flat Road
マセソン湖へ
グレーシャー・ヘリコプター
⑥
Sullivan Rd.
ハートランドホテル・フォックスグレーシャー　H
フォックスグレイシャーガイディング●
ツチボタルの観測地、ハーストへ↓　❶観光案内所

氷河の神秘を知る

サザンアルプスには無数の氷河が連なり、ダイナミックな景観を見せてくれる。しかし穏やかな気候のこの国に、これほど多くの氷河があるのはなぜだろう？氷河の秘密を探ってみよう。

氷上には奇想天外なアートの世界が広がる

©AJ Hackett Bungy New Zealand

氷河のなりたち

氷河ができる原因は南島の地理とアルプスの位置関係が生み出す特殊な気候にある。南島の西海岸側では偏西風に乗ってタスマン海上の湿った空気が吹き込んでくる。これに立ちはだかるように西海岸沿いにそびえているのがサザンアルプスだ。湿った空気は山にあたり、西海岸側とアルプスの頂上付近で大量の雨や雪を降らす。この雨や雪が凍って堆積し、上からの氷の重みで圧縮された氷の塊が氷河なのだ（下記イラスト図参照）。

氷河の活動とは

氷河は文字通り、河のように流れる氷の塊である。山頂で新たな氷が生まれるたび、古い氷は下に押し出されてゆっくりと山のふもとへと流れてゆく。そして1日数センチから数メートルの移動を繰り返し、やがて溶けて水となって川へ流れ込むまで数百年に及ぶ永い旅を続けている。とはいえ最近では、地球の温暖化に伴って氷が溶けるスピードが速まっており、ほとんどの氷河が後退している（つまり短くなっている）のも事実。国内で最大の約28kmの長さを誇るタスマン氷河などは、年間30mずつ後退しているというから驚きだ。数十年後には、この国の氷河のいくつかは消滅しているのかもしれない。

氷河が創る不思議な風景

南島南部の湖の多くは細長い形をしている。いわゆる氷河湖と呼ばれるもので、氷河が地表を削った溝に水が貯まってできた湖である。またマウントクックやフィヨルドランドの国立公園には、氷河地形特有のU字谷（氷河の移動によってUの字の形に削り取られた谷）も多い。巨大な氷のパワーはこの国の景観に大きな影響を与えているのだ。

氷河のなりたち

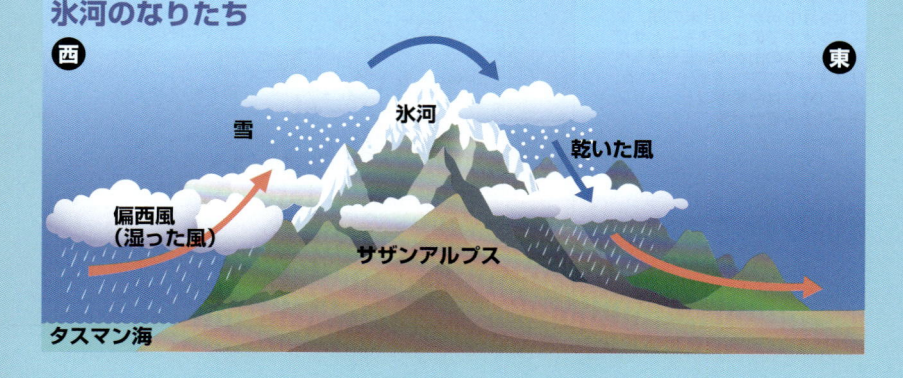

西　東
雪　氷河　乾いた風
偏西風（湿った風）
サザンアルプス
タスマン海

マウントクック

Mount Cook

MAP-P34-F

マウントクックへのアクセス

🚌 クライストチャーチから
インターシティで約5時間20分、
1日1便（午前）、料金NZ$219〜。
クイーンズタウンからインターシ
ティで約4時間45分、1日1便（午
前）、料金NZ$164〜。

観光案内所

Mt. Cook National Park Visitor Centre
MAP **P.80** 　住 1 Larch Grove
☎ 03-435-1186　営 8:30〜17:00
（冬期〜16:30）　休 なし
＊国立公園内のツアーについては
ハーミテージホテル内のアクティ
ビティデスクへ。
☎ 03-435-1809　FAX 03-435-1879

歩き方のヒント マウントクック

楽しみ
アクティビティ ★★★
見どころ ★★★★
リラックス ★★★★★

交通手段
シャトルバス ★★
徒歩 ★★★★
レンタルバイク ★★★

レンタサイクル
マウントクック・バックパッカー
ズロッジでマウンテンバイクをレ
ンタルしている。1時間NZ$15、半
日NZ$25、1日NZ$35

●氷河、ヘリスキー
マウントクックのアルパインガイズ
では6月中旬から9月末の間、タ
スマン氷河での氷河スキーとサザ
ンアルプスの山々の斜面を滑るヘ
リスキーのツアーを行っている。
氷河スキーは中級者以上、ヘリス
キーは上級者が対象。

▼街のしくみと歩き方

　マウントクック国立公園は、国内最高峰のマウントクック
（3724m）やニュージーランド最大のタスマン氷河など、雄大
な風景を眺めることができるため、年間を通じて多くの人が訪
れる。国立公園だけに街と呼べるものはなく、ハーミテージホ
テル（P.85）とユースホステル、キャンプ場、国立公園事務
所のほか、住民の住宅と小学校があるのみ。ホテル内にレスト
ランやショップ、郵便局などが揃っている。

見る　　　　　　　　　　　MAP-80
サー・エドモンド・ヒラリー・アルパインセンター
Sir Edmund Hillary Alpine Centre

　世界最高峰エベレストに最初に登
頂したエドモンド・ヒラリー卿の名
を冠した施設。ヒラリー卿に関する
資料館や、国内初のフルドーム・プ
ラネタリウムもある。

☎ 03-435-1089　交 ハーミテージ
ホテル前　営 7:30〜21:30（季節により変動あり）
料 入場料NZ$20　休 なし　URL www.hermitage.co.nz

偉大な登山家の軌跡がわかる

マウントクック・ビレッジ
Mount Cook Village

0　　　　500m

N

Hooker

ケアポイント、
フッカーバレーへ

Kitchener Creek

パノラマルーム R
アルパインレストラン R
ハーミテージ・ S
スーベニアショップ R
サーエド・カフェ&バー R
ハーミテージホテル H
オールド・マウンテニアーズ・カフェ R

S アルパインガイズ

サー・エドモント・ヒラリー・
アルパインセンター

● マウントクック・シャレー

i 観光案内所

アオラキマウントクック H
アルパインロッジ

マウントクック H
ユースホステル

Hooker Valley Road

Glencoe Stream

1000
1100
1200

WC

ガバナーズ・ブッシュ・トラック
Governors Bush Track

800
900

80

ブラックバーチ川
Black Birch Stream

レッドターンズ・トラック
Red Tarns Track

レッドターンズへ

とっておき情報
拡大版

マウントクックで楽しむ
自然派アクティビティ

セスナ機の遊覧飛行

サザンアルプスを空から眺める遊覧飛行は最も人気が高い。セスナ機にスキーをはかせたスキープレインでの氷河着陸や雪上着陸もあり、ふもとからでは決して見ることのない風景が楽しめる。
圖Mount Cook Ski Planes　☎03-430-8026
圖天候による
圄NZ$249（約30分）～
URL www.mtcookskiplanes.com

青空に白銀の雪山が映える

4WD車によるツアー

4WDやアーゴ（8輪駆動の全地形対応車）に乗って、タスマン氷河と巨大モレーン（堆石）に迫るユニークな冒険アクティビティ。マウントクック国立公園内の自然や地形、植生についてのガイドが充実しており、年齢を問わず楽しめる。
圖Tasman Valley 4WD Tours　☎03-435-1855
圖通年　圄NZ$89（2時間30分）　URL www.glen
tanner.co.nz

ネイチャーガイドウォーク(日本語)

知識と経験抱負なガイドの解説を聞きながら歩くネイチャーウォーク。高山植物や氷河、国立公園の歴史などの話を聞くことで、より深く充実したハイキングが楽しめる。
圖Ultimete Hikes
Aoraki／Mt.Cook
☎03-435-1609
圖通年（雨天決行）
圄半日NZ$105、1日
NZ$155（昼食付き）
URL www.facebook.
com/aorakimountcook

氷河湖観察ツアー

タスマン氷河の氷河湖にボートで入り、湖面からそそり立つ氷の断面を観察しながら、氷河の活動について学ぶ。展望台から見ただけでは土砂にしか見えない氷河が、本当に山の上から流れてきた氷の塊であることを改めて実感させてくれるツアーだ。
圖Glacier Explorers
☎03-435-1809
圖9月上旬～5月下旬
圄NZ$170（2時間30
分）
URL www.glacierexpl
orers.com

真横から見る氷河は大迫力！

ヘリコプターの遊覧飛行

マウントクック村から25km離れたグレンターナー空港で発着。マウントクック周辺の山々を上空から眺める。雪上着陸もあり、絶景が撮影できる。
圖The Helicopter Line
☎03-435-1801　圖天候による
圄NZ$270（約20分）～NZ$650（約50分）
URL www.helicopter.co.nz

星空ウォッチング

マウントクック周辺の夜空は世界有数の星空観測地のひとつ。南十字星や天の川などの満天の星空は感動的。特に、月の光がサザンアルプスに映る様子は幻想的だ。
圖Big Sky Stargazing
☎03-435-1809　圖通年
圄NZ$78 所要1時間30分（日本語ガイド、20分間のプラネタリウムショー込み、天候不良の場合はプラネタリウムで解説）

マウントクック ハイキングガイド

ホテルを出て歩き始めてみよう。一歩一歩山に近づくにつれ、この空間の雄大さとマウントクックの圧倒的な美しさに気づかされる。目の前に迫りくる懸垂氷河や可憐な高山植物を眺めながらのハイキングは、また格別だ。

© Michinori Ka

フッカーバレー
所要4時間
Hooker Valley
MAP P.83

マウントクック、マウントセフトンなど氷河を抱くアルプスの風景だけでなく、ミューラー、フッカーの2つの氷河、さらに高山植物などさまざまな景色が楽しめるコース。歩行距離は往復で約15km、スタート地点と終点との高低差が100mというなだらかな道が続いている。

スタート地点はハーミテージホテルのそばにあり、キャンプ場を経由してフッカーバレーに入る。この区間は低木帯や草原が広がっており、ニュージーランドでしか見られない木や花が、季節ごとに目を楽しませてくれる。時間に余裕がない場合や体力に自信がない場合はキャンプ場まで車で行き、そこからスタートするとよいだろう。

キャンプ場のそばにはマウントクックの遭難者を祀った慰霊碑、アルパイン・メモリアルがある。なだらかな道を進むとミューラー氷河の展望台があり、フッカー川を渡る第1の吊り橋に出る。小さな石がゴロゴロと転がる道を歩いていくと、轟音をたてるフッカー川の流れが現われ、第2の吊り橋へ。ここからはさらに道がなだらかになり、マウントクックが再び視界に入るようにな

る。フッカー川の河原も絶景ポイントのひとつだ。河原から離れると草原に木道が敷かれており、左右にマウントクック・リリーなどの高山植物、正面にはアルプスの壁にはりつく巨大な氷河が見える。第3の吊り橋を超えて20分ほど歩くと、大きな氷塊が浮かぶフッカー湖に到着。真っ白な雪を頂くマウントクックとグレーの氷河湖、青い空のコントラストが美しい。

本音でガイド

ハイキングではココに注意

マウントクックのハイキングで気をつけたいのは天候の変化。晴れれば日射病になるし、雨が降れば嵐になるしで油断がならない。夏にみぞれや雪が降ることも珍しくないのだ。出かける時は必ず帽子、サングラスと日焼け止め、雨具と防寒具（上にはおるものなど）、水や軽食などを用意し、気温の変化に応じて衣類を調節できるようにしよう。岩場が多いので、靴は底の凹凸がしっかりしたハイカットシューズがおすすめ。

新設された第3の吊り橋

山小屋に宿泊するなら食料と調理用具、寝袋を忘れずに

ケアポイント、セアリーターンズ
所要 3時間 Kea Point & Sealy Tarns MAP P.83

「ケア」とは高原に生息するオウム科の鳥、セアリーターンズの「ターンズ」は山の中腹にある池のこと。どちらもハーミテージホテルのそばからスタートし、キャンプ場、フッカーバレーの入口を右手に見て、左側の山に登ってゆく。ケアポイントはミューラー氷河を真上から、マウントクックを正面から眺められる展望ポイントで、道も比較的なだらか。途中の分かれ道で左の道を選ぶとセアリーターンズへ。傾斜はかなり険しいが、階段もついているのでマイペースでゆっくり登りたい。池ごしに眺めるマウントクックの雄姿は最高だ。

氷河が大地を削った跡は荒涼とした雰囲気

登山はおすすめできない。登山前には観光案内所で入山手続きが必要だ。

ガバナーズブッシュ
所要 1時間 Governors Bush MAP P.80

パブリックシェルターの裏側から銀ブナの森へ。マウントクック国立公園で一番古くから保護されていた森林地帯で、ファンテールやトムティット、ライフルマンなど可愛らしい鳥たちの姿が観察できる。木の枝や葉が屋根代わりになってくれるため、雨の日でも、のんびりと森林ウォークが楽しめる。

マウントクック

レッドターンズ
所要2〜3時間 Red Tarns MAP P.83

マウントクック・ビレッジを横切り、ブラックバーチ川にかかる橋を越えたところから登り始める。傾斜は険しいが、階段などの整備が行き届いているので、時間に余裕があれば、ぜひ挑戦したい。名前は「赤い池」の意味。池に生息する水中植物が水を赤く見せていることから、この名がつけられた。マウントクックと村が見渡せ、晴れた日の展望は格別だ。

ミューラーハット
所要6〜8時間 Mueller Hut MAP P.83

ミューラーハットはセアリーターンズからさらに500mほど登った場所にある山小屋。標高は1780mに達し、マウントクックからプカキ湖にいたるまで周辺のパノラマを見渡せる。また岩場や残雪がある場所も多いため、山歩きに慣れていないメンバーだけの

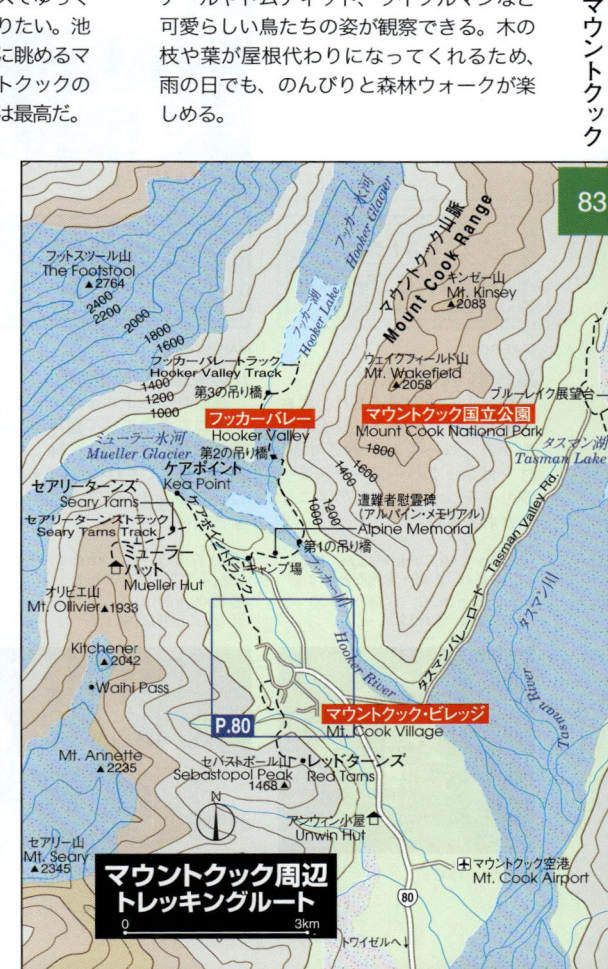

83

マウントクック周辺
トレッキングルート

0　　　　　3km

ショップ&レストラン

ギフトもグルメもビレッジ内ですべて揃う

食事できる場所はホテル周辺に集中。買い物は、観光案内所の中も要チェックだ。

ギフトショップ
ハーミテージ・スーベニアショップ
Hermitage Souvenir Shop

MAP-P.80

メリノ羊毛製品がいっぱい

　ハーミテージホテルにあるギフトショップ。サザンアルプスの麓で育ったメリノ羊の毛で作られた高品質ウールセーターや、ニュージーランドブランドのメリノアウトドアシャツ、ジャケットなどが豊富。

> 囲89 Tarrace Rd.　☎03-435-1809
> 交ハーミテージホテル内
> 時7:00〜22:00(冬期8:00〜19:00)
> 休なし

おみやげに1枚

カフェ
サー・エド・カフェ&バー
The Sir Edmund Hillary Café & Bar

MAP-P.80

絶景を眺めながらティータイム

　ピザやフライドポテトなどの軽食からサンドイッチなどのテイクアウトも可能。マウントクックやマウントセフトンなどの絶景を楽しみながら、コーヒーやビールなどを楽しむことができる。

> 囲89 Tarrace Rd.　☎03-435-1809
> 交ハーミテージホテル内
> 時9:30〜16:00（季節により異なる）　休なし　料NZ$5〜

オープンテラスが気持ちいい

カフェ、レストラン
オールド・マウンテニアーズ・カフェ
Old Mountaineer's Café

MAP-P.80

落ち着いた雰囲気

　観光案内所の横にあり、大きな窓からマウントクックを眺めながら、ゆっくりと過ごせる。オーガニックバーガーやスモークサーモンサラダなどのメニューがおすすめ。

> 囲Aoraki Mt.Cook Village　☎03-435-1890　交観光案内所からすぐ
> 時10:00〜15:30、17:00〜19:30
> 休不定休　料NZ$15〜

オシャレな店内

ニュージーランド料理
パノラマルーム
Panorama Room

MAP-P.80

山の眺望と料理を満喫

　高級リゾートホテルのメインダイニングとあって値段は少々高めだが、予想以上の味で舌をとろけさせてくれる。おすすめはビーフフィレ(牛肉、NZ$41.50)など。

> 囲89 Tarrace Rd.　☎03-435-1809
> 交ハーミテージホテル内
> 時18:00〜21:30
> 休なし　料NZ$36.50〜

盛りつけも美しいラム料理

西欧料理
アルパインレストラン
Alpine Restaurant

MAP-P.80

バラエティ豊かなバイキング

　パノラマレストランよりカジュアルな雰囲気のバイキング形式のレストラン。朝食はNZ$32、ランチはNZ$33〜、ディナーはNZ$67〜。いずれも品数豊富でボリュームたっぷりだ。

> 囲89 Tarrace Rd.　☎03-435-1809
> 交ハーミテージホテル内
> 時6:30〜10:00、12:00〜14:00、18:00〜21:00　休なし

ボリュームたっぷりのディナーバイキング

ホテル
Hotels

ユースから
高級ホテル
まである

ハーミテージホテルを中心として、ビレッジ内にさまざまなタイプのアコモデーションが点在している。

ホテル
ハーミテージホテル
Hermitage Hotel

MAP-P.80

100年以上の歴史を誇る

1884年に開業した国内随一の山岳リゾートで、当初は貴族向けの高級ホテルだった。ハーミテージホテルのプレミアムプラスルームは、マウントクックビレッジの中で最も高級な部屋だ。

住 89 Tarrace Rd.
☎03-435-1809　FAX 03-435-1879
交 観光案内所から徒歩3分
料 スタンダードNZ$185〜
室 164室　URL www.hermitage.co.nz
日本の問合せ先
ワールドブリッジ ☎03-3562-7878
URL www.world-bridge.co.jp

素晴らしい眺めのスーペリアルーム

ホテル
マウントクック・シャレー
Mount Cook Chalets

MAP-P.80

村の散策に便利な立地

観光案内所の近くには山小屋風のマウントクック・シャレーがある。こちらは三角屋根が目印で、家族やグループなどでの利用にぴったり。クイーンベッド1台とシングルベッド2台が備わり、4名まで宿泊可能。

住 8 Larch Grove Rd.　☎03-435-1809　FAX 03-435-1879　交 観光案内所から徒歩1分　料 NZ$300〜
室 19室　5月〜9月末までクローズ

部屋にキッチンも完備

ロッジ
アオラキマウントクック・アルパインロッジ
Aoraki/Mt.Cook Alpine Lodge

MAP-P.80

ビレッジ内の比較的新しい宿

観光案内所に近い好立地のこちらの宿は2005年創業。ラウンジからのマウントクックの眺めは秀逸だ。カップルやグループ、ファミリーで利用でき、すべての部屋にバス・トイレが付いている。

住 101 Bowen Dr.　☎03-435-1860
交 観光案内所から徒歩1分
料 NZ$165〜
室 15室

景色になじむホテルの外観

ユースホステル
マウントクックユースホステル
Mount Cook YHA

MAP-P.80

充実の設備と良心的なサービス

マウントクックでバックパッカーが利用できる宿が限られているとあって、いつもリーズナブルな宿を求める人で込みあっている。無料のサウナを完備していたり、ピザや缶詰、菓子類などを販売している。

住 4 Bowen Dr.　☎03-435-1820
交 観光案内所から徒歩5分
料 ドミトリーNZ$40〜
室 16室

清潔で明るい部屋

日本語が通じる　　レストラン　　カフェラウンジ　　バーラウンジ

マウントクック

85

ショップ／レストラン／ホテル

テカポ

Tekapo

MAP-P34-F

テカポへのアクセス

クライストチャーチからインターシティで約3時間、1日2便（午前）、料金NZ$38〜。

観光案内所

みやげもの屋のアオテア・ギフツ・テカポが観光案内所を兼ねている（P.88参照）。

歩き方のヒント
テカポ

楽しみ

アクティビティ	★★
見どころ	★★
リラックス	★★★★★

交通手段

徒歩	★★★★★

エリアの広さ

街の機能は国道沿いの数軒の店に集中。宿は湖側と山側に広がっているが、いずれも歩ける範囲にある。街の中心を過ぎ、右手に曲がるとユースホステルとキャンプ場がある。この道をさらに進むとマウントジョンの登り口がある。

マウントジョン
Mount John

テカポ湖畔にこんもりとそびえる小さな山がマウントジョン。湖沿いから登山道がのびており、ちょっとしたハイキングが楽しめる。お弁当を持って出かけたい。
図キウイ・トレジャーズから徒歩20分

86

眼下に氷河のパノラマが広がる

▼街のしくみと歩き方

トルコブルーに輝く湖とその奥にそびえるアルプスの山並み、そして石造りの小さな教会。まるでメルヘンの世界のようなテカポの風景は、ニュージーランドを代表する景色のひとつといってもいいだろう。人口はたった200人ほどで、街といえばカフェやレストラン、みやげもの屋などが国道沿いに数軒並んでいるのみだが、住宅地の中にはB＆Bやホテルなどがいくつも点在しており、快適な滞在ができる。

見る　　　　　　　　　　　　　　　MAP-P.87-B

善き羊飼いの教会
Church of the Good Shepherd

湖沿いに建つ教会は1935年の完成。ユニークなネーミングは、地元の人々を指したものでもあるが、開拓初期にテカポの厳しい気候の中で生活を切り開いた羊飼い達の強い精神を伝えようという目的もあったという。建物は石造り。中は10数人でいっぱいになりそうな大きさ。ステンドグラスの代わりに湖を見渡す大きな窓があり、その手前に小さな十字架が置かれている。毎日朝9時〜夕方17時まで扉が開けられており、

中を見学できる。少し離れた場所には牧羊犬の銅像もある。
図アオテア・ギフツ・テカポから徒歩3分
圏10:00〜16:00（夏期9:00〜17:00）　休悪天候時

アクティビティ　　　　　　　　　　　MAP-P.87-A

セスナ機での遊覧飛行
Scenic Flight

迫力あるサザンアルプスを眼下に眺める遊覧飛行が楽しめる。テカポ空港からセスナ機で飛び立ち、数多くの氷河が集まるサザンアルプスの分水嶺（メイン・ディバイド）へ。西海岸のフランツジョセフ氷河やフォックス氷河、タスマン山や国内最高峰のクック山、さらに国内最大のタスマン氷河や氷河湖、プカキなどの素晴らしいパノラマが楽しめる。所要時間は45分。
圏エア・サファリ Air Safaris　☎03-680-6880
図アオテア・ギフツ・テカポから徒歩1分　料NZ$450

テカポにある天文台

アクティビティ `MAP-P.87-A`

天体観察ツアー
Star Watching Tour

　テカポでは日本人ガイドによるスターウォッチングツアーが行われている。住宅地から離れた丘に建つ小さな天体ドームを利用、満天の星空を観察する。肉眼では見えない珍しい天体や、土星や木星などの惑星を観察。南十字星の探し方もバッチリ教えてもらえる。

🏠アースアンドスカイ Earth and Sky ☎03-680-6960
FAX03-680-6950　💰ナイトツアーNZ$175〜
URLwww.earthandsky.co.nz
肉眼では見えない星団がはっきり見える

レストラン `MAP-P.87-A`

湖畔レストラン
Kohan Restaurant

　日本人の長期旅行者の間では「湖畔のサーモン丼を食べること」がテカポに立ち寄る目的になっているとか。やわらかいサーモンをたっぷりとごはんに混ぜ込んだサーモン丼のあまりの人気に、最近では他の日本食レストランでも類似品が現れるようになっている。そのほかのおすすめ料理はお弁当やテカポロール寿司など。各種定食や揚げだし豆腐、茶碗蒸しなどの単品も充実している。

🏠6 Rapuwai Lane ☎03-680-6688　🚶アオテア・ギフツ・テカポから徒歩1分 ⏰11:00〜14:00、18:00〜21:00 休日曜の夜 💰ランチNZ$11〜、ディナーNZ$12〜
URLwww.kohannz.com

レストラン `MAP-P.87-A`

ジェイドパレス
Jade Palace

　2人用のセットメニューは前菜、スープ、肉料理2種類、チャーハン、デザートとお茶が付く。

🏠State Highway 8 ☎03-680-6828 🚶アオテア・ギフツ・テカポ から徒歩1分 ⏰11:30〜14:30、17:30〜21:00 休なし 💰ランチNZ$13〜、ディナーNZ$16〜

レストラン `MAP-P.87-A`

リフレクションズ
Reflections Café & Restaurant

　ニュージーランド料理のレストラン。ラムと牛肉のステーキは、国内の競技会で表彰された自慢の一品。あっさりした味付けで日本人にも食べやすい。

🏠State Highway 8 ☎03-680-6234 🚶アオテア・ギフツ・テカポから徒歩1分 ⏰7:00〜20:30 休なし 💰NZ$15〜

ウワサのサーモン丼。みそ汁とつけものが付く

テカポ

87

テカポ湖 / Lake Tekapo
Pines Beach
善き羊飼いの教会 / Church of the Good Shepherd
牧羊犬の銅像 / Dog Memorial
Pioneer
Drive
ザ・シャレー H
ハイランドライド
テイル、クライストチャーチへ
Lakeside Drive
Tekapo Domain
アース アンド スカイ
⑧ H ペッパーズ・ブルーウォーターリゾート S
リフレクションズカフェ&バー
レイクテカポ・ビレッジモーテル
エア・サファリ(セスナ機遊覧飛行)
Air Safaris
マッケンジー・カフェバー・&グリル R
ジェイドパレス R
湖畔レストラン R
Boat Ramp
Lake Tekapo School
Community Hall
アオテア・ギフツ・テカポ
観光案内所
ザ・ゴドレーリゾート
レイクテカポ・ロッジ H
Motuariki Crescent
Tekapo River
テカポ川
Allan Street
Scott Street
Jeune Street
Murray Place
Hamilton Drive
N
テカポ中心部
Central Tekapo
0　　　200m

ショップ　MAP-P.87-A
テカポ・ハイカントリークラフツ
Tekapo High Country Crafts

みやげものはもちろん、地元のアーティストがつくった雑貨なども販売されている。人気はフリースジャケットのほか、羊の油で作ったラノリンクリームなどの化粧品。

🏠State Highway 8 ☎03-680-6905 🚶アオテア・ギフツ・テカポから徒歩1分 🕐9:00〜17:00 休なし

ショップ　MAP-P.87-A
アオテア・ギフツ・テカポ
Aotea Gifts Tekapo

湖畔に立つギフトショップ。知識豊富でフレンドリーなスタッフが、日本語で対応。日本円での支払い可能で、海外発送も行っている。

🏠State Highway 8（湖畔レストラン隣）☎03-971-5264 🗺観光案内所を併設 🕐10:00〜21:30（冬期11:00〜20:30）休なし

レストラン　MAP-P.87-A
マッケンジー・カフェバー＆グリル
MacKenzies Café Bar & Grill

テカポ湖畔に建つカフェバー。おすすめは、約300度に熱した鉄板に肉を乗せて、自分の好みに合わせて調理するストーングリルだ。

🏠State Highway 8, Lake Tekapo ☎03-360-1063 🚶アオテア・ギフツ・テカポから徒歩1分 🕐8:30〜21:00 休なし 💰NZ$22〜

ホテル　MAP-P.87-A
レイクテカポ・ロッジ
Lake Tekapo Lodge

ホスピタリティあふれるもてなしが自慢のB＆B。4つの客室はこだわりのインテリアで飾られ、3部屋はテカポ湖が眺められる。

🏠24 Aorangi Crps. ☎03-680-6566 🚶アオテア・ギフツ・テカポから徒歩3分 💰T・D／NZ$300〜 🛏4室

ホテル　MAP-P.87-A
ペッパーズ・ブルーウォーターリゾート
Peppers Bluewater Resort

テカポ湖畔近くの5つ星ホテル。広々とした1ルームからキッチン付きのヴィラまで、さまざまな客室があるので、さまざまなシーンに対応できる。

🏠State Highway 8 ☎07-5665-4426 🚶アオテア・ギフツ・テカポから徒歩5分 💰S・T／NZ$185〜 🛏142室

ホテル　MAP-P.87-A
ザ・ゴドレーリゾート
The Godley Resort

湖畔に面した大型ホテル。教会にも近い絶好のロケーションで、地元の人が利用することも多い。各建物が独立しており、部屋の前まで車で入れるので、レンタカーでの旅行に最適。レイクビュールームは眺めがいい。

🏠State Highway 8 ☎03-680-6848 🚶アオテア・ギフツ・テカポから徒歩1分 💰S・T／NZ$145〜 🛏70室 🌐www.tekapo.co.nz

ホテル　MAP-P.87-B
ザ・シャレー
The Chalet

スイス人夫婦が営むホテル。6つの部屋はそれぞれインテリアやファブリックの色が違い、趣きが異なる。湖沿いのファミリーユニットは贅沢なリビングと2ベッドルームがあり、広々としたスペースが自慢。料金もリーズナブルだ。

🏠14 Pioneer Drive ☎03-680-6774 🚶アオテア・ギフツ・テカポから徒歩4分 💰NZ$160〜270 🛏6室

ホテル　MAP-P.87-A
レイクテカポ・ビレッジモーテル
Lake Tekapo Village Motel

2000年にオープン。部屋を出ると湖と教会を見渡せる草原があり、テカポの風景を存分に堪能できる。4人用のファミリーユニットはキッチンも完備。スパバス付きの部屋もある。

🏠State Highway 8 ☎03-680-6808 🚶アオテア・ギフツ・テカポから徒歩1分 💰S・D／NZ$240、ファミリーユニットNZ$290 🛏19室

ニュージーランドの星空は大迫力

スリリングなアクティビティとおいしい食事を楽しんだら即ベッドへ直行、なんてもったいない。ニュージーランドの夜空は最高のエンターテイメントなのだ。夏は暗くなるまで時間がかかるが、ワイン片手に星が出てくるのをのんびり待つのも楽しいもの。空を埋め尽くす満天の星空に、旅の疲れも癒されるに違いない。

南十字星を探してみよう

ニュージーランドの国旗に輝く南十字星（サザンクロス）は、88ある星座の中で最も小さな星座として知られている。この星座は北半球では見えにくいだけでなく、南の方角を正しく示す役割を担っており、昔から南半球の船乗りや旅人たちに重宝されてきた。南

肉眼でオーロラが見えることもある

十字星を見つけるには、まず夕日が沈んだ方向を参考に南を向く。そしてポインターと呼ばれる明るい2つの星を探してみよう。ひときわ明るく輝いているので、すぐにわかるはずだ。この2つの星の間隔を右へ2倍延ばした場所にあるのが、南十字星。さらに十字の縦のラインを十字の下に向って4倍半延ばすと、天の南極がある。

マウントクックでも星空観察ツアーが行われる

星空が世界遺産に？

国内随一の晴天率を誇るテカポの星空は、見る物を圧倒するほどの美しさ。地元の人々は街灯に傘をかぶせたり、光害を軽減するナトリウムランプを採用するなどして、その美しさを保護している。現在、ニュージーランド政府は、世界で初めて星空を「世界自然遺産」にするべく、ユネスコの世界遺産登録に申請中。世界遺産は公園や湖、都市、建造物などが対象となり、限定された星空を登録するという前例はないため、この申請は世界的にも注目を集めている。

ワナカ

Wanaka

MAP-P34-F

ワナカへのアクセス

🚌 クライストチャーチから
インターシティで約8時間、1日1
便（1回乗り換え）、料金NZ$105
〜。クイーンズタウンからインター
シティで約1時間45分、1日2
便（午前）、料金NZ$24〜。

観光案内所 i-SITE

Lake Wanaka i-SITE
MAP **P.90** 🏠103 Ardmore St., Wa-
naka ☎03-443-1233 🕐8:30〜
19:00（4〜12月〜17:30）🚫12/25

歩き方のヒント
ワナカ

楽しみ
アクティビティ ★★★★
見どころ ★★
リラックス ★★★★★
交通手段
徒歩 ★★★★
シャトルバス ★★★
エリアの広さ
多くの宿が中心地から歩ける範囲
にあるので徒歩で充分だ。また、
冬期はスキー場へのシャトルバス
が運行されている。

▼街のしくみと歩き方

　湖畔に広がる美しい街、ワナカ。夏はウォーターアクティビ
ティやトレッキングが楽しめるリゾートとして、冬はスキーの
ベースタウンとして1年中にぎわいをみせる。マウントアス
パイアリング国立公園の雪山風景やポプラ並木の黄葉など、四季
折々の美しい景色が楽しめる街として人気が高い。

　街の中心は、湖沿いのアドモアストリートとレイクサイドロー
ドがぶつかるあたり。アドモアストリートと交差するヘルウ
ィックストリート、ダンガーボンストリート周辺にショップや
レストランが並び、これらの道に交差するブラウンストンスト
リートには多くのモーテルやバックパッカーズが集まってい
る。アドモアストリートとレイクサイドの交差点から坂を登っ
たあたりにもホテルやレストラン、ショップが多い。

　ワナカ空港は6号線沿いに
あり、街の中心から車で7〜
8分の距離にあるが、空港と
街の中心をシャトルバスが運
行している。周辺には巨大迷
路が楽しめるパズリングワー
ルドやライフル射撃が体験で
きるハブ・ア・ショットなど、
見どころ、遊びどころが多い。

いつか住みたい街として人気

ワナカ市内の見どころとアクティビティ

見る MAP-P.90外
戦闘機&クラシックカー博物館
Warbirds and Wheels Museum

ワナカの中心部から10キロほど郊外の空港の敷地内にある博物館。実際に戦争で使用された戦闘機の復元モデルを展示してあり、飛行機&乗り物マニアにはたまらない。戦闘機に関する資料&展示のほか、NZアートギャラリーも併設。

📍11 Lloyd Dunne Ave.,Wanaka
☎03-443-7010 🚗観光案内所から車で8分 🕐8:00〜16:00
休なし 料NZ$20 URLwww.warbirdsandwheels.com

見る MAP-P.90外
ワナカ・ビアワークス
Wanaka Beer Works

ワナカの地ビールは競技会で受賞経験もある実力派。毎日14時に行われる工場見学ツアーでは3種類のビールのテイスティングが楽しめる。

📍891 Wanaka Luggate Hwy.
☎03-443-1865 🚗観光案内所から車で8分 🕐11:00〜16:30
休なし 料NZ$10
URLwww.wanakbeerworks.co.nz

見る MAP-P.90外
パズリング・ワールド
Puzzling World

倒れそうなタワーや15度傾けて建てられたイリュージョンハウスなど、平衡感覚をくるわせるしかけが売り物。

📍188 Wanaka Luggate Hwy.
☎03-443-7489 🚗観光案内所から車で3分 🕐8:30〜17:30
（5〜9月〜17:00）休なし
料NZ$18〜

見る MAP-P.90外
リッポン・ヴィンヤード&ワイナリー
Rippon Vineyard&Winery

世界で最も美しいワイナリーとの呼び声も高いリッポン。湖畔のぶどう畑を眺めながら、テイスティングが楽しめる。

📍246 Wanaka Mount Aspiring
☎03-443-8084 FAX03-443-8034
🚗観光案内所から車で5分
🕐（テイスティング）11:00〜17:00（予約客のみ可）休6月

アクティビティ MAP-P.90外
クロスファイアー
Crossfire

ライフル射撃やアーチェリー、ゴルフのほか、ターゲットめがけてテニスボールを撃つ「バトルフィールド」も大人気。
📍9 Mt.Barker Rd. ☎03-443-5995 🚗観光案内所から車で8分 🕐9:00〜17:00 休なし 料ライフル射撃NZ$28（25発）、バトルフィールドNZ$12（20分）
URLwww.crossfirewanaka.co.nz

アクティビティ MAP-P.90外
バックカントリーサドル・エクスペディションズ
Backcountry Saddle Expeditions

歴史あるカードローナの谷や金鉱エリアを、乗馬でトレッキングする。乗馬未体験でも問題なく楽しめる。雄大な自然の中を乗馬の視線で眺めるのは格別。途中で速度を上げたり、羊やウサギと出会ったりと、変化に富んでいる。

📍Cardrona Valley ☎03-443-8151 🕐10:00、13:30 🚗ワナカから車で25分、送迎あり 料NZ$95（2時間）URLwww.backcountrysadales.co.nz

© Lake Wanaka Tourism

とっておき情報
スパリゾートで究極の癒し

観光案内所から車で5分ほどのグランド・メルキュール・オークリッジリゾートは、宿泊しながら本格的なトリートメントが受けられる滞在型のスパリゾート。フェイシャルとボディのメニューには、世界中で愛用されている「ダーマロージカ」のスキンケア商品を使用。ホットストーンなどの本格的なマッサージのほか、ネイルも人気だ。豪華なスパ施設で全身を磨いた後は、夜9時30までオープンしている屋外のスパプールで、星空を眺めながら究極のリラクゼーションを体験したい。

🏠ザ・サンクチュアリ・デイスパ 📍20 Studholme Rd.（グランド・メルキュール・オークリッジリゾート内）
☎03-443-0827 🚗観光案内所から徒歩20分、車で5分
🕐9:00〜21:00 休なし
URLwww.sanctuarydayspa.co.nz MAP P.90-外

ショップ&レストラン
Shops&Restaurants

こぢんまりとした
小さな店が
並ぶ

ワナカには、湖畔を中心に、雰囲気のいいレストランやショップが勢ぞろい。

ギフト
パタゴニア・チョコレート・ワナカ
Patagonia Chocolates Wanaka

MAP→P.90

人気のチョコレートショップ

アルゼンチン出身のオーナーが運営するチョコレート専門店。70種類を超えるチョコレートはもちろんのこと、カカオ濃度の高いチョコレートドリンクも人気。おみやげ用チョコレートも販売している。

田155 Ardmore St.　☎03-443-2380　図観光案内所から徒歩1分　営9:00〜20:00　休なし　URL www.patagoniachocolates.co.nz

クイーンズタウンとアローラウンにもある

ギフト
ワンダールーム
Wonder Room

MAP→P.90

おしゃれな小物が揃う店

ワナカ市内の中心部にあるギフトショップ。ジュエリー、アート、雑貨、ガーデン用品など豊富により揃えており、おみやげ選びに最適だ。

田80 Ardmore St.　☎03-443-5071　図観光案内所から徒歩2分　営9:30〜17:30（土・日曜10:00〜17:00）　休なし　URL wonderroom.co.nz

個性的なデザインの商品も

ニュージーランド料理
レリシェズカフェ
Relishes Cafe

MAP→P.90

レイクフロントの人気レストラン

ムール貝をはじめ、太平洋近海の魚介類をふんだんに使ったシーフードチャウダーが人気。ビーフ、ラムのステーキなどニュージーランドらしい料理が揃う。

田99 Ardmore St.　☎03-443-9018　図観光案内所から徒歩1分　営7:00〜22:00　休なし　予ディナーNZ$40〜　URL www.relishescafe.co.nz

ワナカ湖はすぐ目の前

カフェ
カイ・ファカパイ・カフェ
Kai Whakapai Café

MAP→P.90

商店街にある人気のカフェ

店名はマオリ語で「美味しい料理」の意味。毎日焼きたてのケーキが数種類並ぶ。日によってメニューが異なるので甘党は連日通ってみても。

田121 Ardmore St.　☎03-443-7795　図観光案内所から徒歩1分　営7:00〜23:00　休なし　予ケーキ類はNZ$4〜、パスタはNZ$17

おいしいパイでお茶の時間も充実

ニュージーランド料理
ワナカ・グルメ・キッチン
Wanaka Gourmet Kitchen

MAP→P.90

地元食材を使った料理が自慢

湖が見渡せる絶好のロケーションで、ニュージーランド産のラム肉が堪能できる人気レストラン。おすすめは「ラム肉のやわから煮」（時価）で、ほろほろな食感がたまらない。

田123 Ardmore St.　☎03-443-8579　図観光案内所から徒歩1分　営18:00〜22:00　休月曜　予NZ$30〜　URL www.wgk.co.nz

セントラルオタゴ産のワインとともに

ホテル
Hotels

美しい街に映える個性的な宿がずらり

ハイセンスな宿がたくさん。しかも国内の旅行者が多いため、料金もリーズナブルだ。

ホテル
エッジウォーターリゾート
Edgewater Resort

MAP・P.90 🍴🍷🅱🅱♨

湖岸の宿でのんびりくつろぐ

ワナカ湖畔に建つ高級リゾートホテル。1～2ベッドルームのコンドミニアムもある。キッチンやランドリーも備えているので長期滞在にも便利。

🏠54 Sargood Drive
☎03-443-0011
🚶観光案内所から車で2分
💴T／NZ$230～　🛏104室
🔗 www.edgewater.co.nz

広々とした部屋は快適

モーテル／ロッジ
レイクワナカロッジ
Lake Wanaka Lodge

MAP・P.90 🅱

日本人経営の快適ロッジ

市内まで徒歩10分。ゲストラウンジからは、美しいワナカ湖やサザンアルプスの眺望を楽しむことができる。日本人スタッフが常駐し、家族旅行にもおすすめだ。

🏠24 Tenby St.　☎03-443-9294
🚶観光案内所から徒歩10分
💴T／NZ$165～
🛏10室
🔗www.lakewanakalodge.co.nz

各部屋を見比べるのも楽しい

B&B
テ・ワナカロッジ
Te Wanaka Lodge

MAP・P.90 ♨

温かいもてなしがうれしい

フレンドリーかつ洗練されたB&B。ラウンジやダイニング、テレビルームなど、宿泊者がくつろげるスペースを多くとっている。屋外のジャクジーでは贅沢な時間が過ごせる。

🏠23 Brownston St.
☎03-443-9224
🚶観光案内所から徒歩3分
💴S・T／NZ$240～　🛏13室

インテリアもエレガント

モーテル
ベラビスタモーテル
Bella Vista Motel

MAP・P.90

リーズナブルで便利なモーテル

町の中心にある便利なモーテル。キッチン付きのファミリールームのほか、キッチンなし（簡易レンジ付き）の客室や、大きなジャクジーを備えた部屋もある。

🏠2 Dunmore St.
☎03-443-6066
🚶観光案内所から徒歩2分
💴S・T／NZ$135～　🛏18室

オレンジ色の屋根が目印

モーテル
アズール・ブルックベールマナー
Asure Brook Vale Manor

MAP・P.90 🅿♨

使い勝手のいい宿

キッチンが使いやすく、快適な滞在ができる。無料のコーヒーや紅茶のサービスもうれしい。1階の部屋からは庭に出ることもでき、自宅にいるようにくつろげる。

🏠35 Brownston St.　☎03-443-8333
🚶観光案内所から徒歩2分
💴T／NZ$185～　🛏10室
🔗 www.brookvale.co.nz

夏は庭にルピナスが咲き乱れる

🅱日本語が通じる　🍴レストラン　カフェラウンジ　🍷バーラウンジ　🅿プール　🅱ビジネスセンター　♨スパ

クイーンズタウン

Queenstown

MAP-P34-F

クイーンズタウンのプロフィール

人口：約2万9000人
面積：8704㎢
気候：夏の平均最高気温は22度、
冬の平均最低気温は−1度
降水量：年間雨量750㎜

クイーンズタウンへのアクセス

✈ オークランドから1時間
55分、1日5〜8便 🎫NZ$79〜。
クライストチャーチから1時間、1
日3〜4便 🎫NZ$89〜。
🚌 クライストチャーチから
インターシティで約8時間、1日3
便（午前）、🎫NZ$39〜。

観光案内所 i-SITE

Queenstown i-SITE
MAP**P.99**
🏠Clocktower Bldg., 22 Shotover St.
☎**03-442-4100**
🕐8:30〜21:00（冬期〜20:00）
困なし

94

歩き方のヒント
クイーンズタウン

楽しみ
アクティビティ ★★★★★
見どころ ★★★
リラックス ★★★
交通手段
徒歩 ★★★★★
レンタカー ★★★
エリアの広さ
街の中の移動は徒歩で充分。ファーンヒルやフランクトン寄りの宿へは、コネクタバスを利用すると便利だ。

スカイライン・ゴンドラ
TSSアーンスロー号の
クルーズ
アロータウン

ぜひ
訪れたい
ポイント

女王の街、クイーンズタウン
街のあらましとしくみ

ワカティプ湖に面し、リマーカブル山脈を望む美しい街、クイーンズタウン。かつてこの街の周辺がゴールドラッシュにわいた時代、ビクトリア女王が住むにふさわしい場所として「女王の街」と呼ばれたことに由来する地名だ。

美しさを失わないトップクラスの観光地

現在はバンジージャンプやジェットボート、ラフティングなどアクティビティの中心地として、また冬のスキーリゾートとしての知名度が高く、若者の街というイメージが強くなってしまったが、「女王の街」たる美しいたたずまいは今も変わらない。アメリカの権威ある旅行雑誌で、世界の旅行地トップ20にランクされるほど、年代や性別、国籍を超えて、訪れる人々を魅了し続けている印象深い街だ。

歩いてまわれる小さな街

クイーンズタウンを訪れたツーリストが、「大都市を想像していたのに、小さな街で驚いた」、と言うのはよく聞く話。街は湖に沿って逆L字型に広がっており、キャンプストリートとショットオーバーストリートの角に「クロックタワー」と呼ばれる観光案内所がある。

ショットオーバーストリートをはさんで向かいにあるのが「ザ・ステーション」。この周辺にはアクティビティの会社やインフォメーションサービスが連なっている。

キャンプストリートをくだると、ビーチストリートとの角にショッピングセンターの「オコーネルズ」があり、この前がコネクタバスのバス停になっている。

スカイライン（P98）からは街が一望できる

さらに進むと「ザ・モール」と呼ばれる商店街。この周辺が街の中心だ。ビーチストリートを進むと湖沿いに出てスティーマーワーフ（船着き場）に到着。カジノもこの中に入っている。

空港から市内へ

　クイーンズタウン空港は街から約8km。空港から市内までは乗り合いのシャトルが走っているほか、6時台～21時台の間、中心部と郊外を結ぶオーバス（Orbus）が15分～30分おきに運行している。空港からダウンタウンまではNZ$10、およそ20分。乗車時に、自分が宿泊する宿で降ろしてもらえるかどうか運転手に確かめておこう。

　空港でレンタカーを借りる場合は、市内で車を返却できるか確認すること。再びクイーンズタウン空港を訪れる予定がない場合は、市内で車を借りた方がいいだろう。

市内の交通

　市街は充分に歩いてまわれる広さだが、町の南西にあるファーンヒル、北東のフランクリンストリート沿いにも宿は点在しており、ここから中心地まで歩くのはかなりの時間がかかる。そこで活躍するのがオーバス（Orbus）だ。以前はコネクタバスと呼ばれていたバスで、4本のルートがあり、緑1、青2、黄3、オレンジ4に色分けされている。運行はだいたい15分おき。

　タクシーはキャンプストリート沿いのモール入口周辺が乗り場になっているが、電話で呼び出すこともできる。

◆オーバス（Orbus）

●1番ルート（緑）ファーンヒル～リマーカブルズパーク
ファーンヒルからザ ヘリテッジ、スチーマーワーフ、キャンプストリート、シャーウッド、空港を経てリマーカブルズパークへ。

●2番ルート（青）アーサーズポイント～アロータウン
アーサーズポイント、インダストリアルパレス、キャンプストリート、フランクトンヒル、レイクヘイズ、ミルブルックスを経てアロータウンへ。

●3番ルート（黄）ケルビンハイツ～フランクトンフラッツ
ケルビンハイツからリマーカブルズパーク、フランクトンなど空港周辺をまわるルート。

●4番ルート（オレンジ）レイクヘイズ～ジャックスポイント
レイクヘイズからタッカービーチロード、フランクトンなど空港周辺から南のジャックスポイントへ向かうルート。

●ゴーカード（GoCards）
オーバスではゴーカード（GoCards）というプリペイドカードが使える。1回乗車が、現金だとNZ$5（空港発着はNZ$10）のところがNZ$2になり、30分以内なら無料で乗り換え可能なのでかなり割安。カード代NZ$5＋チャージ料NZ$10のNZ$15から購入でき、チャージ（top up）はNZ$10から。クイーンズタウン空港またはコーネルズモールのキオスクで購入＆チャージができる。運転手から直接購入も可能。

小さな空港なので迷う心配はない

シャトル
スーパーシャトル
☎03-442-3639、0800-748-885
圏NZ$20～

タクシー
アルパインタクシー
☎03-442-6666
クイーンズタウンタクシーズ
☎03-442-7788

レンタサイクル
アルタ・バイク・スタジオ
圏8 Duke St.　☎03-442-4994
圏半日NZ$35～、電動バイク
NZ$79　図観光案内所から徒歩3分

オーバス（旧コネクタバス）
Orbus
☎03-441-4471
乗車券　NZ$4.50～（空港～ダウンタウンまではNZ$12）
1日券　NZ$33
URL www.orc.govt.nz/public-transport/queenstown-buses/

空港のバス乗り場

オーバスの停留所

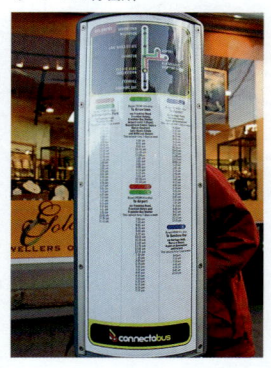

クイーンズタウン周辺
Greater Queenstown

0 — 10km

クイーンズタウン
Queens Town

0 — 200m

- グレノーキー Glenorchy
- スキッパーズキャニオン Skippers Canyon
- カードローナスキー場 Cardrona
- ワナカへ
- カードロー Cardron
- ラーキンス山 Mt. Larkins ▲2265
- ブランケット・ベイ
- Richardson Mountains
- ショットオーバー川 Shotover River
- Crown Range
- コロネットピーク Coronet Peak ▲1651
- 中国人居住区跡
- ウールプレス
- サフロン
- レイクディストリクト博物館 Lake District Museum
- Criffel Range
- コロネットピークスキー場 Coronet Peak
- Pigeon I.
- Pig I.
- ウィロウブルックB&B
- オンセン・ホットプールズ
- ベンロモンド山 Ben Lomond ▲1748
- Arthurs Point アーサーズ・ポイント
- ミルブルック・リゾート
- ザ・スパ@ミルブルック
- アロータウン Arrowtown
- Cardrona River
- Arrow Junction アロー・ジャンクション
- Lake Hayes
- カワラウ川 Kawarau River
- Mt. Creighton
- モククリーク Moke Creek
- ラーチヒル・ハウス
- シャーウッド
- Lower Shotover
- カワラウブリッジ(バンジージャンプ) Kawarau Bridge
- ギブストン Gibbston
- クイーンズタウン Queenstown
- Frankton フランクトン
- クイーンズタウン空港
- 6A
- メルキュールリゾート・クイーンズタウン
- ファーンヒル Fernhill
- ザ・ヘリテージ
- ダブルツリーバイ・ヒルトン
- ヒルトン・クイーンズタウン
- ザ・リースホテル
- ダブルコーン Double Cone ▲2324
- ザ・リマーカブル(スキー場) Remarkables
- リマーカブルズ・ロッジ
- 6
- ワカティブ湖 Lake Wakatipu
- Mount Nicholas
- セシルピーク Cecil Peak ▲1974

- スカイライン Skyline
- スカイラインシャレー Skyline Chalet
- リュージュ、ジップトレック
- ストラトスフェア
- Hamilton Road
- Robins Road
- Gorge Road
- Hallenstein Street
- Queenstown Hill Recreation Reserve
- スカイライン・ゴンドラ Skyline Gondola
- Queenstown School
- Anderson Heights
- Belfast Ter
- ゴンドラ乗り場
- キーウィ&バードライフパーク Kiwi & Birdlife Park
- P.99
- Henry St.
- Malaghan Street
- Ballaret Street
- Hallenstein Street
- Edgar Street
- Dublin Street
- Brecon Street
- Street
- Camp Street
- Stanley Street
- ボディ・サンクタム
- Beetham St.
- メルボルン・ストリート Melbourne St.
- ハレンスタイン・ストリート
- York Street
- Motor Park
- Isle Street
- Shotover Street
- Street
- The Mall
- Church St.
- Earl St.
- ハートランド・ホテル
- Coronation Drive
- Sydney St.
- フォーシーズンズ・モーテル
- シーニック・スイーツ
- ブルーピークス・ロッジ
- ミレニアム
- Man Street
- Lake Ave.
- ビーチストリート Beach Street
- Marine Parade
- ウィリアムズコテージ
- ノボテル・クイーンズタウン・レイクサイド
- Brisbane Street
- フランクトンロード
- Hobart St.
- Adelaide St.
- コブソーン・レイクフロントリゾート
- セントモリッツ
- ザ・ロッジズ
- バンブルズ・バックパッカーズ
- レイクフロント・アパートメント
- リッジズ
- Thompson Street
- Brunswick Street
- Esplanade
- Queenstown Bay
- バスハウス
- ブラックシープ・バックパッカーズ
- パークストリート
- Park Street
- Suburb St.
- Veint
- Crescen
- YHAクイーンズタウン・レイクフロント
- Lake
- ザ・ヘリテージ
- メルキュール・リゾート・クイーンズタウンへ
- TSSアーンスロー号 TSS Earnslaw
- Amusement Park
- Ice Skating
- クイーンズタウン・ガーデンズ Queenstown Gardens
- スコット記念像 Scott Memorial
- ワカティブ湖 Lake Wakatipu

96

クイーンズタウン 完全攻略モデルプラン

クイーンズタウン中心部はコンパクトにまとまっており、徒歩での観光がしやすい街。
ワカティプ湖クルーズで絶景を満喫したい。

START!

スカイライン→P.98

ゴンドラに乗って、標高790メートルの展望台から絵葉書のような景色を眺めよう。

ホブズヒルを滑るリュージュ（P.103）はスリル満点！

ワカティプ湖を眺めながら食事ができる絶景レストラン。ランチもディナーもOK（要予約）。

パタゴニア→P.104

約80種類もの手作りチョコレートがある人気ショップ＆カフェ。船着き場からすぐなので、おいしいスイーツでリラックスして。

アーンスロー号クルーズ

ノスタルジックな蒸気船アーンスロー号で、美しいワカティプ湖をクルーズ。牧場見学したら、お楽しみのBBQランチ（オプション）を。

唐辛子入りチョコレートをお試しあれ！

ザ・ワイナリー→P.107

地元セントラルオタゴ産の極上ワインが揃う店。店内のソファに腰掛けてのんびり試飲できる。

GOAL!

フィッシュボーン→P.109

南島周辺で獲れる新鮮魚介が食べられる。地元で人気の店でディナータイム。

オススメルート Recommemded Route

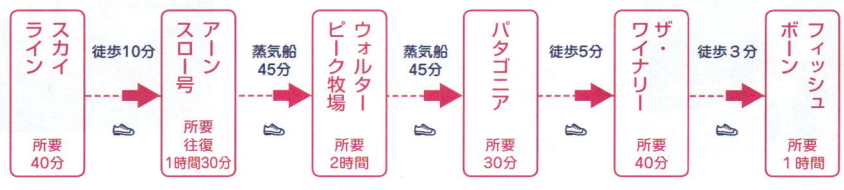

スカイライン	徒歩10分	アーンスロー号	蒸気船45分	ウォルターピーク牧場	蒸気船45分	パタゴニア	徒歩5分	ザ・ワイナリー	徒歩3分	フィッシュボーン
所要40分		所要往復1時間30分		所要2時間		所要30分		所要40分		所要1時間

クイーンズタウン市内の見どころ

見る　MAP-P.96-C
スカイライン
Skyline

標高790mの展望台までは、ゴンドラで10分。レストランやショップのほか、マオリショーが行われるシアターも併設。夜景を見ながら食事ができるバイキング形式のディナー（ゴンドラ込みでNZ$95）が大人気。

🏠Brecon St.　☎03-441-0101
🚶観光案内所から徒歩7分
🕐9:00〜最終ゴンドラ21:00
🈳なし　🈯NZ$39（往復のゴンドラ代）

スカイラインから見る絶景

見る　MAP-P.96-E
クイーンズタウン・ガーデンズ
Queenstown Gardens

街の南側に広がる広大な公園。観光客はあまり訪れることのないい場所だ。園内にはアイススケートアリーナ（冬期のみ）のほか、ディスクゴルフのコースやスケートボードパークがあり、誰でも利用できる。池を泳ぐ水鳥や咲き乱れる花を見たりしながら、のどかな時間を過ごしてみてはどうだろう。

🚶観光案内所から徒歩10分
🈯アイススケートNZ$19（スケート靴レンタル代込み）

見る　MAP-P.96-C
キーウィ&バードライフパーク
Kiwi & Birdlife Park

国のシンボル、キーウィをはじめとするニュージーランド固有の鳥たちを保護する鳥園。絶滅の危機に瀕している鳥たちの繁殖プログラムを実施しているほか、傷ついた野鳥を保護するなど、活発な活動を行っている。恐竜の生き残りといわれるトカゲ、トゥアタラも飼育している。

園内は自然の森に近い状態が保たれており、野生の鳥までがこの場所に巣を作って住みついてしまったほど。夜行性のキーウィは観察しやすいように暗室が設けられ、ガサガサと動き回る愛らしい姿をガラス越しに眺めることができる。現在、野生のキーウィが森の中で生き残る

確率が5%しかないという事実を考えると、鳥たちの命の貴重さと、それらを保護する人々の思いが伝わってくる。施設内にはこの国の鳥や自然を紹介する本や手作りの雑貨を販売するショップもある。

🏠Brecon St.　☎03-442-8059
🚶観光案内所から徒歩7分
🕐9:00〜17:00
🈳12/25　🈯NZ$50
🔗www.kiwibird.co.nz

見る　MAP-P.99
アンダーウォーター水族館
Underwater Observatory

ワカティプ湖に突き出す桟橋メイン・タワーピアにある、ガラス張りの水中展望室。水中を自由に泳ぐウナギやサケ、マスのほか、餌をとりに潜るカモの姿が見えておもしろい。

🏠Main Town Pier　☎03-442-6142、日本語問合せはQbook（P.102）へ　🚶観光案内所から徒歩3分　🕐8:30〜18:00
🈳なし　🈯NZ$10

見る　MAP-P.99
ウィリアムズコテージ
William's Cottage

ゴールドラッシュ時代に建てられたコテージが今も残っている。1864年にウィリアムズ氏が建てたもので、クイーンズタウンに残る最古の建造物。現在は雑貨店（ヴェスタP.105）で、誰でも気軽に入ることができる。

🏠19 Marine Parade
☎03-442-5687　🚶観光案内所から徒歩6分　🕐9:00〜17:00（土曜10:00〜16:00）　🈳日曜

見る　MAP-P.99
スカイシティワーフ・カジノ
Skycity Wharf Casino

湖の船着場、スティーマーワーフにあるカジノ。規模は小さいが、リゾート地ならではの洗練された雰囲気。ドレスアップする必要はないが、その場の空気を乱さない程度の服装は心がけたい。ゲームはルーレット、マネーホイール、ブラックジャック、新登場のカリビアンスタッド、スロットマシーンなど、70種類以上が揃い、日本円からの両替もOK。20歳未満は入場不可。

🏠88 Beach St.　☎03-441-1495　🚶観光案内所から徒歩5分　🕐11:00〜翌2:00
🈳12/25、聖金曜日

地元の人のようにランチ持参で公園へ出かけてみては？

レストランやショップも入っているカジノの建物

98

見る

ワカティプ湖
Lake Wakatipu

MAP-P.96-A

ワカティプ湖はかつて氷河だったU字谷にできた湖で、長く稲妻のような形に伸びている。全長は80kmに及び、周囲を山に囲まれた景観がすばらしい。1912年建造の蒸気船TSSアーンスロー号に乗って湖上クルーズを楽しむのが、ワカティプ湖最大アクティビティとなっている。湖畔のビーチストリート沿いにはアーンスロー公園、スティーマーワーフまでのボードウォーク、セントオマー公園と、散歩コースが続いている。地元の人も休日にはここで昼寝をしたり、ジョギングしたりと、のんびり時間を過ごす。いたるところに絵になる被写体があるので、湖畔でスケッチや写真撮影をするツーリストの姿も多い。

⌘観光案内所から徒歩3分

本音でガイド

市内や周辺のウォーキングに挑戦してみる

クイーンズタウンにはたくさんのウォーキングトラックがある。1時間でまわれる散歩程度のものもあれば、1日かかる難関コースもあるので、自分のレベルにあわせて選んでみよう。

●**アラワタブライドルトラック**
（所要1時間）
ファーンヒルのモスレーンの上にあるアラワタテラスから湖沿いのグレノーキーロードをつなぐ道。ワカティプ湖が見渡せる気持ちのよい遊歩道。

●**フランクトンアームウォークウェイ**
（所要1時間30分）
湖に沿って、ペニンシュラストリートからフランクトンリザーブまでを歩く。

●**クイーンズタウンヒル・ウォーク（所要2～3時間）**
ユーカリなど外来種の木が生い茂る森を歩きながら500mほどの丘を登るコース。リマーカブル山脈やカワラウ川、セシルピークなどが見渡せる。

クイーンズタウン

99

市内の見どころ

クイーンズタウン郊外の見どころ

見る　MAP-P.96-A
グレノーキー
Glenorchy

クイーンズタウンから北西44kmの場所にある小さな街。ルートバーン、グリーンストーンなど、人気のトレッキングルートがここからスタートするため、登山者の往来が多い。街の中を流れるダート川では、ジェットボートやカヤックを楽しむことができる。

🗺 クイーンズタウン中心部から車で40分

見る　MAP-P.96-A
スキッパーズキャニオン
Skippers Canyon

クイーンズタウン北側に広がる峡谷で「ニュージーランドのグランドキャニオン」といわれる大迫力の景観が望める。スキッパーズキャニオンへのレンタカー乗り入れは禁止されているため、ここを訪れる際はツアーに参加することになる。

🗺 クイーンズタウン中心部から車で50分

見る　MAP-P.96-A
オンセン・ホットプールズ
Onsen Hot Pools

目の前に広がるリマーカブルズ山脈やショットオーバー川などの絶景を眺めながら入れる個室の露天風呂。

🏠 160 Arthurs Point Rd.
☎ 03-442-5707
💰 1時間 NZ$75 ～（人数によって異なる）
🕘 9:00 ～ 23:00
休 なし
URL www.onsen.co.nz

●とっておき情報●

クイーンズタウン近郊でワイナリー巡り

クイーンズタウン近郊には多くのワイナリーがあり、さまざまな種類のワインが造られている。中でも赤ワインのピノノワールが秀逸で「フェルトンロード」や「ギブストンバレー」など、国内外のワインコンテストで賞を獲得しているワイナリーが数多い。

「ギブストンバレー」には国内細大のワインカーブがあるほか、敷地内にレストランやチーズ工房を備えていることから、観光客にも人気がある。

他のワイン産地同様、ワイナリー巡りをするには、ツアーに参加するのが一番。レンタカーだとハンドルキーパーは試飲できないし、ツアーなら選りすぐりのワイナリーに連れて行ってもらえ、見学やテイスティングなどがスムーズに行える。クイーンズタウン発の

ワイナリー巡りにはさまざまなツアーがあり、半日コースや1日コースが選べる。ランチ付きのコースなら、ワイナリー併設のレストランでブドウ畑を眺めながら、のんびりと食事が楽しめる。

日本語ガイド付き
セントラルオタゴ クイーンズタウン ワイナリー訪問
☎ 03-409-2969　💰 半日ワイナリーツアー（3軒訪問 NZ$140）、終日ワイナリーツアー（5～6軒訪問、ランチ付き NZ$260）
URL jp.qbooknz.com

4月～5月には黄葉で彩られる

ゴールドラッシュ当時の面影を残すノスタルジックな街
アロータウン

1860年代に「世界で最も砂金の出る場所」として有名になり、ゴールドラッシュで栄えた街。当時をしのばせるレトロなホテルや郵便局などが並び、まるで映画のセットのようだ。黄葉の美しい街としても知られ、毎年秋には「オータム・フェスティバル」が開催され、多くの観光客でにぎわう。　MAP-P.96-B

見る　MAP-P.101

レイクスディストリクト博物館
Lakes District Museum

アロータウンの街の歴史がわかる博物館。写真や金鉱堀の道具などを展示し、ゴールドラッシュ当時の様子を紹介している。建物は100年以上前に銀行として建てられた歴史的建造物。観光案内所も兼ねている。

🏠9 Buckingham St.
☎ 03-442-1824
🚌 バス乗り場からすぐ
🕗8:30～17:00
休 なし　NZ$10

見る　MAP-P.101-外

中国人居住区跡
Chinese Settlement

ゴールドラッシュに沸いた1860年代後半に、一攫千金を求めてアロータウンに移住した中国人鉱夫たちの居住区域。アロー川のほとりから続くトレッキングルート沿いに一部が残っており、簡素な住居が無料で公開されている。

🚌観光案内所から徒歩8分

食べる　MAP-P.101

ロージー
Rosie B's

現地の料理雑誌が決める「レストラン・オブ・ザ・イヤー」など受賞歴豊富。セントラルオタゴ産のワインとともに地元素材の料理を楽しみたい。

🏠18 Buckingham St.
☎ 03-442-0131
🚌観光案内所から徒歩3分
🕗11:30～15:00、17:30～深夜
休 月曜

買う　MAP-P.101

ウールプレス
WoolPress

ポッサムやメリノなど100% NZ メイドのセーターやレザージャケット、有名アウトドアブランドのウェアなどを扱う。

🏠40 Buckingham St.
☎ 03-442-1355
🚌観光案内所から徒歩1分
🕗8:45～17:30　休 なし　URLwww.thewoolpress.com

西部劇のセットのような店

アロータウンへのアクセス

フランクトン経由
クイーンズタウン中心部からオーバス青2番ルートで約40分、1日20便運行。NZ$5。

観光案内所

Arrowtown Visitor Info
（博物館内）
MAP P.101
🏠9 Buckingham St.
☎ 03-442-1824
🕗8:30～17:00
休 なし

アロータウン
Arrowtown
0　　　100m

エキサイティングなアクティビティは、クィーンズタウン最大のエンターテイメント。次から次へと生まれる新しいアクティビティは、旅の思い出を楽しいものにしてくれる。気になるメニューをチェック！

バンジージャンプ（Bungy Jumping）

バンジージャンプ発祥の地として、クイーンズタウンが世界的に有名になった事実は誰もが認めるところ。今や各地で行われているが、この街ほどバラエティにとんだジャンプが揃う場所はない。

AJハケット社ではカワラウブリッジから飛ぶバンジー（43m）のほか、クイーンズタウンの街を見下ろすスカイライン（P.98）から飛び降りる「ザ・リッジ」（47m）、オセアニアでいちばん高いことでも評判の「ネービスバンジー」（134m）など、計3種類のバンジージャンプを行っている。どれもやってみたいという強者には、3種類のバンジー全てがセットになった「スリロジー」がおすすめ。

ゴンドラの丘の頂上からダイブするザ・リッジ

バンジージャンプのほか、2種類のスウィングや最高時速60kmでカワラウ川上空を駆け抜ける、新登場の「カワラウ・ジップライド」などもあり、絶叫体験にもってこいだ。

AJハケット・バンジー
☎03-450-1300
㊋カワラウブリッジ／NZ$205、ザ・リッジ／NZ$205、ネービス／NZ$275、スリロジー／NZ$475、カワラウジップライド／1回NZ$50〜
URL www.bungy.co.nz

本音でガイド

日本語の案内・予約センター「Qbook」

クイーンズタウンの中心部には、さまざまなアクティビティの予約カウンターが数多く並んでいるが、日本人が運営する予約センター「Qbook（キューブック）」がおすすめ。フレンドリーな日本語対応スタッフが、200種類を超えるともいわれるクイーンズタウンのアクティビティからおすすめを選んでくれる。現地発着ツアーの相談もOK。日本出発前からメールで気軽に問合せしよう。
㊟Ground Floor, 93 Beach St.
☎03-409-2969　MAP-P.99
URL www.jp.qbooknz.com

ジェットボート　Jet Boat

約80kmのハイスピードで両岸の岩をスレスレにすり抜けるスリルはジェットコースターさながら。走るというよりは、水の上を飛んでいるような感覚だ。360度ターンや急旋回など、エンターテイメント性もたっぷり。

カワラウジェット
☎03-442-6142
料 NZ$135〜　URL www.kjet.co.nz

NZに来たら、ぜひ1度トライを

キャニオンスイング　Canyon Swing

「バンジージャンプを超えるスリルが味わえる」と評判のキャニオンスウィング。渓谷に向かって飛び降りした後、最高速度150キロのスピードで左右前後のスウィングを体験。ジャンプは5段階から選べ、スリル度5では、イスに座って後ろ向きに谷底に落とされる。
間 ショットオーバーキャニオンスイング
☎03-442-6990　時 出発8:30〜17:30まで所要2時間半　料 NZ$249（1回追加ごとにNZ$45）
URL www.canyonswing.co.nz
＊市内中心部から送迎あり

スカイダイビング　Skydiving

ニュージーランドではリーズナブルな料金でスカイダイビングが体験できる。ツアーでは出発前に注意事項を聞き、空中でとる体勢の練習をした後、インストラクターとともに空へ向かう。セスナ機で上空まであがった後は、湖やアルプスのパノラマのまっただ中に勇気をふりしぼって飛び込むだけ。
間 エヌゾーン　☎03-442-5867　料 NZ$299〜
URL www.nzoneskydive.co.nz

ジップトレックで絶景を楽しみながら空中散歩

ジップトレック　Ziptrek

ボブズヒルのスカイライン展望台付近から、木々の間に張られたワイヤーロープに、ハーネスを装着してぶら下がり、森の中を空中遊泳しながら降りてくる。

ジップトレック・エコツアーズ
☎03-441-2102、日本語問合せはQbook（P.102）へ　料 ケア（6本滑空）NZ$195、モア（4本滑空）NZ$145　URL ziptrek.com

ラフティング　Rafting

ジェットボートと並んで人気が高いラフティング。近郊を流れるショットオーバー川とカワラウ川で体験。ショットオーバー川の方がやや上級者向けで、6つの激流を越え、170mもの暗闇のトンネルを抜けたりと、ドラマティックな変化が楽しめる。

チャレンジ・ラフティング
☎03-442-7318　料 NZ$239（ショットオーバー川）、NZ$199（カワラウ川）　URL www.raft.co.nz　＊水着とタオルを持参すること

リュージュ　Luge

スカイライン展望台で楽しめるポピュラーなアクティビティ。なだらかなシーニックコースと、急斜面のアドバンスコースから選べる。滑り終えたら、リフトで出発点まで戻る。
間 スカイライン　住 Brecon St.　☎03-441-0101、日本語問合せはQbook（P.102）へ
交 観光案内所からゴンドラ乗り場まで徒歩7分　時 10:00〜20:00（季節により変動あり）　休 なし　料 2回NZ$55〜（ゴンドラ料金込み）
URL www.skyline.co.nz

ショップ
Shops

ブランドも雑貨も
あらゆる店が揃う
ショッピングの街

モールとその周辺にはユ
ニークな店が軒を連ねて
いる。見るだけでも楽し
めること間違いなし！

ギフト
アオテア・ギフツ・クイーンズタウン
Aotea Gifts Queenstown

MAP-P.99

街の老舗みやげもの店

　広い店内には、上質なメリノ
ウールのニットやファッション
小物、コスメ、健康食品をはじ
め、グリーンストーンのアクセ
サリーなど、ニュージーランド
製品を幅広く揃えている。日本
人スタッフが常駐。

【住】87 Beach St.　【電】03-442-6444
【交】観光案内所から徒歩5分
【時】9:30～22:00（夏期～23:00）
【休】なし
【URL】jp.aoteanz.com

プラセンタを配合した美容液が人気

ギフト
オーケー・ギフト・ショップ
OK Gift Shop

MAP-P.99

日本語でお買いもの

　ワカティプ湖畔に建つスチー
マーワーフビルの1階に入って
いる、日本人にはおなじみの店。
おみやげ用のお菓子や、希少動
物ポッサムと高級メリノウール
のセーターや手袋など、品揃え
が豊富。

【住】88 Beach St.　【電】03-409-0444
【交】観光案内所から徒歩5分
【時】10:00～23:00（冬期～22:00）
【休】なし
【URL】okgiftshop.co.nz/

OK GIFTのオリジナル商品も

チョコレート
パタゴニア
Patagonia

MAP-P.99

唐辛子チョコをお試しあれ

　約80種類の手作りチョコレー
トが揃う店。特に唐辛子入りの
チョコレートは、日本人観光客
にも人気。店内はカフェを併設
しており、湖を見ながらコーヒ
ーやデザートが楽しめる。

【住】Lakeside, 50 Beach St.
【電】03-442-9066
【時】9:00～18:00　【休】なし
【交】観光案内所から徒歩3分

チョコレートは1つNZ$2～

ファッション
ザ・バンジー・ショップ
The Bungy Shop

MAP-P.99

バンジージャンプの記念に

　バンジースポットが随所にあ
るこの街では、バンジーファッ
ションにも目が離せない。Tシ
ャツをはじめ、帽子、トレーナ
ー、サンダルなど多数揃う。バ
ンジーの挑戦者には全商品10
％ディスカウントあり。

【住】The Station, Shotover St.
【電】03-450-1300
【FAX】03-450-1304　【交】観光案内所の
向かい　【時】8:00～19:30　【休】なし
【URL】www.bungy.co.nz/bungy-shop

TシャツはNZ$25～

ファッション
ボンズ
BONZ

MAP-P.99

オリジナルセーターがおすすめ

　6週間かけて作られた100％
NZメイドの手編みのセーター
は、一つひとつ丁寧に編まれて
いるので、20年は持つという優
れもの。注目のベビーラムの
コートは割安で品質もいいこ
とから、リピーターが多い。

【住】8-10 The Mall　【電】03-442-5398
【交】観光案内所から徒歩5分
【時】9:00～22:00　【休】なし
【URL】www.bonzgroup.co.nz

すべてがオリジナルのデザイン

ショッピングセンター
オコーネルズ・ショッピングセンター
O'Connells Shoppng Centre

MAP-P.99

待ち合わせにぴったり

4階建てのビルの中にはブティックやショップだけでなく、病院、美容院、マッサージ、インターネットサービスなどもある。1階（キャンプストリート側からは地下1階）はフードコートになっており、日本、韓国、タイ料理などの店が並ぶ。

住Cnr. Camp & Beach St.
☎03-441-0377　交観光案内所から徒歩1分　営9:00〜21:00（各ショップ、レストランの営業時間は店によって異なる）休なし

ショップ＆レストランが揃う

ラグビーグッズ
カンタベリー・オブ・ニュージーランド
Canterbury of New Zealand

MAP-P.99

オコーネルズの人気ショップ

オタゴ大学や地元クイーンズタウンのクラブジャージなど、日本ではお目にかかれないラグビーグッズが揃う。各チームのジャージを部分的に組みあわせた「アグリー（醜い）ジャージ」がユニーク。

☎03-442-4020　交オコーネルズ・ショッピングセンター内　営9:00〜22:00　休なし

新作も続々登場

エスニック雑貨
ヤクスン・ヤティ
Yaks'n' Yetis

MAP-P.99

エキゾチックな雑貨の店

東南アジアやメキシコからのエスニック雑貨がところ狭しと並ぶ。インドネシアの木彫り彫刻から、南米のプルオーバー、ネパールのシャツまで実に様々な品揃え。ピアスやネックレスなど、アクセサリーも豊富。

☎03-441-8574　交オコーネルズ・ショッピングセンター内　営9:00〜20:00　休なし

カラフルなエスニック雑貨はNZでも人気

ギフト
メリーズシープ
Mary's Sheep

MAP-P.99

当地でいちばんリーズナブル

ビーチストリートのカジノの斜め前にあるみやげもの店。雑貨類以外にTシャツ、ポッサムの毛のセーターなど、衣料品や化粧品、日用雑貨も豊富に揃えている。日本人スタッフ常駐なので安心。

住27 Beach St.　☎03-441-2989
交観光案内所から徒歩2分
営9:00〜22:00　休なし

世界各国の旅行者がやってくる

ギフト＆アート
ヴェスタ
Vesta

MAP-P.99

洗練されたNZメイドの雑貨

ノスタルジックな歴史建造物を利用した店内には、ユニークなアート雑貨が並ぶ。インテリアからアクセサリー、デザイン小物など、すべてがNZメイド。オンラインストアも新たにオープンし、日本からも注文も可。

住19 Marine Parade
☎03-442-5687　交観光案内所から徒歩6分　営9:00〜17:00（土曜10:00〜16:00）　休日曜
URLwww.vestadesign.co.nz

古いコテージの雑貨店

ワカティプ湖

スウィーツ
リマーカブル・スウィートショップ
Remarkable Sweet Shop

甘い香り漂うNZ版駄菓子屋さん

　国内やイギリスから様々なお菓子を取り寄せる店。店内にはカラフルなスウィーツがぎっしり。生キャラメルのような食感の「ファッジ」が人気で、クレームブリュレやレモンメレンゲなど30種以上揃う。

⊞39 Beach St.　☎03-409-2630
⊠観光案内所から徒歩3分　⏲9:00～23:00（季節により変動あり）
⊡なし　URLwww.remarkableswee
tshop.co.nz

ファッジは100g NZ$5.80。試食もできる

ジュエリー
ワカ
Waka Pounamu Pearl Opal

旅の記念にジュエリーを

　ワカとは、マオリ語でカヌーのこと。世界最高峰のブラックオパールやNZ産の翡翠（ジェイド）、パウア貝からとれる希少価値の高いブルーパールなど、南太平洋の美しい宝石たちが並ぶ。地元アーティストによる独創的なデザインも魅力だ。2階にオープンしたギャラリーでは、翡翠彫りの工房をガラス越しに見学することもできる。

⊞Cnr. Beach & Rees Sts.
☎03-442-9611
⊠観光案内所から徒歩3分
⏲9:00～21:00　⊡なし

洗練された雰囲気の店内

蝶をモチーフにしたジュエリー

106

ファッション
グローバルカルチャー
Global Culture

NZらしい服ならココ

　「キーウィアナ（NZらしさ）」をコンセプトとした、オリジナルデザインのTシャツやフーディなどを販売。NZメイドのメリノウール・シリーズや、好みでチャームを付け替えられるブレスレットが人気上昇中。

⊞Cnr. Beach&Camp Sts.　☎03-442-6300　⊠観光案内所から徒歩1分　⏲9:00～21:00　⊡なし

TシャツはNZ$32～、フーディはNZ$79～

ラグビーグッズ
チャンピオンズ・オブ・ザ・ワールド
Champions of The World

NZが誇るチャンピオンの店

　オールブラックスはもちろん、クルセイダーズやハイランダーズなど、国内の人気ラグビーチームのグッズが揃う。アメリカズカップを連覇したチーム・ニュージーランドやナショナルサッカー関連グッズも充実。

⊞24 Rees St.　☎03-441-2133
⊠観光案内所から徒歩3分　⏲9:00～20:00（日曜9:30～）　⊡なし

オールブラックスの定番商品

オールブラックスのジャージは

雑貨
イン・ザ・ピンク
In the Pink

ピンクだらけのセレクトショップ

　ピンク中心の小物類を集めたショップ。店内には、女の子のハートをわしづかみにするアクセサリーやステーショナリー、インテリアグッズなど、ラブリーなグッズがあふれている。

⊞19 Marine Parade
☎03-441-1525
⊠観光案内所から徒歩1分
⏲9:00～17:00（日曜10:00）　⊡なし

かわいいグッズを探したい人はここへ

ファッション
テフィア
Te Huia

MAP-P.99

サステイナブル・ファッションが旗印

以前の「アンタッチト・ワールド」を引き継いだ店。シンプルでナチュラル、そして洗練された雰囲気は変わらない。店内の服はほとんどがNZメイド。100％メリノウールの柔らかなセーターが人気。

🏠1 The Mall　☎03-442-4992
🚶観光案内所から徒歩3分
🕐9:00〜22:00
🚫なし
🔗www.tehuianz.com

ウール素材の服が中心に並ぶ店内

ブランド
ルイ・ヴィトン
Louis Vuitton

MAP-P.99

海外ならではのお値段で

クイーンズタウンは国内旅行者よりもアジアからの旅行者が多いため、ショップには日本語を話すスタッフもおり、安心して買い物できる。免税価格での販売となるため、商品の受け渡しは出国時の空港で。

🏠9-11 Marine Parade　☎0800-586-966　🚶観光案内所から徒歩5分　🕐10:00〜19:30　🚫12/25

帰国便名を覚えておくと、買い物がスムーズ

ワイン
ザ・ワイナリー
The Winery

MAP-P.99

NZワインが勢揃い

セントラルオタゴ産を中心に、700種類以上のワインがところ狭しと並ぶ店内。プリペイド式ワインサーバーを備え、約80種類のワインが試飲できる。

🏠14 Beach St.
☎03-409-2226
🚶観光案内所から徒歩3分
🕐10:30〜深夜　🚫祝日
🔗www.thewinery.co.nz

革張りのソファに座って試飲できる

アウトドアグッズ
アウトサイドスポーツ
Outside Sports

MAP-P.99

アウトドアに出かける前に

海外のアウトドアブランドのほか、フェアリーダウンやアイスブレイカーなど、国産ブランドも充実の品揃え。100％メリノウールのウェアは軽くて暖かく乾きやすいため、トレッキング用に1枚持っておきたい。

🏠9 Shotover St.　☎03-441-0074
🚶観光案内所から徒歩2分
🕐8:30〜21:00　🚫なし

普段着にもなるウエアがいっぱい

アート・クラフト
アート＆クラフト・マーケット
Arts&Crafts Market

MAP-P.99

掘り出しものが見つかる

蒸気船アーンスロー号が発着するスティーマーワーフ前にある広場、アーンスロー・パークで毎週土曜日に開催される人気のマーケット。手作りせっけんやぬいぐるみ、木工アートやビーズアクセサリーなど、地元のクラフト作家たちがオリジナルグッズを販売する。ほかにはない個性的なおみやげを探すのに最適だ。

🏠Earnslaw Park
🚶観光案内所から徒歩4分
🕐毎週土曜9:00〜16:30（5月〜10月は9:30〜15:30
🔗www.queenstownmarket.com

レストラン
Restaurants

旅の思い出を演出する美食がずらり

この街はレストランの激戦区。味とサービスが磨きぬかれた優秀な店が多く見られる。

ニュージーランド料理
ピア
Pier

MAP-P.99

テラス席での食事が気持ちいい

アーンスロー号が発着する賑やかなスティーマーワーフにあり、オープンテラスの席でワカティプ湖を眺めながら食事ができる。カードローナ産ラム肉など、地元セントラルオタゴの食材にこだわった創作料理が人気。

📍Steamer Wharf　☎03-442-4006
🚶観光案内所から徒歩5分
🕐8:00〜深夜
🈵なし　URL www.pier.nz

マッスルはボリュームあり

ニュージーランド料理
バスハウス
Bath House

MAP-P.96-F

湖畔のレストラン

クイーンズタウン・ガーデンズ近くの湖畔にあるレストラン。王冠のような形の建物は、キング・ジョージ5世の戴冠式を記念して1911年に建てられたもの。ワカティプ湖に面したテラスでいただくランチは格別だ。

📍38 Marine Parade　☎03-442-5625　🚶観光案内所から徒歩8分
🕐9:00〜深夜　🈵なし　💰ランチNZ$11〜　URL www.bathhouse.co.nz

ビーチに面したテラス席

カフェ
ブードゥ＆ラーダー
Vudu & Larder

MAP-P.99

おいしいコーヒーが評判

朝から行列ができる人気カフェ。湖畔に建つ2階建てのカフェは2階が厨房になっており、作りたてのケーキや焼き菓子が頻繁に運ばれる。おいしいコーヒーを目当てに早朝から訪れる常連が多い。

📍16 Rees St.　☎03-441-8370
🚶観光案内所から徒歩3分
🕐7:30〜18:00　🈵なし　💰コーヒーNZ$4〜、ランチNZ$9.5〜

ラテアートがユニーク

居酒屋
河童
Kappa

MAP-P.99

居酒屋メニューが恋しくなったら

巻き寿司や丼もの、貝の酒蒸しなど、新鮮な食材を使った日替わり日本食メニューを楽しめる。天ぷら、刺身、照り焼きチキンと、盛りだくさんでお得な河童スペシャル・ランチボックスがおすすめ。

📍36 The Mall　☎03-441-1423
🚶観光案内所から徒歩3分　🕐12:00〜14:30、17:30〜22:00
🈵祝日　💰ランチNZ$11〜

地元の素材を使った和食の数々

タイ料理
アットタイ
@Thai

MAP-P.99

リーズナブルに味わえる本場の味

野菜たっぷりのヘルシーでおいしいタイ料理がリーズナブルに味わえる、ベジタリアンにもおすすめのタイレストラン。日本語のメニューがあり、テイクアウェイやホテルへのデリバリーもできて便利だ。

📍Level3, 8 Church St.　☎03-442-3683　🚶観光案内所から徒歩5分
🕐16:00〜深夜　🈵火曜
💰NZ$8〜

ガラス張りで明るい雰囲気

中華料理
メモリーオブホンコン
Memory of Hong Kong

MAP-P.99

新鮮な刺身を味わえる

本格広東料理をメインに、刺身などの日本料理も揃う。中でも、アワビのオイスターソース風味（要予約、時価）や、ソフトシェルクラブなど、地元の新鮮な魚介類をふんだんに使った料理が自慢だ。

🏠34b Mall St. ☎03-441-8868
🚶観光案内所から徒歩3分
🕐11:00〜14:00、17:00〜深夜
🈚なし
💰NZ$25〜

メニューは90種類以上

ニュージーランド料理
ボツワナ・ブッチャリー
Botswana Butchery

MAP-P.99

スタイリッシュな雰囲気が魅力

2008年の開店以来、不動の人気を誇る。地元食材にこだわり、ビーフやポークはもちろん、ラム、ヴェニソン、ウサギ、さらには魚介類も楽しめる。2階には専用ワインセラーを備える。

🏠17 Marine Parade
☎03-442-6994 🚶観光案内所から徒歩6分 🕐12:00〜23:00
🈚なし 💰ランチNZ$15〜、ディナーNZ$32.95〜

店内には暖炉や個室もあり

バイキング
ストラトスフェア
Stratosfare Restaurant

MAP-P.96-C

思い出に残る夜を

ボブズヒルの山頂にあり、天井まである一面のガラス窓から、絵はがきのようなワカティプ湖の絶景を眺められる展望レストラン。魚介類や鹿肉、ラムの肉料理、デザート類まで揃うバイキング料理が楽しめる。

🏠Brecon St. ☎03-441-0101
🚶観光案内所から徒歩7分
🕐11:30〜21:00
🈚なし 💰ランチNZ$75、ディナーNZ$95（ゴンドラ代込み）

クイーンズタウンの街が見渡せる

タイ料理
タムナックタイ
Tham Nak Thai

MAP-P.99

本格タイ料理にトライ

ニュージーランドでもアジアンフードがポピュラーで、おしゃれな雰囲気のタイレストランが多い。こちらはタイ人シェフによる本格派だが、値段は良心的。ベジタリアン用のメニューも充実している。

🏠 7 Beach St. ☎03-441-3585
🚶観光案内所から徒歩2分 🕐11:30〜15:00、17:00〜22:00 🈚なし
💰ランチNZ$10〜、ディナーNZ$20〜

カフェのようなインテリア

シーフード
フィッシュボーン
Fishbone

MAP-P.99

NZの海の幸を味わう

明るい雰囲気のシーフードレストラン。人気メニューは各種シーフードが大皿にのった2人用シーフードプラッター。オイスターの刺身やタラのフィレ、カレイの丸焼きなど季節の海の幸がずらりと並ぶ。

🏠7 Beach St. ☎03-442-6768
🚶観光案内所から徒歩1分
🕐12:00〜14:30、17:00〜22:00
🈚なし 💰NZ$24〜

シーフードが食べたくなったらココ

カフェ
ビスポーク・キッチン
Bespoke Kitchen

MAP-P.99

2016年カフェ・オブ・ザ・イヤーを獲得

街で人気のカフェ「ブードゥー＆ラーダー」のチームが新しく手がけた店。オーガニックにこだわるメニューが評判を呼び、オープンして半年ほどで「ニュージーランド・カフェ・オブ・ザ・イヤー」に輝いた。

🏠9 Isle St. ☎03-409-0552
🚶観光案内所から徒歩5分
🕐7:30〜17:00 🈚なし
🌐www.bespokekitchen.co.nz

シナモン・スパイス・パンケーキ

トルコ料理
ターキッシュケバブ
Turkish Kebabs

MAP-P.99

湖の散歩に持って行きたい

　できたてのケバブをテイクアウェイできる店。ラムやチキン、さらにサラダと自家製のソースをミックスさせて好みの味に作ってくれる。同じ中身をバーガーに仕立てたケバブバーガーもある。

㊙30 Camp St.　☎03-441-3424
㊂観光案内所から徒歩1分
㊚11:00〜21:00
㊡なし　㊟NZ$12.50〜

ベジタリアンメニューもある

ニュージーランド料理
ローリングメグス
Roaring Megs Restaurant

MAP-P.99

クイーンズタウンの老舗

　ポークやラム、ベニソン、サーモンなどメインの素材はオーソドックスだが、サーモンをティーツリーと一緒にスモークするなど、味付けにはユニークな工夫が隠されており、幾度も国内の賞を受賞している。

㊙53 Shotover St.　☎03-442-9676
㊂観光案内所から徒歩4分
㊚18:00〜22:00
㊡月曜　㊟NZ$35〜

ゴールドラッシュ当時をしのばせる雰囲気

カフェ
ジョーズ・ガレージ
Joe's Garage

MAP-P.99

ローカル気分が味わえる

　クイーンズタウンから始まり、今ではウェリントンやクライストチャーチなど全国に7店舗を展開する人気カフェ。ベーコン・エッグやパイクレットのような、キウイが大好きな定番のライトミールを楽しめるカフェだ。

㊙Searle Lane　☎03-442-5282
㊂観光案内所から徒歩4分
㊚7:00〜深夜
㊡12/25　㊟NZ$6.80〜

「待たずに食べられる」がコンセプト

韓国料理
キムズ・コリアンレストラン
Kim's Korean Restaurant

MAP-P.99

みんな大好き韓国焼肉の店

　モールを見おろす2階にある韓国料理店。カルビ・バーベキュー、プルコギ定食、石焼ビビンバなど、日本でもおなじみの韓国料理が楽しめる。日本語のメニューがあるので、注文も安心。

㊙28/30 The Mall　☎03-442-5457
㊂観光案内所から徒歩3分
㊚17:00〜深夜
㊡なし　㊟NZ$15〜

旅の疲れを韓国料理でリフレッシュ

南アフリカ料理
フレイム　バー&グリル
Flame Bar & Grill

MAP-P.99

ミートラバーにはたまらない店

　こだわりの肉を秘伝のつけダレで豪快に炙る、南アフリカスタイルのグリル料理が味わえる。ステーキには生後6週間未満の仔牛を使用し、臭みがなく柔らかい。ポークやラム、シーフードなども揃う。

㊙61 Beach St.　☎03-409-2342
㊂観光案内所から徒歩4分　㊚12:00〜24:00（季節により変動あり）
㊡なし　㊟NZ$6〜38.50

人気のリブはNZ$26〜

カフェ
ハロ
Halo

MAP-P.99

朝カフェにぴったり

　朝食やランチ、夜にはワインを飲みながら食事もできる便利なカフェ。スペインの小皿料理「タパス」（15時〜）も人気で、約20種類から組み合わせて選べるのが楽しい。

㊙1 Earl St.　☎03-441-1411
㊂観光案内所から徒歩5分
㊚6:00〜21:00
㊡なし
㊟NZ$12.50〜

ボリュームのあるハンバーガー

シーフード
ブリタニア
Britannia

MAP-P.99

入ってびっくり! 海のレストラン

　大海原を進む船の中をイメージさせるユニークな店。シーフード、ラムやベニソン（鹿肉）、チキンなどの肉料理が充実している。特に、サラダが付いた骨付き子羊のグリル「ラック・オブ・グリル」が人気だ。

　囲Mall St.　☎03-442-9600
交観光案内所から徒歩3分
営17:00〜深夜
休なし　料NZ$28〜

奥行きの深い店内はまさに船のよう

カフェバー
アトラス
Atlas Beer Café

MAP-P.99

こだわりのビールを一緒に

　蒸気船乗り場の側にある、こぢんまりとした居心地の良い店。エマーソンズやクーパーズなど、この街ではここでしか飲めないこだわりのビールが揃う。朝食からディナーまで、地元の常連客が後を絶たない。

　囲Steamer Wharf　☎03-442-5995　交観光案内所から徒歩5分
営10:00〜深夜
休なし　料NZ$9.50〜

トイレがユニーク

ハンバーガー
ファーグバーガー
Ferg Burger

MAP-P.99

伝説のバーガーは街一番の人気

　地元のファンでいつもにぎわう、行列のできるバーガーショップ。「一度は味わってみたい」と、観光客に大人気だ。肉や野菜、ソースなどすべてがこだわりを極めた特大バーガーは、ボリューム、味とも満足すること間違いなし。

　囲42 Shotover St.　☎03-441-1232　FAX03-441-3529　交観光案内所から徒歩1分　営8:00〜翌5:00
休なし　料NZ$10〜

ジューシーな鹿肉と野菜がたっぷり

カフェバー
ウイニーズ・グルメピザ・バー
Winnie's Gourmet Pizza Bar

MAP-P.99

夜遊び派はここに集まれ!

　飲んで食べて遊べるカフェバー。月曜はビリヤード大会、火曜はウォッカナイトなど、毎晩さまざまなイベントが行われ、若者たちで賑わっている。評判のホームメイドピザのほか、バーガーやパスタ、キッズメニューもある。

　囲7-9 The Mall　☎03-442-8635
交観光案内所から徒歩4分
営12:00〜翌2:30
休なし　料NZ$16〜

夜9時〜10時はハッピーアワー

クイーンズタウン　ザ・モール

ナイトスポット
Night spots

女王の街でおしゃれなバー巡り

高級リゾート地として人気の街には、クールなバーが多い。洗練されたバーでとっておきの夜を過ごそう。

バミューダ
Barmuda

MAP-P.99

スピリッツの種類が豊富

人気のバーが建ち並ぶサール・レーンの一角にあるバー。南島で一番と自負するほど、スピリッツの数が多い。暖炉のある広々としたテラスに卓球台が置いてあるのがユニーク。

㊟Searle Lane
☎03-442-7300　図観光案内所から徒歩3分　圏15:00〜深夜
困なし　URLwww.goodgroup.co.nz/bars-/barmuda/

高感度な人たちが集まる

バー
バルドー
Bardeaux

MAP-P.99

暖炉を囲んで語らいたい

観光客から地元の人まで、訪れる店。大きな暖炉がある店内には、ワインやウイスキーのボトルがずらりと並んでいる。暖炉を囲むソファーでくつろぎながら、銘酒を味わいたい。

㊟Eureka Arcade, off The Mall
☎03-442-8284　図観光案内所から徒歩4分　圏16:00〜翌4:00
困なし　URLwww.goodgroup.co.nz/bars-/bardeaux/

路地裏の奥にあるバー

バー
ザ・バンカー
The Bunker

MAP-P.99

大人の隠れ家のようなバー

併設するレストランの脇道から階段を上がったところにあり、一見してバーとはわかりにくい造り。おすすめのカクテル「エスプレッソ・マティーニ」は、ウォッカとエスプレッソがベースでほんのりとバニラが香る。

㊟14 Cow Lane　☎03-441-8030
図観光案内所から徒歩3分
圏17:00〜翌4:00　困なし
URLwww.thebunker.co.nz

テラス席もある

パブ
ピッグ＆ホイッスルパブ
Pig & Whistle Pub

MAP-P.99

大人が集う大人のためのパブ

郵便局の横にあるイギリス風のパブ。屋外にはパラソル付きのテーブルが並んでおり、日光浴とビールを楽しむ人でいつも込みあう。地元っ子気分に浸れるスポットだ。週3日、バンドの生演奏がある。

㊟41 Ballarat St.　☎03-442-9055
図観光案内所から徒歩3分
圏11:00〜翌2:30
困なし　㉟NZ$10〜20

のんびりと過ごしたい日には最適

パブ
ローンスター
Lone Star

MAP-P.99

カウボーイ気分が味わえる

テキサスをイメージした内装と、カントリーミュージックが人気のバー＆レストラン。人気料理は、山盛りに積み上げられたリブがユニークな「レッドネック・リブ」。レストランではアルコールの持込可。

㊟14 Brecon St.　☎03-442-9995
図観光案内所から徒歩3分　圏15:30〜深夜　困なし　㉟NZ$21〜
URLwww.lonestar.co.nz

音楽と人があふれるパワフルなスポット

ホテル
Hotels

この街自慢の
宿の数々を
一挙紹介!

クイーンズタウンほどホテルが林立する街も少ない。あらゆるタイプの宿から好みで選ぶことができる。

ホテル
ノボテル・クイーンズタウン・レイクサイド
Novotel Queenstoun Lakeside

MAP-P.96-F

街の喧騒を忘れさせる穏やかな空間
　湖に面し、繁華街も目と鼻の先という抜群のロケーションにあるホテルは、花と緑に包まれたガーデンを中央に囲むように客室が建てられている。ホテルの中に一歩入ると、周辺の繁華街とは対照的な静けさがあり、優雅な空間が広がっている。

㊟Cnr. Earl St. & Marine Pde.
☎03-442-7750　FAX03-442-7469
図観光案内所 から 徒歩7分
料S・T／NZ$250〜　室273室
URLwww.accorhotels.com

緑の庭で
お茶を楽しみたい

室内は広々として快適

ホテル
ミレニアム
Millennium

MAP-P.96-F

中庭の眺めが美しい高級ホテル
　アーチ型のエントランスをくぐると、ガラス張りの明るいロビーが広がる。フォーマルな雰囲気の漂う4つ星ホテルだが、料金は良心的。宿泊者だけが楽しめる美しい中庭を眺めながら優雅な時間を過ごしたい。

㊟32 Frankton Rd.
☎03-450-0150
図 観光案内所から徒歩12分
料S・T／NZ$190〜
室220室
URLwww.millenniumhotels.com

ヨーロッパ調の美しい建物

ホテル
ザ・ヘリテージ
The Heritage Queenstown

MAP-P.96-A

クイーンズタウンきっての高級ホテル
　ファーンヒルの丘を少し登った所にあるのがヘリテージホテル。改装が済み、すべての客室の家具を新調した。ホテルは3棟に分かれており、敷地内には、ヴィラタイプの部屋も並んでいる。

㊟91 Fernhill Rd.　☎03-450-1500
図観光案内所から車で3分
料S・T／NZ$255〜
室175室
URLwww.heritagehotels.co.nz

湖を見下ろす好ロケーション

ホテル
セントモリッツ
ST.Moritz Queenstown

MAP-P.96-E

部屋からの景色が自慢
　ワカティプ湖畔に建ち、スティーマーワーフまでは約200メートルの距離。ホテルタイプに加え、アパートメントタイプ（1〜2ベッドルーム）の各部屋あり。サウナやジム、屋外スパでの入浴が楽しめる。

㊟10-18 Brunswick St.
☎03-442-4990　FAX03-442-4667
図観光案内所から徒歩10分
料S・T／NZ$290〜　室142室
URLwww.stmoritz.co.nz

ホテル内のレストランが人気

🅱日本語が通じる 🍴レストラン 🍵カフェラウンジ 🍸バーラウンジ 🅿プール 🅱ビジネスセンター 🤸フィットネス ♨スパ

ロッジ
リマーカブルズ・ロッジ
Remarkables Lodge

MAP-P.96-B

大自然の中のカントリーロッジ

　雄大なリマーカブルズ山脈の麓、ファームハウスを改装したロッジ。小規模ながらもスパ、サウナ、プール、テニスコート、図書館などが揃い、さらに近くにゴルフ場、スキー場がある。地元食材をふんだんに使った料理も自慢。

（住）595 Kingston Rd.
☎03-442-2720
（交）観光案内所から車で20分
（料）S・T／NZ$345〜　（室）8室
URLtheremarkablelodge.co.nz

レジャーには事欠かない環境

ホテル
ミルブルック・リゾート
Millbrook Resort

MAP-P.96-B

憧れのリゾートで優雅な休日を

　豊かな自然に囲まれた広大な敷地内に、ゴルフコースとサイクリングコース、屋外スパ、サウナ、ジムなどの施設を有するリゾートホテル。客室は2人用のビレッジインやファミリー向けのヴィラなどさまざま。

（住）Malaghan Rd., Arrowtown
☎03-441-7000
（交）クイーンズタウンから車で20分（無料シャトルあり）。空港送迎は片道NZ$30）　（料）S・T／NZ$305〜
（室）160室　URLwww.millbrook.co.nz

ビレッジインの室内はカントリー風

ホテル
ソフィテル・クイーンズタウン
Sofitel Queenstown

MAP-P.99

中心部に建つ豪華ホテル

　街の中心部に立地するホテルの中は、重厚な感じが漂うラグジュアリーな空間。館内にトルコ式のスチームバスも備えている。ホテルの目の前にスキー場行きのシャトルバス乗り場があるので、スキーヤーにも人気。

（住）8 Duke St.　☎03-450-0045
FAX03-450-0046　（交）観光案内所から徒歩3分　（料）S・T／NZ$350〜
（室）82室　URLwww.sofitel-queenstown.com

バスルームにもプラズマテレビがある

ホテル
クラウン・プラザ・ホテル
Crowne Plaza Hotel

MAP-P.99

人気の秘密は車いらずの好立地

　ワカティプ湖畔に建つこのホテルは1974年の創業、この街では老舗的な存在のホテルだ。全客室にバルコニーがついており、湖の景色を満喫できる部屋も選べる。宿泊客は無料で利用できるジムもある。

（住）93 Beach St.
☎03-441-0095
（交）観光案内所から徒歩5分
（料）S・T／NZ$225〜
（室）139室
URLqueenstown.crowneplaza.com

白い階段状の建物が印象的なホテル

ホテル
リッジズ
Rydges Queenstown

MAP-P.96-E

観光にもビジネスにも便利な宿

　スパやサウナ、スキー乾燥室やプールのほか、5つの会議室を備えるなど、施設の充実ぶりが際立つホテル。6階にレストランとバーがあり、レイクビューと夜景が楽しめる。冬は長期滞在のスキー客に人気。

（住）38/54 Lake Esplanade
☎03-442-7600　FAX03-442-9653
（交）観光案内所から徒歩10分
（料）S・T／NZ$155〜
（室）165室
URLwww.rydges.com

マッサージのサービスもある

ホテル
メルキュールリゾート・クイーンズタウン
Mercure Resort Queenstown

MAP-P.96-A

湖を見渡す高台のホテル

　ファーンヒルの中腹にあり、ワカティプ湖とリマーカブルズ山脈を一望できる。スパやサウナなど、施設の充実度は満点。くつろいだ雰囲気のホテルで、日本人利用者も多い。日本人常駐なので、安心。

　Sainsbury Rd., Fernhill
　☎03-442-6600　FAX03-442-7354
　図観光案内所から車で5分
　料S／NZ$165〜
　室148室
　URLwww.accorhotels.co.nz

落ち着いた雰囲気のエントランス

ホテル
シーニック・スイーツ
Scenic Suites Queenstown

MAP-P.96-F

長期滞在向けのアパート形式

　ステュディオタイプとキッチン付きの1ベッドルームと2ベッドルームの部屋が揃っている。中心部にほど近いスタンリーストリートの高台に建ち、バルコニーからはワカティプ湖や南アルプスの山々の景色が一望のもと。

　27 Stanley St.
　☎03-442-4718
　図観光案内所から徒歩8分
　料S・T／NZ$295〜
　室84室
　URLwww.scenichotelgroup.co.nz

全室バルコニー付き

モーテル
レイクフロント・アパートメント
Lakefront Apartments

MAP-P.96-E

外に出たくなくなる快適空間

　1部屋に2〜10人まで泊まれるので、グループでの利用にぴったり。全室に皿洗い機や洗濯機、乾燥機、ステレオまで備えているので、自宅にいるように過ごせること間違いなし。部屋からの眺めも最高だ。

　26 Lake Esplanade　☎03-441-8800　FAX03-441-8806　図観光案内所から徒歩10分　料T／NZ$260〜　室21室　URLwww.lakefrontqueenstown.co.nz

セントオマーコートの隣

115

ホテル
シャーウッド
Sherwood

MAP-P.96-B

自宅のようにくつろげるホテル

　フランクトンストリートにある大型ホテル。レイクビューのステュディオルームや、6人まで泊まれる2ベッドルーム（キッチン・バス付き）など、予算や人数に応じて部屋を選べる。庭にはプールがあり、無料で利用できる（夏期のみ）。

　554 Frankton Rd.
　☎03-450-1090
　図観光案内所から車で7分
　料S・T／NZ$160〜　室78室
　URLsherwoodqueenstown.nz

美しい中庭も魅力

ホテル
ザ・リースホテル
The Rees Hotel

MAP-P.96-A

日本人ハネムーナーに人気

　街の喧騒から離れた湖畔に建ち並ぶ5ツ星ホテル。特注のキングベッドを全室に備えるホテルルームと、キッチン付きのコンドミニアムとがある。数々の賞に輝くレストランやワインセラーもあり、舌も大いに満足できる。

　377 Frankton Rd.
　☎03-450-1100　図観光案内所から車で5分（無料シャトルあり）
　料S・T／NZ$320〜　室152室
　URLwww.therees.co.nz

ぜひ湖側の部屋を選びたい

ホテル
コプソーン・レイクフロントリゾート
Copthorne Lakefront Resort

MAP-P.96-F

カジュアルでもサービスは満点

　ミレニアムの向かいに建つ。同じグループの経営だが、こちらは少しカジュアルで建物はロッジ風。レストランからは湖の眺めが楽しめる。ベビーシッティングや同日クリーニングなど長期滞在にはうれしいサービスも。

　27 Frankton Rd.
　☎03-450-0260
　図観光案内所から徒歩12分
　料S・T／NZ$230〜
　室240室
　URLwww.millenniumhotels.com

日本人の利用も多いホテル

B日本語が通じる ¶レストラン ▽カフェラウンジ Yバーラウンジ ⌐プール Bビジネスセンター ⊼フィットネス ♨スパ

ホテル
ヒルトン・クイーンズタウン
Hilton Queenstown

MAP-P.96-B

ついに登場した世界のヒルトン

　ワカティプ湖畔のリゾート施設内にあり、湖を目の前にした抜群のロケーション。真新しいホテル内には、温水プールやジャクジーなどのリラクセーション設備が充実。澄んだ湖に癒される、贅沢な休暇を楽しめる。

🏠Kawarau Village, 79 Peninsula Rd. ☎03-450-9400 FAX03-450-9401 図空港から車で5分 💰S・T／NZ$270〜 🛏220室 URLwww3.hilton.com

湖畔に面したロケーション

B&B
ウィロウブルックB&B
Willowbrook B&B

MAP-P.96-B

カントリーライフを体験

　イギリス人男性と日本人女性の夫妻が経営するB&B。建物は1914年のファームハウスを改装したもので、全室バスルーム付き。屋外のスパでは、美しい山並みを眺めながらのんびりできるのがうれしい。庭で羊にエサをあげることができるので、子ども連れのファミリーにもおすすめ。

🏠760 Malaghan Rd. ☎03-442-1773 図観光案内所から車で15分 💰T・D／NZ$215〜 🛏7室 URLwww.willowbrook.net.nz

オーナー夫妻と話がはずむラウンジ

モーテル
ブルーピークス・ロッジ
Blue Peaks Lodge & Apartments

MAP-P.96-F

街なかにあり、施設充実の人気ロッジ

　全57室のうち、47室がキッチン付きなので、地元食材で料理したい人にもいい。オーダーすれば朝食を部屋に運んでくれるサービスもあり、ファミリーでの滞在にも便利。繁華街のモールに近い好ロケーションだ。

🏠11 Sydney St. ☎03-441-0437 FAX03-442-6847 図観光案内所から徒歩8分 💰S・T／NZ$175〜 🛏57室

駐車場も広く便利

モーテル
ザ・ロッジズ
The Lodges

MAP-P.96-E

高級感漂う小規模ロッジ

　リマーカブルズ山脈のパノラマを目の前に、プライベートな滞在を楽しめるロッジ。シングルから7人まで、様々なアパートメントタイプの部屋が揃う。全室バルコニー、キッチン、DVD＆CDプレイヤーも完備。

🏠8 Lake Esplanade ☎03-442-7552 FAX03-441-8806 図観光案内所から徒歩10分 💰S／NZ$240〜 🛏15室 URLwww.thelodges.co.nz

大きな窓から景色を楽しめる

モーテル
ローモンド・ロッジ
Lomond Lodge Motel Inn

MAP-P.99

ロケーションも価格も大満足

　街から近く、リーズナブルな料金の中からさまざまなタイプの部屋が選べる宿。湖が見えるビューユニットと庭に面したガーデンユニットがある。7人まで利用できるアパートメントタイプはキッチン付き。

🏠33 Man St. ☎03-442-8235 図観光案内所から徒歩5分 💰S・T／NZ$210〜 🛏12室 URLwww.lomondlodge.com

素朴で暖かい雰囲気が魅力

117

モーテル
フォーシーズンズ・モーテル
Four Seasons Motel

MAP-P.96-F

長期滞在に便利なモーテル

　すべての部屋にキッチン、DVDプレイヤー、電気毛布、ドライヤー、アイロンを備え、夏はプール、冬はスキーの乾燥室まであるにもかかわらず、この料金は良心的。しかも街まで2分という立地の良さがうれしい。

囲 12 Stanley St.　☎03-442-8953
図 観光案内所から徒歩10分
料 S・T／NZ$280〜
室 15室
URL www.queenstownmotel.com

自宅のようにくつろげる

ホテル
アブソルートバリュー
Absoloot Value

MAP-P.99

街の中心部で湖畔の好立地

　共用キッチンの窓の目の前にワカティプ湖の眺めがすばらしい。街の中心部でしかも湖に面した好立地でバス停も近い。各部屋にトイレ・シャワー付きのほか、共用シャワー室もある。ルームキーはオートロック式。

囲 50 Beach St.　☎03-442-9522
図 観光案内所から徒歩3分
料 D／NZ$105〜、ドミトリー／NZ$28　室 23室
URL absoloot.co.nz

キッチンからの眺めが抜群

ホテル
ダブルツリー・バイ・ヒルトン
Double Tree by Hilton

MAP-P.96-B

静かな湖畔でリラックス

　フランクトンに新たに誕生したリゾート施設、カワラウ・ビレッジ内にある。ヒルトンホテルに隣接しており、プールやサウナなどの設備を共用できる。ホテル内には映画館やアクティビティ予約センターも。

囲 Kawarau Village, 79 Peninsula Rd.　☎03-450-1650　FAX 03-450-9401　図 空港から車で5分
料 S・T／NZ$205〜　室 98室
URL doubletree3.hilton.com

全室ミニキッチン付き

ホテル
ハートランド・ホテル
Heartland Hotel

MAP-P.96-D

眺望が素晴らしい坂の上の宿

　シーニック・スイーツホテルに隣接し、三角屋根が連なる建物が目印。キッチン付きユニットがあり、長期滞在もOK。レストランから部屋へのルームサービスもあるので便利だ。立地がよく、料金もリーズナブル。

囲 27 Stanley St.　☎03-442-7700
FAX 03-442-4715　図 観光案内所から徒歩3分　料 S・T／NZ$152〜
室 82室
URL www.heartlandhotels.co.nz

坂を下りるとすぐ繁華街へ

経済的 アコモデーション

ユースホステル　MAP-P.96-E
YHAクイーンズタウン・レイクフロント
YHA Queenstown Lakefront

　ワカティプ湖畔の山荘風の建物で、湖とリマーカブルズ山脈の景色がすばらしい。

囲 88/90 Lake Esplanade
☎03-442-8413
図 観光案内所から徒歩10分
料 T／NZ$105〜、ドミトリー／NZ$35〜　室 40室

アットホームな雰囲気

バックパッカーズ　MAP-P.96-E
バンブルズ・バックパッカーズ
Bumbles Backpackers

　目の前に湖が広がり、景観がよい。スタッフが親切で気がきくのがうれしい。

囲 Cnr.Lake Esplanade&Brunswick st.　☎03-442-6298　図 観光案内所から徒歩8分　料 T／NZ$135〜、ドミトリー／NZ$45〜　室 13室

建物の前に湖が広がる

バックパッカーズ　MAP-P.96-F
ブラックシープ・バックパッカーズ
Blacksheep Backpackers

　収納付きのしっかりした造り付けのベッドにはカーテンがあって、プライバシーに配慮。

囲 13 Frankton Rd.　☎03-442-7289　図 観光案内所から徒歩10分
料 T／NZ$145〜、ドミトリー／NZ$45　室 23室

屋外ジャグジーを完備

日 日本語が通じる　レストラン　バーラウンジ　プール　フィットネス　スパ

ウィンターシーズンは
スキー＆スノボ
で決まり！

©Ben Crawford

NZスキー＆スノボの
魅力はここだ！

ポイント1　真夏の銀世界へひとっ飛び

　最大の魅力は、日本の真夏にスキー＆スノボが楽しめること。日本と季節が逆の南半球では6〜10月がスキーシーズン。冬の間に覚えた技をキープして次のシーズンを迎えたいなら、夏の間に南半球で滑っておこう。

ポイント2　さらさらのパウダースノー

　ゲレンデの設備が整っていても、雪質が悪ければ残念なことに。でもニュージーランドなら大丈夫。湿度が低いため雪が重くならず、さらさらのパウダースノーを満喫できる。

ポイント3　ヘリを使ってもリーズナブル

　ぜひトライしたいのがヘリスキーとヘリボード。リフト代わりにヘリコプターを使い、コンディションのよい斜面を探してアプローチする贅沢さ。日本でヘリをチャーターすることを考えると破格値で楽しめる。

ポイント4　アフタースキーも万全

　この国では雪が山の上にのみ降る、というのは嘘のようだが本当の話。平地では雪がほとんど積もらないため、ひとたび山を下りてしまえば、普段どおりの旅行ができる。クイーンズタウンやワナカをベースにすれば、人気のアクティビティも盛りだくさん。山の天気が悪くても充分に楽しめるはずだ。

ベストシーズンは6〜8月

　エリアやその年の雪の状況にもよるが、スキー＆スノボのシーズンは6〜10月。この時期は一般の観光ツアーにとってはオフシーズンにあたるので、航空券の値段が下がるだけでなく、スキーヤーとスノーボーダーを対象にした格安パッケージツアーも登場する。長期滞在割引を設けている宿泊施設も多いので、要チェック。

マンガヌイ

ファカパパ
トゥロア

レインボー
マウントロバート

コロネットピーク
ザ・リマーカブルズ

マウントレイフォード

テンプルベイスン
クライギーバーン
マウントチーズマン
マウントハット

マウントドブソン
オハウ

トレブルコーン
カードローナ
ワイオウラ・ノルディック

NZの主なスキー場

クイーンズタウンから行くスキー場

コロネットピーク [MAP]P.96-B

　国内で唯一ナイター施設を備えたスキー場。降雪機もあるので、常にベストコンディションでの滑走が楽しめる。ゲレンデはコロネットピークの南斜面全体に広がっている。最高地点の標高は低いものの上下の標高差は462mあり、最長滑走距離も2.4kmと充分。中級者向けのコースが多いが、滑走面積280haの広大なエリアにバーンやコブ、オフピステなど、バラエティにとんだコースが並ぶ。

🏠コロネットピーク　☎03-450-1970
[URL]www.nzski.com

ザ・リマーカブルズ [MAP]P.96-B

　リマーカブルズは1985年のオープン。ゲレンデはすり鉢状になっており、ロングのダウンヒルが堪能できるシャドウベイスンをはじめ、主な3つのコースがある。全体的に緩斜面が多い印象だが、初級者、中級者向けのなだらかなコースと、上級者向けのコースがバランスよく配置されている。ホームワードランはオフピステが満喫できる。

🏠ザ・リマーカブルズ　☎03-441-1456
[URL]www.nzski.com

●アクセス

　クイーンズタウンの主要なホテル前を発着場に、それぞれのスキー場を結ぶシャトルバスがシーズン中は毎日運行。週末はナイトスキー用のシャトルもある。

🚌クイーンズタウン発／8:00〜11:30　20分に1本　スキー場発／13:30〜（人数が集まり次第）　🎫往復NZ＄20〜

ワナカから行くスキー場

トレブルコーン [MAP]P.34-F

　標高差828m、広さ550ha、最長滑走距離4km、雪の深さの平均が3.25mという何から何までスケールの大きいスキー場。ニュージーランドでは珍しい6人乗りリフトを完備しているので、スムーズに好きなゲレンデにアプローチできる。眼下に広がるワナカ湖やアスパイアリング山の眺望も最高だ。

　ゲレンデは平均斜度が高く、中級、上級者向けのコースが中心。

🏠トレブルコーン　☎03-443-1406
[URL]www.treblecone.com

カードローナ [MAP]P.96-B

　緩やかな「フットロット・フラッツ」、広々とした中級者向けの「ゴールドラッシュ・ダウンヒル」、岩場のスロープ「アルカディア」「アイリッシュ・パイプス」にコース外のオフピステなど、レベルに応じて楽しめる。

　ここは国内で最初にスノボ用のハーフパイプを常設したスキー場でもあり、スキー、スノボの各種大会が行われることも多い。現在も国際規格に準じたハーフパイプが2カ所設置されている。

🏠カードローナ　☎03-443-8880　[FAX]03-443-9465　[URL]www.cardrona.com

日本人スノーボーダーも多いカードローナのゲレンデ

©Miles Holden

●ゲレンデ情報

	標高 標高差	広さ	最長滑走距離	初級	中級	上級	1日券	リフト Tバー	シーズン	営業時間	街からの距離
コロネットピーク	1649m 481m	280ha	2.4km	25%	45%	30%	NZ$129	3基 1基	6月中旬〜10月初旬※	9:00〜16:00	18km
リマーカブルズ	1943m 357m	220ha	1.5km	30%	40%	30%	NZ$129	3基 1基	6月下旬〜10月初旬	9:00〜16:00	26km
カードローナ	1860m 600m	345ha	4.0km	20%	55%	25%	NZ$120	4基 1基	6月下旬〜10月初旬	8:30〜16:00	34km
トレブルコーン	2088m 828m	550ha	4.0km	10%	45%	45%	NZ$139	2基 1基	6月下旬〜10月初旬	9:00〜16:00	29km

※7月中旬〜9月中旬の水・金・土曜はナイトスキー（16:00〜21:00）も可能。

女王さま気分になれる
クイーンズタウンでスパ体験

山と湖に囲まれたリゾート地クイーンズタウン。小さな街には、アクティビティに疲れた旅行者や至福の時間を求める女性客らに、やすらぎと癒しを与えるデイスパが集中する。そんなデイスパでとろける時間を堪能しよう。

ザ・スパ@ミルブルック
MAP●P.96-B
The Spa @ Millbrook

アロータウンの高級リゾートでお姫様気分

　緑の中に広がるミルブルックリゾート内のスパ専門施設。一歩足を踏み入れるとアロマのほのかな香りが立ち込め、夢空間に誘われる。全7室のマッサージルームに、ジェットバスルームやマニキュア＆ペディキュア専用室、ヘアサロンも備えている。カップルや女性同士で受けられるメニューもある。

おすすめはコレ！

ヴィッシー・マッサージ（所要45分、NZ$140）

水圧マッサージで人気のヴィッシー・シャワーを使ったマッサージに、熟練のセラピストによる丁寧なボディマッサージを組み合わせた究極のコンボ。

🏠Malaghans Rd., Arrowtown（ミルブルック・リゾート内）☎03-441-7017
🚗クイーンズタウンから車で20分　🕐9:00〜20:00
🚫なし　URLwww.millbrook.co.nz

ハッシュ・スパ
MAP●P.99
Hush Spa

地元ファンが足しげく通う都会派サロン

　都会的な雰囲気が香るサロンでは全身ケアのほかにも、フェイシャル、ハンド＆フット、ネイルケア、メイクアップや日焼けトリートメントなど一通り揃うので、目的に応じて利用できる。マッサージは定番のメニューはもちろんのこと、スキーヤーやボーダー、トランパー（トレッキング）のための特別トリートメントも。

おすすめはコレ！

テンションリリーフ（所要60分、NZ$145）

スキーやトランピング（トレッキング）で疲れた体、特に腰と足の集中マッサージ。ホットオイルや温めた麦パックで筋肉の疲れをほぐす。

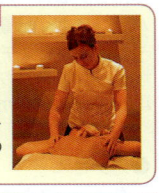

🏠1st Floor. The Mountaineer, 32 Rees St.
☎03-442-9656　🚶観光案内所から徒歩3分
🕐9:00〜18:00（火・水曜〜19:00、木曜〜20:00）
🚫日曜　URLwww.hushspa.co.nz

ボディ・サンクタム
MAP●P.99
Body Sanctum

ユニークなメニューが揃う街一番の人気スパ

　上品でモダン、温みのあるインテリアと音楽に迎えられ、優雅な気分が味わえるサロン。クイーンズタウンではまれなインディアン・ヘッドマッサージのほか、マヌカハニーを使用したトリートメントや、ココナッツオイルやココナッツバターなどを使ったボディトリートメントが充実。一味違ったメニューを揃えている。

おすすめはコレ！

パラダイス・ボディ・グロウ（所要45分、NZ$89）

ココナッツ・シュガー・ケーン・スクラブを使って全身の古い角質を優しく除去し、肌にハリと輝きを与える。施術後は柔らかくしっとりした美肌に。

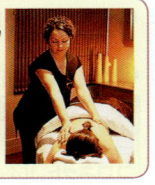

🏠Level 1, 10 Athol St.
☎03-442-4336　🚶観光案内所から徒歩3分
🕐9:00〜21:00
🚫なし　URLwww.massagequeenstown.co.nz

ミルフォードサウンド

MAP-P.34-E

Milford Sound

▼街のしくみと歩き方

ミルフォードサウンドはユネスコの世界自然遺産、テ・ワヒポウナムの中に位置するフィヨルドのひとつ。切り立つ山々にはさまれた細長い入江を遊覧するクルーズは旅行者の人気の的であり、ニュージーランド随一の人気観光地にもなっている。

晴れた日のミルフォードは絶景のひと言に尽きる

海からそそり立つ山としては、世界一の高さを誇るマイターピーク（1694m）はこの国を代表する風景のひとつとも言えるだろう。年間を通じて雨が多いのが難点だが、イルカやオットセイ、ペンギンに出会えるチャンスも多く、ニュージーランドの自然を満喫できるスポットだ。

ミルフォードサウンドへのツアーは、クイーンズタウンかテアナウ発着のバスツアーがほとんど。一般的なスケジュールは朝7時前後にクイーンズタウンを出発し、経由地テアナウで10時前後に休憩、昼過ぎにミルフォードサウンドへ到着する。2時間程度のクルーズを楽しみ、同じ道を戻るというものだ。

ホテル MAP-P.122

ミルフォードサウンド・ロッジ
Milford Sound Lodge

ミルフォードの港から1km離れた場所にある宿泊施設。オートキャンプも利用でき、共同キッチン、ランドリーもある。食料はテアナウでの事前購入がベター。
🏠Milford Sound ☎03-249-8071
🚌港から1km（送迎あり）🏨ドミトリー／NZ$40〜、オートキャンプ／NZ$30、シャレー／NZ$405 URL www.milfordlodge.com

ミルフォードサウンドへのアクセス

🚌 クイーンズタウンからトラックネットで約5時間30分、1日2便（午前）、料金NZ$92。テアナウからトラックネットで約1時間45分、1日3便（午前2便、午後1便）、料金NZ$53。

ミルフォードサウンドとは

ミルフォードサウンドとはイギリスの地名に由来する名で、Millは水車、fordは渡し場、Soundは入り江を意味している。直訳すると「水車小屋のある渡し場の入り江」となる。

とっておき情報

ミルフォード本来の魅力を満喫するには

人気観光地だけに、夏期はたくさんのバスが列をなしてミルフォードへ走って行く。だがクイーンズタウンから片道5時間以上かかる場所へのツアーなので、同じ時間帯に旅行者が集中するのが欠点だ。昼過ぎなどは港の中が混雑し、ここが広大な国立公園の中であるとは思えないほどだ。さらに、奥地だけにツアーのバリエーションが少ないのはいかんともしがたい。ミルフォード本来の魅力である静けさや神秘的な雰囲気を味わいたいなら、奥の手として、次のような方法を試してみてはどうだろう。
- ●前日にテアナウに宿泊し、テアナウ発のツアーに参加するかレンタカーで出発。午前中か午後遅めのクルーズに参加する。
- ●ミルフォードサウンド唯一のロッジに宿泊する。
- ●船上で1泊する「オーバーナイトクルーズ」に参加する。
- ●片道、あるいは往復をセスナ機にする。時間も短縮でき、空からのフィヨルドの景色も楽しめる。

ミルフォードの見どころ

ミルフォードの魅力は海の上だけではない。
テアナウからミルフォードサウンドへ行く道、
ミルフォードロード（約120km）沿いも見どころ満載だ。

1 テアナウダウンズ
TeAnau Downs

　ミルフォードトラックへの出発地点になる穏やかな港。付近にはバックパッカーズやホテルがあり、道中で最後に目にする集落だ。
図テアナウから車で25分

2 ミラー湖
Mirror Lake

　湖面が鏡のように反射して山を映し出す。逆さ文字が書かれた看板は、湖面に映ると Mirror Lakeと読めるしくみになっている。
図テアナウから車で35分

4 ノブズフラット
Knob's Flat

　国立公園内の自然を紹介する展示場とトイレがある。あたりには草原が広がり、そびえる山とのコントラストが見事。
図テアナウから車で45分

5 ガン湖
Lake Gunn

　フィヨルドランド地方の探検家ジョージ・ガンの名前がつけられた湖には、ウナギやマスが生息している。湖の周辺には散策コースがあり、ニュージーランド原産の野鳥や植物の宝庫となっている。
図テアナウから車で50分

6 ザ・ディバイド
The Divide

　ディバイドといえば分水領のことだが、この場合サザンアルプスの分水領の最も高度が低い場所を示すので「ザ・ディバイド」と呼ばれる。ここからルートバーン・トラックがスタート。
図テアナウから車で60分

7 ホーマートンネル
Homer Tunnnel

　ミルフォードの開拓のために掘られた全長1219mのトンネル。入口付近は岩峰に囲まれ、流れ落ちる滝が見事！
図テアナウから車で1時間20分

8 キャズム
The Chasm

　クレドウ川と奇岩が眺められる展望台。岩の裂け目に川を流れる砂利や水が入りこみ、永い時間をかけて岩の形を変えてしまった。水と岩が織りなす芸術作品ともいうべき風景が見られる。
図テアナウから車で1時間40分

本物の鏡のように景色を映し出すミラー湖

3 原生林のトンネル
Beech Forest

　ナンキョクブナの林が生い茂る美しい道。一面緑の清々しいトンネルの先に雪を頂いたアルプスが見える。
図テアナウから車で40分

道中には多くの展望台がある

ミルフォードサウンド
ミルフォードトラック
ミルフォードサウンド・ロッジP12
ルートバーントラック
8 キャズム
7 ホーマートンネル
6 ザ・ディバイト
5 ガン湖
4 ノブズフラッ
3 原生林のトンネ
2 ミラー湖
テアナウ湖
1 テアナウダウンズ
▼テアナウ

ミルフォードロードライブMAP

ミルフォードサウンド
クルーズ体験記

クイーンズタウン、テアナウからのドライブを終えて、目的地のミルフォードサウンドに到着。ここからはいよいよミルフォードサウンドクルーズを体験する。世界遺産の自然美を満喫しよう。

船上からの見どころがたくさん

クルーズをスタートして、まず見えてくるのはボーエン滝。160mもの高さから水が落ち、しぶきを上げている。対岸には、マイターピークとフィリップ山(1469m)に囲まれたシンバッド渓谷がある。後ろにそびえるのはラレニーピーク。典型的なU字谷で、氷河の進んだ跡がきれいに残されている。右の岸に見えるのがライオン岩(1307m)。後ろにはエレファント岩もある。U字谷から1517mの高さまでせりあがる山の形が象の頭に似ている。右奥にあるのは、ペンブローク山(2015m)だ。

デイルポイントは、ミルフォードサウンドの入口にあたる場所だが、横幅は548mで入江の中で最も狭い。左の岸にはペンブローク山(2000m)がある。ハリソンコーブの手前にあるスターリング滝の146mの高さから落ちる大滝は、バケツをひっくり返したような、という表現がぴったり。

オーバーナイトクルーズもおすすめ

最近、人気が高いのが船の中で1泊するオーバーナイトクルーズだ。船のサイズにより、参加者は60人までに限定されており、夕食、朝食も船上でとる。2段ベッドかツインルームでの宿泊になるが、船室は清潔で快適だ。

岩の上で昼寝するオットセイたち

オーバーナイトクルーズは16時30分に出航し、翌朝9時15分に帰港。夏はシーカヤックでミルフォードの海を存分に楽しめる。

クルーズ催行会社
リアルジャーニー　Real Journeys
クイーンズタウン／☎03-249-6000
テアナウ／☎03-249-6000
URL www.realjourneys.co.nz
オーバーナイトクルーズ
料 NZ$409、クイーンズタウン発／NZ$571〜、テアナウ発NZ$488〜
日本での問合せ先
ワールドブリッジ　☎03-3562-7878
URL www.world-bridge.co.jp

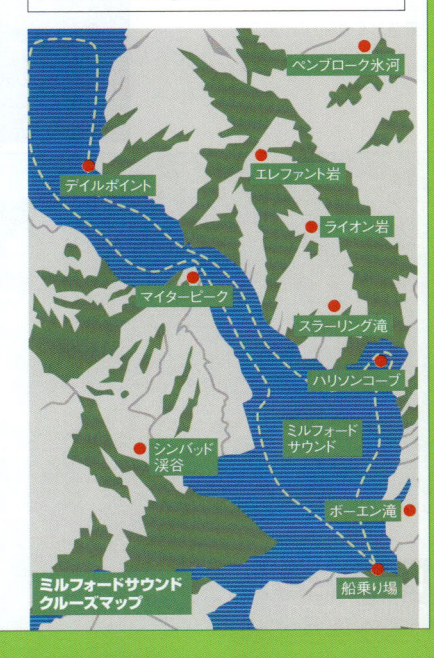

ミルフォードサウンドクルーズマップ

ダウトフルサウンド

Doubtful Sound

MAP-P34-E

公共交通はなく、ツアーが基本となる。クイーンズタウン、テアナウ、マナポウリ発のツアーがある。

リアルジャーニー
URL www.realjourneys.co.nz
クイーンズタウン
☎03-249-6000
圏クイーンズタウン発NZ$285、テアナウ発NZ$265〜、マナポウリ発NZ$249〜

マナポウリ Manapouri

テアナウから車で20分の距離にあるマナポウリは人口300人ほどの小さな町。マオリ語で「悲しみの心」という意味を持つマナポウリ湖の一角に、住宅やバックパッカーズが点在しており、カヤックやトレッキング、フィッシングなどのツアーが行われている。この湖は深さが433mもあり、ハウロコ湖に次いで国内で2番目の深さ（広さは7番目）。深い森に囲まれた湖に小さな島が35も浮かんでいる独特の景色は幻想的で印象深い。

▼街のしくみと歩き方

ダウトフルサウンドもまた神秘的なフィヨルドの海と豊かな自然が残るクルーズの名所だ。ミルフォードサウンドほど知名度は高くないが、マナポウリからダウトフルサウンドへの道は変化にとんでおり、観光客が少ないだけ、自然のあるがままの姿が見られる場所ともいえるだろう。

キャプテンクックがこの地を訪れたのは1770年。あたりに漂う不気味な雰囲気を察した彼は、入江の中に進むことを躊躇し、「ダウトフルサウンド（疑わしい入江）」と名づけたという。19世紀には、オットセイ猟や捕鯨がさかんに行われたものの、その後は人の手も入らず、イルカやオットセイ、ペンギンが数多く生息する美しい海が残った。現在我々がここで目にする景色は、おそらくキャプテンクックが見た景色とほとんど違わないはずだ。

周囲の静けさが神秘的な雰囲気を作り出す

ダウトフルサウンド
Doubtful Sound

0　　　　　　10km

秘境、ダウトフル サウンドを行く

ダウトフルサウンドへのツアーは、テアナウから19km南西にあるマナポウリの町からスタートする。

マナポウリ湖畔の港からボートに乗り込み、約40分ほどのレイククルーズで、マナポウリ湖を横断する。マナポウリとはマオリ語で「悲しみの心」を表し、伝説に基づいてつけられた名前だとされているが、実は裏話がある。ヨーロッパ人の調査官が、この湖と、ここから70km北にあるノースマボラ湖を間違って地図に記載してしまい、本来、ノースマボラ湖につけるべき名前をつけてしまったということだ。

小さな島が浮かぶ湖を渡り、船着場に到着。ここでバスに乗り換え、ウィルモット峠を超えて行く。ここからダウトフルサウンドまでは、全長22kmのドライブを楽しむ。建設に2年を費やしたという峠越えの道路からは、生い茂るナンキョクブナの森が見え、道中には色とりどりの苔が崖を埋め尽くすモスガーデンもある。高台から眺めるダウトフルサウンドは絶景だ。

道中には色とりどりの苔が生えている

オットセイにペンギンにイルカも

クルーズではダナエ山（1509m）、クロウフット山（1695m）などを見ながら、タス

アクロバティックなイルカたち！

オットセイのコロニーが真近に見える

マン海へ向けてフィヨルドの海を進む。岩場で寝ているオットセイや、頭に黄色い羽をつけたフィヨルドランドペンギンに大喜びしていたら、イルカたちがジャンプを始めた。甲板では多くの人がカメラを構えて大騒ぎだ。

しばらくして乗客が落ち着くと船内放送があった。少しの間エンジンを止めるので静寂の世界を楽しんでほしいという。ブルブルと鳴っていたエンジン音が止み、乗客たちは話をやめる。日常世界ではありえない音のない

発電所はまるで地下基地のよう

時間を誰もが楽しんだ。

帰り道には地下発電所の見学もある。水力発電所として国内最大を誇る規模だけでなく、川をせきとめるダムを造らず、湖の水を地下で流してタービンを回して発電する仕組みもしっかりと見たい。環境先進国ニュージーランドならではの見どころといえる。

ダウトフルサウンドでのクルーズとカヤック
🏠アドベンチャー・カヤック＆クルーズ
☎03-249-7777　料NZ$349～
URL www.doubtfulsoundkayak.com

テアナウ

Te Anau

MAP-P.34-E

テアナウへのアクセス

🚌 クイーンズタウンからトラックネット(高速バス)で約2時間30分、1日4便、料金NZ$47〜

観光案内所 i-SITE

Fiordland i-SITE
MAP **P.126-A** 🏠19 Town Centre
☎03-249-8900 🕗8:30〜20:00
(冬期〜17:30) 🈺12/25

歩き方のヒント テアナウ

楽しみ
アクティビティ ★★
見どころ ★★
リラックス ★★★★★

交通手段
徒歩 ★★★★★
レンタルバイク ★★★★

エリアの広さ
住宅地は広いが、観光は徒歩で充分。湖岸の散歩を楽しみたい。

126

▼街のしくみと歩き方

　テアナウは南島最大の湖、テアナウ湖畔に広がる人口3000人ほどの静かな街。ミルフォードサウンドやミルフォードトラックなどがあるフィヨルドランド国立公園の玄関口にあたるため、夏の間は多くの観光客や登山者でにぎわう場所だ。

　湖に向ってのびるタウンセンターがメインストリート。湖沿いのレイクフロントドライブ、テアナウテラス周辺には宿泊施設が並んでいる。街の対岸にはラクスモア山(1,471m)があり、グレートウォークに指定されているケプラートラックがのびているので、日帰りのハイキングも楽しめる。湖畔の遊歩道を散策したり、街じゅうに響く鳥の声を楽しみながら、のんびりと過ごしたい街だ。

見る
MAP-P.126-B外
テアナウ・バードサンクチュアリ
Te Anau Bird Sanctuary

　タカヘなどのNZ固有種の野鳥を保護するセンター。ケアやカカなどさまざまな鳥が飼育されている。特に絶滅が危惧されている鳥、タカヘのユニークな生態が学べる展示があるので、ぜひ訪れてみたい。タカヘはフィヨルドランド国立公園にある関係者以外立ち入り禁止のエリアでも繁殖活動が行われており、その貴重な生命が守られている。
🏠Manapouri-Te Anau Hwy. ☎03-249-7924
🚌観光案内所から徒歩20分 🈺なし

テアナウ中心部
Te Anau Central

0 ━━━━━ 400m

↑ミルフォードサウンドへ

ミルフォードロード Road
Andrew Street
Bowen Street
Govan Drive
●テアナウ・キーウィ・ホリデイパーク
Luxmore Drive ラクスモアドライブ
94
Bligh Street
🚉ラ・トスカーナ
A
McKerrow Street
Crescent
フィヨルドランド・シネマ●
●ミン・ガーデン
スーパー●
●テアナウ・デイリー
Te Anau Gardens
ナチュラリー・フィヨルドランド
●オリーブツリーカフェ
Fergus Square
Matai Street
Moana
ベイリーズ
N
ラクスモアホテル H
観光案内所
レンタサイクル
Town Center
スーパー●
Dusky Street
Mokonui Street
YHA ● ライオンズパーク
Lions Park
サザンディスカバリーズ
infoセンター
ザ・ムース・レストラン&バー●
Lakefront
H レイクフロント・ロッジ
Quintin Drive
H ディスティンクション・
テアナウ
レイクフロントドライブ
●フィヨルドランド・レイクビュー
Cleddau Street
Mokoroa Street
B
Te Anau Domain
Manapouri-Te Anau Highway
i フィヨルドランド
国立公園ヴィジター・
センター
Te A
Moto
Cam
95
リアルジャーニーズ●
●ウィングス&ウォーター
テアナウ湖　*Lake Te Anau*　マナポウリ　**テアナウ・バードサンクチュアリ** へ↘
テアナウテラス
Te Anau Terrace

レストラン
Restaurants

小さな街ながらレストランの種類は充実

ミルフォードロードにはたくさんのレストランやカフェが並び、食のチョイスは多い。

ニュージーランド料理
ザ・ムース・レストラン＆バー
The Moose Restaurant & Bar

MAP-P.126-A

人気のカジュアルレストラン

　湖沿いにあるレストラン。肉料理、シーフードなど豊富な品数とリーズナブルな値段が自慢。日当たりのよいテラスで人気のムースオリジナルビールを飲むのもいい。ビリヤードのあるバーではライブも行われる。

田84 Lakefront Drive ☎03-249-7100　図観光案内所から徒歩2分
園11:00～翌2:00　困なし
闰ランチ／NZ$20～、ディナー／NZ$23～

ムース（ヘラジカ）の看板が目印

無国籍料理
オリーブツリー・カフェ
Olive Tree Cafe

MAP-P.126-A

気軽に寄りたいおしゃれなカフェ

　本日のスープとフォッカッチャのセット（NZ$10）など、気軽につまめるメニューから、朝食メニュー、ベジタリアンメニューまで充実している。タイ風など、アジア料理のテイストを加えた料理もある。

田52 Town Centre ☎03-249-8496
図観光案内所から徒歩1分
園8:00～20:30（冬期～17:00）
困12/25
闰NZ$6.50～

温かみのあるインテリアもいい

カフェ
ナチュラリー・フィヨルドランド
Naturaly Fiordland

MAP-P.126-A

ピザがおいしい自然派カフェ

　手作り生地を石窯で焼くピザが人気。ベジタリアンやBBQチキンなど15種類のピザは、小サイズ（直径23cm）と大サイズ（30cm）があるが、ボリュームがあるので女性は小サイズでお腹いっぱいになる。

田62 Town Centre
☎03-249-7111　図観光案内所から徒歩1分　園9:00～深夜
困なし　闰NZ$10～

石窯で焼いたピザが絶品

テイクアウト
テアナウ・デイリー
Te Anau Dairy

MAP-P.126-A

湖を見ながらB級グルメを満喫

　フレンドリーなオーナーが切り盛りする、地元の人に愛されるデイリー。おすすめはカリッと揚げたモチモチのドーナッツと、ジューシーでコクのあるフライドチキン。中華メニューも安価で食べ応えあり。

田76 Town Centre
☎03-249-7849　図観光案内所から徒歩2分　園9:00～21:30
困なし　闰NZ$2.5～

イートインスペースあり

中国料理
ミン・ガーデン
Ming Garden

MAP-P.126-A

旅の疲れを癒すなら中華が一番

　町の中心にある中国料理レストラン。小さなテアナウの街にあって、おなじみの中国料理が食べられる貴重な場所だ。ニュージーランド特産のラムやベニソン（鹿肉）を使った中国料理もあるので、試してみよう。

田2 Milford Cres　☎03-249-7770
図観光案内所から徒歩3分
園11:00～14:30、15:00～21:30
困なし　闰NZ$12～

広々とした店内は、毎晩大盛況

ホテル
Hotels

湖沿いに個性豊かな宿がずらり

ミルフォードサウンドへの玄関口だけに、多くの種類の宿があり、価格帯はさまざま。

MAP-P.126-B

テアナウを代表する大型ホテル

　観光案内所近くにあるテアナウ最大のホテル。ホテルタイプの部屋とヴィラタイプの部屋が各種揃っており、予算と好みに応じて選べる。宿泊者専用のプールやサウナ、スパもあるので、旅の疲れを癒したい。

🏠64 Lakefront Drive　☎03-249-9700　🚶観光案内所から徒歩3分　🛏T・D／NZ$150〜　🏨112室
URL www.distinctionhotelsteanau.co.nz

湖沿いで街のそば、と絶好の立地

MAP-P.126-A

気軽さと便利さで人気の宿

　街の対岸にそびえるラクスモア山の名前を冠したホテル。館内にあるカフェ「バイリズ」で軽食がとれるほか、2階の展望レストラン「ハイライツ」で、バイキング形式の食事がいただける。

🏠41 Town Centre　☎03-249-7526　🚶観光案内所から徒歩1分　🛏S・T／NZ$145〜　🏨180室

客室はシックで落ち着いた雰囲気

MAP-P.126-B

シンプルかつ設備充実の宿

　ログハウスを思わせるような素朴な外観のモーテル。各部屋ともキッチン付きのステュディオタイプで内装はシック。すべての部屋にテラスが付いているので、のんびりとくつろげる。スパを完備した部屋もある。

🏠58 Lakefront Drive　☎03-249-7728　🚶観光案内所から徒歩4分　🛏T／NZ$225〜　🏨13室

庭に咲く色とりどりの花

MAP-P.126-A

花が咲き誇る明るい雰囲気の宿

　かつてミルフォードサウンドへの道中にあったが、洪水で土台が流されたため、街なかへ移築されたロッジ。リーズナブルな値段ながら全室マウンテンビューで眺めがいい。館内にレストランやカフェもあり便利。

🏠15 Luxmore Dr.　☎03-249-8538　🚶観光案内所から徒歩5分　🛏S・T／NZ$85〜　🏨31室

リーズナブルな価格がうれしい

MAP-P.126-B

部屋の広さと設備、眺めが抜群

　四季を通じて美しい花に囲まれており、道行く人の目を楽しませてくれる。部屋はすべて1ベッドルームとダイニングキッチンのアパートメントタイプで、バスタブ付きの風呂がうれしい。全室から湖と庭が眺められる。

🏠42 Lakefront Drive.　☎03-249-7546　🚶観光案内所から徒歩6分　🛏S・T／NZ$245〜　🏨13室

部屋のインテリアは女性好みだ

ダニーデン

Dunedin

エコツアーの街として注目度高し

街のあらましとしくみ
スコットランドの面影を残す南島第2の街

人口13万人を擁するオタゴ地方の中心都市、ダニーデン。1848年、スコットランドの入植者によって築かれた町には、今もスコットランドの風情を伝える石造りの建物が連なっており、「南海のエジンバラ」と呼ばれている。

エコツアーが盛んなオタゴ半島

市内中心部にはオクタゴンと呼ばれる八角形の広場があり、観光案内所、美術館、教会、バス乗り場などが集まっている。このオクタゴンを貫いているのがメインストリートで、北東側がジョージストリート、南西側はプリンセスストリートと呼ばれている。オクタゴンより海側の道はメインストリートと平行に走っているが、山側の道は斜めに交差するため、地理が複雑。一方通行の道が多いので、車を運転する時は注意したい。

中心部から車で30分ほどのオタゴ半島は、エコツアーが体験できる場所として、人気を集めているスポットだ。アホウドリやペンギンの保護区があるほか、野生のオットセイやトドが砂浜で見られるなど貴重な自然が満喫できるため、趣向を凝らしたユニークなツアーがたくさん行われている。

ダニーデンのプロフィール

人口：約13万人
面積：3,700㎢
気温：夏の平均最高気温は18.9度、冬の平均最低気温は3.1度
降水量：年間平均雨量737㎜
日本の姉妹都市：北海道小樽市

ダニーデンへのアクセス

✈ クライストチャーチから1時間5分、1日5〜10便、料金NZ$49〜

🚌 クライストチャーチからインターシティで約6時間、1日2便、料金はNZ$28〜。クイーンズタウンからインターシティで約4時間30分、1日2便、料金NZ$24〜。

ダニーデン

129

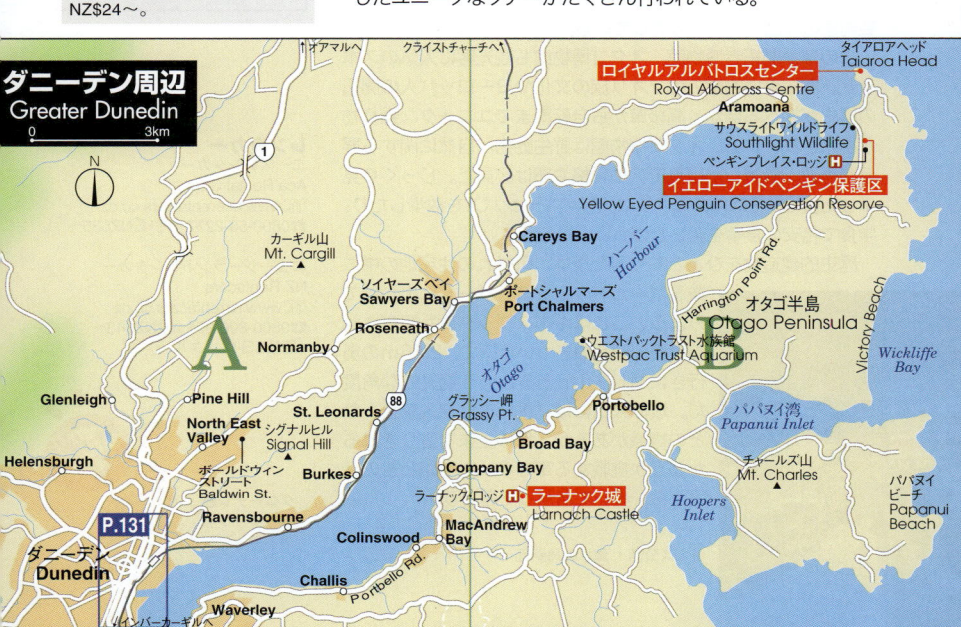

ダニーデン周辺
Greater Dunedin
0　　　3km

オアマルへ
クライストチャーチへ
タイアロアヘッド
Taiaroa Head

ロイヤルアルバトロスセンター
Royal Albatross Centre
Aramoana
サウスライトワイルドライフ
Southlight Wildlife
ペンギンプレイス・ロッジ
イエローアイドペンギン保護区
Yellow Eyed Penguin Conservation Reserve

カーギル山
Mt. Cargill
Careys Bay
ハーバー
Harbour
ソイヤーズベイ
Sawyers Bay
ポートシャルマーズ
Port Chalmers
Harrington Point Rd.
オタゴ半島
Otago Peninsula
Victory Beach
Normanby
Roseneath
ウエストパックトラスト水族館
Westpac Trust Aquarium
Wickliffe Bay

A
Glenleigh
Pine Hill
St. Leonards
オタゴ
Otago
グラッシー岬
Grassy Pt.
Portobello
パパヌイ湾
Papanui Inlet
North East Valley
シグナルヒル
Signal Hill
Broad Bay
チャールズ山
Mt. Charles
Helensburgh
ボールドウィンストリート
Baldwin St.
Burkes
Company Bay
パパヌイビーチ
Papanui Beach
Ravensbourne
ラーナック・ロッジ　ラーナック城
Larnach Castle
Hoopers Inlet
P.131
ダニーデン
Dunedin
Colinswood
MacAndrew Bay
Challis
Portobello Rd.
Waverley
インバーカーギルへ

ダニーデン市内中心部
ウォーキングの基礎知識

ダニーデンの街歩きのスタート地点となるのは、オクタゴン。時計塔のある大きな建物が市議会ビルで、この中に観光案内所がある。その隣にセントポール大聖堂、さらにダニーデン市立美術館が並ぶ。

まずは、市内に点在する歴史的な建造物を見て歩きたい。高さ56mの尖塔が目印のファースト教会は1873年に建てられたもの。ジョージストリート沿いにあるノックス教会も1876年に建てられたもので、13世紀のゴシック様式を取り入れている。

この教会を手がけた建築家、R・A・ローソンは、国内有数の一流校として知られるオタゴボーイズ・ハイスクールの校舎の建築にも携わっており、こちらは1885年に完成している。

歴史的建造物の奥に鉄道駅が見える

ダニーデンの鉄道駅も一見の価値がある。1906年に建てられた重厚な雰囲気の建物だが、中に入るとマヨルカのタイル、ロイヤルドルトンのモザイク、ステンドグラスなど、繊細な内装が施されている。2階にはスポーツに関する博物館、スポーツ・ホール・オブ・フェイムとクリーブランド・リビング・アートセンターがあり、アートセンターでは絵画や彫刻などの地元の芸術家の作品を展示、販売している。

このほか開拓者博物館、オタゴ博物館も観光客に人気のスポット。開拓者博物館ではマオリ族の文化やヨーロッパ人の開拓の歴史が学べるほか、高級車から自転車までユニークな乗り物が展示されている。オタゴ博物館は野生動物、自然に関する展示が秀逸。絶滅した巨鳥モアの骨格や卵は必見だ。じっくり見学した後は、そばにあるオタゴ大学のキャンパスを散歩したり、学食で格安の食事を楽しむのもいいだろう。

歴史的建造物をひととおり見た後は、町外れの住宅地の中にあるボールドウィンストリートに出かけてみよう。ここはギネスブックにも認定された世界一傾斜のきつい坂道で、2.86mの奥行きに対して1m上るという驚異的な角度だ。坂の入口には「重い車は進入禁止」などの標識があるが、坂の上まで登りきれるかどうか挑戦する車も多い。道路わきの階段から、歩いてあがってみよう。

ギネス公認！驚きの急斜面

130

観光案内所 i-SITE

Dunedin i-SITE
MAP **P.131-C**　住50 The Octagon
☎03-474-3300
営8:30〜17:30（土・日曜8:45〜、祝日9:00〜17:00）、冬期の月〜金曜8:30〜17:00（土・日曜、祝日9:00〜）

歩き方のヒント ダニーデン	
楽しみ	
アクティビティ	★★★★
見どころ	★★★★
リラックス	★★★
交通手段	
徒歩	★★★★★
バス	★★
レンタカー	★★★
エリアの広さ	

南島ではクライストチャーチに次ぐ都会だけに街は広く、見どころも点在している。坂が多いので、観光には車を借りるかツアーに参加する方が得策。

レンタカー
エースレンタカー
Ace Rental Cars
URL www.acerentalcars.co.nz
☎0800-50-2277　料1日NZ$35〜

ニュージーランドレンタカー
NZ Rentacars
URL www.nzrentacars.co.nz
☎0800-800-956　料NZ$48〜
（最低2日レンタル〜）

ぜひ訪れたいポイント

ダニーデン駅
ラーナック城
ペンギンプレイス

ダニーデン中心部
Dunedin Central

Lynwood Ave.
Street
Pacific Street
Wallace
Melrose
Street
Littlebourne
Roberts Park
モアナプール
Moana Pool
London
Street
Stuart
Street
Cargill
York
Place
Stuart
Street
オタゴポリテクニック
Otago Polytechnic
テニソン
ストリート
Kavanagh
College
Rattray
Street
ヒュームズコートB&B
Humes Court B&B
Elm Row
St. Joseph's
Cathedral School
Canongate
スペイツ・ビール工場
Speights Brewery
スペイツ・エール・ハウス
Speights Ale House
Clark
Street
Maclaggan
Broadway
ハイストリート
ラトレーストリート
シーニックホテル・
サザンクロス
ブロードウェイ
Water
Street
フレッチャー・
コッジ
High Street
Stafford
Street
Hope
Street
Carroll
Street
Police
Street
Bond
Street
Manor Place
Princes
Market
Res.
Melville St.
Wolseley St.
Jervois
Street
Vogel
Street
Crawford
Hertz
Cumberland
Street

Queens Drive
Duchess
Street
Queens
タウンベルト
Town Belt
オルベストン邸
Olveston House
St. Hilda's
Collegiate
Cobden St.
Elder
St.
Henot
Street
Royal
Terrace
Drive
Ave.
Constitution St.
ロンドンストリート
カーギルストリート
Haddon Place
ヨークプレイス
Filleul
St.
Moray
Place
Harrop
Street
セントポール大聖堂
St. Paul's Anglican Cathedral
タウンホール
Town Hall
図書館
Library
シビックセンター
Civic Centre
観光案内所
市立美術館
Art Gallery
The Octagon
オクタゴン
ノバ・
カフェ
ビュー
テラス
View Terrace
エトラスコ・アット・ザ・
サボイ
モーレー
プレイス
オタゴ女子高校
Otago Girls High School
Dowling St.
ダウリングストリート
Bath
Street
Great
King
Street
ファースト教会
First Church
Burlington
St.
シーニックホテル・
ダニーデンシティ
オタゴ開拓者博物館
Otago Settlers Museum
クイーンズガーデンズ
Queens Gardens
Thomas
Street
Liverpool St.
Jetty
Street
プリンセスストリート
Manse
Street
マンセストリート
Birch
Street
White St.
Buller Street
Roberts Street
French St.
Kitchener
Street
Wharf

National
Archives
Union St.
Great King St. West
クライストチャーチへ
Union Pl.
オタゴ博物館
Otago Museum
Albany
Street
Pitt
Street
Queen
Street
George
Street
Malcolm
Street
South
Cumberland
Street
ノックス教会
Knox Church
Frederick
Street
ケイパーズ・カフェ
Medical
School
市民病院
Public Hospital
Hanover
Street
Albion
Place
St.
Margarets College
University College
オタゴ大学
University of Otago
Ethel Benjamin
Place
Trent Ave.
Albany
Street
Gowland Street
Grange
Street
Hyde
Street
Harrow
Street
Clyde
Street
クライストチャーチへ
88
消防署
Central Fire Station
Andrew
Street
Leith
Street
アンザック・アベニュー
カンバーランド・
ストリート
Great
King
Street
King
Street
Castle
Street
Bow
Lane
Anzac
Ave.
St. Andrew Street
ダニーデン駅
Dunedin Station
スポーツ・ホール・
オブ・フェイム
Ward
Street
Mason
Street
Bombay St.
Cresswell
Street
Willis
Street
Fryatt
Street
Halsey St.
Bauchop Street
Sturdee Street
Devon
Street
Jutland Street
Fryatt
Street
フライアットワーフ
Fryatt Wharf
モナーク・
ワイルドライフクルーズ
Custom House
Monarch Wildlife Cruises
Custom House Quay
オタゴハーバー
Otago Harbour
131

A B C D E F

N
0 200m

クイーンズタウン、
インバーカーギルへ
インバーカーギルへ
ラーナック城
ラーナック・キャッスル&ガーデン
イエローアイドペンギン保護区、
ロイヤルアルバトロスセンターへ

ダニーデン市内の見どころ

市立美術館
Dunedin Public Art Gallery 見る MAP-P.131-C

近代的な作品が多く展示されており、建物そのものもアーティスティック。1階のショップには美術館ならではのユニークな小物が揃う。
🏠 30 The Octagon ☎ 03-474-3240 🚶 観光案内所から徒歩1分 🕐 10:00 ～ 17:00 休 12/25 料 無料

オタゴ大学
University of Otago 見る MAP-P.131-B

ダニーデンが「大学の街」と呼ばれるのは、国内最古の歴史を誇るオタゴ大学があるからこそ。設立は1869年。医学、歯学、海洋学の権威としても有名。
🏠 364 Leith Walk
🚶 観光案内所から徒歩15分

ファースト教会
First Church of Otago 見る MAP-P.131-C

56mの尖塔が荘厳な雰囲気。1873年に建てられたプレスビテリアン（長老制主義）の教会。
🏠 415 Moray Pce. ☎ 03-477-7118 🚶 観光案内所から徒歩3分
🕐 8:00～16:00

スペイツ・ビール工場見学
Speight's Brewery 見る MAP-P.131-C

1876年に創業されたニュージーランドを代表するビールメーカー。工場の見学ツアーは毎日行われているが、事前の予約が必要。映像や音楽、照明を駆使してのガイドツアーは趣向が凝らされている。もちろんツアーの最後には、お楽しみのビール試飲が楽しめる。

工場は上層階から下層階に降りていくにつれ、ビール造りの行程が完成に近づいていく仕組み。原料となる麦と水が醸造されビールとなって、最終的に缶や瓶に詰められる様子を学ぶのも興味深いが、作業の効率を考慮した工場のデザインそのものも斬新でおもしろい。
🏠 200 Rattray St. ☎ 03-477-7697
🚶 観光案内所から徒歩6分
🕐 1日6回（4～9月は3回）
休 なし 料 NZ$30
URL speights.co.nz

スポーツ・ホール・オブ・フェイム
Sports Hall of Fame 見る MAP-P.131-D

鉄道駅2階にあるスポーツ博物館。オールブラックスの歴代ユニフォームやヒラリー卿のエベレスト登頂ルートなどが展示されている。
🏠 Anzac Ave. ☎ 03-477-7775
🕐 10:00～16:00
休 12/25、聖金曜日 料 NZ$6

セントポール大聖堂
St.Paul's Anglican Cathedral 見る MAP-P.131-C

1919年に完成した英国国教会の教会で、オアマルのライムストーン（石灰石）が使われている。2つの尖塔とアーチ型のエントランスの外観は圧倒的な迫力。
🏠 228 Stuart St. ☎ 03-477-2336 🚶 観光案内所から徒歩1分 🕐 10:00～16:00 料 寄付制

ダニーデン駅
Dunedin Railway Station 見る MAP-P.131-D

アメリカの有名旅行雑誌の「世界で最も美しい鉄道駅16選」に選ばれたことがある駅。現在は観光列車タイエリ渓谷鉄道のみが発着している。
🏠 Anzac Sq.
🚶 観光案内所から徒歩5分

見る　MAP-P.131-C
オタゴ開拓者博物館
Otago Settlers Museum

　オタゴ地方におけるヨーロッパ人の開拓史、中国人移民に関する展示。当時の人々の持ち物やポートレートが多く興味深い。

🏠31 Queens Garden
☎03-477-5052
🚶観光案内所から徒歩6分
🕐10:00〜17:00
🚫12/25　🎫無料

いろいろな自転車がある

自動車や馬車の展示も

見る　MAP-P.131-B
オタゴ博物館
Otago Museum

　マオリ文化のほかメソポタミア文明の書物、ベネチアングラス、中国の陶磁器に至る世界の文化遺産の展示がある。自然に関する展示も秀逸。特に絶滅した巨鳥モアの骨格や卵は必見だ。サイエンス・センターは手で触れ、楽しみながら学べる展示が多い。

🏠419 Great King St.
☎03-474-7474
🚶観光案内所から徒歩15分
🕐10:00〜17:00　🚫なし
🎫寄付制（サイエンス・センターNZ$15）
🔗otagomuseum.nz

入口前は公園になっている

見る　MAP-P.131-A
オルベストン邸
Olveston House

　英国人貿易商、デビッド・セミオン氏とその家族が住んでいた邸宅で、17世紀のジャコバン様式が用いられている。邸内には氏が世界中を旅して集めた貴重な骨董品が飾られており、日本の陶磁器や七宝焼、漆器、象牙細工、刀剣などもある。見学はガイドツアーでのみ可能。数々の財宝や美しい建物は一見の価値あり。

🏠42 Royal Terrace　☎03-477-3320　🚫なし　🎫NZ$22（庭園とショップは無料）
🔗www.olveston.co.nz

優雅な雰囲気が味わえる

ダニーデン

市内の見どころ

観光地巡りには、ツアー参加が効率的

　ダニーデンの市内観光では、シティバスニュートンの観光ツアーがポピュラー。市内の名所をまわるものだけではなく、オタゴ半島のクルーズに参加するツアーやバスの代わりに1960年代のクラシックジャガーに乗り、市内周辺を巡る贅沢なツアーもある。

　街をのんびり歩きたいという人には、ウォーキングツアーがおすすめ。歴史的建造物を巡りながら、スコットランド移民の歴史とダニーデンの文化を学べる。2時間ツアー（10:30発）と、1時間30分ツアー（16:00発）などがあり。16:00発のツアーでは、ウィスキー試飲＆スコットランド名物料理ハギスの試食も。

🏢シティウォークス
☎027-356-9132　🔗www.citywalks.co.nz

本音でガイド

ジャガーをチャーターして行く観光ツアー
🏢クラシックジャガーリムジンズ・シティ・ヘリテージツアー
☎03-476-4564
🎫半日NZ$480、1日NZ$876（4人から）
🔗classicjaguar.co.nz

ダニーデン・シティーウォークス
オールドタウンウォーク
NZ$35（所要2時間）
ハイランドフライング
NZ$35（所要1時間30分、その後ウィスキー試飲＆ハギス試食）

レストラン
Restaurants

カフェから地ビールまで名店揃い

カジュアルな店から、おしゃれなディナーが楽しめる高級レストランまで。地元グルメの充実度はかなりのもの。

134

ブリューワリーブリューワリー

スペイツ・エール・ハウス
The Speight's Ale House

MAP-P.131-C

地ビールと合う料理

スペイツビール工場（P.132）に併設されたレストラン。メニューには、各料理に合うビールの種類が書かれているので、ぜひお試しを。工場見学ツアーの後、レストランに立ち寄りたい。

🏠200 Rattray St.
☎03-471-9050
🚶観光案内所から徒歩6分
🕐11:45〜14:00、17:00〜21:00
🈚なし 💰ディナー／NZ$15〜

南島で人気が高いスペイツビール

カフェ

ケイパーズ・カフェ
Capers Café

MAP-P.131-B

名物パンケーキはぜひ食べるべし!

ふわふわのパンケーキに果実ソースと粉糖が繊細に飾りつけてあり、色鮮やかなフルーツが添えられたスイートパンケーキは、「学生の街ダニーデン」のちょっとした名物。朝食、ブランチメニューも揃う。

🏠412 George St.
☎03-477-7769
🚶観光案内所から徒歩8分
🕐7:00〜14:00 🈚なし 💰NZ$13〜

ボリュームたっぷりで大満足

イタリア料理

エトラスコ・アット・ザ・サボイ
Etrusco at the Savoy

MAP-P.131-C

優美なイタリア式インテリアが素敵

ダニーデン中心部にあり、20年近くも本物のイタリア料理を提供する人気レストラン。ピザ、パスタはもちろん、各メニューにおすすめのワインリストを用意。食事の後のデザートはイタリアンジェラートで。

🏠8A Moray Place
☎03-477-3737 🚶観光案内所から徒歩2分 🕐17:30〜深夜
🈚なし 💰NZ$20〜

この看板が目印

カフェ

ノバ・カフェ
Nova Café

MAP-P.131-C

美味なコーヒーで優雅なひととき

アートギャラリーに隣接し、開館時間中はガラス越しにギャラリーを見ることができる。ヨーロッパ調の店内は雰囲気がよく、コーヒーは秀逸。ベジタリアンリゾット、チキンバーガーが人気だ。

🏠29 The Octagon
☎03-479-0808
🚶観光案内所から徒歩1分
🕐月〜金曜7:00〜深夜（土・日曜8:30〜） 💰NZ$15〜

ギャラリーに隣接

カフェ・レストラン

プラート
Plato

MAP-P.131-E

シーフード料理が評判

魚料理がおいしいと地元でも評判の人気レストラン。南島産のシーフード、肉や野菜など、新鮮素材の味をそのまま活かすようシンプルに調理。上質なセントラルオタゴ産ワインとともに美食を堪能できる。

🏠2 Birch St. ☎03-477-4235 🚶観光案内所から徒歩15分 🕐11:00〜14:00、18:00〜21:00 🈚月・火曜のランチ 💰NZ$18〜

新鮮魚介たっぷりのシーフードプラッター

ホテル
Hotels

歴史ある建物が
ユニークな
宿に変身

大型ホテルからB&Bまで、あらゆるスタイルの宿が揃う。個性的な高級ロッジも要チェックだ。

ホテル
シーニックホテル・サザンクロス
Scenic Hotel Southern Cross

MAP-P.131-C

ダニーデンを代表する大型ホテル

　ハイストリートとプリンセスストリートの角にある、ひと際目立つ白い建物。1880年代に建てられたものだが、内部は非常にモダンだ。バーとレストラン、カフェを完備しており、隣にはカジノがある。

- 118 High St.
- ☎03-477-0752
- 観光案内所から徒歩6分
- スタンダードNZ$195〜
- 178室

日本人観光客の利用が多い

ロッジ
フレッチャー・ロッジ
Fletcher Lodge

MAP-P.131-E

ロマンチックな空間

　1924年に建てられた豪邸を利用した高級ロッジ。マホガニーやオークを多用した内装とフランスのアンティーク家具が見事にマッチし、趣きのある空間になっている。4人まで泊まれるアパートメントタイプもあり。

- 276 High St. ☎03-477-5552
- FAX 03-474-5551
- 観光案内所から徒歩10分
- S／NZ$375〜
- 7室

洗練されたインテリアを楽しみたい

ロッジ
ラーナック・ロッジ
Larnach Lodge

MAP-P.129-B

オタゴ半島に宿泊するなら

　ラーナック城（MAP-p.129-B）に隣接するロッジ。どの部屋からも眼下に美しい海が眺められる。宿泊客はラーナック城内での夕食も可能（要予約、NZ$70）。近くには高級宿泊施設、キャンプ・エステイトもある。

- 145 Camp Rd., Otago Peninsula
- ☎03-476-1616　FAX 03-476-1574
- 市内から車で20分
- S・T／NZ$160〜
- 12室

豪華なキャンプエステイトの一室

B&B
ヒュームズコートB＆B
Hulmes Court Bed& Breakfast

MAP-P.131-C

オクタゴン近くの便利なB&B

　1860年代の建物に、内装の違う個性豊かな部屋が並ぶ。ラウンジには本やビデオがあり、ゆっくりとくつろげる。オーナーは30代前半にして国会議員を2期務めた経歴を持つユニークな人物だ。

- 52 Tennyson St. ☎03-477-5319
- FAX 03-477-5310　観光案内所から徒歩3分　S／NZ$80〜、T／NZ$150〜　11室
- URL www.hulmes.co.nz

かわいらしいトンガリ屋根が目印

ホテル
シーニックホテル・ダニーデンシティ
Scenic Hotel Dunedin City

MAP-P.131-C

徒歩での市内観光の拠点に

　オクタゴン近くにある。スタイリッシュなホテル内には、絵画をはじめとする1930年代から近代までのNZ芸術作品のコレクションが飾られ、アートな雰囲気が漂う。最上階の部屋は、街を見渡せるバルコニー付き。

- 123 Princes St.
- ☎03-470-1470
- 観光案内所から徒歩3分
- スタンダード/NZ$205〜
- 121室

レストラン、ジム、会議室も完備

🍴 レストラン　☕ カフェラウンジ　🍸 バーラウンジ

インバーカーギル

Invercargill

MAP-P34-1

インバーカーギルへのアクセス

クイーンズタウンからインターシティで約2時間55分、1日1便、料金NZ$49～。ダニーデンからインターシティで約3時間45分、1日1便（午後）、料金NZ$44～。

観光案内所 i-SITE

Invercargill i-SITE
MAP P.136-A 住Wachner Place
☎03-211-0895
圏8:00～17:00（土・日曜～16:00、祝日10:00～16:00）休12/25

歩き方のヒント
インバーカーギル

楽しみ
見どころ ★★
リラックス ★★★
交通手段
徒歩 ★★
レンタカー ★★★★
エリアの広さ
サウスランド地方最大の都市だけあって街の規模は大きい。道路が広いため、1ブロックでもかなりの距離になるのでレンタカーが便利。

136

▼街のしくみと歩き方

インバーカーギルは南島南端の海岸線の真ん中あたりにある街だ。ダニーデンと同じくスコットランドからの入植者が拓いた街であるため、独特の風情が漂っている。街の名前もスコットランド風にインバーカーゴと呼ばれることが多い。通りの名前にもスコットランド地方の川の名前がたくさん使われている。

人口は5万人程度、南島ではクライストチャーチ、ダニーデンに次ぐ大きな街だが、観光客の姿は少なく、人より街の広さばかりが目立つ印象を受ける。道路が広いのは、昔、馬車がUターンできるように造られたからだという。

市内には、広大な公園やビクトリア調建築の特徴をもった歴史的建造物が多い。特にタイストリート沿いには、トゥルーパーズメモリアル(1908年)、旧サウスウェールズ銀行(1904年)、シビックシアター(1906年)、セントジョンズ教会(1913年)、ファースト教会(1915年) などの建物が並び、19世紀から続く街の歴史を感じる。

レンタカーやツアーを利用して、市内だけでなく、1号線の南端であるブラフや、その先に浮かぶスチュワート島にも出かけてみよう。また南部の海岸線、カトリンズコーストでは野生のアシカやペンギンと出会える可能性もある。

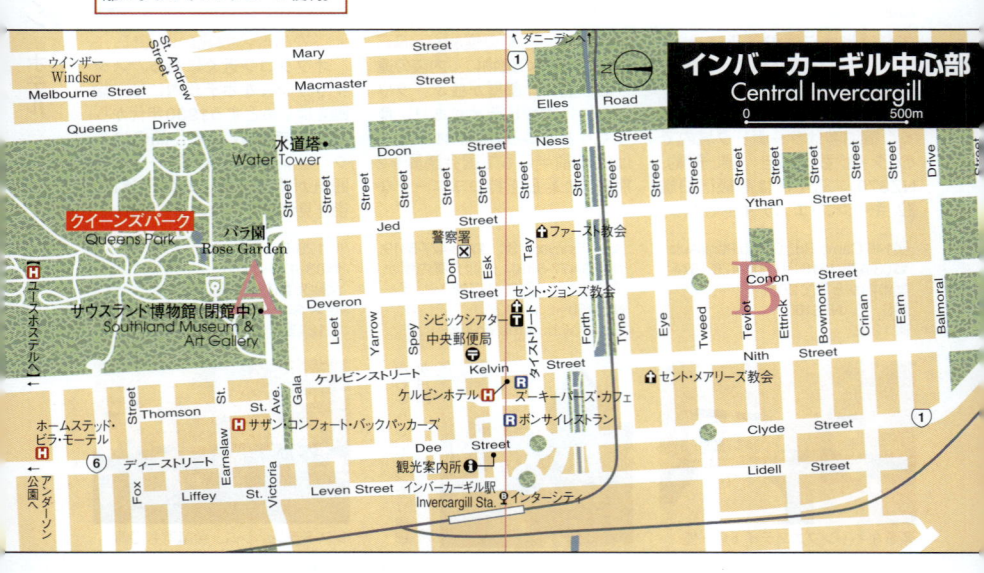

インバーカーギルの見どころ

見る MAP-P.136-A

クイーンズパーク
Queens Park

市内の中心にある広大な公園。約80ヘクタールの面積を擁し、18ホールのゴルフコースやクリケットグラウンドもある。さらに鳥園や小動物を飼育しているエリア、バラ園、ハーブガーデンや日本庭園、NZ原生植物園が並んでおり、散歩やピクニックを楽しむ市民でにぎわう。

🚶観光案内所から徒歩10分
🕐早朝〜日没まで

公園内の並木道

ディーストリートの風景

は、世界各地の方角を示す標識があるスターリングポイントへ。ここから延びるフォーボー・ウォークウェイでは海辺の散策が楽しめる。
🚗観光案内所から車で40分

無骨だが個性的なデザイン

北島のレインガ岬にもある標識

見る MAP-P.136-A

水道塔
Water Tower

1889年に完成した水道塔は高さが42.5m。街の防火用に造られたもので、内部には300tの水を貯めることができる。4角形、6角形、円形を積み重ねたユニークなデザインで、町のランドマークとなっている。内部の階段でテラスまで上ると、360度のパノラマで街を見渡すことができる。

🏠Doon Street
🚶クイーンズパークに隣接
🕐日曜・祝日の午後のみ公開。
13:30〜16:30 💰N$1

見る MAP-P.34-I

ブラフ
Bluff

北島のレインガ岬から始まる国道1号線は、インバーカーギルから27km離れた港町、ブラフで終点を迎える。スチュワート島へのフェリーもこの町から出ている。

ヨーロッパ人によって開かれた町としては国内最古の場所で、1824年にウイリアム・スターリング氏がマオリ人から土地を買い、牛や豚を輸入し、捕鯨基地の基礎を築いたことに始まる。海洋博物館やパウアの貝殻で装飾されたパウア・シェルハウスを見た後

見る MAP-P.34-J

カトリンズコースト
Catlins Coast

カトリンズコーストは絶好のドライブコース。太古の木が化石化したキュリオベイや奇岩が連なるナゲットポイント、アシカが昼寝するスラットベイ、干潮時に岩のトンネルが現われるカセドラルコーブなど見どころが連なる。ツアー参加かレンタカーで。
🚗観光案内所から車で2時間

レストラン&ホテル
Restaurants&Hotels

レストランも ホテルも小規模 ながら個性的

街の規模の割に、数は少なめ。宿泊施設はモーテルやB&Bなどが多い。

カフェ
ズーキーパーズ・カフェ
Zoo Keepers Cafe

MAP-P.136-B

楽しくておいしいカフェ

「動物園所有者のカフェ」というユニークな名前は、店内に入って納得。絵やぬいぐるみなど、いたるところ動物だらけなのだ。食器までが動物のモチーフ。トーストサンドイッチを丸めたタートル・トースティが人気。

🏠50 Tay St. ☎03-218-3373
🚶観光案内所から徒歩3分
🕐7:00〜21:00
🈵なし 💴NZ$6〜

店の外観も動物がポイント

日本料理
ボンサイレストラン
Bonsai Restaurant

MAP-P.136-B

食べごたえのある弁当が大人気

日本人旅行者だけでなく地元の人にも愛される和食の店。持ち帰りOKの弁当は照り焼きチキン、から揚げ、すき焼き、刺身、トンカツなどから選べ、料金もリーズナブル。ボリュームたっぷりで納得の味。

🏠35 Esk St. ☎03-218-1292
🚶観光案内所から徒歩1分
🕐11:00〜14:00、17:00〜20:00
🈵日曜、祝日 💴NZ$10〜

ブラフの新鮮サーモン刺身弁当

ホテル
ケルビンホテル
Kelvin Hotel

MAP-P.136-A

気さくな雰囲気が心地よい宿

観光客だけでなく、ビジネス客も利用する高層ホテル。繁華街の真ん中という便利なロケーションでショッピングに最適。レストラン、バーのほか、ゲームマシーンを設置したカジノもあり、ナイトライフも充実。

🏠20 Kelvin St.
☎03-218-2829
🚶観光案内所から徒歩3分
💴S・T／NZ$150〜 🛏60室

広い街だけに繁華街のホテルは貴重

モーテル
ホームステッド・ビラ・モーテル
Homestead Villa Motel

MAP-P.136-A

広々とした部屋でくつろごう

ディーストリート沿いにあり、街からは少々遠いが、部屋はキッチン完備、しかも隣に同系列のレストランがあるので快適に滞在できる。20時までに希望のメニューを伝えれば、部屋での朝食も可。スパ付きの部屋もあり。

🏠Cnr Avenal & Dee Sts.
☎03-214-0408 FAX03-214-0478
🚶観光案内所から徒歩15分
💴S・T／NZ$150〜 🛏35室

アットホームなサービスが自慢

バックパッカーズ
サザン・コンフォート・バックパッカーズ
Southern Comfort Backpackers

MAP-P.136-A

バックパッカーズといえばここ

クイーンズパークに近いバックパッカーズ。個人宅を改装した可愛らしい雰囲気の宿で、花が咲き乱れる庭でのんびりできるなど、B&Bに近い雰囲気。共有のキッチンやラウンジも広く清潔。女性専用の相部屋もある。

🏠30 Thomson St. ☎03-218-3838
🚶観光案内所から徒歩10分
💴ドミトリー／NZ$26、S／NZ$56 🛏24（ベッド数）

繁華街もレストランも近い

スチュワート島

Stewart Island

▼街のしくみと歩き方

　スチュワート島は、人が住む島としては国内最南端に位置しており、自然が残る野鳥の宝庫として人気が高い。島の中心はハーフムーンベイだ。この周辺に港、宿、レストラン、ツアー会社、食料品店、観光案内所が集中している。坂道が多いので、ハーフムーンベイ以外に宿泊する場合は、レンタカーなど移動手段を確保する方がいいだろう。島には宿が50軒ほどあるが、冬の間は休業しているところも多いので注意したい。

見る　　　MAP-P.139

ラキウラ博物館　Rakiura Museum

　島の歴史がわかる小さな博物館。捕鯨基地時代に使われた道具などが展示されており、海洋博物史が学べる。小学校の向かいにあり、建物の前に置かれた鉄のプロペラが目印だ。
🏠9 Ayr St.
☎03-219-1221　🚶観光案内所から徒歩3分　🕐月〜土曜10:00〜13:30（5〜9月〜12:00）、日曜12:00〜14:00　🈳なし　🈺NZ$2

展示数が多く、見ごたえあり

高台から見たハーフムーンベイの景色

スチュワート島へのアクセス

✈　インバーカーギル空港からスチュワートアイランドフライトで約20分、1日3便（午前1便、午後2便）、料金片道NZ$130、往復NZ$220。
⛴　ブラフからスチュワートアイランドエクスプレスで約1時間。インバーカーギルからブラフまではシャトルバスがある。1日3便（午前2便、午後1便）、料金フェリー片道NZ$85、往復NZ$148、シャトルバス片道NZ$27。

観光案内所 i-SITE
Rakiura National Park Visitor Centre
MAP **P.139**　🏠Main Rd.,Halfmoon Bay　☎**03-219-0009**　🕐8:30〜16:30（土・日曜10:00〜14:00）（季節により変動あり）　🈳12/25

歩き方のヒント
スチュワート島

楽しみ
アクティビティ　★★
見どころ　　　　★★
リラックス　　　★★★★★
交通手段
徒歩　　　　　　★★★
レンタカー　　　★
スクーター　　　★★★
マウンテンバイク　★★★
エリアの広さと交通手段
ハーフムーンベイは徒歩でOK。宿によっては20分くらい歩くことも。

レンタカー＆スクーター
島内のバスツアー（所要1時間半、NZ$49）やガイドウォークツアー（10〜3月、所要2時間、NZ$55）も行っている。
🏢Stewart Island Experience
🏠12 Elgin Terrace　☎03-212-7660
🈺レンタカー／1日NZ$165〜、スクーター1日NZ$96
🔗www.stewartislandexperience.co.nz

ハーフムーンベイ
Halfmoon Bay

0　　　　　500m

ハーフムーンベイ
Halfmoon Bay

Kamahi Rd.
Horseshoe Bay Rd.
R チャーチヒル・レストラン＆バー
Miro Crescent
Rata St.
S アウトドア・アドベンチャー・ショップ
フェリー乗り場
オーバンツアータクシー
... Rd.
メインロード　Main
H サウスシー・ホテル
観光案内所
Dundee St.
ラキウラ博物館
Rakiura Museum
Elgin
空港へ
Terrace
トレイル パーク
Trail Park
Excelsior Rd.
Golden Bay Rd.
H スチュワートアイランド・ロッジ
Rankin St.
オブザベーションロック
Observation Rock
Thule Rd.
ゴールデンベイ
Golden Bay

アクティビティ&ショップ&ホテル
Activity&Shops&Hotels

宿泊施設やレストランは個性派揃い

小さな島なので数が限られるが、いずれも個性的。食事付きの宿もあるので、観光案内所で聞いてみよう。

アウトドアショップ
アウトドア・アドベンチャー・ショップ
Outdoor Adventure Shop

MAP-P.139

アウトドア用品ならお任せ

ハイキングやウォーキングで欠かせないアウトドア用品を豊富に取り揃える。寝袋からバックパック、ドライフードなどをリーズナブルな価格で購入可能だ。スチュアート島内のシャトルなどの手配も可能。

📍14 Main Rd., Oban ☎03-219-1066
🚶観光案内所から徒歩1分
🕐7:30〜19:00（冬期9:00〜14:00)
休月曜
URL stewartislandoutdoorshop.co.nz

カラフルなアウトドアグッズ

アクティビティ
半日クルーズツアー
Experience Stewart Island

島周辺を巡る観光クルーズ

近海で、船上からアルバトロスなどの海鳥やNZオットセイを観察。途中でフィッシングも楽しめ、釣った魚はその場で、さばいてくれる。鳥類保護区になっているウルバ島にも上陸できる。

🏢オーロラ・チャーターズ
☎03-219-1394
料NZ$145（1人）出発時間13:00
URL www.auroracharters.co.nz

アルバトロスが観察できる

ロッジ
スチュワートアイランド・ロッジ
Stewart Island Lodge

MAP-P.139

高級ロッジで優雅な時間を

ラウンジや部屋から海が一望できるラグジュアリーなロッジ。テラスでは、バードウオッチングも楽しめる。キングとツインの部屋があり、羽根布団や電気毛布を完備。コンチネンタル・ブレックファスト付き。

📍14 Nichol Rd.,Oban
☎03-249-6000
🚶観光案内所から徒歩5分（港、空港からの送迎あり）
料S・T／NZ$255〜 27 6室

高台にあるため見晴らしも最高

ホテル
サウスシー・ホテル
South Sea Hotel

MAP-P.139

ノスタルジックな海辺のホテル

村の中心の海沿いにあり、カントリースタイルの建物が印象的なホテル。館内にはシーフード料理が自慢のレストランとバーがある。キッチン付きユニットは本館から50m離れているが、静かで利用しやすいと人気。

📍26 Elgin Tce.,Oban
☎03-219-1059
🚶観光案内所から徒歩1分
料S／NZ$70〜、キッチン付きユニット／NZ$175 27 27室

ノスタルジックな海辺のホテル

北島

青い空と海、温泉、歴史名所など、見どころがいっぱい

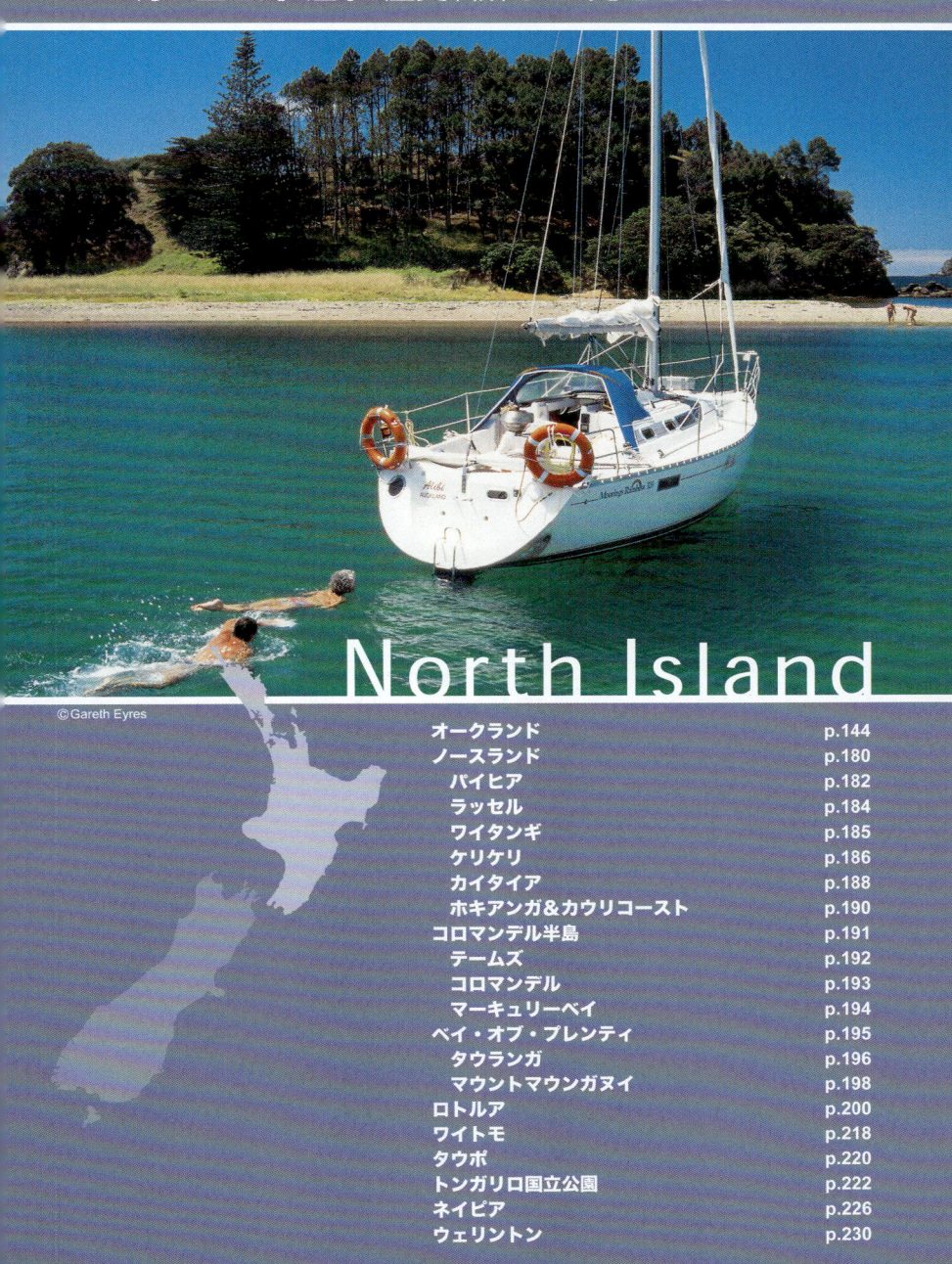

North Island

©Gareth Eyres

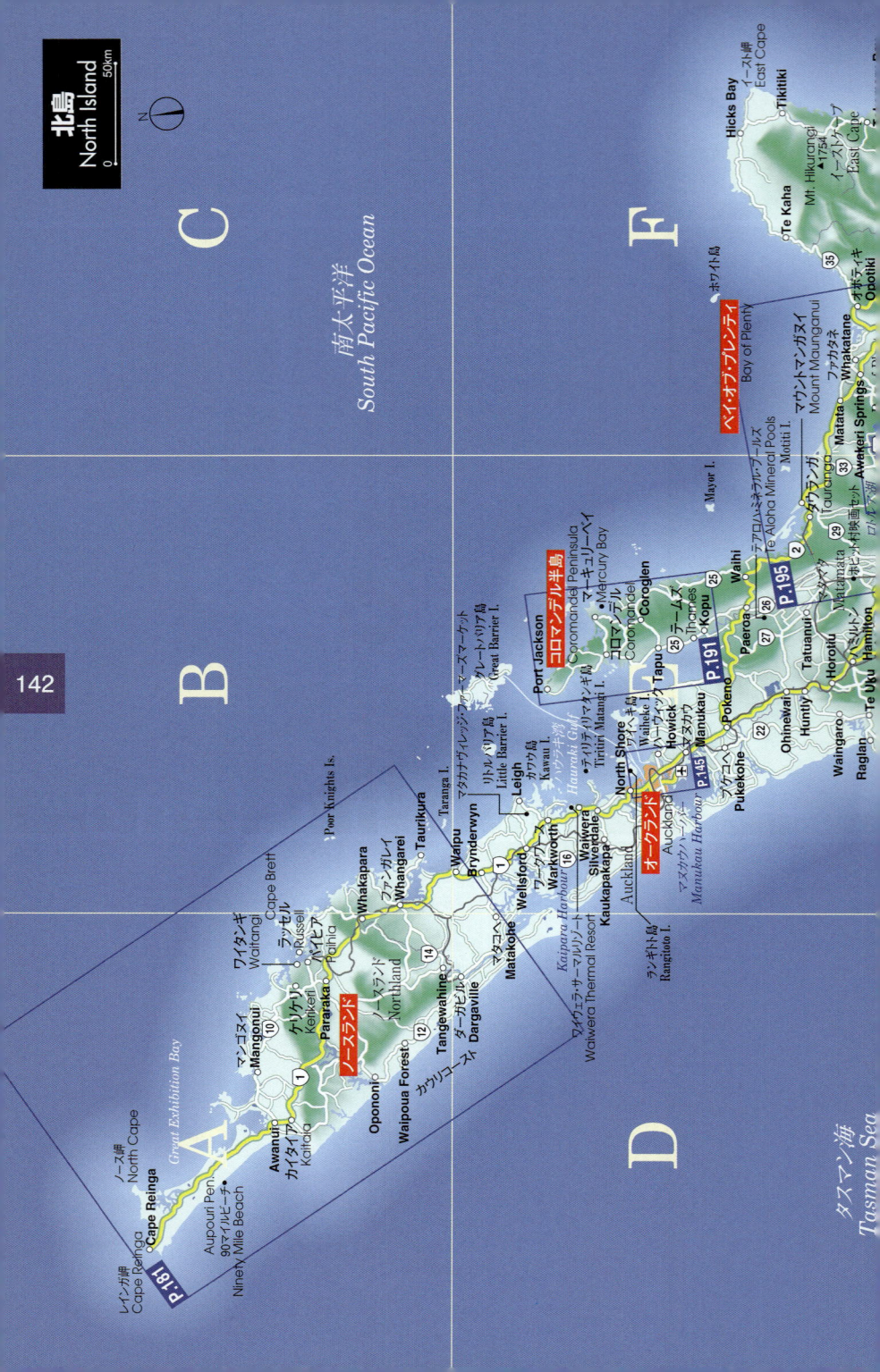

北島 North Island
0 — 50km

C

南太平洋
South Pacific Ocean

F

B

142

A

D

ベイ・オブ・プレンティ
Bay of Plenty

コロマンデル半島
Coromandel Peninsula

Hicks Bay
イースト岬 East Cape
Tikitiki
ティキティキ
Mt. Hikurangi ▲1754
ヒクランギ山
イースト・ケープ East Cape
オポティキ
Odotiki
35
Te Kaha
テ・カハ
ホワイト島
マウントマウンガヌイ
Mount Maunganui
ファカタネ
Whakatane
マタタ Matata
Awekeri Springs
アウェケリ・スプリングス

Motiti I.
モティティ島
Mayor I.
メイヤー島

テ・プケ Te Puke
ワイヒ Waihi
P.195
2
タウランガ
Tauranga
33
29
2
Te Aloha Mineral Pools
テ・アロハ・ミネラル・プールズ
パエロア Paeroa
26
Kopu コプ
Katikati
カティカティ
マタマタ
Matamata
Morrinsville
モリンスビル
Port Jackson
ポート・ジャクソン
マーキュリー・ベイ
Mercury Bay
コロマンデル
Coromandel
25
Coroglen
コログレン
ターメス Thames
P.191
Tapu タプ
27
Ohinewai
オヒネワイ
Tatuanui
タツアヌイ
Horotiu
ホロティウ
ハミルトン Hamilton
グレート・バリア島
Great Barrier I.
マオタカウリビレッジ・フラワー・マーケット
リトル・バリア島
Little Barrier I.
カワウ島 Kawau I.
Tiritiri Matangi I.
ティリティリ・マタンギ島
North Shore
ノース・ショア
Waiheke I.
ワイヘキ島
Howick ハウイック
Manukau
マヌカウ
P.145
Pokeno ポケノ
22
Huntly ハントリー
Pukekohe
プケコへ
Te Uku テ・ウク
Waingaro
ワインガロ
Raglan ラグラン
Poor Knights Is.
プア・ナイツ諸島
Taranga I.
タランガ島
Whakapara
ワカパラ
Whangarei
ファンガレイ
Taurikura
タウリクラ
Cape Brett
ケープ・ブレット
Russell
ラッセル
Paihia パイヒア
Waipu ワイプ
Bynderwyn
ブリンダーウィン
Leigh リー
Wellsford
ウェルスフォード
1
Warkworth
ワークワース
Waiwera
ワイウェラ
Silverdale
シルバーデール
Kaukapakapa
カウカパカパ
14
Matakohe
マタコへ
オークランド
Auckland
オークランド
Auckland
Manukau Harbour
マヌカウ・ハーバー
ランギトト島
Rangitoto I.
Waiwera Thermal Resort
ワイウェラ・サーマルリゾート
Kaipara Harbour
カイパラ・ハーバー
Whangarei

マンガヌイ Mangonui
ケリケリ Kerikeri
ワイタンギ Waitangi
Paraparaka
パラパラカ
ノースランド
Northland
Northland
ノースランド
10
Kaitaia
カイタイア
Awanui
アワヌイ
1
Dargaville
ダーガビル
Tangewahine
タンゲワヒネ
12
Waipoua Foresto
ワイポウア・フォレスト
カウリコースト
Opononi
オポノニ
North Cape
ノース岬
Cape Reinga
レインガ岬
Cape Reinga
レインガ岬
P.181
Aupouri Pen.
アウポウリ半島
Ninety Mile Beach
90マイルビーチ
Great Exhibition Bay

タスマン海
Tasman Sea

143

オークランド

Auckland

MAP・P142・E

MAP・P142・E

オークランドのプロフィール

人口：約162万人
面積：1100㎢（市域）
気温：2月の平均最高気温は23.7
度、7月の平均最低気温は7.1度
降水量：年間1,210mm

オークランドへのアクセス

✈ クライストチャーチから1時間20分、ニュージーランド航空で1日15〜20便、料金NZ$49〜。ウェリントンから1時間、ニュージーランド航空で1日18便〜、料金NZ$49〜。

🚌 ウェリントンからノーザンエクスプローラーで約10時間40分、1日1便、料金NZ$199〜。

🚌 パイヒアからインターシティで約3時間30分、1日4便、料金NZ$29〜。ロトルアから約3時間30分、1日7便、料金NZ$21〜。ウェリントンから約11時間30分、1日4便、料金NZ$31〜。
＊バスは立ち寄り先によって所要時間が異なる。

オークランド博物館

北島の最大都市を理解する
街のあらましとしくみ

ニュージーランドの経済を担う国内の最大都市、オークランド。メインストリートであるクィーンストリートはさまざまな人種で活気に満ちあふれており、まさに「移民の国」を実感できる。この街は「帆の街（City of Sails）」とも呼ばれ、ヨットをはじめ、海に密着した楽しみが多いのが魅力だ。

最大の経済都市は美しい海をひかえた港街

オークランドのまわりには、北に美しいビーチが多いノースショア市、南にその昔マオリのワカ（戦闘用カヌー）が行き来していた湾のあるマヌカウ市、西に緑の色濃い森林地帯が広がるワイタケレ市がある。東側のハウラキ湾には風光明媚な島々が点在し、中には絶滅の危機に瀕するキウイを保護するための島もある。現在、オークランドはニュージーランドの国内生産の3分の1を占める経済都市であると同時に、世界各国からの訪問者の7割近くが降りたつ観光都市でもある。

ボート保有数世界一の街

オークランドは1人当たりのボート保持数世界一を誇っており、これが別名「City of Sails（帆の街）」と呼ばれるゆえんだ。また、市民の約37%が海外で出生しており、ほかのどの都市よりヨーロッパ系、南太平洋諸国系、マオリ系、アジア系と、さまざまなバックグラウンドの人々がこの街で暮らしているのも大きな特徴。「坂の多い街」としても知られるが、理由はこの街が50にものぼる火山の火口の上に成り立っているからだ。ワンツリーヒル、マウントイーデン、ドメイン、アルバート公園などは丘陵地のように見えるが、実は火口であり、こうした火山の一部は活火山なのだ。最後に噴火したのはランギトト島で、約600年前のこと。

このエリアには約800年前、ポリネシア系（マオリ）の狩猟採集民が沿岸部に居住していた痕跡がある。1769年にはキャプテンクックがオークランド沿岸を訪れ、ヨーロッパ人が入植。1865年にウェリントンに移されるまで、オークランドはこの国の首都だった。

オークランド周辺
Greater Auckland

0   2km

オークランド国際空港→P.272
URL www.aucklandairport.co.nz

国内線の乗り継ぎに注意

オークランド空港では国際線ターミナルと国内線ターミナルが離れている。歩ける距離で歩道も整備されているが、荷物が多い場合は無料のフリーターミナルトランスファーバスFree Terminal Transfer Busを利用した方がよい。このシャトルはエアバスと同じ乗り場で乗ることができるが、白い車体で正面ドライバー席の上には「Free Transfer」と書かれているので、区別は簡単だ。朝5:00から15分おきに22:30まで運行している。

フリーターミナルトランスファーバス

スカイバス ☎0800-759-287
URL www.skybus.co.nz

日中は15分おき、夜間は30分おきで運行。料金は大人片道NZ$19、往復NZ$36

シャトル
スーパーシャトル
☎0800-748-885
URL www.supershuttle.co.nz
タクシー
オークランドコープタクシーズ
☎09-300-3000
URL www.cooptaxi.co.nz
アラートタクシー
☎09-309-2000
URL www.alerttaxis.co.nz

長距離バス発着所

国内の各地方都市から長距離バスIntercityに乗ってオークランドに到着する場合、市内のバス発着所はダウンタウンのスカイタワーのすぐ裏、ホブソンストリート（MAP P.150-F）にある。予約カウンターやカフェも併設されている。

空港から市内へ

オークランド国際空港とオークランド市内中心部の間は約22km離れており、時間帯にもよるが車で30〜40分の道のりだ。この間をスカイバスが運行しているほか、タクシーやシャトルを利用して市内に移動することができる。

◆スカイバス

国際線、国内線とも、到着ターミナルを出ると目の前にスカイバスSkyBusのバス停がある。空港と市内中心部との間にある主な宿泊施設に寄りながら市内中心部に入っていくが、それ以外でもルート上であれば「○○ストリートと××ストリートの角」という風にドライバーに伝えれば、そこで降ろしてくれる。市内中心部行きのバスは車体に「City」、空港行きのバスは「Airport」と書かれている。所要時間は約1時間。特に予約などの必要はなく、乗車時にドライバーからチケット（片道NZ＄19、往復NZ＄36）を購入すればよい。

◆シャトル

国際線の場合は到着ターミナルを出て左に少し行ったところに、また国内線の場合は到着ターミナルの前を走る道路の向こう側に、シャトルShuttleのスタンドがある。ミニバンを利用した、いわゆる「乗り合いタクシー」で、一緒に乗る客によって自分の目的地への到着時間はまちまちになるが、市内中心部であれば1時間もみておけば充分なはず。料金は市内中心部まで乗客1人だと片道NZ＄35だが、2人目からはNZ＄8プラスなので、連れの人数が多ければ多いほど得になる。タクシーより安価で、目的地までドアtoドアで連れて行ってくれるので便利。

◆タクシー

国際線の場合、シャトルバス同様到着ターミナルを出て左に少し行ったところに、国内線の場合も到着ターミナルの前を走る道路の向こう側に乗り場がある。市内中心部まで約40分。料金はNZ＄60〜75といったところだ。メーター制で、運転手へのチップは必要なく、持ち込む荷物のエクストラ・チャージもない。

鉄道駅から市内へ

国内の各地方都市から鉄道トランツレールTranz Railに乗ってオークランドに入る場合、終着の鉄道駅は、クィーンエリザベスII世スクエア（MAP-P.153）の前に位置するブリトマート駅になる。

以前はダウンタウンから徒歩10分ほどのオークランド鉄道駅が終着駅だったが、ダウンタウンの中心部まで路線が延びたことで、アクセスが格段によくなっている。ブリトマート駅周辺には市バスの発着所が集中しており、フェリー乗り場もすぐ近くにあるので、駅から目的地までの移動も便利だ。

市内の交通

　市内のダウンタウンは徒歩でまわれるが、少し離れたパーネル、ニューマーケット、ポンソンビーといったエリアにはバスを利用すると効率がよい。バス料金の支払いにはプリペイド式の「AT HOPカード」があると便利（→右欄）

◆リンクバス

　市内には、シティリンク、インナーリンク、アウターリンク、タマキリンクの4路線のリンクバス（循環バス）が頻繁に運行し、4色のシンボルカラーで色分けされているのでわかりやすい。別ルートに乗り換えできるバス停もあるので、ルートマップを入手しておくと便利だ。料金も安いので大いに利用したい。

ブリトマート駅入口

シティリンク　CityLink

　ブリトマート、クイーンストリート、タウンホールなどのシティセンターとウィンヤード埠頭を結ぶルート。6:00〜24:00まで7〜8分おきに運行（土・日曜、祝日は6:20から10分おき）。料金は最大NZ＄1。

インナーリンク　InnerLink

　シティセンターからニューマーケット、パーネル、ポンソンビーなど、シティリンクより広いエリアをまわるルート。6:10〜24:00まで10分おき（20:00以降は15分おき）に運行（土・日曜、祝日は6:20から15分おき）。料金は最大NZ＄2.50。

アウターリンク　OuterLink

　シティセンターからニューマーケット、マウントイーデン、マウントアルバートなど、さらに広いエリアをまわるルート。6:00〜24:00まで12〜15分おきに運行（土・日曜、祝日は15分おき）。料金は通常のバス料金と同じでNZ＄2.50〜4.50。

タマキリンク　TamakiLink

　ホブソン湾のベイサイドを走り、グレンイネスで折り返すルート。ブリトマート発は5:30〜23:15まで15分おきに運行（土・日曜、祝日は6:00から）。料金は通常のバス料金と同じでNZ＄2.50〜4.50。

◆タクシー

　タクシースタンド（タクシー乗り場）は、ダウンタウンではクイーンストリート、キーストリート、カスタムズストリートなど主要な通りにある。すぐ近くにタクシースタンドが見つからない場合は、大きなホテルの前に止まっているタクシーに乗車するか、電話で自分の今の居場所を知らせ、来てもらうようにする。メーター制で料金が決まるのは各社共通だが、初乗りとその先の料金設定は会社によって若干違いがある。それでもどの会社も初乗りはNZ＄3前後となっている。流しのタクシーはない。

バス、列車、フェリーに関する問い合せ

オークランド・トランスポート
☎09-366-6400　☎0800-103-080
URL at.govt.nz（ルートマップあり）

バスの料金

　オークランドのバス料金はゾーン料金制をとっている。ゾーンをまたぐごとに料金が上がる仕組み。市内は13のゾーンに分けられている。シティリンクは特別料金。AT HOPカードを利用すると割引になる。

ゾーン	現金	AT HOP
CityLink	NZ＄1.00	NZ＄0.50
1 zone	NZ＄3.50	NZ＄1.95
2 zones	NZ＄5.50	NZ＄3.45
3 zones	NZ＄7.50	NZ＄4.90
4 zones	NZ＄9.00	NZ＄6.30
5 zones	NZ＄10.50	NZ＄7.60

オークランドバス

メトロリンク、リンク、ノースショア〜ダウンタウン間のフェリー乗り放題の1日券。NZ＄16.00

リンクバス

AT HOPカード

　AT HOPカードは、オークランド周辺で使える交通系のプリペイドカードのこと。バス、電車、フェリーが共通で使え、料金も割引になるので、便利でお得。カスタマーサービスセンターなどで購入できる。AT HOPカードへのチャージのことを「Top up」という。トップアップは、サービスセンタや駅の自動チャージ機でできる。

タクシー

オークランドコープタクシーズ
☎09-300-3000
アラートタクシーズ
☎09-309-2000

タクシースタンドはこれが目印

ホップ・オン・ホップ・オフ・バスの停留所

ホップ・オン・ホップ・オフ・バスの問合わせ先
オークランド エクスプローラー バス Auckland Explorer Bus
☎0800-439756
URL www.explorerbus.co.nz/（ルートマップあり）

148

フェリーの問い合せ
フラーズ Fullers ☎09-367-9111
URL www.fullers.co.nz

フェリービルディング

◆ホップ・オン・ホップ・オフ・バス

　世界中の大都市と同じように、オークランドにも市内の主な観光スポットを循環する2階建てのバスが運行している。「オークランド エクスプローラー バス」と呼ばれていて、ブルーとレッドの2ツアーがあり、オークランド博物館バス停で接続している。両コースとも通しで乗ると約1時間だが、コース内のバス停で自由に乗り降りができる。夏期は15分おき、4、10月は20分おき、冬期は30分おきに、9:00～16:00（冬期は15:00まで）の運行。

　料金は24時間パスがNZ＄35～40（日によって異なる）、48時間パスがNZ＄45。パスは車内で運転手から購入する。

●**レッドツアー**

　ヴィアダクトハーバー → バスティンポイント → ケリータールトン水族館 → パーネルローズガーデン → ホーリートリニティー教会 → オークランド博物館 → パーネルビレッジ → シビックシアター → スカイタワー → ヴィアダクトハーバー

●**ブルーツアー**

　オークランド博物館 → ドメインウィンターガーデン → イーデンガーデン→マウントイーデン → イーデンパーク（車窓のみ）→ セントルークスショッピングモール → オークランド動物園 → MOTAT（交通科学博物館）→ オークランド博物館

マウントイーデンから見る市街

◆フェリー

　ワイヘキ島などや、対岸のノースショアにあるデボンポート、東部のエリアへ行くにはフェリーを利用する。どの方面行きも朝早くから30分～2時間おきに運行している。ダウンタウンの発着点はキーストリートにあるフェリービルディング（MAP：P.153）で、チケットもそこで購入できる。デボンポートへは所要約10分で、料金は往復チケットの場合NZ＄14、ワイヘキ島へは所要約35分で料金は往復チケットの場合NZ＄45。各方面行きのフェリーとも、内部には軽食や飲み物を売る売店があり、ちょっとした船旅が楽しめるようになっている。

◆列車

　ブリトマート駅を基点に4路線がある。西線Wester lineがニューリンを経てスワンソンまで、南線Southern lineがニューマーケット、マヌレワを経てプケコへまで、それぞれ郊外へと伸びている。東線Eastern lineとオネハンガ線Onehunga lineは南線の支線のような路線だ。料金は初乗りNZ＄3.50～。

ウォーキングの基礎知識

ダウンタウンはクイーンストリートを中心に北はキーストリート、南はマヨーラルドライブ、東はキッチナーストリート、西はホブソンストリートまでの範囲に広がっている。

●ダウンタウンエリア

クイーンストリート沿いには多くの店が軒を連ね、ところどころには19世紀末の建築物が見られる。この通りの1本東を平行に走るハイストリート周辺は、トレンドの発信地として有名。カフェやブティックなどもおしゃれな雰囲気だ。このエリアはショッピングだけではなく、ビジネスの中心地でもある。

●パーネルエリア

ダウンタウンからバスで10分ほどのパーネルロードには、カフェやレストランが多い。ショップもまたしかりで、特にパーネルビレッジの周辺は観光客の姿も多い。

●ニューマーケットエリア

ダウンタウンからバスで約15分、パーネルからは約5分のブロードウェイを中心としたショッピングエリア。高級住宅地に近いこともあり、洗練された雰囲気のショップが建ち並ぶ。

●ポンソンビーエリア

ダウンタウンからバスで約10分のところにある全長約1.5kmのポンソンビーロードにはレストランなどがずらりと並び、オープンカフェでコーヒーを楽しむ人の中に、地元の有名人を見かけることも少なくない。週末はカランガハペロード（通称Kロード）とともに、夜遊びする人たちでいっぱいになる。

●デボンポートエリア

ダウンタウンからわずか10分フェリーに乗るだけで、のんびりした街に着く。ビクトリアロードに沿って建つ、現在はショップやレストラン、カフェとして使用されている美しいビクトリア調の建物が旧き良き時代をしのばせている。

空から見たダウンタウンとその周辺

歩き方のヒント オークランド

楽しみ

見どころ	★★★★
リラックス	★★★
自然景観	★★★

交通手段

徒歩	★★★★
バス	★★★
タクシー	★★★

エリアの広さと交通手段

市内中心部の見どころは徒歩で充分。少し離れたポンソンビー、パーネル、ニューマーケットの各エリアへはバスで10分程度、デボンポートへもフェリーで約10分。

観光案内所 i-SITE

Auckland i-SITE (Skycity)
MAP P.150-F
Cnr.Victoria & Federal St.
☎09-365-9918
⏰9:00～19:00　休12/25

Auckland i-SITE (Prince Wharf)
MAP P.151-C
137 Quay St.
☎09-365-9914
⏰9:00～17:00　休なし

ぜひ訪れたいポイント

- ●オークランド博物館
- ●スカイタワー
- ●オークランド美術館
- ●ワンツリーヒル

とっておき情報

街歩きの助っ人登場

ダウンタウン、パーネル、ニューマーケットエリアには、オークランドシティ・アンバサダーAuckland City Ambassadorと呼ばれる市職員が「歩く観光案内所」として観光客の案内をしている。道に迷ったり、質問があったら、気軽に声をかけてみよう。

「大使」は街のあちこちに

オークランド 完全攻略モデルプラン

市内中心部から郊外の見どころまで楽しめる、イチ押しの観光ルート。
リンクバスやエクスプローラーバスを活用して、効率的に移動しよう。

START!

スカイタワー→P.153
オークランドのシンボル、スカイタワーから街を見渡そう。

スカイジャンプ
高さ192mから飛び降りるスカイジャンプはスリル満点！

ビクトリアパークマーケット→P.155
ローカルショップが集まるショッピング街で、おみやげをゲット。

オークランド博物館→P.153
1日に数回行われるマオリショーをお見逃しなく。サンドイッチなどを買って、広場でランチ。

©Auckland War Memorial Museum-Tamaki Paenga Hira

マウントイーデン→P.159
標高196mからの眺めは「美しい」のひと言。記念撮影にもピッタリの場所。

オークランド動物園→P.160
国内最大級の動物園では、珍しい動物との出会いが待っている。

キーウィの赤ちゃんが見られるかも

テラス席がおすすめですよ

GOAL!

ボツワナ・ブッチャリー→P.168
ハーバーの美しい夜景を眺めながらディナーが楽しめる。

オススメルート Recommemded Route

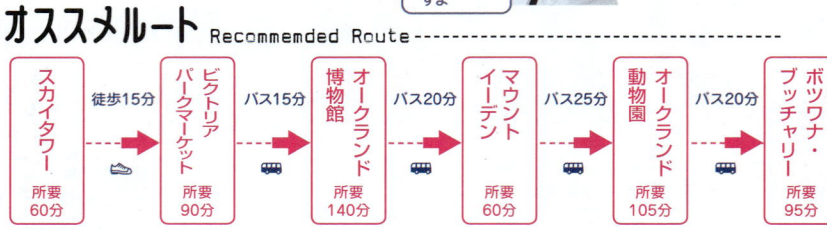

スカイタワー	徒歩15分	ビクトリアパークマーケット	バス15分	オークランド博物館	バス20分	マウントイーデン	バス25分	オークランド動物園	バス20分	ボツワナ・ブッチャリー
所要60分		所要90分		所要140分		所要60分		所要105分		所要95分

オークランド市内の見どころ

スカイタワー
Sky Tower

　高さ328mの、南半球でもっとも背が高いタワー。展望台からはワイタケレ山脈やハウラキ湾の島々までが360度見渡せる。メイン・オブザベーション・レベルには、日本語での解説が聞けるオーディオガイド、双眼鏡を設置。一部の床がガラスになっており、上に立つと足がすくむ。

🏠Cnr. Victoria and Federal Sts.
☎09-363-6000 🚇アオテアスクエアから徒歩5分
🕐8:30〜22:30（金・土曜〜23:30）（5〜10月9:00〜22:00）
🈳なし（悪天候時休）🈁NZ$29
🌐www.skycityauckland.co.nz

オークランド美術館
Auckland Art Gallery - Toi o Tamaki

　2011年にリニューアルされた、自然からの採光が印象的でスタイリッシュな建物。17世紀のイタリア絵画や18世紀のイギリス絵画があるほか、マオリの姿を描いた絵画や、南太平洋諸国のコンテンポラリーアートを主に収蔵。特別展や巡回展も行われる。

🏠Cnr. Wellesley and Kitchener Sts. ☎09-379-1349 🚇アオテアスクエアから徒歩5分
🕐10:00〜17:00
🈳12/25
🈁NZ$20
🌐www.aucklandartgallery.com

オークランド博物館
Auckland Museum

　マオリと南太平洋諸国の文化、NZの自然に関する展示が見られる。毎日マオリのパフォーマンスが行われる（要予約）。

🏠The Auckland Domain ☎09-309-0443 🚇中心部からインナーリンクで10分 🕐10:00〜17:00 🈳12/25 🈁NZ$25
🌐www.aucklandmuseum.com

ヴァイアダクト・ハーバー
Viaduct Harbour

　ヨットレースの最高峰アメリカズカップのレース時に、各チームの本拠地があったのがここ。レストラン、カフェが多い。

🏠Viaduct Basin
🚇ブリトマート駅から徒歩5分
🌐www.viaduct.co.nz

オークランド

153

市内の見どころ

見る　MAP-P.150-B
国立海洋博物館
New Zealand National Maritime Museum

マオリや南太平洋の島々のカヌー、移民船のキャビンなどが保存されているほか、ヨットのデザインなどの展示もある。クルーズコンボ（NZ$50）でケッチ式帆装船テッド・アシュビー号に乗船可能だ。

🏠 Cnr. Quay and Hobson Sts.
☎ 09-373-0800
🚇 ブリトマート駅から徒歩5分
🕙 10:00〜17:00（入場は16:00まで）　休 12/25　料 NZ$20
URL www.maritimemuseum.co.nz

見る　MAP-P.151-G
オークランド大学
University of Auckland

国内最大規模を誇る1883年創立の大学。キャンパス内には1926年に建てられた大学のシンボル「クロックタワー」など、見どころが多い。総合図書館裏にある石造りの壁は、アルバート公園に駐屯していたイギリス軍が、マオリの攻撃から守るために作った防護壁のなごり。

🏠 Princes St.　☎ 09-373-7999
🚇 アオテアスクエアから徒歩10分　料 無料
URL www.auckland.ac.nz

見る　MAP-P.151-G
アルバート公園
Albert Park

1880年代に造られたビクトリア様式の公園。ヨーロッパ人の移住前にはここに360人のマオリが住んでいたが、イギリスの植民地となってからは、アルバートバラックと呼ばれる兵舎が建ち、マオリの攻撃から街を守る役割を果たしていた。

🏠 Princes St.　🚇 アオテアスクエアから徒歩7分　🕙 終日
休 なし　料 無料

見る　MAP-P.151-H
スパーク・アリーナ
Spark Arena

中心部の西側、ストランド駅近くにあるニュージーランド初の屋根付き大型アリーナで、2007年に完成。1万2000人収容の規模で、スポーツ競技会やロック・コンサート、オペラなど、大小のイベントに対応できる。

🏠 42-80 Mahuhu Cres.
☎ 09-358-1250
🚇 ブリトマート駅から徒歩10分
URL www.sparkarena.co.nz

週末はマーケットにでかけよう

週末に開催されるマーケットでは、アンティークはもちろん、アート、クラフト、生活雑貨、古着、野菜や果物に至るまで、バラエティー豊かなものが見つかる。地元の生活の一端がかいま見られるマーケットに足を運ぶのもおもしろい。

カタリナベイ・ファーマーズマーケット
Catalina Bay Farmers Market
地元でとれた新鮮な野菜やハチミツ、花などが揃う。2014年に「オークランド・ベストマーケット」を受賞。
🕙 水・木曜10:00〜17:00、金曜〜19:00、土・日曜8:30〜14:00
🏠 Hudson Bay Road Extension
MAP P.145-A外

ラ・シガールマーケット
La Cigale Market
ブリトマート駅裏で開催される、野菜などを扱うマーケット。
🕙 毎週土曜8:00〜13:00
🏠 Te Ara Tahuhu Walking St.
☎ 09-366-9361
MAP P.151-C

パーネル・ファーマーズマーケット
Parnell Farmer's Market
オーガニック野菜や植物の苗なども販売する人気のマーケット。
🕙 毎週土曜8:00〜12:00
🏠 545 Parnell Rd., Parnell
☎ 09-555-5154　MAP P.145-A

タカプナマーケット
新鮮な野菜や果物、花から、ハンドメイドの雑貨、ファッション・アイテムなどが揃うノースで人気のマーケット。
🕙 毎週日曜6:00〜12:00
🏠 Anzac St., Takapuna
MAP P.145-A

オタラフリーマーケット
Otara Flea Market
ポリネシアのエキゾチックな雰囲気がいっぱい。アート、生活用品、食物など。
🕙 毎週土曜6:00〜12:00
🏠 Newbury St.
☎ 09-274-0830　MAP P.145-F

ラ・シガールマーケット

オークランドドメイン
Auckland Domain
MAP-151-L
見る

　1845年に造られた市内最古の公園。青々とした芝生に巨木が影を落とす市民の憩いの場だ。カモ池では19世紀半ばにこの街に水を供給していた湧き水が今も出る。

🏠Park Rd.　🚇中心部からインナーリンクで10分

ウィンターガーデン
Wintergarden
見る　MAP-P.151-K

　熱帯植物や美しい花々が咲き乱れる温室が2つと、ハス池、100種類ものシダが群生するエリアとがあり、週末にはのんびりランチを楽しむ人の姿が見られる。ウェディングの撮影場所としても多く利用されている。

🏠Park Rd.
🚇中心部からインナーリンクで10分　🕐11月～3月9:00～17:30（日曜～19:30）、4月～10月9:00～16:30　休なし　料無料

ホーリートリニティ教会
Cathedral of the Holy Trinity
見る　MAP-P.151-L

　身廊の天井にニュージーランドの原生木・カヒカテアを使っていたり、ニュージーランドの先住民であるマオリのマラエ（集会所）に倣い、教会前に広くスペースが取られていたりと、ニュージーランドの教会ならではのユニークさを感じる。

　グレートウィンドーと呼ばれるステンドグラスもポリネシア人、マオリ人、ヨーロッパ人が原生、移入動植物とともに描かれ、この国の成りたちがひとめでわかる。4309本ものパイプを持つパイプオルガンやバラ窓、マースデン礼拝堂も見逃せない。

🏠Parnell Rd., Parnell
☎09-303-9500　🚇中心部からインナーリンクで8分
🕐10:00～15:00
休なし　料寄付制
URLwww.holy-trinity.org.nz

パーネル・ローズガーデン
Parnell Rose Garden
見る　MAP P.145-A

　10月から4月には、5,000種類にものぼるバラエティーにとんだバラがあでやかな姿を見せる。歴史あるセントスティーブン礼拝堂が敷地内に建つ。

🏠85-87 Gladstone Rd., Parnell
🚇観光案内所から車で5分
料無料

ビクトリアパークマーケット
Victoria Park Market
見る　MAP-P.150-F

　現在は店が多く建ち並ぶが、目印の約38mの煙突は20世紀初頭にごみ焼却施設として操業していたなごり。

🏠210 Victoria St. West
☎09-426-5522　🚇中心部からインナーリンクで10分
休なし
URLvictoriaparkmarket.co.nz

155

オークランド　市内の見どころ

歴史的な建築を訪れ、古き良き時代に思いをはせる

　ニュージーランドは歴史が浅い国だが、築100年以上の家屋がまだ現役として活躍していることも少なくない。ストリート沿いの店舗の入っている建物の2階以上を見てみると、その古さがわかったりする。貴重な建物は、Heritage New Zealandという組織が管理。中にはインテリアや生活用品を当時そのままに、家屋ごと展示いるところもある。こうした歴史的建造物を地方ごとに紹介した冊子も出ており、それを手に訪ね歩くことができる。

オークランドの郊外にあるアルバートン邸

グルメアイランド
ワイヘキ島

オークランドからフェリーに乗って35分でアクセスできるリゾート、ワイヘキ島。別名「ワインの島」と呼ばれるこの島では、ボルドースタイルの赤ワインと豪華な料理を楽しみながら、穏やかに流れる時間に身を任せよう。MAP・P.140外

風格のある建物と評判の料理が自慢

マッドブリック・ヴィンヤード&レストラン

MAP●P.157

Mudbrick Vineyard & Restaurant

ハウラキ湾とランギトト島が見渡せる、島内で一番美しいワイナリー。土造りのセラーとレストラン、小さなガーデンがあり、まるでヨーロッパのワイナリーを思わせる上品な雰囲気だ。ワイナリーが手がける芳醇なブレンド主体の赤ワインに合わせるのは、創意工夫の凝らされた料理。芸術的に盛り付けされた味わい深い逸品を味わう人たちで、レストランはいつも込み合っている。

Mudbrickのプレミアムワイン「ヴェルベット2010」

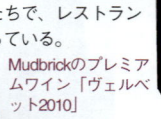

↑セラーマネジャーのボブさん
→あっさりとしたホタテの前菜サラダ

```
囲 126 Church Bay Rd.
☎ 09-372-9050
交 マティアティア埠頭から車で10分
営 10:00〜21:00
困 なし
URL www.mudbrick.co.nz
```

丘の上で味わう伝説の高級赤ワイン

ストーニーリッジ・ヴィンヤード

MAP●P.157

Stonyridge Vineyard

ボルドー地方でワイン造りの経験を持つオーナーがこの島でボルドースタイルのワイン造りに成功。カベルネ・ブレンド「ラ・ローズ」の誕生がこのワイナリーとワイヘキ島を一躍有名にした。気さくな雰囲気のレストランでは、和やかにワインと食事を楽しむ人たちでにぎわっている。ブドウ畑とオリーブ畑が広がる斜面を眺めながら、高級ワインと料理のマリアージュを心行くまで堪能したい。

世界中に知られているラ・ローズは入手困難

↑伝説のワインメーカー、スティーブさん
→ラム・ラックと野菜のロースト赤ワインソース

```
囲 80 Onetangi Rd.    ☎ 09-372-8822
交 マティアティア埠頭から車で25分
営 レストラン11:30〜17:00（ランチは要予約）
URL www.stonyridge.com
```

ワイヘキ島への行き方

ワイヘキ島は伊豆大島ぐらいの大きさだが、周囲は入り組んだ海岸線や点在するビーチで囲まれ、変化に富んだ美しい島だ。「オークランドの宝石」とも呼ばれ、オークランド市民にとっての人気リゾート地となっていて、上質な赤ワインとオリーブの産地として知られているが、マリンスポーツやさまざまなアクティビティを楽しむ人も多い。

オークランドからはダウンタウンのフェリー乗り場からフラーズ社（Fullers360）の双胴大型フェリーで所要時間40分。便は6:00～20:45まで30分おきに出ている。料金は往復NZ$40。

ワイヘキ島MAP

マティアティア埠頭
フェリー乗り場
オネロア
マッドブリック
テ・ファウ
ストーニーリッジ

とっておき情報

ワインとオリーブで、ぜいたくな1日を！

ワイヘキ島には30近いワイナリーが点在している。たくさんのワイナリーを効率よくまわるには島でレンタカーを借りることになる。しかし運転すると飲めないので、便利なのは数カ所のワイナリーをまわる現地ツアーに参加することだ。そんなツアーの一つを紹介しよう。（ワイヘキ・オート・レンタルズ、☎09-372-8998、料金は1日NZ$89）。

ワイナリー&ランチツアー

フェリーでワイヘキ島へ渡り、島の特産品オリーブを栽培する農園のショップでオリーブオイルのテイスティング。そのあと2カ所のワイナリーでワインのテイスティング。ランチは、高台のワイナリーのレストランで美しい景色を眺めながらゆっくりと楽しむ。オークランドに戻る前に、島の中心街オネロアを散策するゆとりあるツアー。

所要時間　8時間30分

NZ$345（ホテル送迎、往復フェリー、ワインとオリーブテイスティング、ランチ、日本語ガイドを含む）

グローバルネット・ニュージーランド

☎09-281-2143（日本語可）

URL www.globalnetnz.com

ウォーキングの基礎知識

ピハにある高さ101mの巨大な岩の塊、ライオン・ロック

歩き方のヒント
オークランド郊外

楽しみ
アクティビティ	★★★
見どころ	★★★★
リラックス	★★

交通手段
レンタカー	★★★
バス	★★★
タクシー	★★★

エリアの広さと交通手段
オークランド市内の見どころであれば、バスで20〜30分で行ける。ただし、ワイタケレ市やワイウェラなどへは各種ツアーを利用するか、レンタカーを借りるといい。

見どころが多い近郊へは
バスやレンタカーを利用

　オークランドはダウンタウン以外にも多くの見どころがある。こうした場所のほとんどへは市バスでのアクセスが可能。見どころによってはエクスプローラーバスやサテライトバス（P.148参照）など、観光客向けのバスを利用して行くのが便利なところもある。

　近郊で人気のエリアは、ダウンタウンから西へ車で約50分のワイタケレ市。市内にある原生の木々が作り出す深い森や、タスマン海に面したピハビーチや、カツオドリの営巣地があるムリワイビーチを訪れる人が多い。ピハビーチから南に約5kmに位置するカレカレビーチは、オスカー受賞映画『ピアノ・レッスン』のロケ地として有名だ。

見る `MAP-P.145-A`

ケリータールトンズ水族館
Kelly Tarlton's Antarctic Encounter and Underwater World

　アトラクション「シャークケイジ」（有料）では、実際に水槽に潜り、ゲージの中からサンドタイガー、オオセ、エドアブラザメといったサメが目の前を通り過ぎるところが眺められる。ケリータルトンで一番人気の「ペンギン・ディスカバリー」（有料）では、氷の上で、キングペンギンやジェンツーペンギン達に囲まれる貴重な体験が可能だ。

🏠 23 Tamaki Dr., Orakei
☎ 09-531-5065
🚃 中心部からフリーシャトルで10分
🕐 9:30〜17:00（入場は16:00まで）
❌ なし 💴 NZ$39
URL www.kellytarltons.co.nz

乗り物からペンギンを見る

見る `MAP-P.145-A`

バスティオン・ポイント
Bastion Point

　サベージ元首相が1930年代に埋葬された場所。遠くにスカイタワーとダウンタウンを望み、眼下には波のきらめくワイテマタ湾とランギトト島が広がる眺望が素晴らしい。1978年に持ち上がった高級住宅地建設計画では、反対したマオリ人が集結、多くの逮捕者を出した。結局この話は立ち消えとなり、現在は青い芝生の向こうにマラエがひっそり立つ、静かなところとなっている。

🏠 Hapimana St., Orakei
🚃 中心部からタマキリンクで10分

バスティオン・ポイント

ぜひ訪れたいポイント

● ケリータールトンズ水族館
● マウントイーデン
● ワンツリーヒル

オークランド郊外の見どころ

見る　MAP-P.145-A
ミッションベイ
Mission Bay

目の前にランギトト島を望むビーチエリア。天気のいい日には、ランチを広げる家族連れやカップルも多い。向かい側にはオープンテラス席があるカフェやレストランが軒を連ね、多くの人でにぎわう場所だ。ローラースケートのレンタルなどがあり、ビキニ姿で疾走する女性の姿も。
⊞Mission Bay　⊠中心部からタマキリンクで12分

見る　MAP-P.145-C
コーンウォール公園
Cornwall Park

ワンツリーヒルと隣り合っている公園。公園内にはファームがあり羊、牛、七面鳥がのんびり歩いている。19世紀半ばの庶民の生活をかいま見ることができるアカシアコテージがある。
⊞Cornwall Park、Greenlane West　☎09-630-8485
⊠観光案内所から車で15分、グリーンレーン駅下車徒歩20分
⊟7:00〜日没（季節により19:00〜21:00）　囷なし　囵無料

見る　MAP-P.145-C
スタードーム天文台
The Star Dome Observatory

オークランドの夜空を再現するプラネタリウムを見学できる。星を頼りに海を渡ってニュージーランドにたどり着いた、ポリネシア人の航海術についてのショーも楽しめる。
⊞670 Manukau Rd.
☎09-624-1246　⊠観光案内所から車で15分　⊟月曜10:00〜17:00、火〜木曜10:00〜17:00、18:00〜21:30、金曜10:00〜17:00、18:00〜23:00、土曜11:00〜23:00、日曜11:00〜22:00　囷なし　囵NZ$2（プラネタリウムショーNZ$15）
URL www.stardome.org.nz

見る　MAP-P.145-C
マウントイーデン
Mt. Eden

オークランド市街でもっとも高い円錐火山。頂上まで登ると見事な噴火口が見られ、遠くにダウンタウンの街並み、その向こうにハウラキ湾の絶景を望むことができる。
⊞Mt. Eden, Mt. Eden　⊠中心部からアウターリンクで25分

見る　MAP-P.145-C
イーデンガーデン
Eden Garden

季節の花が咲き、鬱蒼とした木々が生い茂る園内には、滝を中心に水生植物園もある。
⊞24 Omana Ave., Epsom
☎09-638-8395　⊠観光案内所から車で10分　⊟9:00〜16:00
囷なし　囵NZ$12
URL www.edengarden.co.nz

見る　MAP-P.145-C
ワンツリーヒル
One Tree Hill

約2万年前に噴火した、オークランドで最古の火山のひとつ。頂上に立つのはオークランド創始者が先住民マオリ族に敬意を表すために建てた石碑。丘の麓にはコーンウォール公園が広がる。かつては、丘の周辺にマオリ族のパ（Pa）と呼ばれる要塞を兼ねた集落があった。丘下の駐車場から頂上までは徒歩15分ほどかかる。
⊞Cornwall 公園内

見る　MAP-P.145-A
マウントビクトリア
Mt. Victoria

かつて、入植者らが集い、故郷ヨーロッパからの手紙を積んだ船の到着を待っていた丘。海と対岸の眺めは最高だ。
⊞Mt. Victoria, Devonport
⊠観光案内所からフェリーで10分、さらに徒歩で5分

見る　MAP・P.145-D
ハーウィック歴史村
Howick Historical Village

　1840年代から1880年代までの生活を再現した村。NZ国内最古の裁判所や学校、礼拝堂などがあり、器具の実演を見ることもできる。

🏠Bells Rd., Pakuranga
☎09-576-9506
🚗観光案内所から車で40分
🕐10:00〜最終入場16:00
休祝日　料NZ$16

見る　MAP・P.145-F
レインボーズエンド
Rainbow's End

　ジェットコースターやフリーフォールなどがある人気のテーマパーク。

🏠2 Clist Cres.　☎09-262-2030
🚗観光案内所から車で40分
🕐10:00〜16:00（土・日曜、祝日〜17:00）　休なし
料NZ$59（入園料と乗り放題）
URLwww.rainbowsend.co.nz

見る　MAP・P.145-C
ウェスタンスプリングス公園
Western Springs Park

どこまでも広がる芝生や、コクチョウが優雅に泳ぐ池などがあり、くつろげる。

🏠Western Springs Park, Western Springs
🚗観光案内所から車で15分

見る　MAP・P.145-A
オークランド動物園
Auckland Zoo

　エリアによっては、おりや柵が取り払われ、自然に近い環境で動物の姿が見られる開放的な雰囲気の動物園。ライオンがガラス越しのすぐそこに見られたり、園内を歩き回るゾウに出会ったりできて迫力満点。ケアの餌付けを見たり、キーウィや恐竜時代の生き残りといわれるトゥアタラを観察することができる。

🏠Motions Rd.
☎09-360-3805
🚗観光案内所から車で15分
🕐9:30〜17:30（入場は16:15まで）
休12/25　料NZ$24
URLwww.aucklandzoo.co.nz

（上）ワタボウシタマリン
（左）キーウィ

見る　MAP・P.145-C外
交通科学博物館
Museum of Transport & Technology

　ニュージーランドの陸上交通や初期の航空学について紹介。車や機関車など大きな展示物も多い。植民初期のオークランドの様子を伝える展示もある。

🏠805 Great North Rd., Western Springs　☎09-815-5800
🚗観光案内所から車で15分
🕐10:00〜17:00（入場は16:30まで）　休12/25　料NZ$19
URLwww.motat.org.nz

オークランド動物園に隣接

オークランドのアンティークアレイ

とっておき情報 拡大版

オークランドでアンティーク探し

移民が持ち込んだ家宝や輸入家具などの中に意外な掘り出しものが眠っているニュージーランドは、アンティークファンが注目する国なのだ。

日常生活に溶け込むアンティーク

物を大切にする国民性を反映して、この国ではアンティークは日常生活に根づいており、実際に生活用品として活躍している。また、祖先から代々受け継いだアンティークを次の世代に残そうとする考えは、若い人の間にも浸透している。

オークランド市内には30軒以上のアンティークショップが点在している。市内中心部から車で10分ほどの場所にあるマウントイーデンには、40年以上続く老舗のアンティークショップがあり、アンティークのカメラや陶磁器などが充実している。（アンティークアレイAntique Alley ☎09-630-5679 MAP P.145-C）

ダウンタウンから少し離れたエプソン地区のマヌカウロード（Manukau Rd.）沿いにも、アンティークショップが集中している。

オークランドのおしゃれスポットとして有名なパーネルには、バラン・デ・ボルドー Baran de Bordeaux（MAP P.151-L）がある。フランスから取り寄せたおしゃれなアンティークはローカルにも人気だ。陶磁器などの小物はもちろん、アンティーク家具も豊富に取り揃えている。

レミュエラにあるアビー・アンティークスは、ジュエリーを中心にしたショップ
Abbey Antiques MAP P.145-C
☎ 09-520-2045

こんなもの見つけた！

1970年代のお皿（NZ$38）

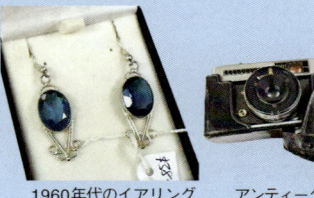

1960年代のイアリング
（NZ$38）

アンティークカメラ
（NZ$50）

アクティビティ
GUIDE

オークランド編

オークランドでは「帆の街」ならではの、海に密着したマリンアクティビティが充実。

セーリング Sailing

50フィートのモノハル（単胴船）、60フィートのカタマラン（双胴船）で、国立海洋博物館横から出発し、波のきらめくワイテマタ湾からダウンタウンやノースショアを眺めてみれば、街の違った一面が見えてくるはず。経験豊富なスキッパーたちが舵を取るが、時には乗客にも操舵させてくれる。湾内1周、コーヒークルーズ、ランチクルーズ、ディナークルーズなどがある。海洋博物館へ無料で入館できる特典もあり。

●Explore ☎09-859-5987 料NZ$99～
所要1時間30分 URLwww.exploregroup.co.nz

Explore のハーバーセーリング

●Ranui South Pacific Charters Ltd.
☎021-925-876
料NZ$2500～ URLranui.co.nz
※4時間～チャーター可能

イルカ＆クジラウォッチング
Whale&Dolphin Safari

自然な姿のまま愛らしいイルカたちに出合える

ダウンタウンのキーストリートから出発し、ハウラキ湾海洋公園でバンドウイルカ、オルカ、クジラやブルーペンギンなど、バラエティー豊かな海洋生物や鳥類と遭遇できる。オークランドのふたつの大学の海洋研究者たちも乗船する本格的なもので、海の自然体系などについてわかりやすい解説を聞くことができる。

●Auckland Whale & Dolphin Safari
☎09-357-6032
料NZ$180～ 所要4時間30分
URLwhalewatchingauckland.com

シーカヤック Sea Kayak

シーカヤックでオークランドのランドマークであるランギトト島を訪れる。午後4時に出発するこのツアーでは、ツアーガイドによる各エリアの歴史を聞きながら、オークランドとワイヘキ島の間にゆっくりと沈む夕陽を海上から眺めることができる。波の感触と心地よい潮風を感じながらダウンタウンや美しい島々を眺めると、この上ない気分に。ダウンタウンの夜景も格別だ。

初心者、上級者に関係なく楽しめる

●Auckland Sea Kayaks　☎09-213-4545
料NZ$185〜
URL www.acukalndseakayaks.co.nz

ハーバーブリッジ・バンジー
Auckland Harbour Bridge Bungy

オークランドと対岸を結ぶハーバーブリッジにあるバンジージャンプ・スポット。橋の下部に設置された海上40メートルの飛び込み台から海を目がけてジャンプする。ジャンプ・エリアまで歩く道のりもスリル満点だ。目の前に広がるワイテマタ・ハーバーの景色を楽しみながら、ひと味違ったユニークな体験にチャレンジしてみては。

●AJ Hackett　☎09-360-7748
料NZ$165〜　URL www.bungy.co.nz

海に向かってジャンプ！

ブリッジクライム
Auckland Bridge Climb

オークランドのシンボル、ハーバーブリッジのアーチの部分を歩く究極のアドベンチャー。プロのガイドが1時間半かけて、歴史的背景の説明を兼ねながら案内する。海上65メートルのスリルと、頂上から見渡せるパノラマは忘れられない旅の思い出に。

●AJ Hackett　☎09-360-7748
料NZ$130　URL www.bungy.co.nz

橋の上から見渡す景色は圧巻

そのほかのアクティビティ

●乗馬
宿 Muriwai Beach Horse Trek　☎021-654-622
料NZ$75〜
URL muriwaibeachhorsetreks.co.nz
宿 Pakiri Beach Horse Rides　☎09-422-6275
料NZ$85〜
URL www.horseride-nz.co.nz

●キャニオニング
宿 Canyonz　☎0800-422-696
料NZ$270〜
URL www.canyonz.co.nz
宿 AWOL Adventures　☎09-834-0501
料NZ$185〜
URL awoladventures.co.nz

●ヘリコプター遊覧飛行
宿 Inflite　☎09-377-4406

料NZ$249〜
URL www.inifiteexperiences.co.nz

●スカイダイビング
宿 Skydive Auckland　☎0800-921-650
料NZ$295〜
URL www.skydiveauckland.com

●ジェット・ボート
宿 Auckland Jet Boat Tours　☎09-948-6557
料NZ$90〜
URL www.aucklandjetboattours.co.nz

●逆バンジー
宿 Sky Screamer　☎09-377-1328　料NZ$100〜
URL www.skyscreamer.co.nz

●4WDバイク
宿 4 Track Adventures　☎09-420-8104
料NZ$189〜
URL www.4trackadventures.co.nz

ショップ
Shops

ニュージーランド
メイドが
目白押し

この国ならではの素材を使い、ユニークさをそなえたアイテムを、ニュージーランドを訪れた記念として購入しよう。

ギフト	ダウンタウン

アオテア・ギフツ・オークランド
Aotea Gifts Auckland

MAP-P.153

NZのおみやげならココ

ここでしか手に入らない厳選された商品が揃っているギフトショップ。NZ産の限定ブランド「Avoca」のラインナップは質の良さが評判。アフターサービスも充実しているのがうれしい。

⊠Lower Albert St. ☎09-379-5022
🚇ブリトマート駅から徒歩3分
🕐9:30〜22:00（冬期〜21:00）
休なし
URL www.aoteanz.com

オンラインショッピングも可

ギフト	ダウンタウン

オーケー・ギフトショップ
OK Gift Shop

MAP-P.153

ここならではのグッズも多数

「良い物を安く」がモットーの店。メリノミンクの手袋やセーターをはじめ、オパール、プロポリス、羊のクリームなど、多彩な商品構成が評判。帰国後もしっかりしたアフターサービスがあるので、心強い。

⊠131 Quay St.
☎09-303-1951
🚇ブリトマート駅から徒歩3分
🕐9:00〜22:00（冬期10:00〜）
休なし

開店時間が早いのもうれしい

ブランド	ダウンタウン

グッチ
Gucci

MAP-P.153

NZ国内初の直営ブティック

2008年にオープンしたグッチ。店内には靴やバッグ、腕時計、アクセサリーなど、幅広いアイテムが揃っている。店舗のデザインもニューヨークの有名建築家が手がけ、ハイセンスな雰囲気で満たされている。

⊠48 Queen St.
☎09-368-1138
🚇ブリトマート駅から徒歩2分
🕐10:00〜19:00　休なし
URL www.gucci.com

エントランスからおしゃれな雰囲気

免税店	ダウンタウン

DFSギャラリア
DFS Galleria

MAP-P.153

歴史ある建物で免税ショッピング

4フロアにバッグ、コスメ、ジュエリー、時計など、世界の一流ブランドの最新作や地元ニュージーランドのおみやげが大集結。免税でショッピングができるうえに、市内主要ホテルとショップ間の送迎を無料で行っている。

⊠Customs & Albert Sts.
☎09-308-0700
🚇ブリトマート駅から徒歩2分
🕐10:30〜21:00（月曜13:00〜）
休なし　URL www.dfs.com

フレンチルネッサンス式の建物が目印

ブランド	ダウンタウン

ルイ・ヴィトン
Louis Vuitton

MAP-P.153

国内で靴を扱うのはこの店だけ

ニュージーランドにあるルイ・ヴィトンの中で最も早く、最新モデルを入荷するのがここ。定番のバッグ類はもちろん、国内で唯一、靴も扱っており、日本人に人気のアイテムも豊富に扱っている。

⊠56 Queen St.
☎0800-586-966
🚇ブリトマート駅から徒歩2分
🕐10:00〜20:00
休12/25、聖金曜日
URL www.louisvuitton.com

日本人の大好きなアイテムが見つかる

ギフト、クラフト　ダウンタウン
ギャラリー・パシフィック
Gallery Pacific

MAP-P.153

この国独特の素材のジュエリーが評判

　地元アーティストによるパウアやグリーンストーンなどのジュエリーが人気。特に、パールを使ったものはNZ$500台からあり、この国の思い出になるようなクオリティの高いものを扱っている。

- 34 Queen St.
- ☎09-308-9231
- ブリトマート駅から徒歩2分
- 10:00〜17:30、土曜〜17:00、日曜12:00〜17:00　なし

美しい細工のグリーンストーンが壁に

ギフト、クラフト　ニューマーケット
テキサン・アートスクールズ
Texan Art Schools

MAP-P.145-C

ポップでファンキーなギフトならここ

　ジュエリー、鏡、時計、陶器など、この国ならではのユニークでカラフルなアイテムに、見ているだけで陽気な気分にさせられる。これらはどれもさまざまなバックグラウンドを持つ地元アーティストによる作品だ。

- 366 Broadway, Newmarket
- ☎09-529-1021
- 中心部からインナーリンクで12分　9:30〜17:30（日曜10:00〜17:00）　なし

ジュエリー、オブジェは特に人気

ギフトショップ　ダウンタウン
ザ・ヴォールト
The Vault

MAP-P.153

国内外から集めた素敵なアイテム

　世界各地から集めたセンスの良いグッズがきれいに配置された店内。個性的なアクセサリーや芸術センスあふれる小物などが多く、心惹かれるものばかりいっぺんに見られる。

- 101 Chancery St.　☎09-377-7665
- ブリトマート駅から徒歩6分　10:00〜17:30（金曜〜18:00）、土曜〜17:00、日曜11:00〜16:00　6〜10月の日曜、祝日
- URL www.thevaultnz.com

心惹かれるアイテムが勢揃い

ファッション　ダウンタウン
アンタッチト・ワールド
Untouched World

MAP-P.153

暖かいメリノ製品が人気

　100％メリノ素材やオーガニック・コットン製品など、高品質でハイセンスな服を取り揃えている。中でも、100％メリノでできたニットが人気で、おみやげにオススメ。全国各地で数店舗展開。

- 20 High St.　☎09-303-1382
- ブリトマート駅から徒歩4分
- 10:00〜18:00（土曜〜17:00、日曜11:00〜16:00）　なし
- URL www.untouchedworld.com

メリノ100％製品がいっぱい

ショッピングコンプレックス　ダウンタウン
チャンサリー
Chancery

MAP-P.153

有名店揃いのショッピングエリア

　おしゃれなショップやカフェが軒を連ねるハイストリートにある複合型ショッピングセンター。国内外の有名ブランドはもちろん、カフェやレストラン、バーなどがある人気スポットのひとつ。おなじみのブランド、スカルパ（イタリア直輸入のバ ッグと靴）や化粧品のMACをはじめ、ロクシタン（香水）、キンバリーズ（女性服専門店）など、さまざまな店が揃う。

- Chancery St.& Courthouse Lane　ブリトマート駅から徒歩6分
- 10:00〜18:00（店により異なる）　なし（店により異なる）

独特の形の屋根が目印

どこも注目を集める店ばかり

オークランド

165

ショップ

雑貨　ニューマーケット
ポイ・ルーム
The Poi Room

MAP-P.151-L外

おしゃれなマオリアートが揃う

国内のアーティストによる、現代アートとマオリ文化を融合したアート作品を販売している。おしゃれなジュエリーから食器類まで、商品ラインナップはバラエティ豊か。大切な人へのおみやげ探しにぴったりだ。

⊠17 Osborne St.,Newmarket
☎09-520-0399
🚗観光案内所から車で10分
🕘9:30〜17:30（土曜〜17:00、日曜10:00〜16:00）　困なし
URLthepoiroom.co.nz

洗練されたアートも

コスメティック　ダウンタウン
ラッシュ
Lush

MAP-P.153

いい香りに誘われて

ラッシュは本場イギリスでも大変な人気のソープやベーシックコスメを扱う店。このクィーンストリート店がニュージーランドの第1号店だ。色とりどり、香りもさまざまな量り売りのソープはギフトにぴったり。

⊠189 Queen St.
☎09-357-6759
🚶アオテアスクエアから徒歩5分
🕘10:00〜16:00（土・日曜〜17:00）
困なし

量り売りのソープはお菓子のよう

ブランド　ダウンタウン
カレン・ウォーカー
Karen Walker

MAP-P.151-G

世界的に有名なファッションブランド

NZのデザイナーが作り出したハイカジュアルブランド。ガラス張りのお洒落な店内に、洋服だけでなく、オリジナルのアクセサリーや小物なども揃う。発祥の地で、日本では手にはできないお気に入りを探してみよう。

⊠18 Te Ara Tahuhu Walkway
☎09-309-6299
🚶ブリトマート駅から徒歩2分
🕘10:00〜18:00（土・日曜〜17:00）
困なし　URLwww.karenwalker.com

オシャレな明るい店内

スポーツウエア　ダウンタウン
チャンピオンズ・オブ・ザ・ワールド
Champions of the World

MAP-P.153

ラグビーシャツをおみやげにいかが

シャツなどを中心にオールブラックスやスーパーラグビー各チームの公式アイテムが充実している。ほかにも、サッカーやクリケットなどのスポーツ関連のウエア、小物が揃っており、日本人をはじめ観光客に人気。

⊠30 Queen St.　☎09-307-2357
🚶ブリトマート駅から徒歩1分
🕘9:00〜16:00
困なし
URLchampions.co.nz

オールブラックスグッズが人気

雑貨　ダウンタウン
パウアネジア
Pauanesia

MAP-P.153

南国の素朴で明るいテイスト

美しい輝きを持ったパウア（アワビの貝殻）のジュエリー、鏡、写真立てなどのオリジナルグッズは人気が高い。どれもポリネシアにヒントを得て、素朴ながらおしゃれな風合い。

⊠35 High St.　☎09-366-7282
🚶ブリトマート駅から徒歩5分
🕘9:30〜18:30（金曜〜19:00、月・土曜10:00〜17:00、日曜10:30〜16:30）
URLwww.pauanesia.co.nz

明るい色使いでハッピーな気持ちに

エスニックグッズ　ダウンタウン
ブアナ・サトゥ
Buana Satu

MAP-P.150-J

エスニック調アイテムが豊富に揃う

ウエア類やジュエリー、インテリア用品から楽器や家具まで、エキゾチックなアイテムばかり。ショーウィンドーや店の雰囲気、かかっている音楽まで凝っていて、おしゃれな人たちが足しげく通っている。

⊠229 Karangahape Rd.
☎09-358-5561
🚗観光案内所から車で7分
🕘10:00〜17:00（日曜11:00〜16:00）　困なし

インテリア小物なども充実している

ハチミツ専門店　ダウンタウン
コンビタ
Comvita

MAP-P.151-C

ハチミツ製品を買うならココ

　日本でも人気のハチミツのブランド「Comvita」の直営店。店内には、マヌカハニーやハチミツ由来の成分で作られたスキンケア製品でいっぱい。ハチミツの知識が豊富なスタッフがていねいにアドバイスしてくれる。

⊞139 Quay St,　☎09-358-2523
🚇ブリトマート駅から徒歩3分
🕐10:30〜18:30
🈳なし
URLwww.comvita.co.nz

ハチミツや関連商品がずらり

ランドマークのスカイタワーと高層ビル街

食品　ダウンタウン
フィッシュマーケット
Auckland Fish Market

MAP-P.150-B

NZ産の新鮮な魚が揃う

　アメリカズカップでシンジケートとして使われていた倉庫を改装し、近海ものの魚介類を中心に、パンやはちみつ、オリーブオイルなどの調味料を販売しているフィッシュマーケット。台所付きの宿の人にオススメ。

⊞22 Jellicoe St.
☎09-303-0262
🚇ブリトマート駅から徒歩15分
🕐7:00〜深夜　🈳なし
URLwww.afm.co.nz

近海の魚介類がよりどりみどり

アウトレットセンター　オネハンガ
ドレススマート・ファクトリーアウトレットセンター
Dress-Smart Factory Outlet Centre

MAP-P.145-C

ブランドアイテムが30〜70%オフ

　日本でもすっかりおなじみになったアウトレットショッピングがNZでも楽しめる。ウエア類をはじめ、スポーツ用品、靴、サングラス、書籍などさまざまな店があり、通常価格より最高70%のディスカウントで購入できる。アディダス、ナイキ、クイックシルバー、エスプリといったインターナショナルブランドからマックス、グラッソンズといったローカルブランドまで揃う。

⊞151 Arthur St., Onehunga
☎09-622-2400
🚇観光案内所から車で20分
🕐10:00〜17:00　🈳なし

地元の人も足しげく通う

センター内には店がぎっしり

レストラン
Restaurants

新鮮な シーフードと 各国料理がウリ

海の恵みを堪能できる港町オークランド。また、観光客や移民が多い土地柄ゆえ、世界各国の味も楽しめる。

シーフード料理	メカニクスベイ
ミカノ	
Mikano	

MAP-P.145-A

海を眺めながら、ゆったりと食事を楽しみたい

その日に獲れたタイ、アジ、ムール貝などの魚介類を使い、素材の味を活かしたマイルドな味付けに定評がある。特に、大振りで濃厚な味の生ガキは人気メニューのひとつ。これらのシーフードをたっぷり使ったピザもおすすめだ。店内は天井が高く、大きな窓が海に面していて、ワイテマタ湾を一望できる。

🏠 1 Solent St., Judges Bay
☎09-309-9514 🚌中心部からタマキリンクで5分
🕐11:30〜17:00、17:30〜深夜
🈚なし 💰NZ$25〜
🔗www.mikano.co.nz

スカイタワーも眺められる

日本の生ガキよりもクリーミーな味

シーフード料理	ダウンタウン
ハーバーサイド	
Harbourside	

MAP-P.153

港の風景を満喫できる店

フェリービルディング内にある落ち着いた雰囲気のシーフードレストラン。広々とした店内で、ニュージーランドの海の幸を堪能できる。バーも併設され、高級ニュージーランドワインも豊富に取り揃えている。

🏠99 Quay St. ☎09-307-0556
🚌ブリトマート駅から徒歩2分
🕐11:30〜23:00 🈚なし 💰ランチNZ35〜、ディナーNZ$40〜
🔗www.harbourside.co

シーフードが絶品のレストラン

西欧料理	ダウンタウン
ユーロ	
Euro	

MAP-P.151-C

心地よい潮風とともに食事を楽しめる

プリンセスワーフの一角にあるヨーロピアンレストラン。オープンテラスで潮風にあたりながら、新鮮なシーフードをふんだんに使った料理を味わいたい。ニュージーランド産ワインも豊富に用意されている。

🏠Shed 22, Princess Wharf
☎09-309-9866 🚌ブリトマート駅から徒歩5分 🕐12:00〜深夜
🈚なし 💰NZ$34〜
🔗www.eurobar.co.nz

ニュージーランド産の地ビールも

西欧料理	ダウンタウン
ボツワナ・ブッチャリー	
Botswana Butchery	

MAP-P.153

ハーバービューをワインと共に

地元雑誌でオークランド・ベストレストランTOP50を受賞した人気レストラン。フェリービルディング内にあり、フェリーを眺めながらの食事は格別。地元食材を使ったパスタから肉料理までメニューも豊富だ。

🏠99 Quay St. ☎09-307-6966
🚌ブリトマート駅から徒歩2分
🕐7:30〜深夜
🈚なし 💰NZ$17〜
🔗www.botswanabutchery.co.nz

ランチはオープンテラスの席が人気

西欧料理　パーネル
アントワーヌズ
Antoine's

MAP-P.151-L

特別な日に訪れたい一流レストラン

　この道30年の経歴を持つシェフが、NZ産の新鮮な食材を使い、フレンチとアジアの影響を受けた創作料理を作り出す。おしゃれなパーネルビレッジにふさわしい高級レストランで、コース料理を堪能したい。

⟨住⟩333 Parnell Rd., Parnell
☎09-379-8756　⟨交⟩中心部からインナーリンクで8分　⟨営⟩12:00〜14:00（水〜金曜）、18:00〜深夜（月〜土曜）　⟨休⟩日曜、祝日　⟨料⟩NZ$45〜

おしゃれして出かけたい

西欧料理　ハーンベイ
パリバター
Paris Butter

MAP-P.145-A

数々の賞を受賞した一流レストラン

　有名シェフ、ジェフ・スコットが経営と料理に携わっている名店だけあり、味、雰囲気ともに一流だ。1,200本に及ぶワインのストックの中から、料理にあわせたワインを用意してくれる。

⟨住⟩166 Jervois Rd., Herne Bay
☎09-376-5597　⟨交⟩観光案内所から車で10分　⟨営⟩17:30〜深夜　⟨休⟩日・月曜　⟨料⟩NZ$43〜
⟨URL⟩parisbutter.co.nz

NZ産の木で作られたパーティルーム

地中海料理　ダウンタウン
ヴィヴァーチェ
Vivace

MAP-P.151-G

モダン・ニュージーランド料理

　オシャレなハイストリートにあり、店内の高い天井が印象的な地中海料理レストラン。60種類以上のワインを取り揃えており、テイスティングサービスが好評だ。ベジタリアンメニューも充実。

⟨住⟩85 Fort St.　☎09-302-2303
⟨交⟩ブリトマート駅から徒歩4分
⟨営⟩8:00〜深夜（土曜16:00〜）
⟨休⟩日曜、祝日　⟨料⟩NZ$20〜
⟨URL⟩www.vivacerestaurant.co.nz

シックでおしゃれな店内

ニュージーランド料理　ダウンタウン
オコーネルストリート・ビストロ
O'Connell Street Bistro

MAP-P.153

国産のワインがズラリと揃う

　現地で発行されているワイン関連の書籍や雑誌に、必ずといっていいほど紹介されている人気の高いワインレストラン。バーエリアでは、食前にワインやビールを楽しむこともできる。予約をして行くのがベター。

⟨住⟩3 O'Connell St.　☎09-377-1884
⟨交⟩ブリトマート駅から徒歩4分　⟨営⟩11:30〜15:00、17:00〜深夜　⟨休⟩日曜、祝日、土曜のランチ　⟨料⟩ランチNZ$32〜、ディナーNZ$35〜

天気のいい日はテラス席へ

西欧料理　ポンソンビー
シダート
Sidart

MAP-P.145-A

有名シェフの人気レストラン

　数々の賞を受賞した有名店のヘッドシェフが独立し、満を持してオープンしたレストラン。地元誌で「Best New Restaurant 2010」を受賞するなど、注目を集めている。要予約。

⟨住⟩283 Ponsonby Rd., Ponsonby
☎09-360-2122　⟨交⟩ブリトマート駅から車で7分　⟨営⟩18:00〜深夜（金曜12:00〜）　⟨休⟩日・月曜　⟨料⟩NZ$39〜
⟨URL⟩www.sidart.co.nz

デザートも人気メニュー

シーフード料理　ダウンタウン
セールズ
Sails

MAP-P.150-A外

ヨットを眺めながらの食事は格別

　ヨット停泊エリアのすぐ横に位置する雰囲気のある人気レストラン。シーフード料理の賞も獲得しているこの店は、新鮮魚介を使った料理が自慢。ワインの種類も豊富に用意されている。

⟨住⟩103-113 Westheaven Drive
☎09-378-9890　⟨交⟩ブリトマート駅から車で7分　⟨営⟩12:00〜15:00、18:30〜深夜　⟨休⟩月・火・日曜のランチ　⟨料⟩ランチNZ$30〜、ディナーNZ$40〜

野菜も豊富な海鮮料理

軽食　バーネル
バーガーフューエル
Burger Fuel

MAP-P.151-L

オークランドのベストバーガー

　人気雑誌『メトロ』で、オークランドのベストバーガーに選ばれたバーガーフューエル。ハンバーグのサイズを選べたり、豆腐や野菜で作られたヘルシーバーガーなど、メニューがバラエティーにとんでいる。

🏠187 Parnell Rd. Parnell　☎09-377-3345　🚇中心部からインナーリンクで約7分　🕐11:00〜22:00（金・土曜〜23:00）　休なし　💴NZ$5.90〜

ポンソンビーなどにも支店がある

ステーキ　ダウンタウン
トニーズ
Tony's

MAP-P.150-F

極上のステーキに大満足

　最良質のフィレ、サーロインを味わえる。味付けもブルーチーズソース、醤油とガーリック、バターソースなどバラエティー豊富。ニュージーランド産のラム肉のステーキも人気だ。

🏠27 Wellesley St. West　☎09-373-4196　🚇アオテアスクエアから徒歩1分　🕐11:45〜14:15、17:00〜22:00（日曜〜21:30）　休土・日曜のランチ　💴NZ$30.50〜　URLwww.tonys.co.nz

アートギャラリーの近く

メキシコ料理　ダウンタウン
メキシカンカフェ
Mexican Cafe

MAP-P.153

華やかな内装がムードを盛りあげる

　スカイタワーのすぐ近くにあり、店内のテラスからはビクトリアストリートを行き交う人や車を見下ろせる。ファヒタやキャピスカンなどのメキシカンスパイスやハーブを使った本格派メキシコ料理を堪能できる。

🏠67 Victoria St. West　☎09-373-2311　🚇ブリトマート駅から徒歩8分　🕐11:30〜深夜（土・日曜12:00〜）　休なし　💴ランチNZ$11〜、ディナーNZ$20〜

値段がリーズナブルなところも魅力

中華料理　ダウンタウン
ドラゴンボート
Dragon Boat

MAP-P.153

飲茶からコースまで
本格派中国料理を堪能

　エイトリウム・オン・エリオット内にあり、いつも大勢の客でにぎわっている。エビやイカ、イセエビなどを使った料理がおすすめ。また北京ダックは日本人に人気メニューのひとつ。コースメニューは2人からで、ボリュームたっぷり。ランチは飲茶もあり、持ち帰りもできる。

🏠7-37 Elliot St.　☎09-379-6996　🚇アオテアスクエアから徒歩3分　🕐9:30〜15:30、17:30〜22:30　休なし　💴NZ$16.50〜　URLwww.dragonboatrestaurant.co.nz

日本人に人気の一品「北京ダック」
テイクアウト専門店も併設している

中国料理　ダウンタウン
グランドハーバー・
チャイニーズレストラン
Grand Harbour Chinese Restaurant

MAP-P.150-B

本格的な香港料理を手軽に

　地元情報誌から「オークランド・ベスト・チャイニーズレストラン」に何度も選ばれるほど人気の高いレストラン。香港の一流ホテルで長年の経験を積んだシェフが作る料理はどれも絶品。飲茶は70種類以上もある。

🏠Cnr. Pakenham & Custom Sts., West　☎09-357-6889　🚇ブリトマート駅から徒歩10分　🕐11:00〜15:00、17:30〜22:00（土・日曜、祝日10:30〜）　休なし　💴NZ$25〜

仲間と円卓を囲むなら要予約

インド料理　パーネル
オー・カルカッタ
Oh Calcutta

MAP-P.151-L

本場インドの味が楽しめる
　キャンドルの光がゆらめく神秘的な店内で、本格的なインド料理が味わえる。メインの料理にはライスとナンが付き、ボリュームたっぷり。スパイシーなカレーも各種。

囲151 Parnell Rd., Parnell
☎09-377-9090　図中心部からインナーリンクで7分　圏12:00〜22:30(月・土・日曜17:30〜)　困なし　图NZ$20〜
URL www.ohcalcutta.co.nz

オープンテラスのテーブルもある

マレーシア料理 ポンソンビー
ムティアラ・マレーシアンレストラン
Mutiara Malaysian Restaurant

MAP-,P.150-I

スタッフのコスチュームが華やか
　オーナーのアットホームなもてなしがうれしいマレーシア料理の店。ミーゴレンやサテーなどの典型的なマレーシア料理が楽しめるとあって、家族連れでにぎわっている。

囲66 Ponsonby Rd., Ponsonby
☎09-376-2759　図中心部からインナーリンクで10分　圏11:30〜14:30、17:30〜深夜　困日曜、祝日のランチ　图ランチNZ$8.90〜、ディナーNZ$18〜

店内にはマレーシア音楽が流れる

タイ料理　ダウンタウン
マイ・タイ
Mai Thai

MAP-P.153

本場のタイ料理が楽しめる
　160人が座れる店内は、民芸品のインテリアで囲まれている。トムヤンクンといった人気メニューをはじめ、カレーや麺類まで豊富なメニューを取り揃えている。辛さを調節してくれる。

囲Cnr. Victoria & Albert St.
☎09-366-6258　図アオテアスクエアから徒歩5分　圏12:00〜15:00、18:00〜22:30　困土曜のランチ、日曜　图NZ$24〜
URL www.maithai.co.nz

新鮮な魚介メニューも

韓国料理　ダウンタウン
一味
Il Mee Korean Restaurant

MAP-18,P.150-J

心も体も温まる韓国家庭料理
　プルコギやチヂミなど定番韓国料理はもちろん、ダシの旨みが利いたチゲやユッケジャンなどのスープ類も人気のメニュー。一品料理を注文するとセットで出てくるキムチや海草などの小皿料理も好評。

囲480 Queen St.　☎09-303-0150　図アオテアスクエアから徒歩5分　圏11:00〜23:00(土曜17:00〜)　困土曜のランチ　图NZ$13〜

お手頃価格でボリューム満点

アジア料理　ダウンタウン
フードアレイ
Food Alley

MAP-P.153

アジアの各国料理が楽しめる
　日本、韓国、タイ、マレーシア、インドなどアジアの各国料理の店が何軒もフードコートスタイルで集まっている。値段は手頃な上に、ボリュームが多いため、地元の学生や若者に人気が高い。

囲 9 Albert St.
☎09-373-4917　図ブリトマート駅から徒歩3分　圏10:30〜21:30　困なし　图NZ$8〜

ボリューム満点でリーズナブル

日本料理　ポンソンビー
錦
Robata-Yaki Bar Nishiki

MAP-P.150-E

串焼きの香ばしい香りがたまらない
　ねぎま、牛タンなど日本でもおなじみのものから、新鮮なラムや海老を使ったものまで、いろいろな串焼きを楽しめる。焼き魚や唐揚げなどの居酒屋メニューが多く、日本酒、焼酎などのアルコール類も豊富。

囲100 Wellington St., Freemans Bay　☎09-376-7104　図観光案内所から車で12分　圏18:00〜23:00(日曜〜22:30)　困月曜　图1品NZ$3〜 URL www.nishiki.co.nz

若いスタッフが多く活気がある

<table>
<tr><td>日本料理</td><td>ダウンタウン</td></tr>
</table>

ふうが
Japanese Brasserie Fuga

MAP-P.153

NZに新しい日本料理を提案

「新しい日本料理のあり方を
NZに提案」がモットー。本格
和食にフレンチの要素を取り入
れた料理は、どれも洗練された
味わい。おすすめは、数種類あ
る特製ソースから好みのものが
選べるNZ産ビーフステーキ。

住62 Victoria St. West ☎09-916-
0725 交アオテアスクエアから徒
歩5分 営12:00〜15:00、18:00〜
22:00 休日曜 料NZ$12〜
URLfuga.co.nz

店内もモダンで洗練された空間

<table>
<tr><td>日本料理</td><td>ダウンタウン</td></tr>
</table>

大黒
Daikoku Steak House

MAP-P.153

パフォーマンスが楽しめる

牛肉やラム肉、シーフードを
目の前で調理。そのパフォーマ
ンスを楽しみながら、料理を堪
能できる。「大黒スペシャルク
レイフィッシュ」（NZ$70）の
イセエビは大きくて、食べごた
えあり。

住148 Quay St. ☎09-302-2432
交ブリトマート駅から徒歩1分
営12:00〜14:00、18:00〜22:00
休なし 料ランチNZ$15、ディナ
ーNZ$32.50〜

ステーキは柔らかくジューシー

<table>
<tr><td>日本料理</td><td>ダウンタウン</td></tr>
</table>

桂
Katsura

MAP-P.150-F

鉄板焼きと日本料理が同時に楽しめる

ニュージーランドの新鮮な食
材を使った豊富な和食メニュー
が揃うレストラン。鉄板焼きは
地元客の間でも評判が高いが、
毎週木・金曜の和食バイキング
ディナーは特に人気がある。

住71 Mayoral Drive（グランドミレ
ニアムホテル2F）☎09-366-3000
交アオテアスクエアから徒歩5分
営11:30〜14:00（火〜金曜）、18:
00〜22:00 休日曜、祝日 料ラ
ンチNZ$20〜、ディナーNZ$45〜

行き届いたサービスが評判

<table>
<tr><td>日本料理</td><td>ダウンタウン</td></tr>
</table>

麺家　玄瑞
Genzui Ramen Bar

MAP-P.153

日本の味が恋しくなったらここ

在住日本人や地元ビジネスマ
ンに人気のラーメン店。しょう
ゆ、みそなどの各種ラーメンを
はじめ、カツ丼、照り焼きチキ
ン丼などの丼物までメニュー豊
富。クラウン・プラザホテルの
建物内にあり、アクセスも便利。

住128 Albert St. ☎09-358-0240
交アオテアスクエアから徒歩5分
営11:30（土・日曜18:00）〜22:00
休なし 料NZ$9.50〜

人気メニューはみそラーメン

<table>
<tr><td>日本料理</td><td>パーネル</td></tr>
</table>

祇園
Gion Restaurant

MAP-P.151-L

京都ならではの味わい

京都の祇園で修行を積んだヘ
ッドシェフによる本格的な日本
料理店。祇園を彷彿させるイン
テリアで、着物姿のウェイトレ
スが迎えてくれる。おすすめは
新鮮な魚介類を使った刺身盛り
合わせ「祇園スペシャル」。

住1-168 Parnell Rd., Parnell
☎09-379-3344 交観光案内所か
ら車で7分 営11:45〜14:30、17:45
〜22:00 休日曜、祝日 料ランチ
NZ$20〜、ディナーNZ$40〜

祇園スペシャル（NZ$65）

夏のオークランド市街

ナイトスポット
Night spots

NZ流の夜のお楽しみはいかが

パブで友だちとおしゃべりしながら一杯、がニュージーらしい夜の過ごし方。

パブ　　　　　　　　　マウントイーデン

パブ　　　　　　　　　マウントイーデン
ガルブライス・エールハウス
Galbraith's Alehouse

MAP-P.145-C

醸造している部屋をのぞける

ここはオークランドでも指折りのブリューパブのひとつ。ブリューパブとは、自家製ビールを醸造しているパブのこと。ダークグリーンのギリシャ神殿を思わせる建物内には英国スタイルのパブがあり、醸造の作業場を眺めることもできる。ここで醸造しているのはグラフトンポーター、ベルリンガーズベストビール、ボブハドソンズ・ビター。数々の賞を受賞しているだけあり、その味は確か。

📍2 Mt. Eden Rd., Grafton　☎09-379-3557　🚗観光案内所から車で5分　🕐12:00～23:00（日・月・火曜～22:00）　休なし

威風堂々としたガルブライスの建物

天井が高く、開放感いっぱいの店内

バー　　　　　　　ダウンタウン
ディグリー・ガストロバー
Degree Gastrobar

MAP-P.153

ハーバーサイドを満喫

ヴァイアダクト・ハーバーに面した絶好のロケーションに位置し、常に地元客、観光客でにぎわっている人気のバー。天気の良い日は潮風を受けながらビールを片手にオープンエアのテーブルでくつろぐのがおすすめ。

📍204 Quay St.　☎09-377-1200　🚉ブリトマート駅から徒歩4分　🕐11:30～深夜　休なし　URLjoylab.co.nz/degree

シーフードメニューが充実

バー　　　　　　　ダウンタウン
コーナーバー
Cornerbar

MAP-P.153

自家製のピザも人気

ダウンタウンに近く、気軽に立ち寄れる雰囲気。カラフルなテーブル、イスが並べられたテラスには、お昼になるとビジネスマンが多く集まる。ショッピングで歩き疲れたら、立ち寄ってみよう。

📍Cnr. Shortland & High St　☎09-916-9933　🚉ブリトマート駅から徒歩3分　🕐12:30～深夜　休日曜　URLwww.hoteldebrett.com

カラフルなテーブルとイスが並ぶ

バー　　　　　　　ダウンタウン
ザ・オキシデンタル
The Occidental

MAP-P.153

新鮮なムール貝が自慢

ビールの種類が豊富で、オークランドのローカルでにぎわう人気店。早朝から開店しているので、朝食が食べられるのもうれしい。好みのビールと一緒にNZ産のムール貝を、ぜひここで試してみよう。

📍6-8 Vulcan Ln.　☎09-300-6226　🚉ブリトマート駅から徒歩5分　🕐7:30～深夜（土・日曜9:00～）　休なし　URLwww.occidentalbar.co.nz

ローカルで賑わうスポット

バー　ダウンタウン
ザ・フォックス
The Fox Sporting Bar

MAP·P.153

ローカルでにぎわうスポーツバー

　店内の随所にモニターが設置されている人気のスポーツバー。大きなスクリーンが6つあり、ビールを片手に試合観戦に興じるローカルでいつもにぎわっている。スポーツ観戦を通じて気軽に交流を楽しみたい。

📍85-87 Customs St. West
☎09-358-2767　🚇ブリトマート駅から徒歩5分　🕐11:00〜深夜（土・日曜9:00〜）　休なし
🔗www.thefox.co.nz

食事メニューも豊富

バー　ポンソンビー
ベッドフォード・ソーダ＆リカー
Bedford Soda & Liquor

MAP·P.150-I

ニューヨークスタイルのバー

　おしゃれな街ポンソンビーで人気のカクテルバー。ポンソンビーセントラルの中にあり、平日の昼間からにぎわっている。ニューヨークスタイルを取り入れたオリジナルのカクテルや、食事メニューは要チェック。

📍2 Richmond Rd., Ponsonby Central
☎09-378-7362　🚇ブリトマート駅から車で10分　🕐12:00〜24:00　休なし
🔗www.bedfordsodaliquor.co.nz

カラフルでおいしそうなカクテル

バー　ダウンタウン
フクコ
Fukuko

MAP·P.151-C

オークランドの隠れ家的バー

　焼酎を使ったカクテルで注目を集める人気バー。ニュージーランドと日本のスタイルを混ぜ合わせた食事はどのカクテルにも合うと評判だ。日本酒のロックや熱燗もできるので、その日の気分に合わせたお酒を注文してみよう。

📍43 Tyler St.　☎09-300-5275
🚇ブリトマート駅から徒歩3分　🕐11:00〜深夜（土曜17:30〜）　休日・月曜、祝日
🔗www.fukuko.co.nz

シックな雰囲気の店内

バー　ダウンタウン
ブリュー・オン・キー
Brew on Quay

MAP·P.151-G

昼間から賑わうダウンタウンのバー

　店内は地元の人や旅行者でいつも賑やか。日本のビールを含む世界各国の80種類以上のビールを揃えている。人気メニューの「スナッパー（鯛）＆チップス」（NZ$27.95）と一緒においしいビールを味わいたい。

📍102 Quay St.　☎09-302-2085　🚇ブリトマート駅から徒歩4分　🕐11:00〜22:00（金・土曜〜翌1:00）　休なし
🔗brewonquay.co.nz

天気のよい日はテラス席で

コメディクラブ　ダウンタウン
クラシック・コメディ＆バー
The Classic Comedy & Bar

MAP·P.150-J

ニュージーランドコメディの最前線

　テレビなどにも登場する有名コメディアンのライブ公演を行っている。ちょっと皮肉が交じったキウイジョークは日本のお笑いとはひと味違うが、目の前の舞台で繰り広げられるショーを経験してみるのもよさそう。

📍321 Queen St.　☎09-373-4321
🚇アオテアスクエアから徒歩1分　🕐19:00〜23:00（金・土曜〜翌1:00）　休火・日曜
🔗www.comedy.co.nz

夜はライトアップされる

ランドマークのスカイタワー夜景

カジノの遊び方

1995年のクライストチャーチ以降、1996年にオークランド、1999年と2000年にクィーンズタウンで開設され、ニュージーランドではカジノが各地で楽しめる。

●ビギナー向け
スロットマシン

マシンは5セントから25セントのものまである。「Credit」は自分の持ち金（例えば5セントマシンに2ドル硬貨を入れると「Credit」は「40」となり、40回スピンができる）、「Bet」は掛け金の表示。1回のスピンごとに「Bet」を変えることができる。

少しずつ賭けるか、一挙に勝負に出るか

●中級者向け
ルーレット

1から36までの番号が付いたホイールを回し、回っているのと反対方向に白い玉を転がす。その玉が最終的に入った番号のみに賭けていた場合は35倍になって戻ってくる。2つの番号（Split）、3つの番号（Street）、4つの番号（Corner）、6つの番号（Six Line）、12の番号（ColumnsまたはDozens）にまたがる賭け方もあり、またがる番号が少なければ少ないほど戻ってくるチップは多くなる。

チップの置き方を覚えれば簡単

●上級者向け
ブラックジャック

トランプを使い、ディーラーと自分の2人で勝負するゲーム。絵札（10と数える）とエース（11もしくは1と数える）の2枚で21を作った方（これをBlack Jackと呼ぶ）が勝ち。21とならなくても、極力手持ちのカードの合計が21以下で21に近い数字になるようにし、最後にディーラーの手と比べて、どちらがより21に近いかで勝ち負けが決まる。

ディーラーとの駆け引きがおもしろい

オークランドのカジノといえばスカイシティ内3階にある（日本式に言うと4階）スカイシティカジノ・オークランド。カジノに入る時は、男性の場合はジャケット着用が好ましく、ジーンズ、ショートパンツ、スポーツウエア、スニーカーなどは厳禁となっている。
スカイシティカジノ・オークランド
MAP P.150-F
住 Cnr.Victoria&Federal Sts.
☎09-363-6000　交アオテアスクエアから徒歩5分
営24時間　困なし

500人収容可能なスカイシティカジノ・オークランド

ホテル
Hotels

多彩な宿泊施設からチョイス可

ダウンタウンに高級、中級ホテル、コンドミニアム、周辺部にはB&Bが集中している。

ホテル ダウンタウン

スタンフォード・プラザ
Stamford Plaza Auckland

MAP-P.153

モダンなラグジュアリーホテルに一新

「ラグジュアリー」をテーマに豪華さとサービスを充実させた、オークランドを代表するホテルだ。鉄板焼の「Kabuki」レストランや24時間無料で楽しめるNHK衛星放送、頼れる日本人スタッフなど、日本人ゲストにとって至れり尽くせり。ロケーションも良いうえ、インターネットでのバーチャル・チェックインも可能など、ますます便利になった。

🏠22-26 Albert St.
☎09-309-8888　FAX09-379-6445
🚉ブリトマート駅から徒歩4分
🛏S・T/NZ$230〜　🏠286室
URL www.stamford.com.au

ゴージャス感を増したロビー

買物にも絶好のロケーション

ホテル ダウンタウン

コーディス・オークランド
Cordis Auckland

MAP-P.150-J

国内でも名誉ある賞を受賞

2000年度ニュージーランド・ツーリズムアワードでベストホテル賞を受賞した格式ある5つ星ホテル。レストランの評価も高く、2015年には国内ベストレストランのひとつに選ばれている。

🏠83 Symonds St.　☎09-379-5132
FAX09-377-9367　🚉アオテアスクエアから徒歩10分
🛏S・T/NZ$225〜　🏠411室
URL www.cordishotels.com

レストラン、バーも充実

ホテル ダウンタウン

ホテル・プルマン・オークランド
Hotel Pullman Auckland

MAP-P.151-G

大学など歴史ある建築物が多い環境

ヨーロピアンスタイルの優雅でリラックスした雰囲気のホテル。ダウンタウンに近いものの、周辺にはオークランド大学をはじめとする19世紀の建築物が多く残されており、ゆったりくつろいだ滞在が楽しめる。

🏠Cnr.Waterloo Quadrant & Princes St.　☎09-353-1000　FAX09-353-1002　🚉アオテアスクエアから徒歩10分　🏠347室　URL www.pullmanauckland.co.nz

日の光がいっぱいに差し込むロビー

ホテル ダウンタウン

グランドミレニアム・オークランド
Grand millennium Auckland

MAP-P.150-F

広いスペースの客室でくつろげる

ダウンタウンから少し高台に上がった静かなロケーションにある。シャワーとバスタブが別になっているなど設備の行き届いた客室や、畳の敷かれた和室がある日本料理レストラン「桂」は旅の疲れを癒してくれる。

🏠71 Mayoral DR., Cnr Vincent St.
☎09-366-3000
🚉アオテアスクエアから徒歩5分
🛏S・T/NZ$230〜　🏠452室
URL www.millenniumhotels.com

デラックスキングの室内

ホテル ダウンタウン
スカイシティホテル
Sky City Hotel

MAP-P.150-F

スカイタワーのふもとにある

スカイタワーをはじめ、10のレストランやバー、カジノなどが一緒になった巨大なコンプレックスの中にある。ここでは無料イベントが多く行われるので、参加すれば滞在中の思い出がまたひとつ増えるだろう。

- 90 Federal St.
- ☎09-363-6000
- アオテアスクエアから徒歩7分
- S・T／NZ$235〜
- 312室
- www.skycityauckland.co.nz

壁の色も家具もモダンでシンプル

ホテル ダウンタウン
ヘリテイジ
The Heritage Auckland

MAP-P.150-F

アールデコ調の建物で優雅な滞在を

アメリカズカップビレッジとスカイタワーのちょうど中間に位置する便利なロケーション。数々の賞を受賞しているレストランやウォーターフロントの景色を180度見渡せる、最上階の屋外プール＆スパは好評。

- 35 Hobson St.
- ☎09-379-8553
- アオテアスクエアから徒歩12分
- S・T／NZ$225〜
- 185室
- www.heritagehotels.co.nz

もとはデパートだった建物を利用

ホテル ダウンタウン
リッジズ・ハーバービュー
Rydges Harbourview Auckland

MAP-P.153

ダウンタウンのほぼ真ん中に位置する

スカイタワーのすぐ近くで、絶好のロケーションから観光客にもビジネス客にも人気がある。上階の客室からは、巨大な国旗はためくハーバーブリッジや、ヨットが行き来するワイテマタ湾を望むことができる。

- 59 Federal St.
- ☎09-375-5900
- ブリトマート駅から徒歩5分
- S・T／NZ$240〜
- 267室
- www.rydges.com

淡い色で統一された部屋は落ち着く

ホテル ダウンタウン
ヒルトン・オークランド
Hilton Auckland

MAP-P.151-C

シービューが堪能できる5つ星ホテル

ワイテマタ湾に突き出たプリンセス・ワーフの先端にある。数々の受賞歴を持つシェフが腕を振るうレストラン「Fish」や、屋上に備えられたホテル自慢のガラス張りのプールなど館内の施設も充実している。

- Princes Wharf, 147 Quay St.
- ☎09-978-2000 FAX09-978-2001
- ブリトマート駅から徒歩8分
- S・T／NZ$380〜
- 166室
- www3.hilton.com

大型船を思わせるデザイン

ホテル ダウンタウン
ホテル・グランドチャンセラー・オークランドシティ
Hotel Grand Chancellor Auckland City

MAP-P.153

オークランドのシティライフを満喫

レストラン、プール、フィットネス、スパなど充実の設備を誇る。シンプルモダンな室内では落ち着いた滞在が楽しめる。ダウンタウンやヴァイアダクト・ハーバーからもほど近いロケーションで、観光に便利。

- 1 Hobson St. ☎09-356-1000
- FAX09-356-1001
- ブリトマート駅から徒歩4分
- S・T／NZ$180〜
- 65室
- www.grandchancellorhotels.com

近代的な印象のホテル

ホテル ダウンタウン
クワドラント
Quadrant

MAP-P.151-G

ハイセンスなアパートメントホテル

DVDプレーヤー、高速インターネットコネクションなど、最新の設備を取り揃えたアパートメントホテル。部屋のインテリアはモダンスタイルで統一されており、清潔感漂う室内で快適な夜を過ごすことができる。

- 10 Waterloo Quadrant
- ☎09-984-6000 FAX09-984-6001
- アオテアスクエアから徒歩10分
- S／NZ$165〜、T／NZ$295〜
- 240室 www.vrhotels.co.nz

スタイリッシュな滞在が楽しめる

🅱日本語が通じる ❙❙レストラン 🅲カフェラウンジ ❯バーラウンジ ❯プール 🅱ビジネスセンター 🏃フィットネス ♨スパ

ホテル　ダウンタウン
アモラ・ホテル・オークランド
Amora Hotel Auckland

MAP-P.150-J

緑豊かなマイヤーズ公園を見渡す

　すべての部屋にキッチンが付いていて、自炊も可能なホテル。緑の芝生が敷きつめられ、ゆったりとしたマイヤーズ公園に隣接しているため、ダウンタウンにありながら、とても静かで落ち着いた滞在が楽しめる。

- 100 Greys Ave.
- ☎09-375-1800
- 🚇アオテアスクエアから徒歩5分
- 💲S・T／NZ$170〜　🛏149室
- URL www.amorahotels.com

正面は街路樹の美しい通りに面する

ホテル　ダウンタウン
シティライフ・オークランド
CityLife Auckland

MAP-P.153

ショッピングに最適なロケーション

　便利なダウンタウン中心部に位置し、アクセス便利。1〜3ベッドルーム、長期滞在に便利なサービスアパートメントまで揃っているので、短期〜長期の滞在旅行など、用途に合わせて利用できる。

- 171 Queen St.
- ☎09-379-9222
- 🚇ブリトマート駅から徒歩4分
- 💲S・T／NZ$220〜　🛏157室
- URL www.heritagehotels.co.nz

クィーンストリートまで徒歩1分

ホテル　ダウンタウン
クラウン・プラザ
Crowne Plaza

MAP-P.153

ショッピングセンターと隣接する

　ショッピングセンター、エイトリウム・オン・エリオットとつながっており、ショッピングがお目当ての人にはぴったりの滞在先。タウンホールやコンサートが行われるアオテアスクエアへもすぐだ。

- 128 Albert St.
- ☎09-302-1111
- 🚇アオテアスクエアから徒歩5分
- 💲S・T／NZ$260〜　🛏352室
- URL auckland.crowneplaza.com

16階から23階までが客室

ホテル　ダウンタウン
シーニック・ホテル
Scenic Hotel Auckland

MAP-P.150-J

アオテアスクエアの前

　さまざまな催し物が開かれ、優雅な姿を誇るタウンホールが目の前にある、オークランドの中でも最も新しいホテルのひとつ。部屋によってはキッチンなどの設備を備えており、長期滞在にも適している。

- 380 Queen St.
- ☎09-374-1741
- 🚇アオテアスクエアから徒歩1分
- 💲S・T／NZ$190〜　🛏97室
- URL www.scenichotelgroup.co.nz

まるで自宅にいるかのような安心感

ホテル　ダウンタウン
シティセントラル・ホテル
Econo Lodge City Central Hotel

MAP-P.153

ダウンタウンの真ん中に位置する

　どこに行くにも便利なダウンタウンの中心部に位置し、良心的な価格設定で人気。設備はミニマムだが、滞在するには充分整っている。バルコニー付きのステュディオルームとファミリールームがおすすめ。

- 37 Wellesley St.
- ☎09-307-3388
- 🚇アオテアスクエアから徒歩4分
- 💲S・T／NZ$100〜　🛏104室
- URL www.econolodgecitycentral.co.nz

向かいには日本総領事館のビルがある

ホテル　ダウンタウン
メルキュール・ホテル
Mercure Hotel Auckland

MAP-P.153

申し分のないロケーション

　クイーンストリートだけでなく、離島やデボンポートへのフェリー乗り場もすぐという絶好のロケーション。最上階にあるレストランは、特に湾内の風景を眺めながらインターナショナル料理を楽しめることで有名だ。

- 8 Customs St.
- ☎09-377-8920　FAX 09-307-3739
- 🚇ブリトマート駅から徒歩1分
- 💲S・T／NZ$250〜　🛏207室
- URL www.accorhotels.com

フロントエリアもモダン

🅱日本語が通じる　🍴レストラン　☕カフェラウンジ　🍸バーラウンジ　🏊プール　🅱ビジネスセンター　🏋フィットネス　♨スパ

Verandahs Backpackers Lodge
`バックパッカーズ` ベランダーズ・バックパッカーズ・ロッジ
MAP-P.150-I
ポンソンビー

ビクトリア調の建築が美しい。
静かで便利なバックパッカーズ

🏠6 Hopetoun St. ☎09-360-4180
FAX09-360-9465 🚃中心部からインナー
リンクで10分 💴ドミトリーNZ\$34
〜、S／NZ\$64〜、T／NZ\$88〜
🛏18室
URLwww.verandahs.co.nz

Ascot Parnell
`B&B` アスコットパーネル
MAP-P.145-A
パーネル

閑静な住宅街の一角にありなが
ら、交通に便利なロケーション
🏠32 St. Stephens Ave., Parnell
☎021-334-496
🚃観光案内所から車で8分
💴S／NZ\$275〜、T／NZ\$295〜 🛏3室
URLwww.ascotparnell.com

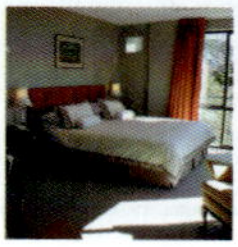

The Great Ponsonby Art Hotel
`B&B` グレートポンソンビー・アートホテル
MAP-P.145-A
ポンソンビー

欧米のガイドブックでも絶賛されて
いる、静かで洗練されたB&B
🏠30 Ponsonby Terrace, Ponsonby
☎09-376-5989
🚃観光案内所から車で8分
💴S・T／NZ\$260〜
🛏11室
URLwww.greatpons.co.nz

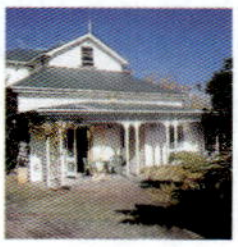

PEACE and PLENTY
`B&B` ピースアンドプレンティ
MAP-P.145-A
デボンポート

海に近いヴィクトリア調の
ラグジュアリーなヴィラ
🏠6 Flagstaff Tce., Devonport
☎09-445-2925 FAX09-445-2901
🚃中心部からフェリーで10分
💴S・D/NZ\$295〜
🛏 7室
URLwww.peaceandplenty.co.nz

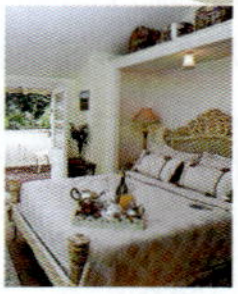

Bavaria B&B Hotel
`B&B` バヴァリアB&B・ホテル
MAP-P.145-C
マウントイーデン

ドイツの香り漂う、
小規模ながら居心地のよいB&B
🏠83 Valley Rd., Mt. Eden
☎09-638-9641
🚃中心部からインナーリンクで15分
💴S／NZ\$180〜、T／NZ\$200〜
🛏11室
URLbavariabandbhotel.co.nz

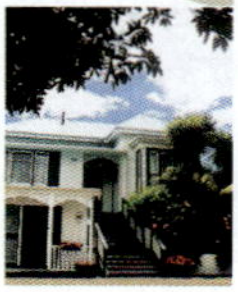

Lantana Lodge
`バックパッカーズ` ランタナ・ロッジ
MAP-P.151-L
パーネル

ダウンタウンへ
徒歩圏内でアクセス便利

🏠60 St George Bay,Parnell
☎09-373-4546 🚃中心部から車
で7分 💴ドミトリーNZ\$33〜、S・
T/NZ\$75〜 🛏10室
URLwww.lantanalodge.co.nz

Auckland International YHA
`ユースホステル` オークランドインターナショナルユース
MAP-P.150-J
ダウンタウン

最新の設備が整っており、
市内のユースの中でも一番人気

🏠 5 Turner St. ☎09-302-8200
🚃アオテアスクエアから徒歩5分
💴ドミトリー／NZ\$36〜、T／
NZ\$105〜
🛏168ベッド
URLwww.yha.co.nz

Quay West Suites Auckland
`コンドミニアム` キーウエスト・スイーツ
MAP-P.153
ダウンタウン

全室バルコニー付きのスイートで、
オークランドの住人気分

🏠 8 Albert St.
☎09-309-6000 FAX09-309-6150
🚃ブリトマート駅から徒歩3分
💴S・T／NZ\$250〜 🛏45室
URLwww.accorhotel.com

The Sebel Suites Auckland
`コンドミニアム` シーベル・スイーツ
MAP-P.153
ダウンタウン

アメリカズカップビレッジもすぐの
ウォーターフロントにある

🏠85-89 Customs St. West ☎09-978-
4000 FAX09-978-4099
🚃ブリトマート駅から徒歩5分
💴S・T／NZ\$240〜 🛏116室
URLwww.thesebelauckland.co.nz

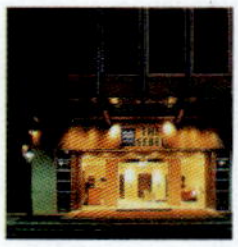

Quest Auckland Apartment Hotel
`コンドミニアム` クエストオークランド・
アパートメントホテル
MAP-P.150-J
ダウンタウン

さまざまな部屋タイプが選べる
モダンで設備が整った宿泊施設

🏠363 Queen St.
☎09-300-2200
🚃アオテアスクエアから徒歩4分
💴S・T／NZ\$190〜 🛏70室
URLwww.questapartments.co.nz

Quest on Eden Apartment
`コンドミニアム` クエスト・オン・イーデン・アパートメント
MAP-P.151-G
ダウンタウン

晴れた日にはランギトト島が目前
に見える部屋もある

🏠50-52 Eden Crescent
☎09-366-6500
🚃ブリトマート駅から徒歩10分
💴S・T／NZ\$200〜
🛏30室
URLwww.questoneden.co.nz

Auckland Harbour Oaks
`コンドミニアム` オークランド・ハーバー・オークス
MAP-P.151-G
ダウンタウン

長期滞在向けアパートメント型ホテル
高層階からは街並みが一望
🏠16 Gore St.
☎09-909-9999
🚃ブリトマート駅から徒歩3分
💴S・T／NZ\$200〜 🛏83室
URLwww.oakshotels.com

Queen Street Backpackers
`バックパッカーズ` クィーンストリート・バックパッカーズ
MAP-P.153
ダウンタウン

カフェ、レストランなど
すべてに近い絶好のロケーション

🏠 4 Fort St. ☎09-373-3471
🚃ブリトマート駅から徒歩3分
💴ドミトリー／NZ\$25〜、S／NZ\$
65〜、T／NZ\$75〜
🛏50室 URLwww.qsb.co.nz

Surf'n'Snow Backpackers
`バックパッカーズ` サーフンスノー・バックパッカーズ
MAP-P.153
ダウンタウン

部屋のタイプもいろいろ
清潔でモダン、ロケーションも抜群
🏠102 Albert St ☎09-363-8889
🚃アオテアスクエアから徒歩5分
💴ドミトリーNZ\$26〜、S／NZ\$65
〜、T／NZ\$80〜
🛏33室
URLwww.surfandsnow.co.nz

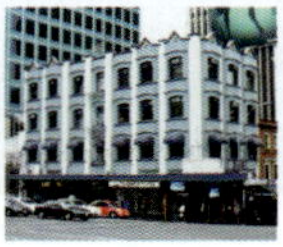

🇯🇵日本語が通じる 🍴レストラン 🛋カフェラウンジ 🍸バーラウンジ 🏊プール Bビジネスセンター 🏋フィットネス ♨スパ

ノースランド

Northland

MAP-P142-A

レインガ岬はニュージーランド北端

ノースランドのプロフィール

人口：約18万人
面積：約1万3,800km²
気温：夏の平均最高気温は24.7度、冬の平均最低気温は6.6度（ケリケリ）
降水量：年間1,648mm（ケリケリ）

180

ベイ・オブ・アイランズ・デイツアー
Bay of Islands Day Tour

オークランドからカイワカを経由してパイヒアまで行き、パイヒアではクルーズを楽しみ、オークランドに戻る日帰りのバスツアー。時間がない人におすすめ。
圏 インターシティ
☎09-583-5780
料 NZ$125（イルカウォッチングクルーズ代含む）
出発時間 7:30オークランド発
所要 約12時間
URL www.intercity.co.nz

平坦な砂丘が広がる90マイルビーチ

ニュージーランドの北の地を知る
街のあらましとしくみ

北島の北端に位置するノースランド。亜熱帯の植物が茂るこの一帯はニュージーランドで最も温暖な地域で、古くから入植の始まったところでもある。現在はフィッシングやサーフィン、カヤッキング、クルージングなど、多様なマリンスポーツが楽しめ、それを目当てに国中から観光客が訪れる、ニュージーランドきってのマリンリゾートだ。

いくつかの小さな街で構成されるノースランド

オークランドから約170km。ノースランドの入口は、近くに天然の良港をひかえ、石油精製工場もあるこの地方最大の都市ファンガレイだ。観光客の多くはファンガレイを経由して、さらに北のベイ・オブ・アイランズやファーノースへ出かけて行く。

ファンガレイからさらに車で1時間のところにあるベイ・オブ・アイランズは複雑に入りくんだ海岸線が美しい、北島屈指のマリンリゾート。その中心は各種クルーズ船が発着するパイヒアの街で、この港からはベイ・オブ・アイランズの海を満喫できるツアーが数多く発着している。

なかでも、南太平洋に突き出した岬のすぐ先に浮かぶ小島、モトゥコカコ島にある天然の岩穴をくぐり抜ける「ホール・イン・ザ・ロック」や、イルカと一緒に泳ぐことができる「ドルフィン・エンカウンター」、ベイ・オブ・アイランズの島々を巡る「クリーム・トリップ」などの遊覧ツアーが有名だ。

ワイタンギ条約が交わされた歴史的な街

パイヒアのすぐ北には、ワイタンギ条約（P.185参照）が締結された地として知られるワイタンギの街がある。また海をへだててすぐ向かいにあるラッセルとその周辺は、かつて首都が置かれていたこともある由緒ある場所だ。さらに、フルーツの栽培で有名なケリケリの街も車で30分以内と、見どころは多い。

ベイ・オブ・アイランズからさらに北上すること、車で2時間。ノースランドで最北端のファーノースには、レインガ岬や90マイルビーチなど、雄大な自然景観が待ちうけている。その玄関口であるカイタイアは、各種ツアーが発着するファーノース観光の拠点だ。

レインガ岬
Cape Reinga　Cape Reinga
スピリッツベイ
Spirits Bay
Scott Point
Kapowairua
ノース岬
North Cape
テ・パキ　Waitiki
Te Paki　Landing
Ohao Point
テ・カオ
Te Kao
Great
Exhibition
Bay

A

B

90マイルビーチ
Ninety Mile Beach

タスマン海
Tasman Sea

Ngataki

Waihopo

Grenville Point

プケヌイ
Pukenui
Houhora Heads

Motutangi

Rangaunu
Bay

カリカリ岬
Cape Karikari

Karikari
Peninsula

Waiharara

Whatuwhiwhi

ランガウヌハーバー
Rangaunu Harbour

ダウトレスベイ
Doubtless Bay

Berghan Point

南太平洋
South Pacific Ocean

アヒパラベイ
Ahipara Bay

アワヌイ
Awanui

Kaingaroa

Taipa

マシューズ・
ビンテージ・
コレクション

Mangonui

アヒパラ
Ahipara

カイタイア
Kaitaia

Kaitaia

ノクターナル・パーク
Nocturnal Park

Taupo
Bay

Stephenson I.

ファンガロアハーバー
Whangaroa Harbour

Pamapuria

Peria

Kahoe

Motukawanui I.

ヘレキノハーバー
Herekino Harbour

ヘレキノ
Herekino

ファンガロア
Whangaroa

Matauri Bay

Whangape

Broadwood

Kaeo

カウリ・クリフス
Kauri Cliffs

D

Whangape Harbour

Pawarenga

Mangamuka

Waiare

Motukawanui I.

Matihetihe

Panguru

Te Karae

Umawera

Rangiahua

Kapiro

Waipapa

Te Tii

Purerua
Peninsula

Kohukohu

Rawene

Okaihau

ケリケリ
Kerikeri

ホキアンガハーバー
Hokianga Harbour

オポノニ
Opononi

コブゾーン
ホキアンガ

Omapere

Taheke

Ohaeawai

ハルルフォールズ

ワイタンギ
Waitangi

ベイ・オブ・アイランズ
Bay of Islands

ホール・イン・ザ・ロック
モトッコカコ島
Motukokako I.

ブレット岬
Cape Brett

ワイポウア・カウリ・フォレスト
Waipoua Kauri Forest

カイコヘ
Kaikohe

パイヒア
Paihia

ラッセル
Russell

Orongo Bay

ホキアンガ&カウリコースト
Hokianga & Kauri Coast

Moerewa

カワカワ
Kawakawa

ワイタンギ条約記念館

Awarua

Opahi

アランガ
Aranga

ドネリーズ
クロッシング
Donnellys
Crossing

Pipiwai

Towai

Oakura

Helena Bay

Kaihu

Moengawahine
Parakao

Whakapara
Tanekaha

Hikurangi

Whananaki

Mamaranui

Titoki

Sandy
Bay

ベイリーズ ビーチ
Baylys Beach

Tangowahine

Kamo

Kiripaka

Matapouri
プーアナイツ諸島
Poor Knights Islands

E

アワキノ
ポイント
Awakino
Point

Maungatapere

Maunu

ファンガレイ
Whangarei

Ngunguru

Ngunguru Bay

ダーガビル
Dargaville

Onerahi

F

Te Kopuru

Mititai

Portland

Oakleigh

Tamaterau

Pataua North
Pataua South

ワイオティラ
Waiotira

One Tree Point

Marsden

Ocean Beach

Ruawai

マタコヘ
Matakohe
カウリ博物館

Paparoa

Ruakaka

Bream
Bay

Waipu

Marotere Is.

オークランドへ

パイヒア

Paihia

パイヒアへのアクセス

✈ オークランドからケリケリまで50分、1日3〜5便、料金NZ$69〜。空港から車で約20分。

🚌 オークランドからインターシティで約4時間、1日4便前後、料金NZ$37〜。

観光案内所 i-SITE

Bay of Islands i-SITE

MAP **P.182** 住The Wharf, Marsden Rd. ☎09-402-7345 営8:00〜19:00（春・秋期〜18:00、冬期〜17:00）困なし

歩き方のヒント パイヒア

楽しみ
アクティビティ ★★★★
見どころ ★★
リラックス ★★★★

交通手段
徒歩 ★★★
タクシー ★★

エリアの広さ
オークランドから北へ240km。街そのものは徒歩で1時間もあればまわれる。

8月に行われるジャズ&ブルースフェスティバル

パイヒアを中心として、ベイ・オブ・アイランズ一帯では毎年8月上旬の週末に、「ベイ・オブ・アイランズ・ジャズ&ブルースフェスティバル」が開催され、各地のホテルやバー、ストリートなどで朝から晩まで演奏がくりひろげられる。フェスティバルには海外のミュージシャンも参加。街全体がお祭り分で盛り上がる。

▼街のしくみと歩き方

美しい海岸美を誇るベイ・オブ・アイランズ。その海洋観光の拠点として栄えているのがパイヒアの街。その中心にあるパイヒアワーフからは多彩なクルージングツアーが出ている。

メインストリートは海岸に沿って走るマースデンロードで、ウィリアムズロードが交わるあたりが街の中心となる。観光案内所もこの交差点のすぐ目の前にあり、長距離バスの発着所にもなっている。周辺にはみやげもの店やレストランなどが並んでおり、ひときわ活気のあるエリアだ。パイヒアは街そのものはそれほど大きくはないものの、世代をとわず多くの観光客が訪れるため、高級リゾートホテルから格安バックパッカーズまで、宿泊施設の選択肢は幅広い。ここは、北島きってのマリンリゾート地なのである。

オークランドからパイヒアの途中、時間があれば、ぜひワイポウア・カウリ・フォレスト（P.190）に立ち寄りたい。ニュージーランド固有のカウリの森だ。タネマフタやテマツアナヘレなど、樹齢1200年から2000年という巨木が見られる。

イルカの群れに遭遇

ホテル MAP-P.182

パイオニア・ウォーターフロント・アパートメント

Pioneer Waterfront Apartments

アパートメントタイプの部屋にはすべてキッチンが付き、洒落た造りのプールもあり、全体的に高級感がある。

住44 Marsden Rd. ☎09-402-7924 FAX09-402-7656 交観光案内所から徒歩3分 料S・T／NZ$225〜 室11室 URLwww.pioneerapartments.co.nz

---

ホテル MAP-P.182

スイスシャレーロッジ・モーテル

Swiss Chalet Lodge Motel

木目調のシャレーのような造りが特徴的。ステュディオタイプと2ベッドルームのファミリールームがある。

住3 Bayview Rd.
☎09-402-7615
交観光案内所から徒歩3分
料S・T／NZ$150〜 室10室
URLwww.swisschalet.co.nz

パイヒア中心部
Paihia Central

0 500m

レストラン　MAP-P.182
ゼイン・グレイズ
Zane Grey's Restaurant & Bar

　パイヒアのクルーズの発着場所である桟橋の入口付近に、海に張り出すように建っているレストラン。天気のよい日には、海を見渡すテラス席がおすすめ。地元産の魚介料理が美味。

🏠 69 Marsden Rd.
☎ 09-402-6220
🕐 8:00〜翌1:00　休なし
URL zanegreys.co.nz

とっておき情報

レインガ岬と90マイルビーチへのバスツアー

　レインガ岬と90マイルビーチへを訪れるバスツアーは人気が高く、パイヒアからも日帰りツアーが出ている。海岸線が60kmも続く90マイルビーチの波打ち際を、バスがしぶきをあげながら豪快に疾走したり、途中で立ち寄る砂丘では、そりを使って砂すべりをして遊べる。

🏢 Explore Group
☎ 09-359-3987　料 NZ$155
出発時間 パイヒア7:15、ケリケリ7:40
URL www.exploregroup.co.nz

パイヒアから出発するベイ・オブ・アイランズのクルーズ

パイヒアワーフから発着する多種多様なクルーズの中から、観光客に人気の3つを紹介しよう。

ホール・イン・ザ・ロック
Hole in the Rock

　南太平洋に突き出すブレット岬と、その先にそそり立つモトゥコカコ島を巡るツアー。クルーズのハイライトはなんといってもその島の下部に開いた岩穴をくぐり抜ける瞬間だ。外洋に面しているので穴に入る直前までは波が高く、船ごと岩壁にぶつかるのではという不安もよぎるが、そこはベテラン船長の見事な舵さばきで、見事に通過してしまう。通過する瞬間、穴の中が意外にも静かなのに驚かされる。

🏢 フラーズ社　出発時間 9:00、12:00　所要 3時間
料 NZ$112

ドルフィン・エコ・エクスペリエンス
Dolphin Eco Experience

　ベイ・オブ・アイランズは国内でも有数の、1年を通してイルカが見られるエリアとして知られる。クルーズではイルカたちと一緒に泳ぐ貴重な体験ができる。90%以上の確率でイルカに会えるということだが、もし運悪くまったく見られなかった場合は、無料で再度乗船可能という保証付き。

🏢 フラーズ社　出発時間 8:00、12:00　所要 4時間
料 NZ$122

クリーム・トリップ
The Cream Trip

　時間に余裕のある人におすすめのツアー。湾内では100年以上も前から、半島や島々にある家々へ食料品や郵便物などを届けるために船が使われており、現在もその役目を果たしている。その船に観光をドッキングさせて、ゆっくりと湾内めぐりを楽しもうというのがこのツアーだ。配達先に近づくと汽笛を鳴らし荷物を手渡

す光景が見られる。途中、湾内でも最大の島、ウルプカプカ島に立ち寄り、散歩や海水浴を楽しむこともできる。

🏢 フラーズ社　出発時間 9:30　所要 半日　料 NZ$138

クルーズ催行会社の問い合せ先
フラーズ社 Fullers Great Sights Bay of Islands
🏠 The Maritime Building, Waterfront
☎ 09-402-7421
URL www.dolphincruises.co.nz

ホール・イン・ザ・ロックで通るモトゥコカコ島の穴

ラッセル

Russell

MAP-P.142-A

184

ラッセルへのアクセス

🚢　パイヒアからグレイトサイツフェリーで約15分、1日約13〜16便、料金往復12.50。

🚗　パイヒアから6kmほど南にあるオプアから対岸のオキアトまでフェリーで5分。その後車で約10分、片道1台NZ$13〜。

観光案内所

ラッセルの街には公式の観光案内所はないが、埠頭のすぐそばにあるフラーズ社（☎09-402-7421）のオフィスで簡単な情報が得られる。基本的にはパイヒアの観光案内所（☎09-402-7345）が兼務。

歩き方のヒント
ラッセル

楽しみ
アクティビティ　★
見どころ　★★
リラックス　★★★★

交通手段
徒歩　★★★★★
タクシー　★

エリアの広さ
街そのものは徒歩で30分もあればまわれる。フラッグスタッフ・ヒルまで行くには、さらに往復で40分から1時間ほど必要。

ラッセルのミニツアー
Fullers Grate Sights Bay of Islands

ラッセルの見どころを短時間で巡る所要1時間のミニバスツアー。ラッセル桟橋前を出発し、ポンパリエなど歴史的建造物をはじめ、高台のフラッグスタッフヒルへも訪れる。バスの運転手はラッセルの歴史を語ってくれる。
🏠Fullers Great Sights Bay of Islands　☎09-402-7421
出発時間10:00から最終16:00発まで、1時間ごとに出発　料NZ$32

フラッグスタッフ・ヒル
Flagstaff Hill

街から歩いて20分のところにあるこの丘は、対岸のパイヒアやワイタンギまで見渡せる絶好のビューポイント。
交フェリー乗り場から徒歩15分

▼街のしくみと歩き方

ラッセルの街は対岸のパイヒア（P.182）からフェリーで10分。フェリー埠頭を中心に徒歩で小1時間もあればまわれる小さな街。かつては捕鯨船員が休養する港として栄え、また先住民マオリと入植者との間で抗争がくりかえされた過去を持つ街だが、現在では歴史的建造物が建ち並ぶ静かな場所。

ラッセルは、しばしばニュージーランドの首都であったと紹介されることがあるが、厳密には現在のラッセルとは違う。8キロほど南にあるオキアトがもともとのラッセルで、首都はそちらにあった。今のラッセルは当時「コロラレカ（甘いペンギン）」と呼ばれており、1842年にオキアトの街が火事で焼失したのを機に、人々がコロラレカに移住。街の名前もコロラレカからラッセルへと改名されたのだ。

見る　　MAP-P.184
ポンパリエ
Pompallier

昔の印刷機などがある

ローマ・カトリック様式の建物としてはNZ国内最古。フランス人宣教師のフランセス・ポンパリエが布教活動のために住んでいた。
🏠The Strand　☎09-403-9015　交フェリー乗り場から徒歩3分
営ツアー見学10:00、11:00、12:00、14:00、15:00
休12/25　料NZ$15

見る　　MAP-P.184
ラッセル博物館
Russell Museum

キャプテンクックが乗っていたエンデバー号の5分の1縮尺の模型の展示をはじめ、街の歴史を簡単にまとめたビデオが上映されている。

キャプテンクックに関する展示が多い

🏠2 York St.　☎09-403-7701　交フェリー乗り場から徒歩2分
営10:00〜16:00　休12/25　料NZ$10　URLrussellmuseum.org.nz

ホテル　　MAP-P.184
デューク・オブ・マールボローホテル
Duke of Marlborough Hotel

国内で初めてホテルライセンスを取得したことで知られ、当時の豪華な家具や内装がそのまま。
🏠35 The Strand　☎09-403-7829
FAX09-403-7828　交フェリー乗り場から徒歩1分　料S・T／NZ$150〜
室38室　URLwww.theduke.co.nz

ラッセル中心部
Russell Central

0　　　　300m

ワイタンギ
Waitangi

MAP-P.142-A

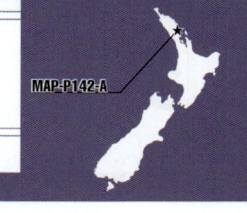

▼街のしくみと歩き方

　パイヒアから約2kmの距離にあるワイタンギは、商店もなく、街と呼ぶにはあまりにも小さな街だが、ニュージーランドが事実上イギリスの支配下に入ることとなる、ワイタンギ条約が締結された場所として有名だ。その調印会場となった広場を中心にワイタンギ自然保護区には、条約記念館、マオリ集会所などの観光スポットが点在している。

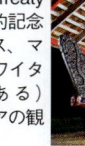

見る　　　　　　　　　　　　　MAP-P.181-D

ワイタンギ条約記念館
The Treaty House

　国内に現存する民家としては最古のものとして知られ、イギリスのジョージ王朝時代を象徴するエレガントでシンプルなデザインが特徴。もともとはイギリスの駐在官として派遣されたJ・バスビーが住んでいた家で、後年、建物が国に寄付されて現在の記念館となった。

　近くにあるマオリ・ミーティングハウスMaori Meeting Houseは、建物そのものがマオリの祖先を象徴しているといわれ、内壁にはマオリの伝統的彫刻が飾られている。中へ入る時は、必ず履き物を脱ぐことになっているので注意。ホブソンビーチのすぐ正面に展示されているマオリの戦闘用カヌーMaori War Canoeは、大人80人が乗り込むことができる全長35mの巨大な戦闘用カヌーだ。毎年2月6日のワイタンギ・デーには、海上で一般に公開されている。

🏛ワイタンギ条約グラウンド
Waitan-gi National Trust Treaty Grounds（ワイタンギ条約記念館、ミーティングハウス、マオリ戦闘カヌーはすべてワイタンギ自然保護区内にある）
☎09-402-7437 🚗パイヒアの観光案内所から車で5分
🕐9:00〜18:00（3〜12月〜17:00）🚫12/25 💰NZ$50〜
🌐www.waitangi.org.nz

見る　　　　　　　　　　　　　MAP-P.181-D

ハルルフォールズ
Haruru Falls

　観光案内所から遊歩道に沿って数キロ北へ進むと、ハルル・フォールズという滝がある。近くにはキャンプサイトやレストラン、パブがあり、天気が良い日には滝壺で泳ぐ地元の人々や、カヤックを楽しむ観光客も少なくない。
🚗パイヒアの観光案内所から車で20分

ワイタンギへのアクセス

✈ オークランドからケリケリまで50分、1日3〜5便、料金NZ$69〜。空港から車で約20分
🚗 オークランドから約4時間

歩き方のヒント
ワイタンギ

楽しみ
アクティビティ ★★
見どころ ★★★★
リラックス ★★★★
交通手段
徒歩 ★★★★★
タクシー ★★
エリアの広さ
パイヒアから2km。歩いても30分程度なので、散歩がてらに海岸沿いの道を歩く人も多い。ワイタンギ内は徒歩で充分。

ワイタンギ条約について

　イギリスは、それまで入植者と先住民マオリとの間で紛争の絶えなかったベイ・オブ・アイランズ周辺の沈静化のため、さらにニュージーランドと自国との貿易を保護するために、1840年にホブソン総督をこの地に派遣し、マオリの族長たちとの間に「ニュージーランドの主権を英国女王に譲渡する代わりに、土地や漁業権などについては引き続きマオリが所有する」という内容の条約を交わした。しかしこの条文に関しては、具体的内容に乏しく、また英語とマオリ語の訳に違いがあることなどから、その解釈をめぐって現在も係争中である。

ワイタンギ条約が締結された場所

ノースランド

185

ラッセル／ワイタンギ

ケリケリ

KeriKeri

MAP-P.142-A

ケリケリへのアクセス

✈ オークランドから50分、1日3～5便、料金NZ$69～。空港から車で約10分。

🚌 オークランドからインターシティで約4時間45分、1日1～3便、料金NZ$37。

🚗 オークランドから約4時間30分。パイヒアから約30分。

観光案内所

パイヒアの観光案内所（☎09-402-7421）が兼務。

歩き方のヒント
ケリケリ

楽しみ

アクティビティ	★
見どころ	★★★★
リラックス	★★★

交通手段

徒歩	★★★★★
タクシー	★★

エリアの広さ

街からストーンストアやレワズビレッジまでは2kmほど離れているものの、30分もあれば歩いて行くことができる。レワズビレッジとストーンストアの間を流れるケリケリ川沿いには、ケリケリウォークウェイという遊歩道がある。4km程度のトレッキングコースで、軽く汗を流したい人にはちょうどいいコース。

ケリケリ半日ツアー

地元ワイナリーやチョコレート工房、歴史的建造物をバスで巡る半日ツアー。

🚌Fullers Great Sights Bay of Islands ☎09-402-7421

料 NZ$64 出発時間13:00 所要3時間 URL www.dolphincruises.co.nz

ストーンストアは堅牢な外壁が特徴

▼街のしくみと歩き方

パイヒアから車で30分のケリケリは、温暖な気候と農業に適した肥沃な土地が広がる街。さまざまな種類の果樹園があり、夏から秋にかけての収穫シーズンには、観光や季節労働のためにフルーツピッキングをしに来る人でにぎわいを見せる。街の中心は、それらの果樹園を抜けるようにして走るケリケリストリートとコーバムロードが突きあたるあたりまで。銀行やスーパーマーケット、モーテルなどが建ち並んでいて、パイヒアなどと比べるとはるかに街らしい機能を備えている。周辺は国内でも古くから入植が始まった地域で、街の東側のケリケリ川のあたりには、当時に建てられた歴史的建造物が残っている。

見る MAP-P.186

ストーンストア
Stone Store

ケリケリ川のほとりにたたずむストーンストアは、1835年建築の国内最古の石造りの建物。内部には樽や木箱などが展示され、かつて倉庫として使われていたことを物語っている。ゴムの売買所や、図書館、弾薬庫などにも使われた歴史がある。

🏠246 Kerikeri Rd. ☎09-407-9236 🚶街の中心部から徒歩20分

🕐10:00～17:00（5～10月は～16:00） 休なし

料NZ$10（ケリケリ・ミッションハウスと共通）

ケリケリ中心部
Kerikeri Central

0 ━━━ 300m

↓ケリケリ空港、パイヒア、ファンガレイ、オークランドへ

ケリケリ・ミッションハウス
Kerikeri Mission House

　ストーンストアのすぐ隣に建つ白い木目の外観が美しいこの建物は、もともとは1822年に牧師のケン・バトラーのために建てられた家で、現存する木造建築としてはNZ国内最古のもの。後に宣教師のジェームス・ケンプ一家が住んだことから、ケンプ・ハウスとも呼ばれるようになった。

🏠246 Kerikeri Rd.　☎09-407-9236　🚶街の中心部から徒歩20分
🕐10:00〜17:00（5〜10月は16:00まで）　休なし　料NZ$10（ストーンストアと共通）

建物の前に広がる庭が美しい

レワズビレッジ
Rewa's Village

　1969年に復元されたこの村は、200年ほど前に実在したマオリの村を再現したもの。マオリの村には必ず見られるマラエと呼ばれる集会所をはじめ、食料庫や武器庫、漁に使われたフィッシングカヌーなどがある。

意外にこぢんまりした建物

🏠1 Landing Rd.　☎09-407-6454
🚶街の中心部から徒歩20分　🕐夏9:00〜17:00、冬10:00〜16:00　休なし　料NZ$10

フィッシュボーン
Fishbone

　ノースランドのベストカフェ賞を受賞したこともある店。シーフードのほかラム肉を使ったメインディッシュ、ティラミス風デザートが人気。

🏠88 Kerikeri Rd.　☎09-407-6065　🕐8:00〜16:00（土曜8:30〜15:00、日曜8:30〜14:00）
料NZ$10〜

木・金曜の夜はワインバーになる

コロニアルハウス・ロッジ・モーテル
Colonial House Lodge Motel

　街の中心から東へ1km。ストーンストアなどの観光スポットにもほど近い場所にある。亜熱帯の木々に囲まれ、明るく居心地がよい。

🏠178 Kerikeri Rd.　☎09-407-9106
🚶街の中心部から徒歩12分　料S・D／NZ$135〜　室10室
URL www.colonialhousemotel.co.nz

ケリケリ・コート・モーテル
Kerikeri Court Motel

　街の中心部にある立地抜群のモーテル。プールやバーベキュー設備もある。

🏠93 Kerikeri Rd.　☎FAX09-407-8867　🚶中心部から徒歩1分　料T／NZ$140〜　室15室
URL kerikericourtmotel.co.nz

2部屋のユニットもある

カイタイア

Kaitaia

MAP-P.142-A

カイタイアへのアクセス

🚌 オークランドからインターシティで約6時間40分（1回乗り換え）、1日1便、料金NZ$78。パイヒアから約2時間30分（1回乗り換え）、1日1便、料金NZ$38。

🚗 オークランドから約6時間。パイヒアから約2時間。

観光案内所i-SITE

Far North i-SITE
MAP **P.188** 🏠 Te Ahu, Cnr. Matthews Ave. & South Rd.
☎09-408-9450
🕐8:30～17:00 🚫なし

歩き方のヒント カイタイア

楽しみ
アクティビティ	★★★★
見どころ	★★★★
リラックス	★★★

交通手段
徒歩	★
バス	★★★★
タクシー	★★

エリアの広さ
カイタイアの街そのものは規模が小さく、徒歩でも充分。90マイルビーチやレインガ岬へは、バスツアーに参加するのが便利だ。

レインガ岬の先端に立つ白い灯台

▼街のしくみと歩き方

　レインガ岬や90マイルビーチなど北島きっての観光地に近いカイタイアは、宿泊施設やレストラン、ショッピングセンターなどが並ぶノースランドでも比較的大きな街だ。気候は温暖で、サーフィンやフィッシングなどを目的に訪れる人も多い。

　南北に走るコマースストリートが街のメインストリートで、ほとんどのショップや宿泊施設などがこの通り沿いに集まっている。観光案内所は、この通りを南へ下った街はずれにある。レインガ岬や90マイルビーチへのツアーはもちろん、フィッシングツアーなどの申し込みはここでできる。

見る　　　　　　　MAP-P.181-A
90マイルビーチ
Ninety mile Beach

　カイタイアの西からレインガ岬のすぐ手前まで続くこのビーチは、総長100km近くの平坦で固くしまった砂浜。一般の車でも走ることができる。ただし、90マイルビーチへは、レンタカーの乗り入れは禁止されているので絶対にしないこと。ビーチへの乗り入れ地点や砂丘のそばなど一部砂が深いところもあるので、4WD車以外はバスツアーの利用をおすすめする。波打ち際を豪快に水しぶきをあげながら走り抜けるバスツアーでは、コース途中にある砂丘で砂滑りを楽しむこともできる。
🗺観光案内所から車で20分

気が遠くなるほど海岸線が続く

見る　　　　　　　MAP-P.181-A
レインガ岬
Cape Reinga

　岬先端の高台に立つ灯台からの眺めはすばらしく、視界いっぱいにタスマン海と南太平洋が広がる。西のタスマン海側の斜面は急な絶壁になっていて、その下に波が荒々しくうち寄せているのを見ると足がすくむ。レインガの語源はマオリ語で「飛び立つ場所」という意味。人間の魂はこの崖に茂るポフトゥカワの木にぶら下がってから、黄泉の国に飛び立つといわれている。灯台のそばに立つ道標には、世界中の都市までの距離が書いてあり、自国の方角を指しながら記念撮影をする観光客の姿も見られる。
🗺観光案内所から車で2時間半

カイタイア中心部
Kaitaia Central
0　　　500m

観光案内所のすぐ隣

テ・アウ
Te Ahu

カイタイア周辺で見つかったマオリの遺物をはじめ、モアやキウイなどの模型などが展示されている。

- Cnr. South Rd. & Matthews Ave.
- ☎09-408-9454
- 観光案内所から徒歩1分
- 9:00〜16:00
- 土・日曜
- NZ$7

マシューズ・ビンテージ・コレクション
Matthews Vintage Collection

カイタイアの街から車で25分ほどの場所にあるビンテージ博物館。マシュー夫妻が営むこの博物館では1920〜1950年代のビンテージグッズを展示。ナッシュ、シボレーなどのクラッシックカーや農業トラクターなどが展示されていて、ビンテージ好きにはたまらない。

- 4365 State Highway 10
- ☎09-406-0203
- カイタイアから車で25分
- 9:00〜17:00
- 12/25、聖金曜日
- NZ$10

オラナモーターイン
Orana Motor Inn

街の北側に位置するフレンドリーな宿。レストランやバー、プールなどもあり、ツアーの予約も可能。

- 238 Commerce St.
- ☎09-408-1510
- FAX09-408-1512
- 観光案内所から徒歩10分
- T／NZ$99〜145
- 32室

メインストリートにある

ブッシュマンズハット
The Bushmans Hut

山小屋のようなインテリアが特徴。炭焼きステーキが自慢だが、ナチョスやチリコンカルネなどの軽食もある。

- 5 Bank St.
- ☎09-408-4320
- 観光案内所から徒歩4分
- 17:00〜20:30（火・水・金曜はランチ営業あり）
- 月曜
- NZ$25〜

付け合せのポテトもたっぷり

とっておき情報

90マイルビーチがおもしろい！

カイタイアから90マイルビーチへは、サンド・サファリズのバスツアーがおすすめ。ツアーは朝の9時にカイタイアの街を出発し、90マイルビーチに入って一路北上する。

ツアーバスが走る海岸は固くしまった砂浜で、左手には広いタスマン海、右手には砂丘を眺めながらの快適なドライブが楽しめる。見渡す限り砂だらけの広大なビーチの真ん中や、コースの中ほどにある小さな岬ではバスが小休止するので、バスを降りて散歩してみよう。

テ・パキ砂丘では、ソリを使って砂滑りが楽しめる。砂丘の近くを流れる川、テ・パキ・ストリームはビーチへアクセスできる最も北の出入り口で、バスは川の中をじゃぶじゃぶと走っていく。

その後、最北端のレインガ岬灯台や、動物のはく製やマオリの工芸品が展示されているワゲナー博物館、太古のカウリの木で加工した工芸品が展示されているエンシェント・カウリ・キングダムなどを訪れる。

サンド・サファリズ Sand Safaris

- 36 Wireless Rd.
- ☎09-408-1778
- URL www.sandsafaris.co.nz
- 出発時間8:45（カイタイア発）
- 所要7時間30分
- NZ$70〜

大人も子どもも、砂滑りに夢中になる

ホキアンガ&カウリコースト

MAP-P.181-C

Hokianga & Kauri Coast

ホキアンガへのアクセス

 オークランドから車で約3時間半。ホキアンガへ行く定期的なバス便がないため、レンタカーかワイポウアフォレストを訪れるツアー（下記参照）に参加するのがおすすめ。

観光案内所 i-SITE

Hokianga i-SITE
MAP P.181-C
住 29 State Highway 12
☎09-405-8869
営8:30〜17:00　休なし

歩き方のヒント
ホチアンガ&カウリコースト

楽しみ
アクティビティ	★★
見どころ	★★
リラックス	★★★★

交通手段
徒歩	★
車	★★★★★

エリアの広さ

観光案内所があるオポノニからワイポウア・カウリ・フォレストまでは車で30分。そこからマタコへのカウリ博物館までは車で1時間ほど。バスなどの定期的に運行する交通公共機関がないため、レンタカーかツアー参加で訪れたいエリアだ。

オークランドからカウリコーストを訪れるツアー

オークランドからワイポウア・カウリ・フォレストを訪れる日帰りツアー。日本語ガイド付き。
団 ナビ・アウトドア・ツアーズ　☎09-826-0011　料NZ$330〜　出発8:00
所要 約10時間　URL navi.co.jp

▼街のしくみと歩き方

ノースランドの西側、タスマン海に面した国道12号線に沿った海岸線一帯はカウリコーストと呼ばれ、樹齢1000年以上の巨木カウリが見られる森林保護区が広がるエリア。ホキアンガハーバーに近い小さな街オポノニにある観光案内所やホキアンガにあるコプソーンホテルなどで、ワイポウア・カウリ・フォレストを訪れるツアーの申し込みができる。ワイポウア・カウリ・フォレストから南へ95kmほどのマタコへの街には、カウリ博物館があり、カウリの森と合わせて、ここを訪れるツアーが多い。

見る　MAP-P.181-C

ワイポウア・カウリ・フォレスト
Waipoua Kauri Forest

北島最大規模のカウリの原生林。ここでは、屋久島の縄文杉の姉妹木であり、国内最大のカウリ「タネ・マフタ」（マオリ語で森の神の意）や、樹齢約2000年の「テ・マトゥア・ナヘレ」（森の父）などの巨木を見ることができ、昼と夜にガイドツアーが行われている。

見る　MAP-P.181-E

カウリ博物館
The Kauri Museum

カウリの木に関する産業や文化を紹介している博物館。かつて行われていた伐採の様子やカウリの年輪の見方など、カウリの木に関するあらゆる展示があり、ワイポウア・カウリ・フォレストを訪れる前後に訪れると、さらに理解が深まる。化石化した虫や植物が含まれた琥珀のようなカウリガム（樹脂が固まったもの）のコレクションは必見。
住 5 Church Rd.　☎09-431-7417　料NZ$25　営9:00〜17:00
休 12/25　交オークランドから車で2時間　URL www.kaurimuseum.com

ホテル　MAP-P.181-C

コプソーン・ホキアンガ
Copthorne Hokianga

目の前のビーチから見るサンセットが美しく、各室のベランダからオーシャンビューが眺められる。スタンダードルームのほか、2ベッドルームの部屋もある。
住 State Highway 12, Omapere
☎09-405-8737　料NZ$120〜　交観光案内所から車で5分　室43室
URL www.millenniumhotels.com

コロマンデル半島

MAP-P142-E

Coromandel Peninsula

整備された美しいトレッキングコースが多い

大勢の人が集まるホットウォータービーチ

半島には美しい海岸線が続く

手つかずの自然が魅力のエリア
街のあらましとしくみ

オークランドの東側、車で2時間弱のハウラキ湾をはさんだところに位置しているコロマンデル半島。半島全体に手つかずの豊かな自然が残る素朴なリゾート地だ。

半島の中央にはコロマンデル山脈が連なり、その東側はマーキュリーベイ一帯を中心にカセドラルコーブや砂浜に温泉のわくホットウォータービーチなど見どころが多い。おしゃれなモーテルやレストランも点在し、夏には多くのツーリストを迎える。それに比べ西側は、海岸線まで山脈が迫り、街もどこかひなびた雰囲気を醸し出している。

ゴールドラッシュにわいた19世紀

1800年代初頭、カウリの木の輸出港として半島北部の街コロマンデルは繁栄した。さらに1850年代には、コロマンデルやテームズを中心にゴールドラッシュがわき起こり、ヨーロッパ各国から一攫千金を狙う人々が集まり街は活気づく。当時テームズは国内一の人口を抱える街にまで成長した。現在は半島最大の街テームズでもわずか6,700人が住むだけだが、街のいたるところに当時の繁栄をしのばせる建築物が残っている。

レンタカーでゆっくりと

残念ながら半島内の交通の便は良いとはいえない。バスの便も非常に少ないので、公共交通にはあまり期待できない。できればレンタカーがおすすめ。だが、細く曲がりくねった道が多く、国道25号線以外の道は大半が未舗装道路だ。安全運転を心がけ、自分のペースでゆっくりとまわろう。

コロマンデル半島
Coromandel Peninsula

0   20km

コルビル岬
Cape Colville
モエハウ山脈
Moehau Range

コルビル
Colville
Tuateawa

マーキュリー諸島
Mercury Islands

Whangapoua

コロマンデル
Coromandel
25
フィティアンガ
Whitianga

マーキュリーベイ
Mercury Bay

309号線
カセドラルコーブ
Cathedral Cove
ハーヘイ
Hahei

ケレタ
Kereta
25
ホットウォータービーチ
Hot Water Beach

コロマンデル山脈
Coromandel Range

タプ
Tapu

タイルア
Tairua
Pauanui

テームズ湾
Firth of Thames

Hikuai
25

テームズ
Thames
コプ
Kopu
25A
ファンガマタ
Whangamata

ミランダ
Miranda
オークランドへ
25
26
パエロアへ
ワイヒへ
ワイヒロアへ

テームズ

Thames

MAP・P.191

テームズへのアクセス

🚌 オークランドからインターシティで約1時間40分、1日2〜3便、料金NZ$27〜。

観光案内所 i-SITE

Thames i-SITE
MAP **P.192** 📍200 Mary St.
☎07-868-7284 ⏰9:00〜17:00
（季節により変動あり） 休12/25

歩き方のヒント
テームズ

楽しみ
見どころ ★★
リラックス ★★★
自然景観 ★★
交通手段
徒歩 ★★★
レンタカー ★★
タクシー ★
エリアの解説
モニュメントヒルからカウアエラン川までのエリアに広がる半島内で最大の街。テームズ歴史博物館と鉱石博物館はポレント St.をはさんでコックラン St.沿いに位置している。

▼街のしくみと歩き方

　テームズはコロマンデル半島の出入口に位置する街。19世紀に起こったゴールドラッシュにより繁栄し、1876年から1924年の約50年の間には、1,500の鉱山から70トンもの金が採集されたという。1870年代のゴールドラッシュ全盛期には、街の人口が2万人にも膨れあがり大いににぎわいを見せた。これは当時のオークランドの人口の2倍に当たる数で、国内で最大級の街だったのだ。今では全盛期の約3分の1に人口は減少しているが、博物館や教会などの建築物に当時の繁栄をかいま見ることができる。

　街の中心は、国道25号線の1本東側を平行に走るポレンストリート。観光案内所や長距離バスのターミナル（オークランドやタウランガ、コロマンデル行きの乗り換え場所）、モーテル、レストラン、ショップなどがこの通り沿いに集まっている。見どころの多い街とはいえないが、ゆったりとした時間を過ごすには最適な街だ。

見る　　　　　　　　　　　　　　　MAP・P.192

テームズ歴史博物館
Thames Historical Museum

　古い教会を利用した博物館。数々の展示物や写真などにより、ゴールドラッシュにわいた当時の街の様子を知ることができる。庭園もよく手入れが行き届いており、季節ごとに美しい花を咲かせている。
📍Cochrane St. ☎07-868-8509
🚶観光案内所から徒歩5分 ⏰10:00〜16:00 休なし 料NZ$5

見る　　　　　　　　　　　　　　　MAP・P.192

鉱石博物館
School of Mines and Mineralogical Museum

　1886年に開設された鉱石の研究所が1954年に閉鎖され、その後博物館として公開されている。館内にはニュージーランド中の鉱石が集められ、展示されている。
📍Cnr. Brown & Cochrane Sts. ☎07-868-6227 🚶観光案内所から徒歩5分 ⏰11:00〜15:00 休月・火曜、祝日 料NZ$10

庭園が美しい歴史博物館

かつては研究所であった鉱石博物館

コロマンデル

Coromandel

MAP▶P.191

▼街のしくみと歩き方

　コロマンデルは、テームズから国道25号線を約50km北上したところに位置する小さな街。街の機能のほとんどすべてが、カパンガロードというメインストリート1本に集約されており、10分ほどでまわれてしまう。街の中には観光名所と呼ばれるようなところはないが「芸術家の住む街」として知られているコロマンデルには、アトリエが点在しているので、それらを見てまわると楽しい。

芸術家たちの作品が並ぶアトリエ

見る
ドライビングクリーク鉄道
Driving Creek Railway　　　　MAP-P.193外

　街の中心から3kmほど北に、かつてカウリを運搬するために使用したレール幅38cmのミニ鉄道がある。現在は陶芸家のために土を運ぶ役割を果たすほか、観光列車としても人気を呼んでいる。6kmの全線が山の急斜面にあり、途中4つの橋を渡り、トンネルを2つくぐる変化にとんだコースを、スイッチバックを繰り返しながら進んでいく。

🏠380 Driving Creek Rd.　☎07-866-8703　🚗観光案内所から車で10分　🕐10:15、11:30、12:45、14:00、15:15、16:30に出発（10〜4月は9:00、17:45が増便される）　休なし　料NZ$35
URL dcrail.nz

見る
ワイアウカウリグローブ
Waiau Kauri Grove　　　　MAP-P.193外

　コロマンデルから309号線を入り7km進んだところにあるワイアウ滝を、さらに東に1km進むとワイアウカウリグローブと呼ばれる巨木地帯が広がる。周辺はウォーキングコースになっているのでブッシュウォークも楽しめる。

🚗観光案内所から車で30分

ホテル
コロマンデルコートモーテル
Coromandel Court Motel　　　　MAP-P.193

　街の中心まで100メートルの場所にあり、タウンや周辺の観光に便利な立地。

🏠365 Kapanga Rd.　☎07-866-8402　FAX 07-866-8403
🚶観光案内所から徒歩4分　料NZ$145〜　室10室
URL www.coromandelcourtmotel.co.nz

コロマンデルへのアクセス

🚌　オークランドからインターシティで約3時間30分、1日2便（午前）、NZ$40〜。
　オークランドからFllers360フェリーで約2時間。ダウンタウンのフェリー乗り場（360 Discoveryのチケットオフィス裏）から出発し、ワイヘキ島、ロトロア島を経由して、コロマンデルのHannafords Wharfに到着。片道NZ$64。船着き場からタウンまでは、無料のシャトルバスで20分。

観光案内所

Coromandel Information Centre
MAP **P.193**　🏠85 Kapanga Rd.
☎07-866-8598　🕐10:00〜16:00
（土・日曜11:00〜15:00）休なし

歩き方のヒント
コロマンデル

楽しみ
見どころ　　★★
リラックス　★★★
自然景観　　★★★
交通手段
徒歩　　　　★★
レンタカー　★★★★★
タクシー　　★★★

エリアの解説
観光案内所、ホテル、レストランなどは、すべてカパンガロード沿いに並んでいる。中心エリアは徒歩で10分圏内。

ゴルフ場

コロマンデル
Coromandel
0　　400m
N

ドライビングクリーク鉄道へ↑

コロマンデルコートモーテル🏨

ディストリクトカウンシル

🛈観光案内所

Haurakii Road　Rings Road　Kapanga Road　Long Bay Road　Tiki Road　Whangapoua Road

Wharf Road

コロマンデルハーバー
Coromandel Harbour

テームズ、ワイアウカウリグローブへ　タイルドへ 25

マーキュリーベイ
Mercury Bay

休日にはにぎわいを見せるヨットハーバー

マーキュリーベイへのアクセス

🚌 オークランドからフィティアンガまでインターシティで約4時間20分、1日1〜2便、NZ＄53〜。コロマンデルから約1時間NZ＄14〜。

観光案内所 i-SITE

Whitianga i-SITE
MAP P.194　住66 Albert St.,Whitianga　☎07-866-5555
営9:00〜17:00（5〜9月の日曜〜14:00）休12/25

194

▼街のしくみと歩き方

　コロマンデル半島の東側、クックブラフからオピトポイントまで広がるマーキュリーベイの名は、1769年にキャプテンクックがここで水星（マーキュリー）を観測したことからつけられた。美しい海岸を持つこのエリアは、リゾート地として親しまれ、半島の中でも洗練された場所として人気を博している。フィッシングやスキューバダイビング、カヤックなどのアクティビティも楽しめ、のんびりと気ままに過ごせる街だ。

見る　　　　　　MAP-P.194外
カセドラルコーブ
Cathedral Cove

自然が創り上げた芸術品

　マーキュリーベイの端ハーヘイの北側にある、波に浸食されてできた洞門。周辺には、同じように長い年月をかけ、波が打ち寄せることによって創られた真っ白な岩壁が点在している。そのダイナミックな景観と透き通るような青さの海とのハーモニーが絶妙。カップルで訪れる人も多い。
交観光案内所から車で30分、駐車場から徒歩20分

見る　　　　　　MAP-P.194外
ホットウォータービーチ
Hot Water Beach

©Peter Michel

　ハーヘイの南8kmのところにあるこのビーチは、干潮の前後2時間に波打ち際の砂を掘ると温泉が湧き出すことで有名。自分の天然温泉を作り、海を見ながらゆっくりとくつろぎたい。
交観光案内所から車で35分

レストラン　　　　　　MAP-P.194
ソルト
SALT
　フィティアンガホテルに隣接し、マリーナに面したレストラン。
住2 Blacksmith Lane ☎07-866-5818 交観光案内所から徒歩1分 営11:30〜深夜 休なし 料ランチNZ＄18〜、ディナーNZ＄28〜 URL www.salt-whitianga.co.nz

ホテル　　　　　　MAP-P.194
シャーウォーターモーテル
Shearwater Motel
　海に面した裏庭のプールでくつろげる。カヤックの無料貸し出しあり。
住88 Albert St., Whitianga ☎07-866-5884
交観光案内所から徒歩5分 料S／NZ＄170〜 室5室

ベイ・オブ・プレンティ
Bay of Plenty

MAP-P142-F

195

白砂のビーチがどこまでも続く
街のあらましとしくみ

　ベイ・オブ・プレンティとは英語で「豊穣の湾」。イギリスの探検家ジェームス・クックが初めてこの地を訪れた時、先住民マオリの人々から豊富な農作物を手に入れたことが名前の由来だ。気候が温暖で日照時間が長いことからフルーツの栽培が

美しい海岸線が続くマウントマンガヌイ

盛んで、特にキウイフルーツはこの地方の特産。タウランガから100km東にあるファカタネの沖合いに浮かぶホワイトアイランドはこのエリアの有名な観光スポットだ。3つの火口丘からなる活火山の島で、今も活発な火

山活動が続いている。島は私有の自然保護区になっており、ファカタネやタウランガなどからガイドツアーが出ている。

火山活動が間近で見られるホワイトアイランド ©Rob Suisted

バスでBay of Plentyを移動

Bay busのバスが、タウランガとロトルア間を運行（1日2便、月〜金曜のみ、料金NZ$12、所要約1時間半）。またタウランガとファカタネ間はBay Hopper Eastern Bayのバスが運行（1日1便、月〜土曜のみ、料金NZ$15.20、所要約2時間）☎0800-422-287
URL www.baybus.co.nz

このエリアの路線バスBay Hopper

パシフィック・コースト・ハイウェイをドライブ

　オークランドからコロマンデル、ベイ・オブ・プレンティを経てホークスベイまで続くパシフィック・コースト・ハイウェイ。特にベイ・オブ・プレンティ一帯では、美しい海岸線に沿って車を走らせることができ、人気のドライブルートになっている。

ベイ・オブ・プレンティ
Bay of Plenty

ホワイトアイランド
White I.

タウランガ
Tauranga

Motiti I.

ベイ・オブ・プレンティ広域図
Bay of Plenty

0　　　　　50km

マタマタ
Matamata
（映画「ロード・オブ・ザ・リング」「ホビット」のロケ地）

テプケ

キウイフルーツカントリーツアーズ

Matata

ファカタネ
Whakatane

オポティキ
Opotiki

Tirau

ロトルア湖
L. Rotorua

Awakeri Springs

ロトルア
Rotorua

Bay of Plenty

タウランガ

Tauranga

MAP-P.195-A

タウランガへのアクセス

✈ オークランドから40分、ニュージーランド航空で1日7〜9便、料金NZ＄59〜。クライストチャーチから1時間50分、1日3〜4便、料金NZ＄149〜。

🚌 オークランドからインターシティで約3時間40分、1日6便、料金NZ＄15〜46。ロトルアからインターシティで約1時間、1日5〜6便、料金NZ＄18〜46。

観光案内所 i-SITE

Tauranga i-SITE

MAP **P.196** 住95 Willow St.
☎07-578-8103 営8:30〜17:30
（祝日9:00〜17:00）休12/25

i-SITE隣がバス停

歩き方のヒント
タウランガ

楽しみ
見どころ ★★
リラックス ★★★★
自然景観 ★★★

交通手段
徒歩 ★★★★
レンタカー ★★
バス ★★★

エリアの解説
レストランやカフェ、ショップが集まるダウンタウンの中心部は、ゆっくり歩いても30分くらいでまわれる広さ。対岸のベイフェアへはバスで10分ほど。海沿いのストランド通りにはおしゃれなレストランやバーが軒を連ね、多くの人でにぎわいを見せる。

▼街のしくみと歩き方

ベイ・オブ・プレンティの中心となるタウランガは、この地方の中心地で人口11万強。国内で5番目に大きい都市であり、国内最大の輸出港としても知られている。気候が温暖で、美しいビーチがあるタウランガはニュージーランド人にとって、リタイア後に住みたい街として人気が高く、最近は日本人のロングステイヤーにも人気が出ている。

さまざまなアウトドアアクティビティを楽しめるほか、交通の便がよく、バスを利用してロトルアやワイトモ、タウポへ日帰りで行くことができる。

見る
MAP-P.196

タウランガアートギャラリー

Tauranga Art Gallery

地元アーティストや、地域にゆかりのある芸術家の作品を常設。不定期で企画展も行われる。

住108 Willow St. ☎07-578-7933 営10:00〜16:30 交観光案内所の向かい側 休なし 料寄付制 URL www.artgallery.org.nz

遊ぶ
MAP-P.195-A

キウイフルーツカントリーツアーズ

Kiwifruit Country Tours

タウランガから車で30分ほどのテプケの街にあるキウイフルーツのテーマパーク。園内をカートで巡る果樹園ツアーでは、収穫から仕分け、梱包までの作業を見学できる。メインの建物の中にあるカフェでは食事が楽しめるほか、キウイワインの試飲ができる。

住RD8, Tepuke ☎021-522-960 営夏期9:00〜16:00、冬期10:00〜15:00（キウイカートガイドツアーは毎正時スタート）交タウランガから車で30分 休なし 料NZ＄20 URL www.kiwifruitcountrytours.co.nz

大きなキウイのオブジェが目印

タウランガ中心図
Tauranga
0 300m

マウントマンガヌイへ

Waikareao Estuary

Takitimu Dr.

Willow St.

Dive Crescent

Harington St.

インターシティ
タウランガアートギャラリー
ハーバーシティモーターイン
たから
CBK

Cameron Rd.
Durham
Devonport Rd.

Harington St.

Elizabeth St.

ホテル・オン・デボンポート

R ミルズリーフワイナリーへ

レストラン　MAP-P.196外

ミルズリーフワイナリー

Mills Reef Winery

世界各国のコンペティションで200以上の賞に輝いた実績を誇る、ニュージーランドを代表するワイナリー。レストランでの食事やワインテイスティングを楽しめる。ここで結婚式を挙げる人も多い。

住143 Moffat Rd.　☎07-576-8800　営テイスティング10:00〜17:00（水〜日曜のみ朝食9:00〜、ランチ11:30〜）　交タウランガ中心部からから車で15分　休祝日　料試飲無料、ランチNZ$20〜
URL www.millsreef.co.nz

見る　MAP-P.195-B

ホワイトアイランド

White Island

地球の鼓動を感じる

活火山ホワイトアイランドを船で訪れるガイド付きツアー。火口付近への2時間の散策では、音を立てて噴き出す蒸気や湯気が上がる湖を間近に観察できる。船上からイルカやクジラが見られることもある。

☎07-308-9588　料NZ$299
催行 通年（天候による）出発8:00〜10:00、13:00〜14:00の間（海の状況による）　所要6時間
URL www.whiteisland.co.nzv

ホテル　MAP-P.196

ハーバーシティ・モーターイン

Harbour City Motor Inn

タウランガの中心部、観光案内所の斜め向かいに位置するモーテル。各室に大きなジャクージ付き。

住50 Wharf St.　☎07-571-1435　FAX 07-571-1438　交観光案内所から徒歩1分　室20室　料T/NZ$190〜
URL www.taurangaharbourcity.co.nz

ホテル　MAP-P.196

ホテル・オン・デボンポート

Hotel on Devonport

街の中心に建つ白壁の瀟洒な高層ホテル。海側の部屋からは美しいビーチやタウランガ港が見える。

住72 Devonport Rd.　☎07-578-2668　FAX 07-578-2669　交観光案内所から徒歩5分　室42室　料T/NZ$205〜　URL www.hotelondevonport.net.nz

レストラン　MAP-P.196

CBK

CBK Craft Bar & Kitchen

朝から夕方まではカフェ、夜はレストランとして営業。地元住民がおすすめするラムやビーフの料理を味わってみよう。

住Red Square
☎07-578-4700　営11:00〜深夜（土・日曜9:00〜）　交観光案内所から徒歩3分　休なし　料ランチNZ$7〜、ディナーNZ$18.50〜

レストラン　MAP-P.196

たから

Takara Japanese Restaurant

赤坂の料亭で修業を積んだ料理人が作る、ボリュームたっぷりな和食をリーズナブルな値段で楽しめる。

住97 The Strand
☎07-579-4177
営11:00〜22:00
交観光案内所から徒歩2分
休火・日曜　料ランチNZ$15〜、ディナーNZ$20〜

ローカルに人気の店

本音でガイド

市内のウォークウェイを自転車散歩

タウランガ市内には整備されたウォークウェイがいくつもあり、地元住民がウォーキングやサイクリング、ジョギングを楽しんでいる。時間があれば、ダウンタウンの中心部から少し離れて近郊を自転車で散策してみるのもいい。おすすめはWaikareao Estuaryというルート。大きな入り江を一周する9kmのコースで、徒歩で所要2時間、自転車で1時間弱だ。

レンタサイクル

問Cycle Tauranga　☎07-571-1435　住50 Wharf St, Tauranga（ハーバーシティモーターインに併設）
料2時間NZ$20、4時間NZ$29、1日NZ$49
URL www.taurangaharbourcity.co.nz

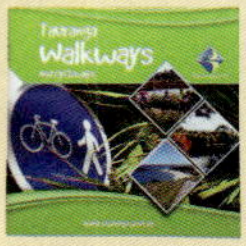

i-SITEで配布している冊子には、タウランガとマウントマンガヌイの11ヶ所のウォークウェイが、ルートマップ、所要時間とともに紹介されている。マウントマンガヌイ以外は、自転車での通行可。

※ニュージーランドでの自転車の交通ルールはP.285を参照。

マウントマウンガヌイ

Mount Maunganui

MAP-P.195-A

マウントマウンガヌイへのアクセス

タウランガのi-SITE前からBayhopper（路線バス）で約20分。約1時間おきに運行。料金は片道NZ$2.72。

観光案内所

マウントマウンガヌイにi-SITEはなく、マンガヌイ山のふもとにあるホリデーパークのオフィスが観光案内所になっている。

Beachside Holiday Park Information Centre

MAP P.198　1Adams Ave., Mount Maunganui　☎07-575-4471　夏期8:00～20:00、冬期8:30～18:00（金曜～19:00）　なし　URL www.mountbeachside.co.nz

歩き方のヒント
マウントマウンガヌイ

楽しみ
アクティビティ	★★★
見どころ	★★
リラックス	★★★★

交通手段
徒歩	★★★★
バス	★★★

エリアの広さ
中心となるのは、マンガヌイ山のふもとにあるホットプール前のバス停から、カフェやレストランが並ぶ海沿いのマリンパレードまで。徒歩で20分圏内のコンパクトなエリアだ。

マウントマウンガヌイ
Mount Maunganui

0　300m

▼街のしくみと歩き方

街の名前にもなっているマウントマウンガヌイからビーチ沿いに延びるマリンパレードにカフェやレストラン、豪華な別荘が並ぶ。1本中に入ったマウンガヌイロード沿いにラグジュアリーなアパートメントタイプの高層ホテルが並び、ビーチリゾートの雰囲気たっぷり。反対側のハーバー沿いには穏やかな湾、港やマリーナがあり、こちらでもマリンスポーツを楽しむ人の姿が見られる。中心部からマウンガヌイロードをタウランガ方面に15分ほど歩けば、ショッピングエリアがある。

見る　　　　　　　　　　　　MAP-P.198

マウントマウンガヌイ
Mount Maunganui

マウントの愛称で親しまれるマンガヌイ山（標高232m）は、この街の名前にもなっているシンボル。麓を周遊するBase Track（3.4km、所要45分）と頂上まで上るコースがある。Waikorire Trackは階段状の急な登りで、Oruahine Trackの方がゆるやかな登りだ。頂上から見下ろすビーチの眺めは格別。

07-577-7000（タウランガシティカウンシル）

遊ぶ　　　　　　　　　　　　MAP-P.198

マウント・ホットプール
Mount Hot Pools

マウンガヌイ山のふもとにある温水プール施設。海水をろ過して加温した温度の異なる5種の屋外プールと屋内のプライベートプールがあるほか、タイ式、ポリネシア式などの各種マッサージが受けられる。

9 Adams Ave., Mount Maunganui　☎07-577-8551　6:00～22:00（日曜、祝日8:00～）　なし　ホリデーパークから徒歩2分　NZ$14.70（プライベートプールはNZ$15.90、マッサージは30分NZ$50～）

ホテル　　　　　　　　　　　MAP-P.198

カレイス
Calais Mount Resort

ホットプールの向かい側にあるアパートメントタイプのホテル。各室に洗濯機と乾燥機、ジャクージが備え付けてある。

6 Adams Ave., Mount Maunganui　☎07-575-3805　ホットプールの向かい　T/NZ$155～　28室　URL www.calais.co.nz

とっておき情報 拡大版

「ロード・オブ・ザ・リング」「ホビット」のロケ地

ホビット村を訪ねてみよう

ウェリントン出身の映画監督ピーター・ジャクソンが制作した大ヒット映画「ロード・オブ・ザ・リング」と「ホビット」。撮影当時のまま残っているマタマタのロケ地は、世界各国からファンが訪れる人気スポットだ。

映画そのままの風景が広がる

ロトルアから車で1時間ほど、マタマタ（MAP P.195-A）のホビット村は、500ヘクタールにもおよぶ広大な農場アレキサンダーファームに作られたロケ地。「ロード・オブ・ザ・リング」「ホビット」は、ニュージーランドの各地で撮影が行われたが、ここではホビット族が暮らす村シャイアでのシーンが撮影された。ホビットの家のまわりに設けたベジガーデンや美しい森は、今も常駐するガーデナーによって毎日手入れされており、映画の中の世界そのまま。畑から収穫したフレッシュなハーブや野菜、果物は園内のカフェで使用されている。

撮影の裏話を聞きながら散策

ピーター・ジャクソン監督が、マタマタにあるアレキサンダーファームを見つけたのは1998年。なだらかな田園風景が続く広大な牧場は、物語の舞台となる「中つ国」のイメージその

ままだったそうだ。翌年9ヵ月をかけて舞台セットが建設され、フロド役のイライジャ・ウッド、ガンダルフ役のイアン・マッケランをはじめ400名のスタッフが滞在し、3カ月に渡って映画撮影が行われた。ツアーでは、ガイドから撮影の裏話を聞きながら、ロケ地を巡ることができる。

Hobbiton Movie Set Tours

住501 Buckland Rd., Hinuera
☎07-888-1505　営9:00～15:30にガイドツアーが出発（出発地によって異なる、季節によって追加あり）所要2時間　料NZ$84、ロトルア発着はNZ$119
URLwww.hobbitontours.com

Hobbiton Express Tour　オークランド発着

Bush and Beach　☎09-837-4130　所要8時間　料NZ$305（ランチとグリーンドラゴン亭での飲み物代、ホテル送迎を含む）URLww.bushandbeach.co.nz

ロトルア

Rotorua

MAP-P143-H

ロトルアのプロフィール

人口：約7万2000人
面積：約2600km²
気温：夏の平均最高気温は23度、
冬の平均最低気温は3.1度
降水量：年間平均雨量約1,400mm
日本の姉妹都市：大分県別府市

ロトルア空港

ロトルアへのアクセス

✈ オークランドから45分、
1日3～4便、料金NZ$69～。
クライストチャーチから1時間15
分、1日5便、NZ$179～。

🚌 オークランドから約4時
間15分（1日5本）、NZ$35～。
ウェリントンから約7時間30分、
1日3～4本、料金NZ$29～。

空港から市内へ

タクシー：約NZ$30
シティライド（路線バス）：NZ$2.70
月～土曜は30分に1本、日曜は1
時間に1本の運行
シャトル：約NZ$21～
いずれも所要時間は15～20分ほど

温泉施設やホテルに掲げてある泉質
の説明に「ナチュラルサーマル」と
あるところは天然温泉、「ミネラル
スパ」とあるところはわかし湯のこ
とだ。

マオリ文化と温泉の街
街のあらましとしくみ

14世紀中頃からマオリのテ・アラワ族がこの地に住み、現在もその子孫が多く住み続けているロトルアの街には、温泉や間歇泉などの地熱地帯が広がる。また18もの湖、森林公園などの豊かな自然を背景にしたアクティビティがさかん。

国内外から多くの人が訪れる代表的な観光地

ニュージーランドの先住民族マオリの影響が色濃く残るロトルア（マオリ語で"第2の湖"の意）では、彼らの文化や生活の一部をかいま見ることができる。マオリ族に古くから伝わる歌や踊りを鑑賞しながら、肉や野菜を蒸し焼きにした伝統料理「ハンギ」を食べるマオリコンサートは、この街の人気アトラクションで、規模の大きなホテルでディナーショーとして開催されているほか、屋外でも行われている。

地熱地帯にあるロトルアでは、勢いよく吹き出す間歇泉や、泥がぼこぼこと音を立てて沸騰しているマッドプール、硫黄や地下から吹き出すガスなどによって赤、青、黄、緑、白などの色に変化した沼や池など、地熱地帯ならではの景観が楽しめる。

もちろん温泉施設が多いのはいうまでもない。この地のミネラルをたっぷり含んだ泉質は美容や健康によく、サーマルマッドを使ったせっけんや泥パックなどの美容製品がおみやげとして人気がある。

勢いよく吹き上げる間歇泉はロトルアの名物

自然を満喫するアクティビティが豊富

豊かな自然に囲まれているロトルアはトラウトフィッシングに絶好といわれ、川や湖に多くのフィッシングスポットがある。現地のフィッシングガイドが組むツアーは、滞在期間が短い旅行者向きだ。またラフティングやジェットボートなどのウォータースポーツや、景色を楽しむトレッキングや乗馬、スリル満点のスカイダイビングと、アクティビティも揃っている。一部の農場では、乗馬などを楽しみながら農場の生活を体験できるファームステイを行っており、観光客に人気がある。

ロトルア周辺
Greater Rotorua

0 ━━ 3km

A

- タウランガへ
- Kaharoa
- タウランガへ
- ザ・ファームハウス
- ハムラナガーデンズ
- Hamurana ハムラナ
- Awahou アワホウ
- ロトルア湖 Lake Rotorua
- Waiteti ワイテティ
- Tarukenga タルケンガ
- ドッグ・アンド・ホイッスル
- アグロドーム Agrodome
- ノンゴタハ Ngongotaha
- レインボー・スプリングス・ショップ
- キウイエンカウンター Kiwi Encounter
- モコイア島 Mokoia Island
- レインボースプリングス Rainbow Springs
- Central Rd.
- Tauranga Direct Rd.

B

- カイトゥナ川 Kaituna R.
- オケレフォールズ Okere Falls
- Okere Falls オケレ Falls
- Otaramarae オタラマラエ
- Tokerau トケラウ
- ロトエフ Rd. Rotoehu Rd.
- Mourea モーレア
- VRロトルア・レイクリゾート
- ヘルズゲート
- 地獄の門 Hell's Gate
- Te Ngae テ・ンガエ
- ロトイチ湖 Lake Rotoiti
- Hauparu Bay ハウパルベイ
- ロトカワウ湖 Lake Rotokawau
- ファカタネへ
- (30)
- (33)

- gongotaha Valley
- ノンゴタハ山 Mt. Ngongotaha ▲754
- アオランギピーク
- スカイライン・ロトルア
- Paradise Valley Rd.
- paradise Valley
- パラダイスバレースプリングス ワイルドライフパーク Paradise Valley Springs Wildlife Park
- ゴタハ川 ongotaha
- Utuhina Stream
- ディスティンクション・ロトルア
- P.203
- ガバメントガーデンズ Government Gardens
- リッジズ・ロトルア
- ホリデイ・イン・ロトルア
- テ・プイア Te Puia
- ファカレワレワ地熱地帯
- Rotokawa ロトカワ
- ロトルア空港 Rotorua Airport
- ファカレワレワ森林公園 Whakarewarewa State Forest Park
- ブルーレイク Blue Lake
- Lake Okataina オカタイナ湖
- Lake Okataina オカタイナ湖
- (30)
- (5)

C

- ホロホロクリフ Horohoro Cliffs
- ホロホロ Horohoro
- Waireka ワイレカ
- Kapenga カペンガ
- Guthrie ガスリー
- Waikaukau Rd.
- Byce Rd.
- Rotohouhou Rd.
- Tumunui Rd.
- Stream
- Waipa State Mill Rd.
- Kawaka Stream
- Te Mu Rd.

D

- オカレカ湖 Lake Okareka
- グリーンレイク Green Lake
- Te Wairoa テ・ワイロア
- タラウェラ湖クルーズ乗り場
- テ・ワイロア埋没村 Te Wairoa Buried Village
- タラウェラ湖 Lake Tarawera
- ツリートップス・ロッジ&エステイト
- ロトマハナ湖 Lake Rotomahana

201

- (160)
- Tumunui トゥムヌイ
- Waimangu Rd.
- ワイマング火山渓谷 Waimangu Volcanic Valley
- ワイマング Waimangu
- オカロ湖 Lake Okaro
- レインボーマウンテン Rainbow Mountain ▲743

E

- Parsons Rd.
- Poutakataka Rd.
- Whinaki Valley Rd.
- Rehi Rd.
- Twist Rd.
- Corbett Rd.
- ナクル Ngakuru
- ワイキテバレー・ロード Waikite Valley Rd.
- ワイキテバレー Waikite Valley
- ワイキテバレー・サーマルプール Waikite Valley Thermal Pool
- オポウリ湖 Lake Opouri
- ワイオタプ Waiotapu
- ワイオタプ・サーマルワンダーランド Waiotapu Thermal Wonderland
- Te Kopia Rd.
- Puaiti Rd.
- パエロア山脈 Paeroa Range
- オハクリ湖 Lake Ohakuri

F

- ケロセンクリーク Kerosene Creek
- レディノックス・ガイザー Lady Knox Geyser
- Waiotapu Rd. ワイオタプ Rd.
- ワイロアへ
- (38)
- Wharepaina ワレパイナ
- タウポへ
- (5)

ロトルア市内＆郊外
ウォーキングの基礎知識

観光案内所 i-SITE

Rotorua i-SITE
MAP P.203-D　1167 Fenton St.
☎07-348-5179
圖7:30～19:00（冬期～18:00）
休12/25

歩き方のヒント
ロトルア

楽しみ
アクティビティ　★★★★
見どころ　　　　★★★★
リラックス　　　★★★

交通手段
徒歩　　　★★
バス　　　★★
タクシー　★★★

エリアの広さと交通手段
市全体の総面積は約2,600km²。中心部の主な見どころは徒歩圏内だが、郊外に行くにはバスやタクシー、レンタカーなどが必要。観光スポットを回るシャトルバスが観光案内所から運行されている。

市内を循環するローカルバスのCity rideは全部で11ルート。料金は固定制でNZ$2.80。

ぜひ訪れたいポイント

●ガバメントガーデンズ
●ポリネシアンスパ
●ファカレワレワ地熱地帯
●アグロドーム
●レインボースプリングス

碁盤の目のように道が続く中心部
道に迷うことはない

　時計塔がついたクラシックなスタイルの建物でひときわ目立つ観光案内所「ツーリズム・ロトルア」は、メインストリートのフェントンストリートにある。ここが長距離バスや市内バス、シャトルなどの発着地となっている。市民の憩いの場でもあるガバメントガーデンズは、ここから東へ徒歩5分の距離で、その広大な敷地内にはロトルア博物館やブルーバスがあり、ポリネシアンスパ、バラ園なども隣接している。

　プクアツアストリートやツタネカイストリートにファッション、雑貨店、レストランなどが集中しているが、なかでも夜遅くまで営業しているレストランやバーが軒を連ねるイートストリート"Eat Street"（MAP P.203-B）、いつも地元客や観光客でにぎわっている。木曜の夜にツタネカイストリートで開催される

「ナイトマーケット」も人気だ。ツタネカイストリートの終わりまで歩くと、ロトルア湖に突き当たる。湖畔の遊歩道は、湖に浮かぶモコイア島を眺められる格好の散歩コースだ。

にぎやかなイートストリート

郊外には地熱地帯や知られざる秘湯も

　車で5号線を6分ほど北上すると、左手に見えるノンゴタハ山はゴンドラやリュージュが楽しめるアクティビティスポットだ。さらに5号線を進むとアグロドームやハムラナ・スプリングスに着く。反対に5号線をタウポ方面に南下すると、ファカレワレワ地熱地帯が広がり、ここからさらに南下するとワイマング火山渓谷の噴火口やワイオタプ・サーマルワンダーランドのマッドプールが見られる。川全体が温泉になっている秘湯ケロセンクリークや、貸し切り風呂の設備が整ったワイキテ・サーマルプールもここから近い。また、市内中心部からロトルアレイク・タラウェラロードを車で20分ほど南下すると、テ・ワイロア埋没村に着く。タラウェラ湖、ブルーレイク、グリーンレイクがあるこのエリアでは、湖水浴やファカレワレワ森林地帯でのトレッキングを楽しみたい。

ぽこぽこと音を立てるマッドプール

本音でガイド

郊外へは車を利用

　アグロドーム、ファカレワレワ地熱地帯など、徒歩で行くには距離がある郊外の見どころへは、シャトルやレンタカー、タクシーを使うと便利。料金は目的地によって異なる。

シャトル
Geyser Link Shuttle ☎0800-000-4321
Grumpy's ☎07-348-2229
シャトルの料金は施設入場料とセットになっている

ことが多い。市中心部からワイオタプまでNZ$70
レンタカー
Avis（空港）☎07-345-7133
Hertz（空港）☎07-348-4081
料金の目安：1日のレンタル代は保険料込みで約NZ$120〜
タクシー
Rotorua Taxis ☎07-348-1111

ロトルア中心部
Rotorua Central
0　　　200m

203

ロトルア 完全攻略モデルプラン

ロトルアらしいスポットを集めた盛りだくさんのコース。
スカイライン・ロトルアのリュージュ（P.209）はおすすめのアクティビティ。

START !

ガバメント ガーデンズ →P.205

敷地内では、スケートやパターゴルフなどを楽しむことができる。

シンプリー・ディファレント→P.210

キャンドルやキッチングッズなど、かわいい小物がいっぱい！

孵化の様子を一般に公開しているのはココだけ！

ワインに合うオードブルも美味。

アオランギピーク→P.213

ノンゴタハ山からの景色を眺めながら、のんびりと食事を楽しもう。

キーウィハチャリーツアー→P.206

ニュージーランドの国鳥、キーウィの貴重な姿を観察できる。

天然泥でお肌ツルツル

テ・プイア→P.206

ポフツ間歇泉は、最高で高さ約30mも湯を吹き上げる。

GOAL !

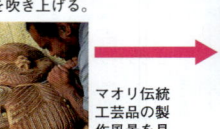

マオリ伝統工芸品の製作風景を見学できる

ポリネシアンスパ→P.205

ロトルア湖を眺めながら、温泉でのんびりリラックスしよう。

オススメルート Recommemded Route ----------------------

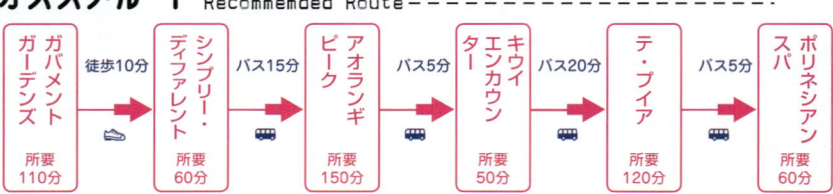

ガバメント ガーデンズ	徒歩10分	シンプリー・ディファレント	バス15分	アオランギピーク	バス5分	キーウィエンカウンター	バス20分	テ・プイア	バス5分	ポリネシアンスパ
所要 110分		所要 60分		所要 150分		所要 50分		所要 120分		所要 60分

ロトルア市内の見どころ

見る　　　　　MAP-P.203-B
ガバメントガーデン
Government Gardens

　ガバメントガーデンは、地元のマオリ族が「世界の人々の利益のために」と寄付した土地に、1800年代の終わりに政府が作った英国風の美しい庭園。園内にはロトルア博物館、ポリネシアンスパ、ブルーバスなどがある。

住Government Gardens　図観光案内所から徒歩3分　休なし

見る　　　　　MAP-P.203-D
ロトルア博物館
Rotorua Museum

　ガバメントガーデン内で一際目立つ建物。エリザベス女王時代のチューダー調建築で、1908年、当時の政府によって温泉療養施設として建てられた。今はロトルアの自然や歴史を展示する博物館となっているが、2016年のカイコウラ地震で被災し、現在は耐震改修工事のため閉鎖中で、2021年に再オープンの予定。

住Oruawhata Drive Government Gardens
☎07-350-1814
図観光案内所から徒歩5分
URLwww.rotoruamuseum.co.nz

見る　　　　　MAP-P.203-D
ブルーバス
The Blue Baths

　ロトルア博物館を背にして、左手にあるアールデコ調の建物がブルーバス。もともとは1933年創業の由緒ある温泉施設で、1982年に閉鎖されたが、1999年に再オープンした。現在はブルーバスの歴史を伝える博物館になっている。また館内には温水プールが併設されており、子ども連れでも楽しめる。

住Government Gardens　☎07-350-2119　図観光案内所から徒歩5分　営プール10:00～18:00（冬期12:00～）　休なし
料NZ$11
URLbluebaths.co.nz

見る　　　　　MAP-P.203-D
ポリネシアンスパ
Polynesian Spa

　ガバメントガーデンズに隣接している温泉施設。露天風呂からはロトルア湖が見渡せる。屋外の風呂と大浴場では、お湯の温度が33度から42度と8段階に設定。泉質はアルカリ性と酸性の2種類で、岩風呂や貸し切り風呂も用意されている。「レイク・スパ・リトリート」では、アロマセラピー、フェイシャルケアなどの美容マッサージが受けられる。

住Lakeside,Hinemoa St.
☎07-348-1328
図観光案内所から徒歩7分

見る　　　　　MAP-P.203-A
クイラウ公園
Kuirau Park

　市内中心部の東側に広がるクイラウ公園は、ロトルア市民の憩いの場所。園内のあちらこちらにボコボコと湧き出す温泉を見学できるほか、無料の足湯も利用できる。毎週土曜日の午前中（7:00～13:00）に行われるサタデーマーケットは、多くの市民や観光客でにぎわう。

図観光案内所から徒歩7分

営8:00～23:00（最終入場22:15）　休なし
料NZ$30～、貸し切り風呂（1人30分）NZ$20～
URLwww.polynesianspa.co.nz
＊水着着用のこと。水着とタオルのレンタルあり（各NZ$5）

ロトルア郊外の見どころ

見る　MAP-P.201-C
テ・プイア
Te Puia

敷地内にマオリの美術学校や間歇泉などがある、ファカレワレワ地熱地帯の総合観光施設。広大な敷地内に点在する見どころを巡るには、ガイドツアーがおすすめ。マオリショーも行われ、マオリ伝統文化に触れられる。

Hemo Rd.　☎07-348-9047　観光案内所から車で5分　8:00〜18:00（4〜9月〜17:00）　なし　デイツアーNZ＄56、イブニングツアーNZ＄128　URL tepuia.com

見る　MAP-P.201-A
レインボースプリングス
Rainbow Springs

広大な自然公園には、ニュージーランド固有の動植物がいっぱい。恐竜の生き残りといわれるトゥアタラも見られる。日本語ガイドマップを利用し、森林浴気分で散策してみたい。日本語のオーディオガイドを無料で貸し出している。

192 Fairy Springs Rd.　☎07-350-0440　中心部からバスで5分　8:30〜17:30（最終入場17:00）　なし　NZ$40　URL www.rainbowsprings.co.nz

見る　MAP-P.201-A
キーウィハチャリーツアー
Kiwi Hatchery Tour

ニュージーランドの珍鳥キーウィを間近で観察しながらキーウィ保護の過程を、一般公開している。約45分のツアーで、キーウィの卵や孵化の様子、暗い部屋で活動するキーウィが見学できる。

192 Fairy Springs Rd.（レインボースプリングス内）　☎07-350-0440　中心部からバスで5分　9:00〜16:00　なし　NZ$10＋レインボースプリングス入場料NZ$40　URL www.rainbowsprings.co.nz

見る　MAP-P.201-A
アグロドーム
Agrodome

観光客に人気のシープショーでは19種類にわたる羊の紹介や、牧羊犬の働きぶりを見ることができ、日本語同時解説も行っている。キウイフルーツなどの果樹園や、鹿牧場などを車で回るファームツアーも人気。ゾーブやバンジー

などのアクティビティも体験でき、これらのアトラクションを組みあわせたコンボセットがある。

141 Western Rd., Ngongotaha　☎07-357-1050　観光案内所から車で10分　8:30〜17:00　なし　ファームショーNZ$36.50、ファームツアーNZ$49.50、コンボ（ファームショーとファームツアー）NZ$69　URL www.agrodome.co.nz

見る　MAP-P.201-A
スカイライン・ロトルア
Skyline Rotorua

ゴンドラに乗り、山の中腹まで上ることができる。終点にはレストランやギフトショップがあり、眼下にロトルア湖や市街を見下ろせる。リュージュ、逆バンジー、乗馬などのアクティビティもあり。

Fairy Springs Rd.　☎07-347-0027　観光案内所から車で5分　9:00〜20:00　なし　NZ$31（ゴンドラのみ）

見る　ワイオタプ・サーマルワンダーランド
Waiotapu Thermal Wonderland

約18㎢にも及ぶ広大な敷地内には多くの噴火口があり、蒸気を伴った熱泉や冷泉がある。炭酸ガスを含んだ泡が出る「シャンパン・プール」、黄色の硫黄水晶からなる「デビルズ・ホーム」、多種多様の色からなる「アーティスト・パレット」など、それぞれの池や噴火口の特徴を表したネーミングがおもしろい。人工的に化学反応を起こさせ噴出させる間歇泉「レディノックス・ガイザー」は迫力満点。最高21mの高さにまで噴出する眺めは必見。

MAP-P.201-F

🏠201 Loop Rd.,RD3　☎07-366-6333　🚌観光案内所から車で30分　🕐8:30〜17:00（入場〜15:45）、11〜3月〜18:00（最終入場16:45）　休なし
💰NZ$32.50
URL www.waiotapu.co.nz

見る　ワイマング火山渓谷
Waimangu Volcanic Valley

MAP-P.201-D

1886年のタラウェラ山噴火以来、この場所の活発な地熱活動は、世界で唯一正確な記録を残す貴重なものとされ、国の自然保護局によって管理されている。トレッキングのほかに、バス、フェリーなどの乗り物と組み合せて渓谷をまわることができる。

🏠587 WaimanguRd.　☎07-366-6137　🚌観光案内所から車で25分　🕐8:30〜17:00　休なし
💰NZ$40、ボートクルーズNZ$45　URL www.waimangu.com

たくさんのシダが生息する渓谷

見る　テ・ワイロア埋没村
Te Wairoa Buried Village

MAP-P.201-D

1886年にタラウェラ山の噴火により埋没した、テ・ワイロア村を復元している。埋没する前の村の写真、発掘された品々の展示もあり、興味深い。敷地内にはトレッキングコースがあり、約30mあるテ・ワイロア滝を見ることができる。

🏠1180 Tarawera Rd., RD5　☎07-362-8287

🚌観光案内所から車で20分　🕐9:00〜最終入場17:00（冬期〜16:30）　休12/25　💰NZ$35
URL www.buriedvillage.co.nz

見る　タラウェラ湖
Lake Tarawera

MAP-P.201-D

16もの湖が点在するロトルアでは、水上アクティビティが盛ん。タラウェラ湖でも、カヤックやスイミング、マス釣りを楽しめるほか、蒸気船でのボートクルーズもある。

🚌観光案内所から車で20分

見る　パラダイスバレースプリングス・ワイルドライフパーク
Paradise Valley Springs Wildlife Park

MAP-P.201-A

透明度の高いノンゴタハ川を泳ぐマスを観察したり、餌を与えたりできる。ケアやコクチョウなどの野鳥や、この施設で飼育されている動物も見られる。

🏠467 Paradise Valley Rd.
☎07-348-9667　🚌観光案内所から車で10分　🕐8:00〜17:00　休なし　💰NZ$30

見る　地獄の門
Hell's Gate

MAP-P.201-B

市内中心部からファカタネ方面に16km。園内にはもうもうと湯気が立ちのぼり、マッドプールはぽこぽこと音を立てて沸騰している。

🏠State Highway 30　☎07-345-3151　🚌観光案内所から車で20分　🕐8:30〜22:00（4〜9月〜20:30）　休12/25　💰NZ$35〜
URL www.hellsgate.co.nz

ニュージーランドならではのオリジナリティーにとんだアクティビティが揃っている。豊かな自然と一体になって、心も体もリフレッシュ！

208

スウィーブ (Shweeb)

1人づつ筒型のモノレールに乗り、自転車のようにペダルをこいで滑走する新名物のアトラクション。時速は最大45Km！
🏠Velocity Valley 📍1335 Paradise Valley Rd., Ngongotaha ☎07-357-4747
🕐9:00〜17:00 💴NZ$49〜
URL velocityvalley.co.nz

バンジージャンプ
Bungy Jumping

ニュージーランド名物バンジージャンプはここロトルアでも体験できる。43mの高さから落下して行く瞬間は、息もつけないほどのスリルと恐怖が味わえる。
🏠Velocity Valley 📍1335 Paradise Valley Rd., Ngongotaha ☎07-357-4747
🕐9:00〜17:00 💴NZ$129〜

ヘルメットを着用するから安心

まるで鳥になったよう

点のアクティビティ。ボールの内側に水を入れるウェットゾーブもある。
🏠Zorb Rotorua 📍149 Western Rd., Ngongotaha ☎07-357-5100 🕐9:00〜17:00
💴NZ$45〜 URL www.zorb.com

ゾーブ (Zorb)

3mはある巨大なビーチボールの中に入り、坂の上から転がる。単純だが爽快度満

ホワイトウォーター・スレッジング
Whitewater Sledging

そりのようなボードの取っ手をつかみながら腹ばいになり、川の急流に乗る。小さな滝やダムをくだるスリリングなコースも用意されている。

🏠Kaitiaki Adventures
🏢1135 Te Nage Rd.
☎07-357-2236
所要約3時間　料NZ$120
URLwww.kaitiaki.co.nz

ラフティング　（Rafting）

5〜6人でゴムボートに乗り込み、急流をくだる。流れの速い場所では振り落とされることもあるが、経験豊富なインストラクターがついているので安心だ。

🏠Kaituna Cascades　☎07-345-4199
所要50分　料NZ$95〜
URLkaitunacascades.co.nz

アグロ・ジェット　（Agro Jet）

従来のジェットボートより小型なので、小回りがきく。狭い水路を時速100kmで駆け抜けたり、直角にターンをしたりなどアクロバットな技が売りのアクティビティだ。

🏠Velocity Valley　🏢1335 Pradise Valley Rd.,Ngongotaha　☎07-357-4747
所要約10分　料NZ$49

水上のジェットコースター

リュージュ　（Luge）

車輪のついたそりに乗り、ハンドルとブレーキでスピードを調節しながら坂を滑る。最速45kmのスピードがあり、スリル満点。

🏠Skyline Rotorua　🏢178 Fairy Springs Rd.
☎07-347-0027　交観光案内所から車で5分
営9:00〜18:00　料NZ$45〜（ゴンドラ含む）

レベルによってコースが異なる

とっておき情報

ロトルアはバスツアーで

　観光スポットが郊外に点在するロトルアだが、郊外行きの市内バスは本数が少なく、旅行者が利用するにはあまり向いていない。そこで、郊外の観光スポットをいくつかまわる場合には、現地ツアー会社が催行するバスツアーを利用したい。1日でロトルアにあるほとんどの見どころを網羅するものもあり、短期間でくまなくまわりたいという人におすすめ。ほとんどが宿泊先までの送迎付きだ。観光案内所に各ツアーのパンフレットが置いてあり、窓口で目的地と予算を言えば、適したツアーを紹介してくれる。

ロトルア湖クルージング・水陸両用車ダック・ツアー
水陸両用車に乗って、ロトルアの街や湖を走りまわる、ユニークでエキサイティングなツアー。
🏠Rotorua Duck Tour
☎07-345-6522　料NZ$69
ロトルア湖での食事付きクルーズ
🏠Lakeland Queen Cruise
☎07-348-0265　料NZ$55〜（ランチクルーズ）
エコ・サーマル・モーニングツアー
ワイオタプ・サーマルワンダーランドやワイマング火山渓谷などの名所を巡る半日ツアー。
🏠Elite Adventures
☎07-347-8282　料NZ$155〜

ショップ
Shops

マオリ工芸品と泥パックが人気

マオリ工芸品やグリーンストーンのアクセサリー、サーマルマッドのスキンケア用品が代表的。

MAP-P.203-D

代表的なおみやげが揃う

　ロトルア最大級のギフトショップ。ラノリンクリームや泥製品、マヌカハニーなど代表的なみやげものが揃う。夜遅くまで営業しているのも魅力。購入した商品は日本まで宅配可能で、免税対象となるのがうれしい。

🏠Cnr. Hinemaru & Eruera Sts.
☎07-349-2010
🚶観光案内所から徒歩7分
🕐9:30〜22:00　困なし
※日本人スタッフが常駐

温泉泥グッズが豊富

MAP-P.203-D

厳選された雑貨が揃っている

　キウイの絵が描かれた陶器や、ニュージーランド特産のカウリの木で作られた木製ハンドクラフトなど、かわいらしい雑貨が揃っている。スタッフはフレンドリーで、ギフト選びの相談にも乗ってくれる。

🏠1199 Tutanekai St.
☎07-347-0960
🚶観光案内所から徒歩3分
🕐9:00〜17:30（土曜10:30〜15:00、日曜10:30〜14:30）　困なし

モダンなデザインはギフトに最適

MAP-P.203-D

グリーンストーン製品がよりどりみどり

　昔からマオリの装飾品や生活用品として利用されてきたグリーンストーン（翡翠）は、ニュージーランドならではのおみやげとして大人気。ジェイド・ファクトリーでは、自社で加工したグリーンストーンのアクセサリーや装飾品を主に販売している。デザイン、質ともにクオリティーが高く、地元の人からも評判を呼んでいる。また、ショップ内にある工房では、アーティストが実際に翡翠を加工する作業を見学するツアーがある。

🏠1288 Fenton St.　☎07-349-3968　🚶観光案内所から徒歩6分　🕐10:00〜17:00、見学ツアーは随時、無料、所要時間20分　困なし
🔗www.mountainjade.co.nz

さまざまなデザインがあるペンダント

力強いデザインの置物も

商品は店内にある工房で作られる

MAP-P.203-D

翡翠作品のセレクトショップ

　マウンテン・ジェイドのギャラリーショップ。本店のツアーで翡翠彫刻の作業や歴史、文化を学んだ後は、こちらの店で翡翠彫刻のコレクションを見るのがおすすめ。作家物の翡翠彫刻作品も並んでいる。もちろん販売もしている。

🏠1189 Fenton St.　☎&📠07-349-3992　🚶観光案内所から徒歩1分　🕐9:00〜18:00　困なし

おしゃれなアイテムが多い

雑貨
トレードエイド・ロトルア
Trade Aid Rotorua

MAP-P.203-D

エキゾチックな雑貨が並ぶ

発展途上国を支援している団体によるアフリカ、アジア、南太平洋のハンドクラフトを扱ったショップ。アフリカ製のボンゴ、インドネシア製のパレオなど、各国から輸入された商品が所せましと並んでいる。

🏠1285 Tutanekai St.
☎07-349-4988
🚶観光案内所から徒歩7分
🕐9:00〜17:00（土曜10:00〜15:00）
❌日曜

お香の香りが漂い、神秘的なムード

ギフトショップ
ドッグ・アンド・ホイッスル
Dog & Whistle

MAP-P.201-A

豊富なシープスキングッズ

羊の毛刈りショーやオーガニック・ファームツアーで有名な「アグロドーム」内に隣接するおみやげ店。シープスキングッズだけでなく、プラセンタクリームや蜂蜜なども豊富に揃う。ショーの後、ゆっくり買い物を。

🏠Agrodome, 141 Western Rd.
☎07-357-1050
🚶観光案内所から車で10分
🕐8:30〜17:00 ❌なし
🌐www.agrodome.co.nz

人気のシープスキンラグ

ギフトショップ
レインボー・スプリングス・ショップ
Rainbow Springs Shop

MAP-P.201-A

種類豊富なギフトアイテム

ニュージーランドならではのユニークな商品をたくさん揃えたギフトショップ。レインボースプリングスの園内を見学した後、おみやげ探しをするのに最適だ。国鳥の「キーウィ」をモチーフにしたグッズが一番人気。

🏠Fairy Springs Rd ☎07-350-04
40 FAX07-350-0441 🚶観光案内所から車で5分 🕐8:00〜22:00
（冬期〜21:30） ❌なし
🌐www.rainbowsprings.co.nz

ロトルア市内からバスも利用できる

ギフトショップ
ヘルス2000
Health 2000

MAP-P.203-C

健康のことならおまかせ！

ニュージーランドの有名ブランド「リビング・ネイチャー」をはじめ、コンビタ社のサプリメントなど、ニュージーランドのナチュラル化粧品やサプリメントを豊富に取り揃えているショップ。ロトルア産の「Naturo pharm」商品も取り扱っている。

🏠1170 Amoha St. ☎07-350-3060
🚶観光案内所から徒歩10分 🕐9:00〜17:30（木曜〜19:00、土曜17:00、日曜10:00〜16:00）❌なし

豊富な品揃えが自慢

アウトドア・ショップ
ハミルズ・フィッシング＆ハンティング
Hamills Fishing & Hunting

MAP- P.203-D

釣りに必要な道具がすべて揃う

湖や川、森に囲まれたロトルアは、釣りや狩りを楽しむのに絶好の土地。ショップ内には、何種類もの釣竿やカラフルな疑似餌、猟銃のほか、防寒ジャケットや帽子など、アウトドア関連のグッズも揃う。NZのアウトドア用品をおみやげに。

🏠1271 Fenton St.
☎07-348-3147
🚶観光案内所から徒歩5分
🕐8:30〜17:30 ❌なし

広い店内に釣り道具がギッシリ

マオリ族の彫刻

レストラン Restaurants

インターナショナルな食を楽しめる

各国料理が楽しめるロトルアのレストラン。その多くはツタネカイストリートに集中している。

アオランギピーク
Aorangi Peak

MAP-P.201-A

ロトルアの街や湖を見渡せる

ノンゴタハ山の頂上近くにある。店内から見える眺望は素晴らしく、家族連れやカップルから人気を呼んでいる。おすすめは、コンテストで金賞を受賞したラム料理。創意工夫を凝らしたラム料理は、季節ごとに新たなメニューが用意されている。また、美しいデコレーションのデザートも評判。なかでもオリジナル・チョコレートを使ったメニューが人気。

- 353 Mountain Rd.
- ☎07-347-0036
- 観光案内所から車で15分
- 10:00～深夜　冬期の日曜
- ランチNZ$18～、ディナーNZ$32～
- www.aorangipeak.co.nz

見た目も華やかなデザート

ホテルからの送迎サービスもあり

中国料理

ニュージーランド・スプリーム・グルメハウス・レストラン
New Zealand Supreme Gourmet House Restaurant

MAP-P.203-C

NZ産の食材を使った本格中華

ロトルアを代表する中国料理レストランとして知られ、ローカルや観光客でいつもにぎわっている。ニュージーランド産の食材を生かした本格中華には定評があり、リピーターも多い。いろいろなメニューを試したい。

- 1225 Amohau St.　☎07-348-0881
- 観光案内所から徒歩10分
- 11:00～14:00、17:00～21:00
- なし　ランチNZ$18～、ディナーNZ$40～

店内には円卓がいくつも並ぶ

カフェ

ライム
Lime

MAP-P.203-B

スイーツが充実の人気カフェ

ロトルア湖畔の散策の合間に立ち寄るのにおすすめ。朝7:30からオープンしているので、おいしいコーヒーを飲みながら朝食を食べるのもいい。店内のショーケースには、手作りスイーツがずらりと並ぶ。

- 1096 Whakaue St.
- ☎07-350-2033
- 観光案内所から徒歩5分
- 7:30～16:30
- なし

フルーツたっぷりのワッフル

パブ

ピッグ & ウィッスル
Pig & Whistle

MAP-P.203-D

地元の人が集うパブ

警察署として使用されていた歴史的建造物の中にあるパブ。ここでしか飲めないオリジナル地ビールや、ボリュームたっぷりの料理が人気。水～金曜日の夜はバンド演奏があり、ひときわ店内が盛り上がる。

- Cnr. Haupapa & Tutanekai Sts.
- ☎07-347-3025
- 観光案内所から徒歩2分
- 11:30～22:00　なし
- www.pigandwhistle.co.nz

アルコール類がよりどりみどり

イタリア料理
ザネリーズ・イタリアン・キュイジーヌ
Zanelli's Italian Cuisine

MAP-P.203-C

ワインの種類が充実
　新鮮な食材を使ったイタリア料理を堪能できる。ワインリストが豊富で、ニュージーランド産はもとより、オーストラリア、イタリアのワインも充実。メニューにあわせて、ワインを選んでくれるのがうれしい。

🏠1243 Amohia St.
☎07-348-4908
🚶観光案内所から徒歩7分
🕐17:30〜21:00　休日・月曜
💰NZ$20〜

人気店なので、予約は絶対必要

ステーキ
マックス・ステークス
Mac's Stakes

MAP-P.203-B

分厚いステーキに大満足
　ボリュームたっぷりの食事を味わいたかったらここ。ショーケースの中に並ぶビーフ、チキン、ラムなどのステーキを自分で選び、焼いてもらう。焼き加減もオーダーできる。付けあわせのサラダは食べ放題。

🏠1110 Tutanekai St.
☎07-347-9270
🚶観光案内所から徒歩6分
🕐11:30〜14:00、17:30〜23:00
休なし　💰NZ$10〜

店先に大きく書かれた店名が目印

カフェ
ファット・ドッグ
Fat Dog

MAP-P.203-D

ヘルシーなカフェメニュー
　くつろげる雰囲気とフレンドリーなスタッフが特徴の年中満員のカフェ。壁の黒板に書かれたメニューは、リーズナブルな値段でボリュームの多いカフェメニューが中心。その日焼き立てのマフィンやケーキも人気。

🏠1161 Arawa St　☎07-347-7586　🚶観光案内所から徒歩2分
🕐7:00〜21:00（木〜土曜21:30）
休なし　💰ランチNZ$11〜、ディナーNZ$15.50〜

大きな犬の看板が目印

カフェ
アブラカダブラ
Abracadabra

MAP-P.203-C

カジュアルなオーガニックカフェ
　1940年代のレトロな一軒家を改装したボヘミアン調のカフェ。地元食材やオーガニック素材にこだわったメキシカンやモロッコ料理が自慢。ヴィーガンメニューも味わえる。夜はバーとして営業。

🏠1263 Amohia St.　☎07-348-3883　🚶観光案内所から徒歩8分
🕐7:30〜深夜（日曜〜15:00）
休月曜
🔗www.abracadabracafe.com

食べ応えのある全粒粉パンケーキ

テ・プイアの間欠泉

インド料理
ラブリーインディア・レストラン
Lovely India Restaurant

MAP-P.203-D

ホテルへのデリバリーも可能

　店内にはインドのスパイスの香りが漂い、食欲をそそる。一品、一品にボリュームがある上、値段も手ごろなため、いつも多くの客でにぎわっている。食後のデザートにはマンゴーのアイスクリームがおすすめ。

🏠1123 Tutanekai St.
☎07-348-4088
🚶観光案内所から徒歩5分
🕐11:00～14:00、17:00～深夜
🈲日、月曜のランチ　💴NZ$16.90～

キャンドルが灯されムードたっぷり

タイ料理
ザ・タイレストラン
The Thai Restaurant

MAP-P.203-D

オリエンタルな雰囲気が漂う店内

　ココナツやスパイスをふんだんに使ったタイ風カレーが好評。前菜からデザートまでメニューはバラエティーにとんでおり、その数は70種類以上。オーダーする際に頼めば、料理の辛さを調節してくれる。

🏠1141 Tutanekai St.
☎07-348-6677
🚶観光案内所から徒歩4分
🕐12:00～14:30、17:00～深夜
🈲なし　💴NZ$16～

きめ細やかなサービスも人気

カフェレストラン
ケイパーズ
Capers

MAP-P.203-D

朝から晩まで利用できる

　地元の人たちが朝からコーヒーを飲んでくつろぐ場所。サンドイッチやマフィンなどのほか、昼以降はパスタやステーキなどのメニューが加わる。店内の一角では、国内外のオリーブオイルや調味料などを販売。

🏠1181 Eruera St.　☎07-348-8818
🚶観光案内所から徒歩7分
🕐7:00～21:00　🈲なし　💴ランチNZ$17.70～、ディナーNZ$25.70～

店内はガラス張りで明るい

日本料理
キアオラ・ジャパン
Kiaora Japan

MAP-P.203-D

ディナーコースがおすすめ

　北島タウランガの漁港である新鮮な魚介類を使った寿司や刺身が自慢。前菜や鍋、揚げ物に寿司、手作りデザートなどが付く6コースディナーが人気のメニュー。箱根で13年のキャリアを持つシェフが腕をふるう。

🏠1139 Tutanekai St.　☎07-346-0792　🚶観光案内所から徒歩4分
🕐12:00～14:30、17:30～21:30
🈲月・日曜　💴ランチNZ$10～、ディナーNZ$20～

ローカルには寿司セットが人気

カフェ
アーバノ・ビストロ
Urbano Bistoro

MAP-P.203-D外

人気のカジュアルダイニング

　広々とした空間の店内と地元食材を活かしたメニューが揃う店。日中はカフェ、夜はバーとなり、常連客で賑わっている。メニューは肉料理の種類が豊富で、鶏肉から鹿肉まで味わえる。

🏠289 Fenton St.　☎07-349-3770　🚶観光案内所から徒歩15分　🕐9:00～23:00（日曜～15:00）
🈲なし　💴ランチNZ$14.50～、ディナーNZ$27.50～　🌐wwww.urbanobistro.co.nz

広々とした店内

日本料理
大和
Yamato

MAP-P.203-D

充実の和食メニューに大満足

　日本情緒あふれる居酒屋風の店内では、刺身や焼き鳥などの酒の肴から、丼ものやてりやきチキンといったボリューム満点の定食まで、充実の和食メニューが揃う。バラエティ豊かなビールや日本酒とともに堪能したい。

🏠1123 Pukuatua St.
☎07-348-1938
🚶観光案内所から徒歩3分
🕐12:00～14:00、18:00～21:00
🈲月曜　💴ディナーNZ$2～25

日本の居酒屋そのままの雰囲気

ホテル
Hotels

温泉やスパを備えた宿が多い

観光地として名高いだけに、宿泊施設の数、種類はバラエティーに富んでいる。温泉の設備が付いた宿が多い。

MAP-P.203-B

ロトルア湖を一望できる

ロトルア湖のほとりに建ち、客室の窓から眺望を楽しめる。地熱プライベートスパやマッサージなどの施設が充実。敷地内にあるマオリコンサート専用会場では、ほぼ毎晩ディナーショーが行われる。

Lake End Tutanekai St.
☎07-346-3888　FAX 07-347-1888
観光案内所から徒歩7分
S・T/NZ$175〜　199室
URL www.accorhotels.com

部屋からの眺望を楽しみたい

ホテル
スディマホテル・レイク・ロトルア
Sudima Hotel Lake Rotorua

MAP-P.203-D

マオリショーが人気

ポリネシアンスパのすぐ横にあり、観光に便利なロケーション。館内にスパや天然温水スイミングプールがあるほか、マッサージトリートメントも提供。毎晩開催されるマオリショーとハンギ料理が評判だ。

1000 Eruera St.
☎07-348-1174　FAX 07-346-0238
観光案内所から徒歩8分
S・T/NZ$170〜　247室
URL www.sudimahotels.com

スーペリアルームの室内

ホテル
リッジズ・ロトルア
Rydges Rotorua

MAP-P.201-C

徹底したサービスが自慢

ロビー、客室ともにシンプルでありながら洗練された雰囲気を感じる。客室のバルコニーからはロトルア湖と森林の眺望を楽しめる。館内にあるツアーデスクでは、現地ツアーの予約ができるので利用したい。

272 Fenton St.
☎07-349-0099
観光案内所から車で3分
S・T/NZ$129〜　135室
URL www.rydges.com

送迎バスのサービスも行っている

ホテル
ディスティンクション・ロトルア
Distinction Rotorua

MAP-P.201-C

設備、サービスともに一流

ダイナスティ・ヘリテージから名称が代わり、新体制のもと、サービスがより充実。ダウンタウンから車で7分の立地条件のため、静かな環境が守られている。スタッフのサービスも完璧で、リラックスして滞在できる。

390 Fenton St.　☎07-349-5200
観光案内所から車で5分
S・T/NZ$160〜　133室
URL www.distinctionhotelsrotorua.co.nz

ホテル内には3種類のプールがある

ホテル
ホリデイ・イン・ロトルア
Holiday Inn Rotorua

MAP-P.201-C

部屋の窓から間歇泉が見える

観光名所ファカレワレワ地熱地帯の近くにあり、激しい勢いで吹き上げる間歇泉を客室から見ることができる。地熱で温められた温水プールがあるほか、ハンギコンサートも行われるロトルアならではのホテル。

10 Tryon Sts.
☎07-348-1189
観光案内所から車で5分
S・T/NZ$160〜　203室
URL rotorua.holidyinn.com

レストランのシーフードバーが人気

日本語が通じる　レストラン　カフェラウンジ　バーラウンジ　プール　B ビジネスセンター　フィットネス　スパ

ホテル
ミレニアム・ロトルア
Millennium Rotorua

MAP-P.203-D

観光名所へのアクセスが便利

　世界中から訪れる観光客を迎えるロビーは、重厚な雰囲気が漂う。227室ある部屋のほとんどがレイクビューになっていて、眺めがいい。ガバメントガーデンズ、ポリネシアンスパなどの観光名所も徒歩圏内だ。

🏠1270 Hinemaru St.
☎07-347-1234
🚶観光案内所から徒歩7分
💰S・T／NZ$180〜　🛏227室
URLwww.millenniumhotels.com

サウナ、温水プールなども完備

ホテル
プリンセス・ゲート
Princes Gate

MAP-P.203-D

クラシックなスタイルの内装が魅力

　1897年に建てられ、第一次、第二次世界大戦中には病院として使われるなど、建物に歴史的価値があるホテル。各部屋のインテリアやリネンなどがそれぞれ異なっていて、暖炉が設備されている部屋もある。

🏠1057 Arawa St.　☎07-348-1179
FAX07-348-6215　🚶観光案内所から徒歩2分　💰S／NZ$150〜、T／NZ$270〜　🛏54室
URLprincesgate.co.nz

レストランのワインリストが充実

ホテル
テルメ・リゾート
Terume Resort

MAP-P.203-C外

かけ流し露天風呂がある

　部屋数12室の落ち着いたホテル。ショッピングセンターの近くにあり、買い物にも便利。室内は広々としており、ゆったりくつろげる。予約をすれば食事を用意してもらうことができる。

🏠88 Ranolf St.　☎07-347-9499
FAX07-347-9498
🚶観光案内所から徒歩15分
💰S・T／NZ$120〜　🛏12室
URLterumeresort.co.nz

露天風呂が大人気！

ホテル
VRロトルア・レイクリゾート
VR Rotorua Lake Resort

MAP-P.201-B

大自然に囲まれたロケーション

　ロトルア湖の隣にあるロトイチ湖のほとりに立つリゾートホテル。広大な庭でスポーツをしたり、温水プールで泳いだり、リラックスした滞在に最適だ。ロトイチ湖にある天然露天風呂に行くツアーも行っている。

🏠366 State Hwy 33, Mourea
☎07-362-4599
🚶観光案内所から車で20分
💰S・T／NZ$180〜　🛏42室
URLwww.vrrotorua..co.nz

静かな湖畔のホテル

B&B
ベストイン・ロトルア
Best Inn Rotorua

MAP-P.203-B

細やかなサービスがうれしい

　日本人の奥さんとニュージーランド人のご主人が経営するアットホームなB&B。日本式の天然硫黄温泉かけ流しの家族風呂が2つあり、24時間いつでも入ることができ、旅の疲れを癒せるのがうれしい。

🏠1068 Whakaue St.
☎07-347-9769
🚶観光案内所から徒歩5分
💰S／NZ$120〜、T／NZ$145〜
🛏8室

大きな湯舟で思いきり足をのばしたい

ホテル
リージェント・オブ・ロトルア
Regent of Rotorua

MAP-P.203-A

スタイリッシュなホテル

　イートストリートの並びにある便利なロケーション。館内に宿泊者専用のプライベートスパやジム、温水スイミングプールを備えるほか、1階には地元でも人気のレストランバーがある。

🏠1191 Pukaki St.
☎07-348-4079
🚶観光案内所から徒歩6分
💰T／NZ$235〜　🛏35室
URLregentrotorua.co.nz

モノトーンで統一された室内

🅑日本語が通じる　🍴レストラン　☕カフェラウンジ　🍸バーラウンジ　🏊プール　🅑ビジネスセンター　🏋フィットネス　♨スパ

広大な牧場で乗馬が楽しめるファームステイ

ファームステイとは、牧場主やスタッフと一緒に農場での仕事や暮らしを体験する宿泊スタイルのこと。ニュージーランドを訪れる観光客の間で人気が高い、滞在方法だ。

ファームステイはやることがいっぱい

ロトルアにある「ザ・ファームハウス」では羊や牛、アルパカ、ミニポニーのほか、80頭以上いる馬を飼育しており、ロトルアでも大規模な農場だ。ここでは、広大な農場で羊や牛にエサを与えたり、シープドッグが馬追いをするところを見学したりできる。

ファームの宿泊棟

アクティビティにも挑戦したい

農場でのアクティビティとしてポピュラーなものに乗馬がある。インストラクターが必ず付いて、おとなしい性格の馬をあてがってくれるので、初心者でも安心だ。

ヘルメットを着用して馬に乗り、インストラクターの後にゆっくりついて行く。慣れて

つま先を上げて、かかとを落として乗るのがコツ

きたところで、速足で歩いたり、駆け足したりとスピードの調節をしてみよう。馬に慣れてくると、なんだかファームの一員になったような気がしてくる。

新鮮でヘルシーな素材を使ったディナー

新鮮な素材を使ったニュージーランド料理が味わえるディナーは、ファームステイの一番の楽しみ。こちらでは、別棟のダイニングにディナーが用意される。メイン料理のスコッチフィレステーキ（チキンやポークの時もあり）はとても柔らかくジューシーだ。シェフ手作りのステーキソースが肉のおいしさを引き立てている。付けあわせの野菜はボリュームたっぷり。

ザ・ファームハウス　The Farmhouse
住55 Sunnex Rd., RD6, Rotorua　☎07-332-3771
交ロトルア中心部から車で20分
料NZ$150（朝食、2時間の乗馬付き）
＊昼食、夕食は別料金　MAP P.201-A
URLwww.thefarmhouse.co.jp

ワイトモ

Waitomo

MAP-P.143-H

ワイトモへのアクセス

🚌 オークランドからインターシティで約2時間30分、1日3便、料金NZ$33〜。

観光案内所 i-SITE

Waitomo i-SITE
MAP **P.218**
🏠21 Waitomo Village Rd.
☎07-878-7640 🕐9:00〜17:00
（季節によって変動あり）
休12/25

歩き方のヒント ワイトモ

楽しみ
アクティビティ ★★★★
見どころ ★★★★
リラックス ★★★

交通手段
徒歩 ★★★★
レンタサイクル ★★★
タクシー ★

エリアの広さと交通手段
メインストリートは全長1km足らず。この通り沿いにある観光案内所周辺に、街のすべての機能が集中しているので、徒歩でも充分に動きまわれる。

ツチボタルの不思議な生態

ツチボタルはニュージーランドとオーストラリアのみに棲息するが、ホタルといっても実際は蚊に似た虫の幼虫で、外見はミミズのよう。ホタルのように光を放つのは、餌をおびき寄せるため。洞窟の天井や岩壁で孵化した幼虫はすぐに光を放ち、ネバネバした細長い糸を垂らして餌がかかるのを待っている。その正体は、ホタルとは似ても似つかぬ虫なのだ。

▼街のしくみと歩き方

この地に住むマオリ族によって、ツチボタル鍾乳洞が発見されたのは、今からおよそ120年前。鍾乳洞に生息する神秘的な光を放つツチボタルの魅力は、ワイトモという街の名を世界中に知れ渡らせることになり、現在ではこの小さな街に世界各国から年間約40万人もの観光客が訪れている。

街には1km足らずのメインストリートが1本あるのみで、観光案内所周辺にホテル、レストラン&バー、食料品店が点在している。ホテルの軒数が少ないので、あらかじめ予約は入れておいた方がいいだろう。ワイトモには、ブラックウォーターラフティングやロストワールドなど、ここでしか体験できないアクティビティがあり、1泊するだけでも楽しみ方の幅が広がる。

見る MAP-P.218

ワイトモ鍾乳洞博物館
Museum of Caves

小さな博物館だが、映画や写真などによって、鍾乳洞が形成される過程や、ツチボタルなど鍾乳洞に生息する生物の生態がわかりやすく展示されている。鍾乳洞内の神秘的な世界を理解するためにもぜひ立ち寄ってみたい。

観光案内所内にある博物館

🏠21 Waitomo Village Rd. ☎07-878-7640
交観光案内所内
🕐8:45〜19:00（季節によって変動あり）
休12/25 料NZ$5
URL www.waitomocaves.com

ワイトモ周辺
Greater Waitomo
0 2km
N

Waitomo Valley
Waitomo Valley Rd.

Te Anga Rd.
ルアクリ鍾乳洞
Ruakuri Cave
アラヌイ鍾乳洞
Aranui Caves
Ruakuri Rd.

🏨ワイトモ・ケーブホテル
ワイトモ・ケーブズ
Waitomo Caves
🛈観光案内所
Waitomo Caves Rd.

ツチボタル鍾乳洞
Glowworm Caves
ワイトモ鍾乳洞博物館
Museum of Caves

グロウワーム・モーテルズ

見る　MAP-P.218

ツチボタル鍾乳洞
Glowworm Caves

　入口から地底へと斜面を降りていくと、高さ15mほどの空間に出る。そこで数々の美しい鍾乳石を鑑賞した後、グループに分かれ専用のボートに乗りこみ、地底を流れる川を進むと、天井一面に広がるツチボタルの神秘的な光に出くわす。暗やみの中でツチボタルの放つ無数の光はまさに幻想的だ。

- 🏠 39 Waitomo Village Rd.
- ☎ 07-878-8228
- 🕐 9:00〜17:00　30分おきにツア

ー出発（季節によって変動あり）
- 🚶 観光案内所から徒歩5分
- 💰 NZ$53〜
- URL www.waitomo.com

＊見学はツアーのみ

天井一面に広がる神秘的な光

ホテル　MAP-P.218

ワイトモ・ケーブホテル
Waitomo Caves Hotel

　1908年創業の伝統あるホテル。館内にあるレストランが評判。
- 🏠 School Access Rd.
- ☎ 07-878-8204
- 🚶 観光案内所から徒歩3分
- 💰 S／NZ$145〜、T／NZ$165〜
- 🛏 33室
- URL www.waitomocaveshotel.co.nz

ホテル　MAP-P.218外

グロウワーム・モーテル
Glow Worm Motel

　全室にキッチンが付き、庭にはプールとスパがある。
- 🏠 1 Waitomo Caves Rd.
- ☎ 07-873-8882
- 🚶 観光案内所から車で4分
- 💰 S・T／NZ$110〜
- 🛏 9室

見る　MAP-P.218

アラヌイ鍾乳洞
Aranui Caves

　ツチボタル鍾乳洞からさらに3km進んだところにある。ツチボタルはいないが、規模と変化にとんだ形状の鍾乳石の美しさではツチボタル鍾乳洞を上回る。観光客が少ないので、ゆっくりと見学することができる。

- ☎ 07-878-8228
- 🕐 9:00〜16:00
- 🚶 観光案内所から車で2分
- 💰 NZ$53〜（ツアーのみ）

ワイトモ

219

見る／ホテル

とっておき情報

鍾乳洞探検アクティビティ

　ボートに乗ってツチボタルを鑑賞するツアー以外にも、ワイトモでは鍾乳洞内でさまざまなアクティビティが行われている。その代表がブラックウォーターラフティングとロストワールドだ。

ブラックウォーターラフティング　Black Water Rafting

　ウエットスーツを着込み、ライト付きのヘルメットなど本格的な装備を身に付け、気分も盛りあがったところで、タイヤチューブに乗り真っ暗な鍾乳洞の中を進む。途中3mの高さからのダイブもある。3時間と5時間の2種類のツアーがある。
- 📍 ブラックウォーターラフティング Black Water Rafting
- ☎ 07-878-6219　💰 NZ$147（3時間）、NZ$255（5時間）
- URL www.waitomo.com

ロストワールド　Lost World

　地面にぽっかりと開いた巨大な穴をロープづたいに100mくだると、今まで目にしたことのない、地上とは全く異なる別世界が広がる。その地底を探検する本格的アドベンチャーツアーがこれ。スリル、絶叫、爽快感を味わえるアクティビティだ。所要時間約4時間と7時間のツアーがある。
- 📍 ワイトモアドベンチャーズ Waitomo Adventures
- ☎ 07-878-7788　💰 NZ$425（4時間）、NZ$595（7時間）
- URL www.waitomo.co.nz

迫力満点の人気アクティビティ

地上から失われた別世界を探検

タウポ

Taupo

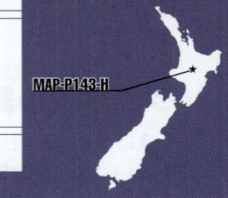

MAP-P.143-H

220

タウポへのアクセス

✈ オークランドからニュージーランド航空で50分、1日2〜3便、料金NZ$49〜。

🚌 オークランドからインターシティで約5時間、1日5便、料金NZ$23〜。ウェリントンからインターシティで約5時間、1日5便、料金NZ$24〜。

観光案内所 i-SITE

Taupo i-SITE
MAP **P.220** 住30 Tongariro St.
☎07-376-0027 営8:30〜17:00
休12/25

歩き方のヒント
タウポ

楽しみ
アクティビティ	★★★★★
見どころ	★★
リラックス	★★★★

交通手段
徒歩	★★★
レンタサイクル	★★★★
タクシー	★★

エリアの広さ
メインストリートのトンガリロストリートと、湖畔沿いを走るレイクテラスを中心とした市街地は徒歩でも充分にまわれる。しかし、フカ滝などワイカト川沿いに広がる見どころをまわるにはツアーを利用するのが効率的。

現地発着ツアー
パラダイスツアー

フカ滝、ワイラケイ地熱発電所など、おもな名所をすべてカバー。
時Paradise Tour ☎07-378-9955
料NZ$99〜
URLwww.paradisetours.co.nz

▼街のしくみと歩き方

北島のほぼ中央にある総面積606㎢のタウポ湖は、ニュージーランド最大の湖だ。湖畔に広がる街タウポは、豊かな自然に恵まれたリゾート地として知られ、年間を通して国内外から多くの観光客が訪れる。タウポ湖畔やこの湖を水源としている国内最長のワイカト川を中心にトラウト（マス）フィッシング、ジェットボート、ラフティング、バンジージャンプなどの多彩なアクティビティが楽しめるのもこの街の魅力のひとつ。街では2階建てバスを利用した観光ツアーなどが催行されているので、目的にあったツアーを選び、効率よくまわりたい。

雄大なタウポ湖。さまざまなアクティビティが行われている

見る

MAP-P.220外

フカ滝
Huka Falls

タウポ湖からワイカト川沿いに5kmほどさかのぼると、轟音をとどろかせながら水しぶきを上げるフカ滝にたどり着く。落差はさほどないが、青く澄んだ大量の水が滝壺に落ちていく様子は迫力満点。
交観光案内所から車で5分

青く澄んだ水が滝壺へと広がる

タウポ湖
Kake Taupo

N

タウポ中心部
Taupo Central

0　　　　500m

レストラン　MAP-P.220
プラトー
Plateau Bar + Eatery

バースタイルのレストラン
で、モダンな料理が味わえる。
🏠 64 Tuwharetoa St.　☎07-377-
2425　🚃観光案内所から徒歩5
分　🕐11:30～21:30　🈙月曜、
祝日　💰NZ$20～
🌐www.plateautaupo.co.nz

レストラン　MAP-P.220外
フカ・プロウン・パーク
Huka Prawn Park

ワイカト川沿いにあるエビ
養殖場。見学ツアー、エビ料理
のレストラン、エビ釣りなどが楽
しめる。
🏠 Karetoto Rd.　☎07-374-8474
🚃観光案内所から車で10分
🕐9:30～15:30（土・日曜9:00～
16:00）　🈙なし
💰公園入場料NZ$29.50

ホテル　MAP-P.220
マニュエルズ・タウポ
Manuels Taupo

館内には2つのレストラ
ン、温水プール、ジム、テニ
スコートなど充実した設備が
整っている。
🏠 243 Lake Tce.
☎07-378-5110
🚃観光案内所から車で4分
💰S・D／NZ$195～　🚪51室
🌐www.millenniumhotels.com

タウポのアクティビティを全制覇！

自然豊かなタウポはアクティビティの宝庫。
タウポ湖とワイカト川を中心に、年間を通してさまざまなアクティビティが楽しめる。

フィッシング　Fishing
タウポはトラウト（マス）フ
ィッシングの一大中心地として
有名。ボートをチャーターして
トローリングに出かけよう。
🏠White Striker Charters
☎07-378-2736　💰NZ$150～

ジェットボート　Jet Boat
フカ滝周辺の川面を時速70
kmで疾走、360度ターンなどの
アクロバット走行はスピード感
に富んでいて気分爽快。
🏠Hukafalls Jet　☎07-374-85
72　💰NZ$135

クルーズ　Cruising
湖をヨットでクルーズしなが
ら湖岸にあるマオリの壁画など
を鑑賞する。夏はサンセットク
ルーズも楽しめる。
🏠Sail Barbary Cruises
☎07-378-5879　💰NZ$49～

ゴルフ　Golf
湖に浮かぶ102m先のグリー
ンを目がけて打つミニゴルフ。カ
ップインすれば賞品がもらえる
ので、仲間と競いあってみては。
🏠Lake Taupo Hole in One Chal-
lenge　☎07-378-8117　💰NZ$1.
50（ボール1コ）、NZ$15（ボール18コ）

ラフティング　Rafting
ランギタイキ川、ワイロア川、
カイトゥナ川などで楽しめる。
特にカイトゥナ川の7メートル
の滝くだりは圧巻。
🏠Rafting New Zealand
☎07-378-8482　💰NZ$179～

バンジージャンプ　Bungy Jumping
高さ47メートルの
ジャンプ台からワイ
カト川へのダイビング
はスリル満点。見
ているだけでも充分
に怖い？
🏠Taupo Bungy
☎07-377-1135
💰NZ$180
🌐www.taupobungy.
co.nz

スカイダイビング　Skydiving
9000～1万8500フィートの高
さからインストラクターととも
にダイブ。45秒間のフリーフォ
ールを味わった後はパラシュー
トが開き、ゆっくりと大パノラ
マが楽しめる。
🏠Taupo Tandem Skydiving
☎07-377-0428　💰NZ$199～

トンガリロ国立公園

Tongariro National Park

MAP-P.143-H

ファカパパへのアクセス

🚌 オークランドからトゥランギまで、インターシティで約6時間、1日4便、料金NZ$26〜。ウェリントンから約5時間30分、料金NZ$23〜。トゥランギからファカパパへは、ホテルなどが運行するシャトルバスを利用。

🚆 オークランドまでナショナルパークでノーザンエクスプローラーで5時間30分、1日1便（月・木・土曜のみ）。料金NZ109〜。ウェリントンから5時間20分、1日1便（火・金・日曜のみ）。料金NZ109〜。

🚗 オークランドから約5時間。ウェリントンから約4時間30分。

観光案内所

Tongariro Nationalpark Visitor Centre MAP **P.224**
🏠 State Highway 48, Whakapapa Village ☎07-892-3729 ⏰8:00〜17:30（5〜9月〜16:30）休12/25

歩き方のヒント
トンガリロ国立公園

楽しみ
アクティビティ	★★★
見どころ	★★★★★
リラックス	★★★★

交通手段
徒歩	★
バス	★★★
レンタカー	★★★★

エリアの広さ
国立公園内は公共の交通機関がほとんどないので、各種ツアーに参加するか、レンタカーで移動するのが便利。

外観は古城のような雰囲気

▼国立公園内のしくみと歩き方

北島の最高峰2,797mのルアペフ山を筆頭に、ナウルホエ山（2,291m）、トンガリロ山（1,968m）を抱えるトンガリロ国立公園は、火山が形成した荒涼とした自然景観が広がる広大なエリアで、夏は登山やトレッキング、冬はスキーやスノーボードなどを楽しむ人でにぎわう。

国立公園の顔、ルアペフ山

トンガリロはもともとマオリ族の聖地として、古くから信仰されていた土地であった。1887年、当時問題になっていた白人入植者の無秩序な開発からこの土地の自然を守ろうと、この地域の首長ホロヌク・テ・ヘウヘウ・ツキノが国による管理を求めて、所有していた付近一帯の土地を国に寄贈し、1894年にニュージーランド初の国立公園に指定された。

ルアペフ山の北の麓にあるファカパパビレッジは47号線からブルースロードを経由し8kmのところにある。街の規模こそ小さいものの、ここは宿泊施設、レストランなどが揃う観光の拠点。ファカパパからさらにブルースロードを登った先にあるイウィカウビレッジには、北島最大規模のスキー場があり、7〜10月のスキーシーズンには国内外のスキーヤーでいっぱいになる。数基のリフトは夏場でも稼働しており、標高2,020mにある国内で最も高いところにあるカフェ・ノルリッジまで行くことができる。

ノルリッジ付近では、夏でも雪遊びができる

ホテル MAP-P.224

シャトー・トンガリロ
Chateau Tongriro

ファカパパビレッジにある人気のホテル。背後にルアペフ山を望める絶好のロケーション。トンガリロクロッシングのツアーはこのホテルから出ている。

🏠 State Hwy.48 , Whakapapa Village ☎07-892-3809 FAX 07-892-3704 📍観光案内所から徒歩1分 💰D／NZ$130〜 🛏106室
URL www.chateau.co.nz

トンガリロは国内屈指のスキーエリア

トンガリロは、国内最大規模のスキーエリア。北島では唯一の設備が整ったスキー場だ。シーズン中の週末ともなると、スキーヤーやスノーボーダーが、オークランドやウェリントンなどの都市部から大挙してやってくる。とはいっても、広大なゲレンデでは、リフトで待たされるということはほとんどなく、快適にスキーが楽しめるのがうれしい。

トンガリロにあるスキー場のうち、設備が整っていてアクセスしやすいのは**ファカパパスキー場** MAP P.223と**トゥロアスキー場** MAP P.223の2カ所。ルアペフ山の北斜面、標高差675mを誇り「マジックマウンテン」の異名を持つファカパパスキー場は、ファカパパから48号線を6km登ったイウィカウにある。コースはバラエティーにとんでいて、初心者から上級者まであらゆるレベルのスキーヤーに適している。スノーボ

国内最大の面積を持つファカパパスキー場

ードも全コースで滑走可能。リフト料金は1日NZ$80。ベースタウンはファカパパビレッジかナショナルパークで、シーズン中は定期的にシャトルバスが運行されている。

トゥロアスキー場はルアペフ山の南西斜面にあり、標高差720m、最長滑降距離4km。1時間あたり1万2,600人の輸送能力があるリフト群が自慢。シーズンはファカパパと同じ6〜11月。リフト料金は1日NZ$65。ベースタウンは17km離れたオハクニの街になる。

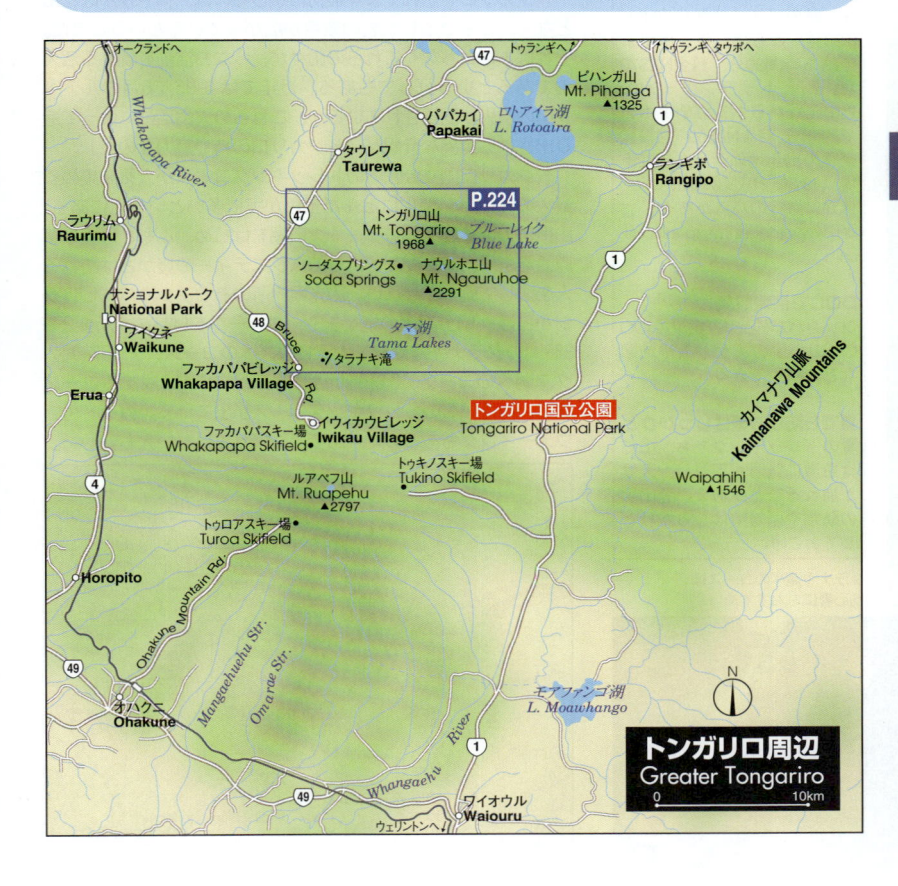

トンガリロ周辺
Greater Tongariro
0   10km

トンガリロ国立公園で
トレッキングしよう

トンガリロへのアクセス
トンガリロ・エクスペディション社のバスでタウポ（5:20、6:20発）からマンガテポポまで約1時間30分、料金NZ$70（往復）、トゥランギ（6:10、7:10発）からマンガテポポまで約45分、料金NZ$50（往復）。帰路の出発地はケテタヒ駐車場（13:30〜16:30に数便）。ほかに数社のバスがある。
URL www.tongariroexpeditions.com

DOCで情報収集
ファカパパ観光案内所内のDOCで山小屋のチケットや地図などが購入できる

夏でも防寒対策はしっかりと
夏のトレッキングでも、山では急激に気温が下がり、天候が崩れることがある。登山用の防寒や雨対策はしっかりとしておこう。

タラナキ滝へのコースは初心者にもおすすめ

火口を歩くワイルドなトレッキング

　トンガリロを訪れてまず最初に感じるのは、林や森がほとんどなく、ごろごろした岩の景色が広がっているということだ。それはまぎれもなくこれらの山々が、今なお活動を続ける活火山であるという証しでもある。近年では1996年6月のルアペフ山の噴火が記録されているが、これらの火山活動によって造り出される特異な景観が、トンガリロの持つ魅力なのだ。

　トンガリロ国立公園内のトレッキングコースが人気を集める最大の理由は、変化にとんだ景色が実に多いという点にある。山頂付近にあるクレーターや火口湖をはじめ、ふもと近くの草原や溶岩帯、滝、湖など、そのバラエティーの豊かさは訪れる人を決して飽きさせない。観光案内所のあるファカパパビレッジからは、15分程度のネイチャーウォークをはじめ、所要2〜3時間のタラナキ滝やシリカラピッズへのコース、5〜6時間のタマ湖へのコース、5日間かけてルアペフ山を1周するコースなど、何種類ものトレッキングコースが出ている。ガイド付きウォーキングもあるので、山歩きに慣れていない人も安心だ。

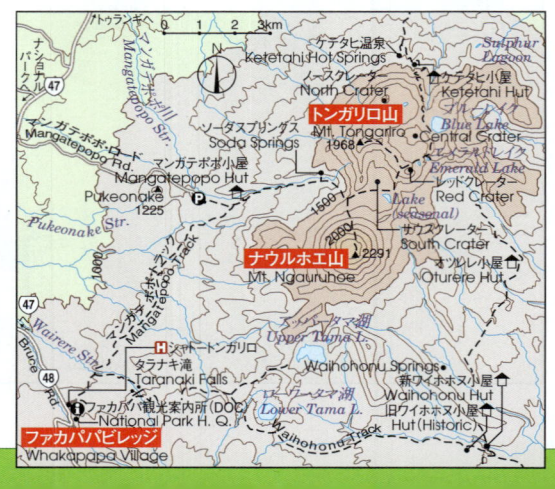

トンガリロ・トレッキングツアー体験記

ファカパパビレッジを拠点に、ルアペフ山、トンガリロクロッシング、タラナキ滝など、周辺の主要なトレッキングコースを巡る「トンガリロ・ハイキングツアー」。ガイド付きなので、山歩きに慣れていない人でも安心して参加できる。ロトルアから出発するこのトレッキングツアーは、トンガリロの魅力が十二分に楽しめる。

1日目 ホテルにチェックイン。夕方までは近くの観光案内所を訪れ、周辺の自然や、翌日から歩くトレッキングコースについて予習。

2日目 歩行距離17km、所要8時間のトンガリロクロッシングを歩く。コースの起点マンガテポポの駐車場からマンガテポポ谷の深部、ソーダスプリングスまで、比較的ゆるやかなコースを足慣ら

ルアペフの山頂へはゴツゴツした岩場が続く

しを兼ねて歩く。ソーダスプリングスを過ぎるとすぐに、最初の難関である急な登坂が始まった。この急坂を登りつめると、ナウルホエ山への分岐点マンガテポポサドルに到着。

さらに歩を進めるとサウスクレーターに出た。学校の運動場のような平らな地面がしばらく続く。クレーターの中程では、かすかに湯気が上がっていて、あらためてここは火山の上なんだと思い知らされる。その後、コース中の最高地点、レッドクレーターの頂部までは登りが続くが、頂上まで登ると疲れがいっぺんに吹き飛んでしまうほどの素晴らしい景色が待っている。右手に真っ赤な岩肌を見

ナウルホエ山頂までは往復3時間

このルート上最大の火口湖、ブルーレイク

せるレッドクレーター、眼下には不思議な青緑色に輝くエメラルドレイク、その先には真っ青なブルーレイクが見える。

この先、エメラルドレイクまでの下り坂は急だが、柔らかな砂状の道は思ったより下りやすい。エメラルドレイクを通過しブルーレイクを越えると、後はふもとまで下り坂が続く。途中、温泉が湧き出しているケテタヒ温泉があるが、私有地のため一般客の利用はできないのが残念。

3日目 北島の最高峰ルアペフ山へ。イウィカウビレッジまで車で移動したあと、スキー用リフトに乗って、標高2000mのクノルリッジシャレーまで一気に登る。眼下にゴツゴツした溶岩で埋め尽くされた地面が見える。シャレーから先は2672mのドームシェルターまで徒歩で2時間弱。ルアペフ山頂に広がる直径1km近くの火口を目の前にすると、火山活動の生々しさが実感できる。

4日目 ファカパパ周辺のショートトラック、シリカラピッズのコースと、タラナキ滝経由のタマ湖往復のコースを歩く。

トンガリロ・ハイキングツアー（ロトルア発）
🏢Walking Legends
☎07-312-5297　💴NZ＄1650（宿泊、交通、食事、ガイド付き）　所要3泊4日
URL www.walkinglegends.com

ネイピア
Napier

ネイピアへのアクセス

✈ オークランドから1時間、1日7〜11便、料金NZ$39〜。

🚌 オークランドからインターシティで約7時間30分、1日2便、料金NZ$37〜。ウェリントンから約5時間、1日2便、料金NZ$26〜。

観光案内所　i-SITE

Napier i-SITE
MAP **P.226**
🏠 100 Marine Parade
☎ 06-834-1911
🕐 9:00〜17:00（夏期〜18:00）
🚫 12/25

歩き方のヒント
ネイピア

楽しみ
アクティビティ　★★★
見どころ　　　　★★★
リラックス　　　★★★
交通手段
徒歩　　　　　　★★★★
レンタサイクル　★★
タクシー　　　　★
エリアの広さと交通手段
主な見どころはほとんど徒歩で行ける距離にある。ゆっくり見てまわっても1〜2時間あれば充分。レンタサイクルで海岸沿いをサイクリングするのも気持ちいい。ワイナリーやキッドナッパーズなどの郊外へ行くには、タクシーかツアー参加が便利だ。

ベイワイドタクシー
☎ 0800-885533

マリンパレード沿いの観光案内所

▼街のしくみと歩き方

タウポから約143km南下したところにあるネイピアは、アールデコシティの愛称を持つ街。70年前にマグニチュード7.9の大地震に見舞われ、壊滅的な打撃を受けたが、復興時に当時流行していたアールデコ調の建物が

街のあちこちにあるアールデコ調の建物

建てられ、モダンな街として生まれ変わった。当時の建物が今でも街に点在し、独特な雰囲気を醸し出しているのだ。

バスでネイピアに着くと、街の中心地から少し離れたバスセンターに到着する。ここから繁華街のエマーソンストリートまでは徒歩で7、8分ほど。エマーソンストリートを海に向かって歩くと、宿泊施設が集中する海岸沿いのマリンパレードにぶつかる。この海岸線を30km南下すると、カツオドリの生息地

街のランドマーク、ドーム型の建物はおよそ築70年

があるキッドナッパーズ岬へと続く。キッドナッパーズ岬へは、ネイピアからエコツアーが催行されている。

街の中心から少しはずれたネイピア駅

ネイピア中心部
Central Napier
0　　300m

ネルソン公園
Nelson Park

McDonald St.
Kennedy Road
Thackeray St.
Carlyle St.
空港
Nelson Crescent Road
ネイピア駅
Napier Sta.
Wellesley St.
Munroe St.
Dickens St.
Thompson St.
Emerson St.
Hastings St.
Marine Parade マリンパレード
Coote Road
Thompson Rd.
ブラフヒル展望
Bluff Hill Lookou
ブレイク
ウォーターロー
Breakwater Ro

インターシティ
シティクロスモーテル
シーブリーズ
オポッサムワールド
Opossum World
ウジャジ
アールデコセンター
（アールデコウォーク）
ホークスベイ博物館
Hawkes Bay Museum
ショアライン
パシフィカ
観光案内所
オーシャンスパ
国立水族館
National Aquarium
of New Zealand
アウトドアスケートリンク

ホーク湾
Hawke Bay

ネイピア中心部の見どころ

ホークスベイ博物館
MTG Hawke's Bay

　地元アーティストの作品やマオリの歴史に関する展示、ホークスベイ一帯の恐竜に関する発掘品など展示。1931年にこの地を襲った大地震のすさまじさと、その後の復興の様子を物語る当時の新聞やフィルムが興味深い。

🗺 1 Tenison St.
☎ 06-835-7781　🗺 観光案内所から徒歩2分　🕐 9:30〜17:00
🈺 なし　🈯 入場無料
URL www.mtghawkesbay.com

オポッサムワールド
Opossum World

　オポッサムは、別名をフクロネズミ、コモリネズミとも呼ばれる有袋類で、農民から厄介者扱いされ、かつて大量に毒殺されていた。その歴史や生態が観察できるニュージーランドならではの施設だ。

🗺 106 Mastings St.　☎ 06-835-7697　🗺 観光案内所から徒歩2分　🕐 9:30〜16:30（土・日曜10:00〜16:00）　🈺 なし
🈯 無料

アールデコウォーク
Art Deco Walk

　街の中心部にあるアールデコの歴史的建造物のいくつかをガイドとともに訪ねて歩くツアー。午前のツアーは所要1時間20分。午後のツアーは所要2時間20分で、どのツアーもテニソンストリートにあるアールデコセンターからスタートする。

☎ 06-835-0022
🕐 10:00、11:00、14:00、16:30
🈯 NZ$24〜

オーシャンスパ
Ocean Spa

　マリンパレード沿いにある市民に人気のスパ。海を望むプールやジャクージ、サウナをはじめ、ボディトリートメントやマッサージも受けられる施設も整う。レストランやカフェも併設しているので、1日楽しめる。

🗺 42 Marine Parade
☎ 06-835-8553　🗺 観光案内所から徒歩3分　🕐 6:00（日曜・祝日8:00）〜22:00　🈺 なし　🈯 NZ$10.70　URL www.oceanspanapiar.co.nz

ブラフヒル展望台
Bluff Hill Lookout

　マリンパレードを観光案内所から北へ車で5分ほどの高台ブラフヒルドメイン内にある展望台。南側には、海沿いに広がるネイピアの街が一望のもと。海の向こうには、キッドナッパーズ岬が見える。東側には約100m下にネイピア港が見下ろせる。

🗺 観光案内所から車で5分
🕐 7:00〜21:00

ブラフヒルから見たネイピアの街

ホークスベイ産の
おいしいワインを飲みくらべてみる

ワイナリーツアーでブドウ畑を訪ねる

ネイピアを含むホークスベイ一帯は、マールボローと肩を並べるニュージーランドワインの二大産地のひとつ。街の中心部から車で30分ほど走ると、あたり一面はブドウ畑が広がるのどかな景色になる。温暖で雨が少ないホークスベイ地区では、高品質なシャルドネ、カベルネ・ソーヴィニヨン、メルローなどが栽培されている。

ネイピアの中心部から出発するワイナリーツアーはいくつかあるが、どのツアーも要望に応じてくれるので、訪れてみたいワイナリーがあれば、リクエストするといい。

ホークスベイで外せないワイナリーといえば、150年以上の歴史を誇る最も古いワイナリー、ミッションエステイトMission Estateだ。フランスから渡ってきた宣教師が、儀式のためにここでワインを作ったのが始まり。ワイナリーでは、毎日（10:30〜、14:00〜）ワインセラーのツアーを行い、醸造過程を解説してくれる。

ワイナリーに併設しているレストランで食べるランチもまた格別。レストランがあるワイナリーは、ミッションエステイトのほか、ブルックフィールズBrookfields、クリアビューエステイトClearview Estate、チャーチロードワイナリーChurch Road Wineryなど。ツ

「セラーゴーストにご用心」の看板がユニーク

ミッションのテイスティングカウンター

アー参加の場合、時間帯によってワイナリーでのランチが楽しめるものもある。

●ヨッテコット・ニュージーランド
Yottecott NZ Ltd　☎06-845-1521（日本語）
料NZ＄180
URL www.toursyottecott.co.nz

●ベイツアーズ＆チャーターズ
Bay Tours & Charters　☎06-845-2736
料NZ＄105〜　URL www.baytours.co.nz

トリニティヒルのテイスティングカウンター

クリアビューのオープンテラス・レストラン

レストラン&ホテル
Restaurants&Hotels

テニソンストリートに店が並ぶ

レストランやカフェはテニソンストリート周辺に集中。マリンパレード沿いにはオーシャンビューのモーテルが並んでいる。

レストラン
パシフィカ
Pacifica

MAP-P.226

ワインとともに料理を楽しむ

新鮮な食材を生かした料理はフレンチの要素を取り入れた繊細な味わい。産地が近いだけに、豊富なワインリストには定評があり、料理に合わせたワインとともにゆっくりと楽しみたい。コースはNZ$65〜。

住209 Marine Parade　☎06-833-6335　交観光案内所から徒歩2分　営18:00〜21:00（変動あり）　休日・月曜　予NZ$24〜　URLwww.pacificarestaurant.co.nz

海沿いのレストランらしい外観が特徴

カフェ
ウジャジ
Cafe UJAZI

MAP-P.226

地元の野菜たっぷりのヘルシーフード

通りのテーブルでお茶する人が絶えない人気のカフェ。朝食メニューをはじめ、サラダやシーフードチャウダー、タイ・チキン・ナチョスといったバラエティ豊かなカフェフードが味わえる。街歩きの休憩場所に最適。

住28 Tennyson St.　☎06-835-1490　交観光案内所から徒歩3分　営7:00〜17:00　休なし　予ランチNZ$10〜

エスニック調のインテリア

モーテル
ショアライン
Shoreline Motel

MAP-P.226

全室オーシャンビュー

すべての部屋のバルコニーから海が見えるハイグレードなモーテル。どの部屋にもキングサイズのベッドが置かれている。またスイートルームには、ベッド横にガラス張りのスパがあり、ゴージャスな雰囲気。

住377 Marine Parade　☎06-835-5222　FAX06-835-5955　交観光案内所から徒歩5分　料S・T／NZ$165〜　室38室　URLwww.shorelinenapier.co.nz

開放感たっぷり

B&B
シーブリーズ
Seabreeze

MAP-P.226

部屋ごとに個性が違うインテリア

1914年に建てられた2階建ての家を改造したB&B。部屋数が少なく、こぢんまりとしているが、地中海風、アールデコ風とそれぞれの部屋の個性が異なるおもしろい作りになっている。朝食はセルフサービス。

住281 Marine Parade　☎06-835-8067　交観光案内所から徒歩3分　料S／NZ$155〜、T／NZ$160〜　室3室

地中海スタイルのインテリア

モーテル
シティクロースモーテル
City Close Motel

MAP-P.226

バスセンターにほど近いモーテル

街の中心からは少し外れるが、バスセンターに近く、遅くにバスでネイピアに着く場合に便利。1ベッドルームと2ベッドタイプがあり、キッチン設備が整っているので、自炊派向き。

住50 Munroe St.　☎06-835-3568　交観光案内所から徒歩7分　料S・T／NZ$115〜　室8室

スーパーまで徒歩5分

♨ スパ

ウェリントン

MAP-P143-K

重厚な造りのウェリントン鉄道駅

ウェリントンのプロフィール

人口：約38万人
面積：288.97㎢
気温：夏の平均最高気温が20度、
冬の平均最低気温が6.4度
年間平均雨量：1,271㎜
日本の姉妹都市：大阪府堺市

ウェリントンへのアクセス

✈ オークランドから1時間、1日13〜20便、料金NZ$49〜。クライストチャーチから1時間、1日13〜20便、料金NZ$39〜。

🚌 オークランドからインターシティで約11時間、1日4便、料金NZ$27〜。ネイピアからインターシティで約5時間、1日4便、料金NZ$31〜。

⛴ ピクトンからインターアイランダーフェリーで3時間30分、1日3〜5便、料金NZ$68〜。

230

街のあらましとしくみ
ニュージーランドの首都を知る

オークランドからウェリントンに首都が移されたのは1865年。北島の最南端に位置するウェリントンは、南島のピクトン同様、両島を結ぶフェリーの発着地点でもある。100年以上前から海を埋め立てて街づくりをしてきたウェリントンは、海に面して放射状に市街地が広がっている。

政治・経済と文化の中心地

政治・経済の中心として発展してきたウェリントン。官公庁に関わる仕事に従事している人が多いためか、スーツ姿で闊歩する人が多いのが特徴だ。また、オペラやパフォーミングアートを上映する劇場が多く、毎年「国際アートフェスティバル」がこの地で開催されるなど、芸術やファッションなどの文化の発信地という側面も持つ。ほかの街と比べてかなり洗練されている印象を受けるのは、そういった背景があるからだろう。「ロード・オブ・ザ・リング」など、世界的にヒットした映画の制作拠点があることから、映画の街としても知られている。

周囲を小高い丘に囲まれた丘陵地帯のウェリントンは、坂道が多いことでも有名。街の中心部を歩いていてもすぐに坂道にぶつかるほどだ。ここにクック海峡からの風が吹きつけることから、ニュージーランド人には「ウィンディ・ウェリントン（風の吹く街ウェリントン）」という愛称で親しまれている。

中心部を大まかに分けると、北側の鉄道駅周辺に国会議事堂などの官公庁が集まり、観光案内所周辺の南側に宿泊施設やレストランなどが集中している。

ウェリントン
Wellington

0   300m

N

オークランド、ネイピアへ

インターアイランダー
フェリー・乗り場
Inter Islander
Ferry Terminal

Aotea Quay

Tinakori
255▲

Queens
Park

Hutt Rd.

ビクトンへ

キャサリン・マンスフィールド生家
Katherine Mansfield Birthplace

Cecil Road

Pembroke Rd.

Town Belt

タウンベルト

Western
Slopes
Reserve

A

Marshalling Yards

B

Aotea Quay

Cornwall Quay

Upper Witako
302▲

Westpac
Trust
Stadium

Thorndon

ステリン メモリアル パーク
Stellin Memorial Park

Hawkestone St.

Molesworth St.

Pipitea

国立図書館
National
Library

Waterloo Quay

オールドセントポール教会
Old St. Paul's Church

Thorndon
Container
Terminal

Northland

Hill St.

Aitken St.

Mulgrave St.

ウェリントン駅
Railway Station
インターシティバスターミナル

国会議事堂
Parliament
ビーハイブ
The Beehive

バスターミナル
Bus Terminal

Anderson
Park

Bolton St.
Memorial
Park

Bowen St.
St. Andrews
Church

Lady Notwood
Rose Garden

Wesley Rd.

Bolton St.

Aurora Tce.

The Terrace

Ballance St.

Whitmore St.

ホテル・ウォータールー

ウェリントン植物園
Wellington Botanic
Garden
カーター天文台
Carter Observatory

C

シティライフ

Clifton Tce.

Talavera Tce.

Salamanca Rd.

キャピタル・
オン・ザ・キー

Featherston St.

Customhouse Quay

Nust Bank Ferry East by West
イーストバイウエストフェリー・乗り場

ゲーブルカー
Cable Car
ケーブルカー乗り場

ケルバーン駅

アイビス
ホテル

Hunter St.

インターコンチネンタル

クイーンズワーフ
Queens Wharf

Wellington Harbour
Port Nicholson
ウェリントン ハーバー
ポートニコルソン

デイズベへ

Kelburn

ケルバーン公園
Kelburn Park

ウェリントン博物館
Wellington Museum

シンプリー・ニュージーランド

Glen Rd.

Glasgow Rd.

Upland Rd.

ボウルコット
ストリート・ビストロ

Jervois Quay

Frank
Kitts Park

Overseas
Passenger
Terminal

オリエンタル
ベイ
Oriental
Bay

ビクトリア大学
Victoria University

図書館

市立美術館
City Gallery

シビックスクエア

Chaffers
Marina

タスマン・ホテル

エイベル

ウォータ

観光案内所
タウンホール
Town Hall

国立博物館テパパ
Museum of New Zealand
Te Papa Togarewa

YHA
ウェリントン

オリエンタル パレード
Oriental Parade

Highbury

Boyd
Wilson
Field

マッターホルン

Te Aro

ローガン・
ブラウン

Wille St.

Dixon St.

Manners St.

Wakefield St.

Courtenay Place

Cable St.

QTフェリントン

スクラ
スモール・
エーコンズ

ベイプラザ・
ホテル

Roxburgh St.

McFarlane St.

Oriental Bay

グランド
メルキュール

Vivian St.

Cuba St.

Marion St.

Taranaki St.

Wesley

オステリア・
デルトロ

Tennyson St.

モンスーン・ブーン
バンドロ・パネッテリア

モルトハウス
和・焼き鳥＆酒バー

Majoribanks St.

Hawker St.

Charles
Plimmer
Park

だるま館

コンフォート・ホテル

Frederick St.

Elizabeth St.

Lorne St.

Pirie St.

ハルスウェル・ロッジ

マウントビクトリア展望台へ

テ・ウィリス

ハーバーシティ

Smith St.

Arthur St.

Webb St.

Haining St.

Tory St.

Cambridge Terrace

Kent Terrace

Hania St.

Queen St.

Austin St.

Mt. Victoria

Durham Tce.

Tanera Park

コロニアルコテージ
The Colonial Cottage Museum

Thompson St.

Hopper St.

Buckle St.

Sussex St.

Moir St.

Porritt Ave.

Ellice St.

St. Josephs
St. Marks

Central Park

Nairn St.
Park

Basin
Reserve

Brooklyn

Bidwill St.

Wallace St.

Tasman Street

ウェリントン動物園へ

ウェリントン国際空港へ

空港と市内を結ぶエアポートフライヤー

シャトル
スーパーシャトル
☎0800-748-885

タクシー
ウェリントン・コンバインドタクシー
☎04-384-4444
キャピトルタクシー
☎04-384-5678

市バス（メットリンク）
運行エリアによってゴー・ウェリントン、バリー・フライヤー、エアポート・フライヤーなどと呼ばれる。
☎0800-801-700
URL www.metlink.org.nz

長距離バスの発着
長距離バスは鉄道駅内の9番ホーム横から発着する。

ケーブルカー →P.235

ラムトンキーから少し入ったところにあるケーブルカーの始発駅

レンタカー
エースレンタルカーズ
Ace Rental Cars
☎0800-502-277／04-471-1176

DCRレンタルズ
DCR Rentals
☎0800-800-327 / 04-568-2777

オメガ
Omega Rental Cars Ltd.
☎04-472-8465

空港から市内へ

◆シャトル、タクシー

空港の外には、乗り合いのシャトルやタクシーが常時待機している。中心部まではシャトルがNZ＄20〜、タクシーではNZ＄30〜40くらいかかる。

◆市バス

ウェリントン市内を走るバス、メットリンクのエアポートフライヤーAirport Flyer（ルート91）が15分おきに運行し、空港と市内中心部を結んでいる。料金はコートニープレイスまで片道NZ＄9。空港から市内中心部までは20分ほど。

フェリーターミナルから市内へ

◆シャトル

フェリーターミナルは街の中心から少し離れた北側にある。フェリーの発着時間にあわせて、ターミナルから鉄道駅までを走る無料シャトルが運行されている。鉄道駅前からは市バスやタクシーが利用できる。

市内の交通

◆市バス

ウェリントンの市内交通は、バスも電車もメットリンクという同じ会社が運営している。市内中心部の見どころは徒歩でまわれる範囲にあるが、周辺の見どころに行くにはメットリンクのゴー・ウェリントンと呼ばれるバスが便利。料金はゾーン制で、1ゾーンNZ＄2、2ゾーンNZ＄3.50、3ゾーンNZ＄5…となっている。バス・電車1日乗り放題のデイパスはNZ＄10（ゾーン1〜3）で、市内の見どころは網羅されている。

◆ケーブルカー

標高122mにあるケルバーン駅とラムトンキーを、片道約10分で結ぶケーブルカー。坂が多いウェリントンで100年以上前から運行され、急な斜面を滑るように走る赤い車体は、今も街のシンボルとして愛されている。

ウェリントン市内中心部
ウォーキングの基礎知識

中心部は徒歩で充分
郊外へはバスを利用

　鉄道駅から国会議事堂を経て南へのびるラムトンキーが、この街のメインストリート。官公庁が集まり、人通りの多く活気のあるこの通りは、ショッピングモールやブティックなどが軒を連ねる一大ショッピングエリアでもある。ケーブルカー乗り場はこの通りにあり、片道およそ10分ほどで植物園に到着する。ダウンタウンへの帰り道は、ケーブルカーで戻るか、植物園の中を通って国会議事堂方面へ歩いてもいい。

　ラムトンキーの終点から南西に延びるウィリスストリートや平行するビクトリアストリート、キューバストリート

街のあちこちにオブジェがある

にも、レストランやショップが並んでいる。なかでも若者の姿が多いキューバストリートでは路上ライブやパフォーマンスが行われ、通りにあるショップやカフェはアバンギャルドな雰囲気だ。ビクトリアストリートから海側に出ると、海洋博物館やリテイルセンターがあるクイーンズワーフがある。対岸のデイズベイに渡るイーストバイウエストのフェリーは、ここから発着する。

　クイーンズワーフから海沿いを南下すると、市立美術館や観光案内所のあるシビックスクエアに出る。そのさらに南側がニュージーランド最大の博物館テパパである。テパパから南東の海沿いのオリエンタルパレードには、ラムトン湾に面してレストランやカフェが並び、雰囲気のいい散歩コースになっている。

シビックスクエアから海に向かって立つ魚のオブジェ

観光案内所 i-SITE

Wellington i-SITE
MAP **P.231-D** 住111 Wakefield St. ☎04-802-4860 圏8:30〜17:00 困なし

歩き方のヒント ウェリントン

楽しみ
アクティビティ ★★★
見どころ ★★★★
リラックス ★★

交通手段
徒歩 ★★★★
バス ★★★
タクシー ★★★

エリアの広さと交通手段
中心部の主な見どころは徒歩で行ける範囲。歩き疲れたらゴー・ウェリントンバスを利用すると便利。レンタサイクルで海岸沿いのオリエンタルパレードをサイクリングするのも気持ちいい。

若者が集まるキューバストリート

ぜひ訪れたいポイント
●テパパ
●国会議事堂
●オールドセントポール教会
●マウントビクトリア

ウェリントン

233

ウォーキングの基礎知識

見どころピックアップ

ウェリントン中心部

国内最大の博物館テパパでNZを学習する

MAP P.231-D 国立博物館テパパ
Museum of New Zealand Te Papa Tongarewa

ニュージーランドのすべてがわかる

オープンしてから20年近くたった今も国内外から多くの観光客が訪れる、人気の国立博物館。テ・パパ・トンガレワとは、マオリ語で「私たちの宝のある場所」という意味。5階建ての館内ではフロアごとに国土、自然環境、歴史、文化、産業など、異なるテーマの展示を見ることができる。テ・パパはただ見学するだけでなく、実際に手で触れて体感する体験型博物館だ。

まず、国土と自然環境についての展示がある2階のフロアでは、ニュージーランドに生息する固有の動植物について詳しく紹介しているほか、アースクェイクハウスで地震の疑似体験ができる。同じフロアにあるタイムワープというコーナーはシアター形式になっていて、6,500万年前にタイムスリップし、ニュージーランドの国土形成の様子が見られるという非常に興味深い内容。

4階はマオリ文化についての展示。彫刻や伝統的な織物を用いた服、戦闘に使われた武器、漁業に使われた道具や料理器具にいたるまで、展示点数はなんと16,000点にも及ぶ。中でもマラエと呼ばれる集会所は実物大で再現されていて、建物の中に入って内部を見学できるようになっている。これだけ充実した博物館が無料で見学できるのは貴重。じっくりと時間をかけて見てまわりたい。

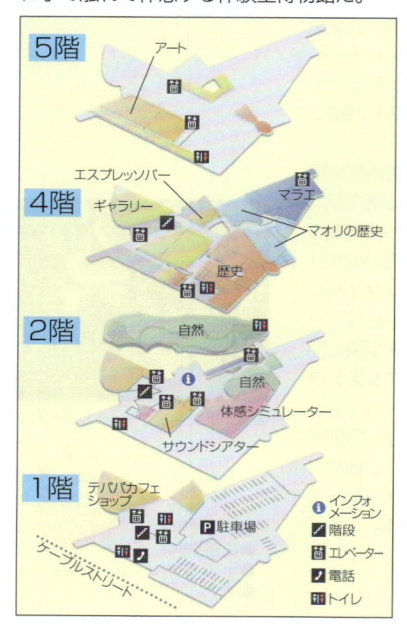

5階
アート

4階
エスプレッソバー
ギャラリー
マラエ
マオリの歴史
歴史

2階
自然
自然
体感シミュレーター
サウンドシアター

1階
テパパカフェ
ショップ
ケーブルストリート
駐車場

i インフォメーション
↗ 階段
🏛 エレベーター
☎ 電話
🚻 トイレ

おすすめ度チャート

レーダーチャート：アクセス、知識、楽しさ、リラックス、興奮、感動

英語だが1日何回かガイドツアー（所要時間60分）がある。NZ$15。入口正面のインフォメーションデスクでスケジュールに合わせた見学プランが立てられる。

🏠 55 Cable St. ☎ 04-381-7000 図観光案内所から徒歩5分 ⏰ 10:00～18:00 休 12/25 料 無料 URL www.tepapa.govt.nz

234

ウェリントン市内の見どころ

見る　MAP-P.231-C
国会議事堂
Parliament

　円柱のようなユニークな形をした国会執務室の入った建物は、地元ではビーハイブ（蜂の巣）の愛称で呼ばれ、親しまれている。穴のような窓が何層も重なっており、まるで蜂の巣のような形をしていることからこの愛称がついた。

　国会議事堂では内部見学ツアー（無料）が毎日行われており、誰でも参加できる。ガイドの解説を聞きながら、議事堂内の主要エリアや見事なインテリアを見てまわる1時間のツアーだ。

🏠 Molesworth St.
☎ 04-817-9503
🚶 鉄道駅から徒歩4分
🕐 10:00～16:00
🚫 なし　💰 無料（要予約）
🔗 www.parliament.nz

見る　MAP-P.231-C
ケーブルカー
Cable Car

　1902年に開通した赤いケーブルカー。ラムトンキーと植物園のある標高122mのケルバーン駅を片道10分で結んでいる。終点のケルバーン駅からは市街地のパノラマを見渡すことができ、ウェリントン名物として、観光客にも人気。

☎ 04-472-2199　🚶 観光案内所から徒歩6分　🕐 7:00～22:00、土曜8:30～22:00　日曜・祝日8:30～21:00　🚫 なし
💰 片道NZ$5、往復NZ$9
🔗 www.wellingtoncablecar.co.nz

ケルバーン駅に隣接しているケーブルカー博物館

見る　MAP-P.231-D
市立美術館
City Gallery

　国内外のアーティストによるユニークな企画展は毎回、評判が高い。

🏠 101 Wakefield St.　☎ 04-913-9032　🚶 観光案内所から徒歩2分　🕐 10:00～17:00　🚫 12/25
💰 無料（企画展は有料）
🔗 citygallery.org.nz

見る　MAP-P.231-D
ウェリントン博物館
Wellington Museum

　港とともに発展してきた街の歴史を詳しく紹介。

🏠 3 Jervois Quay
☎ 04-472-8904　🚶 観光案内所から徒歩5分　🕐 10:00～17:00
🚫 12/25　💰 無料
🔗 www.museumwellington.co.nz

国立図書館
見る MAP-P.231-B

National Library

　ワイタンギ条約の古文書やマゼランの世界一周の資料など、貴重な文献を揃える。

Cnr. Molesworth & Aitken Sts. ☎0800-474-300 鉄道駅から徒歩3分 9:00〜17:00（土曜〜13:00）日曜、祝日 無料 URL www.natlib.govt.nz

オールドセントポール教会
見る MAP-P.231-B

Old St. Paul's Church

　1866年に建てられた英国国教会の教会。まっ白な木造のゴシック様式の建物の中から見られるステンドグラスは、一見の価値がある。

34 Mulgrave St. ☎04-473-6722 鉄道駅から徒歩2分 10:00〜17:00 祝日 寄付制

コロニアルコテージ
見る MAP-P.231-E

The Colonial Cottage Museum

　1858年に建てられた開拓当時の木造の民家。内部はその頃の生活様式を再現。

68 Nairn St. ☎04-384-9122 鉄道駅から徒歩15分 12:00〜16:00 3〜12月の月〜金曜 NZ$8

ウェリントン植物園
見る MAP-P.231-C

Wellington Botanic Garden

　敷地26万㎡の植物園。300以上の種類を揃えたバラ園が美しく、散策にぴったり。

☎04-499-1400 ケーブルカー終点駅横 日の出〜日没 なし

カーター天文台
見る MAP-P.231-C

Carter Observatory

　植物園内にある天文台。南半球の夜空を彩る星座のプラネタリウムショーがある。

☎04-910-3140 ケーブルカー終点駅から徒歩2分 火・金曜16:00〜23:00、土曜10:00〜23:00、日曜10:00〜17:30 月・水・木曜 NZ$12:50〜

キャサリン・マンスフィールド生家
見る MAP-P.231-B

Katherine Mansfield Birthplace

　世界的に有名な女流作家キャサリン・マンスフィールドが生まれ、少女時代を過ごした家が一般公開されている。

25 Tinakori Rd. ☎04-473-7268 鉄道駅から徒歩12分 10:00〜16:00 月曜、12/25、聖金曜日 NZ$8

ウェリントン動物園
見る MAP-P.23

Wellington Zoo

　1906年に造られた歴史のある動物園。ライオンやキリンなどのポピュラーな動物のほかキーウィ、トゥアタラなど、ニュージーランド固有種の動物の見学もできる。平日は、動物たちにエサを与えるところが間近に見られる。

200 Daniell St. ☎04-381-6755 中心部から23番のバスで15分 9:30〜17:00 なし NZ$25 URL wellingtonzoo.com

見る

マウントビクトリア展望台
Mt. Victoria Lookout

標高196mの小高い丘にある展望台。昔はマオリ族が見張り台として利用していた場所だ。湾に面したウェリントンの市街地が一望できる絶好のロケーション。

中心部から頂上まで徒歩で行くこともでき（40分ほど）、サザンルートを通って小高い山の中を歩けば、トレッキング気分が味わえる。

図観光案内所から車で7分

頂上からの景色はぜひカメラに収めておきたい

森の中を歩くサザンルート。マウンテンバイクでも通れるルートだ

とっておき情報

フェリーに乗って、対岸のデイズベイへ

中心部のクイーンズワーフからフェリーに乗って、対岸のデイズベイまで30分の船旅が楽しめる。デイズベイはこぢんまりとしたビーチリゾート。週末などには地元の人々が集まり、ビーチで子どもを遊ばせているようなのどかな場所だ。船着き場近くにはカフェやクラフトショップがあり、リラックス度満点。デイズベイ行きのフェリーが途中に寄るサムズ島は、環境保護区に指定されている小さな島。野鳥の声を楽しみながらハイキングができる。

お天気なら、上の席が気持ちいい

出発前にここでチケットを購入

観光客だけでなく、地元の人の足としても使われている

ビーチは混みあうこともなく、リラックスできる

🏠イーストバイウエスト
East by West
MAP P.231-D
☎04-499-1282　料NZ$12（片道）圏クイーンズワーフ発
6:20～19:05まで16便、土・日曜、祝日は10:00～17:05
休なし
URL eastbywest.co.nz

ショップ
Shops

センスのいい
ギフトが揃う

ショップが集中するのは
ラムトンキー。キューバ
ストリートでは個性的な
店が多く、ユニークなお
みやげが見つかるかも。

スモール・エーコンズ
Small Acorns

MAP-P.231-F

ポップでカラフルな雑貨屋

　オールドバンク・アーケード
の裏道沿いのショップ。クッシ
ョンなどのインテリアものから、
手帳やポストカード、オーガニ
ックの基礎化粧品まで、女性の
心を虜にするアイテムばかり。

囲Cnr. Blair & Wakefield St.
☎04-802-5795　図観光案内所か
ら徒歩5分　圏9:30〜17:30（土曜
10:00〜17:00、日曜11:00〜15:00）
困なし　URLwww.smallacorns.co.nz

見ているだけでも楽しい店内

ハンドメイドクラフト
ソマーフィールド
Sommerfields

MAP-P.231-C

手作りの工芸品が揃う

　国産ハンドメイドクラフトを
集めたハイセンスな店。カウリ
の古木からできた食器類やひす
いの靴べらなど、気のきいたギ
フトを探している人におすすめ。
自分用にも何か買いたくなる。

囲James Cook Arcade,296 Lambton
Quay　☎04-499-4847　図観光
案内所から徒歩3分　圏9:00〜17:
30（金曜〜18:00、土曜10:00〜17:
30、日曜11:00〜16:00）　困祝日

地元の人もよく訪れる

アート
クラ
Kura

MAP-P.231-F

NZアートが集まる店

　インテリア、陶器などを中心
に、ニュージーランドメイドの
アートを豊富に取り揃えてい
る。マオリの伝統的なデザイン
をモチーフにしたものや翡翠の
アクセサリーも人気。

囲19 Allen St.　☎04-802-4934
図観光案内所から徒歩5分
圏10:00〜18:00（土・日曜11:00
〜16:00）　困なし
URLwww.kuragallery.co.nz

日本への発送も可能

ギフトショップ
シンプリー・ニュージーランド
Simply New Zealand

MAP-P.231-D

さまざまなおみやげが揃う

　インターコンチネンタルホテ
ルの向かいにあり、観光客でに
ぎわう店。オールブラックス、ア
メリカズカップのグッズも取り
揃えている。ラノリンクリーム
やマッドソープ等が売れ筋商品。

囲195 Lambton Quay　☎04-472-
6817　図観光案内所から徒歩6分
圏9:00〜17:30（土曜10:00〜17:
00、日曜、祝日10:00〜16:00）
困なし

羊毛セーターやジュエリーもある

ショッピングセンター
キャピタル・オン・ザ・キー
Capital On The Quay

MAP-P.231-C

市内最大級のショッピングセンター

　ラムトンキー沿いにあり、館
内には花屋、本屋、ギフトショ
ップにブティック、スポーツウ
ェア、雑貨、帽子屋、ジュエリ
ーなど、30以上のショップが軒
を連ねている。

囲226-262 Lambton Quay　☎04-
474-9865　図観光案内所から徒
歩6分　圏7:00〜19:00（土・日曜
9:00〜17:00）（ショップによって
異なる）　困なし

館内のカフェでひと休みできる

レストラン
Restaurants

ハイセンスで洗練された店が多い

街の雰囲気同様、個性的でセンスのいいレストランが多い。他の街に比べ、マレーシア料理店が多いのが特徴。

ボウルコットストリート・ビストロ
Boulcott Street Bistro

MAP-P.231-C

歴史的建造物を利用したレストラン

　1870年代の民家を利用したレストランは、ウェリントンでトップクラスと評する地元の人が多い。地元の素材を多国籍風にアレンジした料理が自慢。

田99 Boulcott St.　☎04-499-4199
図観光案内所から徒歩6分
圏12:00～14:30、17:30～22:00
困土曜のランチ
図ランチNZ$20～、ディナーNZ$25～

アットホームな雰囲気の店内。単品料理のほかに、セットメニューもある

ビルの間にあるビクトリア朝の外観

アジア料理
モンスーン・プーン
Monsoon Poon

MAP-P.231-F

評判のアジアン・レストラン

　西洋テイストを織り交ぜた東南アジア料理でローカルに人気のレストラン。オーナーがバリや中国で買い付けたアンティークが光る豪華なインテリア。25種類のハーブとスパイスを使用したラム肉のカレーがおすすめ。

田12 Blair St.　☎04-803-3555
図観光案内所から徒歩5分
圏11:30～23:00（土曜17:00～、日曜17:00～22:00）　困週末のランチ
図NZ$16～

タンドーリチキンサラダ

ビアレストラン
モルトハウス
The Malthouse

MAP-P.231-F

各地の地ビールが飲める店

　創業は1993年。ウィリスストリートで20年以上にわたりクラフトビールを提供してきたビアレストラン。大量生産のビールではなく、各地で作られる個性豊かなビールにこだわる。タップの数は29、銘柄数は140種類を超え、ほかに類を見ないほど。2階のテラス席からは街行く人を眺めながらビールが楽しめる。フードメニューも豊富。

田48 Courtenay Place
☎04-802-5484
図観光案内所から徒歩6分
圏15:00～翌3:00（木～土曜12:00～、日曜15:00～24:00）
困なし　図NZ$15～

ビールを飲みながらの食事に最適

国内外のクラフトビールが飲める

ニュージーランド料理
ローガン・ブラウン
Logan Brown

MAP- P.231-E

ウェリントンの老舗レストラン

　吹き抜けの天井がゴージャス感あふれる、ウェリントンを代表するレストラン。前菜、メイン、デザートにパンとコーヒーが付くビストロ・ランチメニューが人気。牛肉とラム肉料理はコンテストでの受賞歴があり、イチ押しメニューになっている。ニュースレターに登録するとレシピを入手できるので、実際に味わったニュージーランド料理を帰国後に再現することができる。併設されているバーのみを利用することも可能。

📍192 Cuba St.　☎04-801-5114　🚶観光案内所から徒歩8分　🕐ランチ／水・木曜12:00〜13:30、金・土曜12:00〜14:00、ディナー／火〜日曜17:30〜24:00　休月曜　💰ランチNZ$22〜、ディナーNZ$45〜　URL www.loganbrown.co.nz

メイン料理はNZ$38.50〜

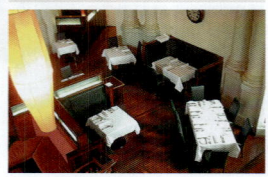
赤い扉が目印の重厚な建物

パン
パンドロ・パネッテリア
Pandoro PANETTERIA

MAP-P.231-F

焼きたてパンが食べたくなったら

　ウェイクフィールドストリートとアランストリートの角にあるこの店は、焼きたてパンを求める地元のお客さんで常に賑わっている。サンドウィッチやタルトなども充実。店内で美味しいコーヒーと共に味わえる。

📍2 Allen St.　☎04-385-4478　🚶観光案内所から徒歩5分　🕐7:00〜16:30（日〜火曜〜16:00）　休なし　💰NZ$5〜

イートインスペースあり

日本料理
だるま鮨
Daruma Sushi

MAP-P.231-E

巻物の種類が豊富

　レストランやカフェが並ぶキューバストリート沿いにある回転寿司のお店。30種類以上もあるバラエティに富んだ巻物に定評があり、落ち着いた店内は地元客で常に賑わっている。揚げ物などのサイドメニューも充実。

📍173A Cuba St.　☎04-801-5494　🚶観光案内所から徒歩6分　🕐11:30〜22:00（土・日曜11:00〜）　休祝日　💰NZ$15〜

人気の回転寿司店

居酒屋
和・焼き鳥＆酒バー
Kazu Yakitori & Sake Bar

MAP-P.231-F

活気あふれる居酒屋レストラン

　地元の常連が集まり、いつも活気で満ち溢れている居酒屋レストラン。お酒に合う焼き鳥メニューをはじめ、おつまみメニューも豊富に取り揃えている。日本酒、日本の生ビール、NZワインなどお酒の種類が多い。

にぎやかで雰囲気のある店内

📍43 Courtenay Place　☎04-802-4868　🚶観光案内所から徒歩6分　🕐11:30〜15:00、17:00〜23:00（金・土曜11:30〜24:00、日曜11:30〜23:00）　休月曜　URL kazu.co.nz

ウェリントンのカフェテラス

ホテル
Hotels

経済的ホテル
の層が厚い

首都ウェリントンは場所柄、ビジネスマン向けのホテルが目立つ。中心部周辺には手ごろなモーテルが多い。

ホテル
インターコンチネンタル
Inter Continental Wellington

MAP-P.231-D 🍴☕🍸🏊🅱🚶♨

トップクラスの高層ホテル

ウォーターフロントに建つ5つ星の高級ホテルで、ガラス張りの外観がひときわまぶしい。大理石が敷きつめられたロビーは、格式と豪華さが漂う。客室はシンプルで落ち着いている。温水プール、ジム、スパも完備。観光案内所、博物館テ・パパ、鉄道駅も近く、立地はとてもよい。

- 🏠 2 Grey St.
- ☎ 04-472-2722
- 🚶 観光案内所から徒歩5分
- 🛏 T／NZ$295～
- 🛎 234室
- URL www.ihg.com

ガラス張りの堂々とした外観

明るくモダンなレストラン

エレガントで広い客室

ウェリントン

241

レストラン／ホテル

ホテル
GTウェリントン
GT Wellington

MAP-P.231-F 🍴☕🍸🏊🅱🚶

テパパが目の前

1993年、テパパの建築に伴い現在の場所に移転。その時には滑車を利用して元の建物をそのまま120m移動したことで話題を集めた。シティビューかハーバービューを選べる部屋は、全室エアコン付き。

- 🏠 90 Cable St.
- ☎ 04-802-8900　FAX 04-802-8909
- 🚶 観光案内所から徒歩5分
- 🛏 S・D／NZ$300～
- 🛎 65室
- URL www.gthotelsandresort.com

オリエンタルパレードにも近い

ホテル
シティライフ
Citylife Wellington

MAP-P.231-C 🚶

ショッピングに便利なロケーション

ラムトンキー沿いに位置し、ショッピングや観光に絶好の立地。全室スイートになっており、ステュディオから3ベッドルームタイプまで揃っている。室内に洗濯機と乾燥機が付いている部屋もあり、長期滞在に便利。

- 🏠 300 Lambton Quay
- ☎ 04-922-2800
- 🚶 観光案内所から徒歩6分
- 🛏 D／NZ$290～
- 🛎 70室
- URL www.heritagehotels.co.nz

近くにレストランやカフェも多い

ホテル
グランドメルキュール
Grand Mercure Wellington

MAP-P.231-E 🍴☕🍸🏊🅱🚶

高台の静かな環境

中心部からは少し離れているが、緑豊かな静かな場所にあり、くつろげる。高台に位置するため、ほとんどの部屋から市街地の向こうに港を望む素晴らしい景色が見られる。どの部屋もスペースにゆとりを持った造り。

- 🏠 345 The Terrace
- ☎ 04-385-9829　FAX 04-385-2119
- 🚶 観光案内所から徒歩10分
- 🛏 S・T／NZ$240～
- 🛎 111室
- URL www.accorhotels.com

おしゃれなレストランもある

🍴 レストラン　☕ カフェラウンジ　🍸 バーラウンジ　🏊 プール　🅱 ビジネスセンター　🚶 フィットネス　♨ スパ

ホテル
ベイプラザ・ホテル
The Bay Plaza Hotel

MAP-P.231-F 🍴 🍸 B

明るい光が差し込む広い部屋が自慢
　オリエンタルベイに位置する11階建てのホテル。港に臨む広い窓からさんさんと光が差し込み、室内は明るい雰囲気。ホテル内のレストランでは、パスタやフィッシュアンドチップスなどのメニューを揃えている。

🏠 40-44 Oriental Parade
☎ 04-385-7799　FAX 04-385-2936
🚶 観光案内所から徒歩8分
💰 S・T／NZ$155〜
🛏 76室
URL www.bayplaza.co.nz

マウントビクトリアにも近い

ホテル
アイビス・ホテル
Hotel Ibis Wellington

MAP-P.231-D 🍴 🍸 B

真新しいホテル
　全世界にチェーン展開するアイビスホテルは、ウェリントン鉄道駅と国立博物館テパパの中ほどに位置しており、ロケーションが抜群。その立地のよさから、観光客だけでなくビジネスマンの利用も多い。

🏠 153 Featherston St.
☎ 04-496-1880　FAX 04-496-1881
🚶 観光案内所から徒歩6分
💰 S・T／NZ$208〜
🛏 200室
URL www.accorhotels.com

すっきりとしたインテリア

242

ホテル
エイベルタスマン・ホテル
Abel Tasman Hotel

MAP-P.231-E 🍴 🍸

アクセスのいいホテル
　ウィリスストリートとディクストンストリートの角に建ち、どこへ行くにも便利なロケーション。ステュディオタイプの部屋には、電子レンジなどのキッチン設備が整い、スパバスが付いたスイートルームもある。レセプション横のレストランへは、ルームサービスが注文できる。

🏠 169 Willis St.　☎ 04-385-1304
FAX 04-385-8416　🚶 観光案内所から徒歩5分　💰 S・T／NZ$220〜
🛏 73室　URL www.abeltasmanhotel.co.nz

角地にある便利な立地

経済的アコモデーション

ホテル　MAP-P.231-E
ホテル・ウィリス
Hotel Willis
🏠 355 Willis St.
☎ 04-803-1000
🚶 観光案内所から徒歩12分
💰 S／NZ$165〜（朝食込み）

ホテル　MAP-P.231-E
コンフォート・ホテル
Comfort Hotel Wellington
🏠 213-223 Cuba St.
☎ 04-385-2153
🚶 観光案内所から徒歩8分
💰 T・D／NZ$170〜
URL www.cqwellington.com

モーテル　MAP-P.231-F
ハルスウェル・ロッジ
The Halswell Lodge
🏠 21 Kent Terrace
☎ 04-385-0196
🚶 観光案内所から徒歩10分
💰 S／NZS95〜、T／NZ$110〜
URL www.halswell.co.nz

モーテル　MAP-P.231-E
ハーバーシティ
Harbour City Motor Inn
🏠 92-96 Webb St.
☎ 04-384-9809　FAX 04-384-9806　🚶 観光案内所から徒歩12分　💰 S・T／NZ$125〜
URL www.harbourcitymotorinn.co.nz

ユースホステル　MAP-P.231-F
YHAウェリトン
YHA Wellington
🏠 292 Wakefield St.
☎ 04-801-7280
🚶 観光案内所から徒歩6分
💰 T／NZS100〜、ドミトリーNZ$35〜

バックパッカーズ　MAP-P.231-D
ホテル・ウォータールー
Hotel Waterloo
🏠 1 Bunny St.　☎ 04-473-8482
🚶 鉄道駅から徒歩2分
💰 S／NZ$85〜、ドミトリーNZ$25〜
URL www.hotelwaterloo.co.nz

🍴 レストラン　🍸 バーラウンジ　B ビジネスセンター

Travel Information

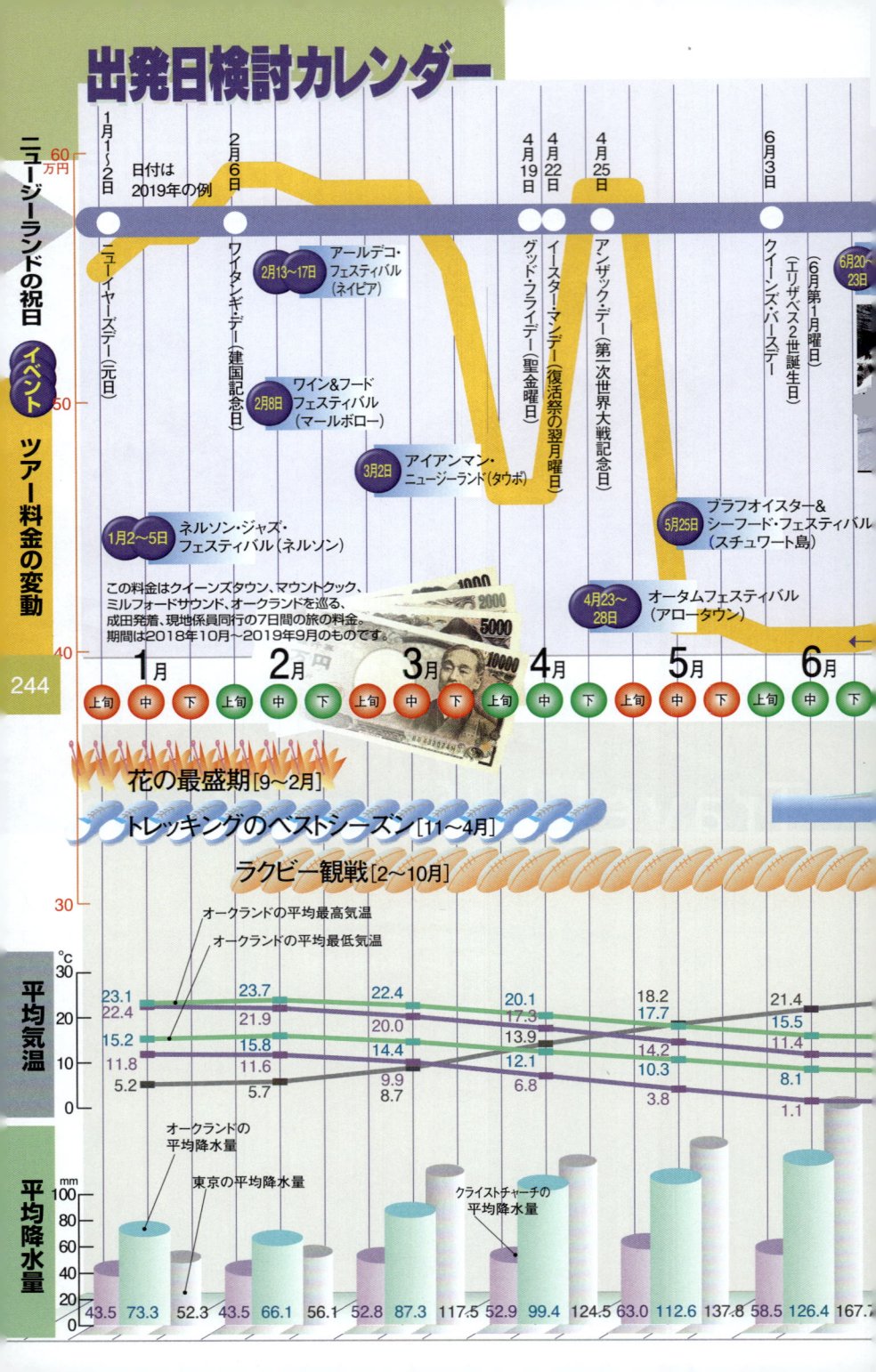

出発日検討カレンダー

ニュージーランドの祝日　イベント　ツアー料金の変動

60万円 / 50 / 40

日付は2019年の例

- 1月1〜2日 ニュー・イヤーズ・デー（元日）
- 2月6日 ワイタンギ・デー（建国記念日）
- 4月19日 グッド・フライデー（聖金曜日）
- 4月22日 イースター・マンデー（復活祭の翌月曜日）
- 4月25日 アンザック・デー（第一次世界大戦記念日）
- 6月3日 クイーンズ・バースデー（6月第1月曜日）（エリザベス2世誕生日）

イベント：

- 2月13〜17日 アールデコ・フェスティバル（ネイピア）
- 2月8日 ワイン＆フード・フェスティバル（マールボロー）
- 3月2日 アイアンマン・ニュージーランド（タウポ）
- 1月2〜5日 ネルソン・ジャズ・フェスティバル（ネルソン）
- 5月25日 ブラフオイスター＆シーフード・フェスティバル（スチュワート島）
- 4月23〜28日 オータムフェスティバル（アロータウン）
- 6月20〜23日

この料金はクイーンズタウン、マウントクック、ミルフォードサウンド、オークランドを巡る、成田発着、現地係員同行の7日間の旅の料金。期間は2018年10月〜2019年9月のものです。

| 1月 | | | 2月 | | | 3月 | | | 4月 | | | 5月 | | | 6月 | | |
|上旬|中|下|上旬|中|下|上旬|中|下|上旬|中|下|上旬|中|下|上旬|中|下|

花の最盛期［9〜2月］

トレッキングのベストシーズン［11〜4月］

ラクビー観戦［2〜10月］

平均気温

オークランドの平均最高気温
オークランドの平均最低気温

°C / 30 / 20 / 10 / 0

	1月	2月	3月	4月	5月	6月
	23.1	23.7	22.4	20.1	18.2	21.4
	22.4	21.9	20.0	17.3	17.7	15.5
	15.2	15.8	14.4	13.9	14.2	11.4
	11.8	11.6		12.1	10.3	8.1
	5.2	5.7	9.9 / 8.7	6.8	3.8	1.1

平均降水量

オークランドの平均降水量
東京の平均降水量
クライストチャーチの平均降水量

mm / 100 / 80 / 60 / 40 / 20 / 0

| 43.5 | 73.3 | 52.3 | 43.5 | 66.1 | 56.1 | 52.8 | 87.3 | 117.5 | 52.9 | 99.4 | 124.5 | 63.0 | 112.6 | 137.8 | 58.5 | 126.4 | 167.7 |

ニュージーランドでは12月は初夏。年末年始で混雑するうえ、気候も良いのでツアー料金も高くなる。

最高62万9千円

10月28日

クイーンズタウン・ウィンター・フェスティバル（クイーンズタウン）

8月9〜11日 ベイ・オブ・アイランズ・ジャズ＆ブルース・フェスティバル（ベイオブアイランズ）

レイバー・デー（勤労感謝の日）（10月第4曜日）

12月25日 クリスマス

12月26日 ボクシングデー

10月20日 オークランドマラソン

9月26日〜10月3日 ワールド・オブ・ウエアラブル・アート（ウェリントン）

11月1〜10日 タラナキ・ガーデンフェスティバル（ニュープリマス）

最低 42万4千円

※イベントなどの日程は年により変更になる場合があります。

7月			8月			9月			10月			11月			12月		
上旬	中	下	上旬	中	下	上旬	中	下	上旬	中	下	上旬	中	下	上旬	中	下

日本と季節が逆になるニュージーランドでは5月はオフシーズン。ゆえにゴールデンウィークを過ぎると価格はグンと下がる。

スキー、スノボシーズン[6〜10月]

クライストチャーチの平均最高気温
クライストチャーチの平均最低気温
東京の平均気温

25.0	26.4	22.8	17.8 / 17.5	19.5 / 19.0	21.6 / 20.9
14.7	15.1	16.5	16.9	12.1	14.0
10.7	12.2	14.6	10.4	12.0	10.6
7.1	7.5	8.9	6.1	8.1	7.6
0.7	2.0	4.0			

62.5	145.1	153.5	57.6	118.4	168.2	42.4	105.1	209.9	48.3	100.2	197.8	47.5	85.5	92.5	50.4	92.8	51.0

旅のプランニング

■旅の目的とスタイルを決める

　ニュージーランドへは、日本から直行便でおよそ11時間。北島と南島の2つの島からなり、北島のオークランドと南島のクライストチャーチに国際空港がある。南島、北島とも各地に見どころが点在しているので、まずはP.259や本書の内容を参考に各地の見どころの情報収集をし、自分はどこへ行って何をしたいのかを明確にしておこう。その上で、どの都市に何泊するかを決めて、旅のプランを考えたい。

　旅のスタイルは大きく分けて、自分で何もかも手配する個人旅行か、パッケージツアーに参加するかの2つになる。パッケージツアーは、基本的に往復の飛行機、宿泊、市内観光などがセットになっているので、手配の手間が省けるが、決められた日程にあわせて行動するので、自由時間は少ない。一般的な周遊型ツアーでは、オークランド乗り継ぎでクライストチャーチから旅を始め、両方の島の見どころをまわってオークランドから出国するものが多い。ただし、短期間の周遊型ツアーだと移動時間が長く、街での滞在が短いこともある。

■個人旅行vsパッケージツアー

　旅先での行動の自由度を重視するなら、何もかも自分で決めて行動できる個人旅行がいい。個人で手配するのだから、旅の途中での予定変更もまったく問題ない。ただし、ある程度の土地鑑や語学力がないと、何かのトラブルにあった時に対処が難しくなってしまうことも。その点、パッケージツアーなら、同行する添乗員や現地係員におまかせできる。予算の点で考えてみると、日程、航空会社、宿泊施設、観光スポット訪問などの旅の条件がまったく同じならば、パッケージツアーの方が安くなる。しかし個人での手配なら、バックパッキングとまではいかなくても、計画次第で予算は安くできる。

■ダイナミックパッケージ

　すべてを自分で手配するのは面倒だけど、全部決められているパッケージツアーでは物足りない。そんな人にぴったりなのが「ダイナミックパッケージ」という旅のスタイル。オンラインで予約するツアーのスタイルで、航空会社やホテル、現地ツアーなどを幅広い選択肢から選べる。

　自由度が高いうえ、パッケージ用の割引価格が適用されるため、個人手配よりも安く抑えることができる。しかも、パッケージに含まれているエアやホテルでトラブルがあった場合は、旅行会社のサポートが受けられるので安心。多くのダイナミックパッケージは空港からホテルまでの送迎がないので、ホテル〜空港間の移動手段を確認しておくことが必要だ。

スタイルを決めるにはここをチェック！

あなた向きの手配方法は？	パッケージツアー（フルタイム型）	パッケージツアー（フリータイム型）	個人手配旅行
初めての海外旅行で不安	○	△	×
忙しくて手配する時間がない	○	○	×
団体行動は苦手 低予算に抑えたい	×	△	○
見どころにまつわる解説が聞きたい	○	△	×
いいホテルに泊まりたい	○	△	○
現地の知人を訪ねたい	×	△	○
現地での移動を効率的にしたい	○	△	△

○向いている
△あまり向いていない
×不向き

個人旅行の味方
i-SITE（アイ・サイト）
Visitor Information Centre
　観光案内所i-SITEでは、ツアーや宿泊施設、交通機関などの案内や予約を無料で行ってくれる。気軽に相談してみよう
URL www.tourismnewzealand.com

ニュージーランド全土80ヵ所にあるi-SITE

パッケージツアーを探すには、旅行会社で配布しているパンフレットを入手するのが一番簡単。また海外旅行情報のサイトを見ると、ツアー価格の相場を知ることができる。旅行会社のウェブサイトでは最新の価格動向がわかるので、マメにチェックしていると、格安ツアーを見つけられることも少なくない。

■ パッケージツアーを徹底解剖！

　初めての土地を旅行するのは不安がつきもの。英語ができないとなれば、なおさらだ。その点ガイド付きのツアーに参加すれば、安心して旅ができる。現地で訪れたい場所が決まっていて、ツアーを利用したいが自由時間が多い方がいいという人には、フリータイム型のパッケージツアーがおすすめ。

パッケージツアーの中身

　パッケージツアーとは、右欄の表のように、往復の飛行機と滞在先の宿泊、空港からホテルまでの送迎、市内観光、食事、アクティビティ、添乗員をセットにした旅行会社の商品だ。添乗員は日本から同行するタイプと、現地空港で出迎える現地係員が対応するかのどちらかになる。

　ひと口にパッケージツアーといっても、その形態はさまざま。日程のすべてが団体行動で、ガイドが同行するフルタイム型から、滞在都市で自由時間を多くとり、必要に応じて現地ガイドが世話をしてくれるフリータイム型まである。さらにフリータイム型の中でも、往復の飛行機と滞在初日のホテルのみが手配されているだけの、限りなく個人旅行に近いツアーまである。

　また、こうしたパッケージツアーには、旅の目的に応じた選択ができるようになっているものも多い。ニュージーランドでは一般的にクライストチャーチ、クイーンズタウン、マウントクック、ロトルア、オークランドなどをまわる周遊型ツアーが多い。ほかにも、現地でスキーやスノーボードだけをしたい人のためのツアーや、ファームステイに特化した牧場生活体験ツアーといったものもある。

■ 賢い個人旅行術

　個人手配旅行のいちばんのメリットは、スケジュールの変更がしやすいことだ。ニュージーランドの旅行では、たとえばホエールウォッチングやトレッキングツアー、フィヨルドや湖のクルーズなど、自然がテーマになることが多い。

　パッケージツアーでは、天候が悪くても予定変更ができないために、希望がかなわないこともある。その点、個人手配旅行ならスケジュールの変更が比較的容易にできる。とはいっても、宿泊地を変えたり、交通機関を手配し直すのは大変なので、1カ所に数日は滞在し、複数のオプションを用意しておくプランが現実的だ。

　オプショナルツアーも出発前に日本で手配するよりも、現地に着いてから天候や現地情報をもとに手配すれば柔軟に対応できるし、予定変更に伴うキャンセルの手間なども省ける。英語が多少できるなら、積極的に個人旅行にチャレンジしてみよう。

ツアーの内容

飛行機	利用するのはオセアニア系とアジア系の航空会社。直行便を運行しているのは、ニュージーランド航空（全日空との共同運航）。アジア系航空会社の中には、乗り継ぎの際の待ち時間が長いところもある。
宿泊	ホテルのグレードが3段階くらいに分かれており、希望のグレードを指定できるツアーが多い。
送迎	空港から宿泊先までの送迎が付く。格安のフリータイム型には送迎がないものもある。
食事	マオリ族の伝統料理「ハンギ」など、ニュージーランドならではの食事が楽しめる。何カ所かの指定レストランで利用できるミールクーポンが配られることもある。
市内観光	ツアーの参加人数によって、大型バスまたはミニバンで観光する。現地では日本語のできるガイドドライバーが案内してくれることが多い。
アクティビティ	羊の毛刈りショーや、伝統舞踊と料理が楽しめるマオリショーは、ほとんどのツアーに組み込まれている。
添乗員	日本から添乗員が同行するツアーと、現地係員が対応するツアーがある。
オプショナルツアー	ワイナリー巡り、日帰りトレッキング、ディナークルーズなど、別料金でプラスできる。

体験型パッケージの種類

　「ニュージーランドでこれがしたい！」と、旅の目的がはっきりしているのなら、目的にあった体験型ツアーを選ぶといい。ニュージーランドで人気のある体験型ツアーには、スキー＆スノーボード、ファームステイ、ガーデン訪問、ワイナリー訪問、フィッシングや、トレッキングなどがある。

ファームステイツアーも楽しい

トラベルインフォメーション〈日本編〉

247

旅のプランニング

宿泊施設の予約方法とタイプ

ホテル予約サイト
- ●ホテルズドットコム
- URL www.hotels.com
- ●ブッキングドットコム
- URL booking.com
- ●アゴダ
- URL www.agoda.jp
- ●アップルワールド
- ☎03-3980-7160
- URL appleworld.com
- ●ジェイエッチシー
- ☎03-3543-7010
- URL www.jhc.jp

ホテル予約オフィス
- ●アコーホテルズ予約センター
- ☎03-4455-6404
- URL www.accorhotels.com
- ●ハイアットカスタマーサービス
- ☎0120-512-343
- URL japan.hyatt.com
- ●インターコンチネンタルホテルズグループ予約オフィス
- ☎0120-677-651
- URL www.ihg.com
- ●ヒルトンリザベーションズ＆カスタマーケア
- ☎0120-489-852
- URL www.hilton.co.jp

現地到着後の予約

出発前に宿泊施設の予約を入れなくても、オフシーズンなら現地に到着してから予約するのでも大丈夫。直接ホテルのカウンターで申し込むこともできるし、現地の観光案内所で予約を入れてもらうこともできる。

ただし12～1月には宿泊施設がいっぱいになってしまうこともあるし、小さな街など宿泊施設の数が少ないところは、日本から予約を入れておいた方が安心だ。

山岳地帯のリゾートホテル

■ 宿泊施設の予約方法

旅行会社を利用する

旅行会社では、パッケージツアーの販売だけでなく、個人旅行者に対してもホテル予約などの手配を行っている。希望のエリアと予算を伝えれば、その会社が契約している宿泊施設の中から希望にそったところを手配してくれる。旅行会社によって専門性が異なるので、旅の目的に応じて選ぼう。

ホテルのホームページから予約する

ホテルなどの宿泊施設では自社のホームページの中に、オンライン予約ができるシステムを用意しているところも多い。英語がそこそこできるのであれば、情報を自分で確認し予約を入れてしまうのが一番手っ取り早い。日にちや曜日、予約状況に合わせて料金を柔軟に設定していることが多く、思いがけないディスカウント料金が見つかることもある。支払いは予約時のクレジットカード払いが多い。この方法は使いたいホテルが決まっている場合には有効だが、他のホテルと料金比較するには、いちいちそれぞれにホテルサイトにアクセスする必要があるのが欠点だ。

オンライン予約を受け付けていないところはFAXかEメールで問い合わせてみよう。英語で希望宿泊日程、人数、部屋タイプ、住所、氏名、FAX番号、Eメールアドレスを明記して送信すると、予約確認書が送られてくる。支払い方法も事前に確認しておく必要がある。

ホテル予約サイトから予約する

いろいろな宿泊施設の料金やサービス、設備を比較しながら宿泊先選びをするのに便利なのがホテル予約サイトで、今やホテル選びの主流となっている。予約サイトにアクセスし、宿泊予定地のホテルリストの中からホテルを選び、料金や設備などを比較しながらチェック、宿泊ホテルが決まったら予約を入れる。料金は予約時にクレジットカードで予約サイトに支払う方法と、現地で直接ホテルに支払う方法がある。

予約が確定するとバウチャー（予約確認書）がEメールで送られてくるので、現地ではバウチャーとパスポートを提示するだけでチェックインできるので便利だ。ただし、ホテルに対して細かい問い合わせやリクエストができない欠点がある。同じホテルでもサイトによって料金が違ったり、用意されている部屋が異なる場合もあるので、情報をていねいに読み取る必要がある。また、予約サイトの料金比較ができるサイトもある。実際に利用しなくても、料金の目安を知るために使うことも可能だ。

■宿泊施設のタイプ

世界中から観光客が訪れるニュージーランドには、最高級ホテルからバックパッカーズまで、幅広い種類の宿泊施設が揃っている。それぞれの特徴を把握して、予算に応じた宿を選ぼう。

ホテル 高級／1泊NZ$250〜、中級／1泊NZ$150〜

5つ星の最高級ホテルから、経済的なシティホテルまでさまざまな種類がある。パッケージツアーで利用するホテルは、最高級、高級、中級と3段階くらいにグレード分けされ、料金に応じて選択できるようになっているものが多い。高級ホテルでは、フィットネスやプール、エステの設備があり、室内にスパや、衛星放送受信テレビなどが備え付けてある。

アパートメント式ホテル 1泊NZ$200〜

コンドミニアムタイプの宿泊施設。調理器具、食器、電化製品など、生活に必要な道具がすべて完備されている。文字どおり、ホテルとアパートメントの中間で、ルームサービスやランドリーサービスなどのホテルサービスを利用することもできるし、料理や洗濯などの一切を自分ですることもできる。街の中心にあるところが多く、料金は高め。

アパートメント式ホテルは長期滞在者向き

B&B 1泊NZ$150〜

ベッド＆ブレックファストと呼ばれる朝食付きの宿泊施設。一軒家を改造し、少人数の宿泊客が滞在できる小規模なところが多い。部屋にテレビがなく、ほかの宿泊客やオーナーと居間を共有するところもあるが、かえって家庭的な雰囲気が味わえる。中には、築100年といった歴史的な価値のある家屋がB&Bになっているところもある。料金は、ホテルとモーテルの間といったところ。長期滞在する場合、オーナーとの交渉次第では部屋代を割引してもらえることもある。

レイクビューがすばらしい湖畔のホテル

眺めによって料金も変わる

海や湖が近いホテルでは、オーシャンビュー、レイクビュー（海や湖が見える部屋）か、シティビュー（街に面した部屋）、またはマウンテンビュー（山側の部屋）によって料金に違いがある。一般的に景色のよい部屋は割高。部屋の窓から見る景色もいいが、部屋にいる時間が短いのであれば、景色にはこだわらず、その分の予算をほかにあててもいいのでは？

チェックインが遅くなる場合は連絡を

ニュージーランドの宿泊施設はチェックインが15時前後になっているところがほとんど。予約を入れる際にチェックインの時間を確認し、自分が何時頃に到着するかを伝えておく。早めに到着してしまう場合でも融通をきかせてくれるが、部屋が空いていなければ、チェックイン時間まで荷物を預かってくれる。逆に到着時間が遅くなる場合、必ず連絡を入れておこう。まれに、連絡がないからと他の予約を入れてしまい、宿に着いても空き部屋がないということもある。

アットホームな雰囲気のB&B

モーテルの部屋タイプ
　モーテルには、1部屋に簡易キッチンが付いたステュディオタイプと、キッチンとリビング、ベッドルームが1つの1ベッドルームタイプ、キッチンとリビング、ベッドルームが2つの2ベッドルームタイプがある。1つのベッドルームにはベッドが2つ用意されている。宿泊する人数によって使い分けよう。

ユース会員になるメリット
　ユース会員になっておくと、割安で宿泊できる上に、交通機関などが割引きになる。申し込みはP.256参照。

長期滞在者に人気。もうひとつのファームステイ
　仕事を手伝う代わりに、無料で宿泊と食事が提供されるウーフ（WWOOF）と呼ばれるシステムがある。ワーキングホリデー制度でニュージーランドに長期滞在する若者に人気。
　ファームでの仕事は、季節によって、フルーツピッキング、家畜の世話、畑仕事など多岐にわたる。現地にある事務所で会費を払うと、全国の加盟農場リストがもらえるので、気に入った農場に電話して、直接ファームステイの交渉をする。仕事の内容や労働時間、滞在期間などは、農場によって千差万別。基本的に労働者であるので、観光客扱いはされない。
URL www.wwoof.co.nz/

モーテル　1泊NZ$120〜
　経済的で、現地で最も人気のある宿泊施設。コーヒー、紅茶のセルフサービスやミニ冷蔵庫などが付いた部屋と、フルキッチン設備が付いた部屋の2種類がある。長期滞在でもタオル類は毎日取り替えてくれるので清潔。基本的には車で旅をする人向けの宿泊施設なので、部屋の前に駐車スペースがあるのが一般的。もちろん車を利用していない人も滞在できるが、郊外にあることが多いので、アクセスは不便な場合が多い。

ユースホステル／バックパッカーズ　1泊NZ$25〜
　ドミトリー（ひと部屋に2段ベッドがいくつか入っている、2〜6人の相部屋）タイプの部屋がある格安の宿泊施設。世界中からバックパックを背負った若者が集まる。キッチン、ダイニング、シャワールームは共同になる。他人と部屋をシェア（共有）するため、荷物の管理などは自己責任になる。

ファームステイ　1泊NZ$100〜
　農場内の宿泊施設に滞在し、農家の生活が体験できるニュージーランドならではの宿泊施設。ファームステイには観光客向けのもの（→P.217）と、仕事を手伝いながら滞在させてもらうタイプの2種類ある。前者には、動物のエサやりや、乗馬などが含まれているものもある。長期の旅行をする人の中には、後者のタイプのファームステイでいくつかの牧場に滞在する人も多い。

キャンプ場　1泊NZ$26〜
　ニュージーランドでは、キャンピングカーで旅行をする人が多く、設備が整ったキャンプ場（ホリデーパーク）がいたるところにある。旅慣れた人の間では、現地でキャンピングカーをレンタルし、キャンプ場を利用する旅のスタイルが人気。敷地内にモーテルやバックパッカーズを併設しているところもあり、車がなくても利用できる。

トイレ、シャワー、キッチンなどの設備が整っている。

航空券選びの基礎知識

■ 航空会社

　日本とニュージーランドを結ぶ航空便には直行便と、アジア諸国やオーストラリアに立ち寄る経由便の2種類がある。直行便は短時間（約11時間）で行けるのが大きな魅力。経由便の中には、経由地での待ち時間が数時間かかる便もあるが、こちらはよりリーズナブルな価格が多いのが魅力。旅のスケジュールに応じて、時間や料金と相談して決めたい。

直行便

　日本からニュージーランドまでの直行便はニュージーランド航空のみで、所要時間は約11時間。成田空港、関西空港からオークランド空港へ、定期便が運航している。ニュージーランド航空による日本発オークランド行きは季節によって便数が異なるので、事前に確認しよう。全日空との共同運航便もある。

日本・ニュージーランド間の定期直行便（ニュージーランド航空NZ）

成田発	オークランド着	便名	機材	運航日	備考
18:30	翌09:00	NZ90	B787-9	毎日	全日空共同運航
21:25	翌12:00	NZ94	B787-9	月・土	NZ夏期のみ 全日空共同運航
20:55	翌11:30			木	
オークランド発	成田着	便名	機材	運航日	備考
9:50	16:45	NZ99	B787-9	毎日	全日空共同運航
13:30	19:55	NZ95	B787-9	月・土	NZ春夏期のみ 全日空共同運航
12:30	19:25			木	

関空発	オークランド着	便名	機材	運航日	備考
21:00	翌11:25	NZ98	B787-9	水・金・日	NZ春夏期のみ
オークランド発	関空着	便名	機材	運航日	備考
11:55	19:00	NZ97	B787-9	水・金・日	NZ春夏期のみ

スケジュールは変更になる場合があるので要確認

経由便

　日本・ニュージーランド間の経由便には、カンタス航空またはジェットスター航空（シドニー、ブリスベン、メルボルン経由オークランド、クライストチャーチ、ウェリントン、クィーンズタウンなど）、シンガポール航空（シンガポール経由オークランド）、大韓航空（ソウル経由オークランド）、キャセイパシフィック航空（香港経由オークランド）などがある。

■ 航空券の種類

　航空券は大きく分類して、4つに分かれる。正規運賃→正規割引運賃（ペックス運賃、ゾーンペックス運賃）→格安航空券の順に価格が安くなっている。（詳細は次ページ）

航空会社問い合せ先

ニュージーランド航空 NZ
☎03-5521-2770
URL www.airnewzealand.jp
全日空 NH
☎0570-029-333
URL www.ana.co.jp
カンタス航空 QF
☎03-6833-0700（関東）
☎0120-207-020（その他の地域）
URL www.qantas.com.au
キャセイパシフィック航空 CX
☎0120-463-838
URL www.cathaypacific.com/
シンガポール航空 SQ
☎03-3213-3431
URL www.singaporeair.com
大韓航空 KE
☎0088-21-2001
URL www.koreanair.co.jp
ジェットスター航空 JQ
☎0570-550-538
URL www.jetstar.com

ニュージーランド航空の国際線正規割引航空券

　日本各都市からニュージーランドまでの国際線割引運賃で、国内線も割引価格で追加できる。帰国便の変更が自由にできる「フレキシ」をはじめ、正規割引運賃の中では最もおトクな「スマートセーバー」などがある。詳しくはwww.airnewzealand.jpを参照。

※ニュージーランド航空の羽田ーオークランド便は2019年5月現在運行停止中。5月以降の運行再開についてはWebサイト等で公表される予定。

格安航空券はどこで入手できるか？

旅行会社で格安航空券の看板を掲げているところであれば、どこでも入手が可能。インターネットのウェブサイトでも格安航空券の情報を提供しているところが多く、出発日直前のチケットが非常に安く入手できることもある。

格安航空券の基礎知識

FIX（フィックス）：出発前にすべての搭乗便、搭乗日を決定しておく航空券。たとえば28日FIXの往復航空券の場合、出発日から28日以内に帰国便を決定し、出発後の変更は一切することができない。
オープン：オープンとは帰国便の予約を入れずに発券できる航空券。
オープンジョー：行きの到着地と、帰りの出発地が異なる航空券。
ストップオーバー：周遊航空券で各都市に24時間以上滞在すること。
eチケット：現在主流となっている航空券の発券方式。航空会社のコンピューターでデータを管理し、その控えを自分でプリントしたりメールやFAX、郵便などで受け取る。紛失しても本人確認さえすれば、無料で再発行される。

正規運賃

最も制約が少ないが最も高価な航空券。航空会社に関わらず料金は同じで、該当路線に就航しているすべての航空会社を利用できる。区間別・往復別に航空会社を変えることもできる。1年間有効で、シーズンによる料金変動がない。

IATAペックス運賃

個人対象の正規割引運賃。正規運賃と違い、出発日によって運賃が異なる。全航空会社共通なので、行き先が同じなら、どの航空会社を使っても同料金で乗ることができ、往路と復路が別の航空会社でもよい。

ゾーンペックス運賃

各航空会社が、ある一定の運賃幅（＝ゾーン）の間で独自に運賃を設定している航空券。IATA ペックス運賃に早期購入などの条件を追加し、さらに割引している。各社が独自の名称をつけて販売している。

格安航空券

旅行会社ツアー用の団体割引航空券をバラ売りしたり、航空会社が独自に設定しているもの。料金もルールも、旅行会社や航空会社によりさまざま。同じチケットでも出発日が近づくと、それ以前より料金が下がることもある。席の予約優先度は最も低く、希望通りに席が取れないこともありうる。

■マイレージで選ぶ

マイレージは、飛行機に乗った距離をマイル数に換算して、一定のマイルが貯まると航空券などと交換できるというサービス。航空会社によって名称やサービス内容が異なるが、会費は無料で旅先での特典も多いので、入っている人も多いだろう。ホテルやカード会社と提携し、旅行先や日常生活でマイルを貯めることのできるプログラムも多い。マイレージが貯まると、マイル数に応じて空席のアップグレードや無料航空券がもらえるだけでなく、日本のホテルやレストラン、ゴルフ場が利用できるというサービスもある。

ニュージーランド航空では日本で独自のマイレージプログラムは導入していないが、全日空、ユナイテッド航空などのスターアライアンス加盟航空会社のマイレージプログラムに会員登録していれば、ニュージーランド航空を利用することで飛行マイルを獲得することができる（チケットの種類によってマイルの積算条件は異なる）。

旅のパーツは日本で手配

■ 国内線チケット

ニュージーランド航空では、日本からニュージーランドまでの国際線の航空チケットと一緒に、ニュージーランド国内線（P.276参照）のチケットを購入することも可能だ。

現地で飛行機を利用して周遊する予定がある人には、ニュージーランド航空の正規割引航空券の利用価値も高い。ニュージーランド国内はもちろんのこと、ニュージーランド〜オーストラリア主要都市間やフィジー、ニューカレドニア、タヒチなどの南太平洋の島々への旅行にも利用できる。

正規割引航空券を利用するには、日本からの国際線チケット代に右記欄外の料金を追加すれば、ニュージーランド国内線の往復チケットが購入できる。早めに旅行計画が立てられれば、航空券代を抑えられ、リーズナブルに旅を楽しめるので、ぜひ利用したい。

■ 便利な国内周遊パス

ニュージーランド国内を網羅するインターシティバスのネットワークを使って、国内を周遊する「パス」を利用すると、大幅に費用を節約することが可能だ。パスには、時間単位で購入し、ルートを自由に決めることができる「フレキシーパス」と、決められた15の周遊コースから自分に合ったコースを選ぶ「トラベルパス」の2種類がある。

フレキシーパス Flexi Pass

フレキシーパスには、5時間単位で15時間（NZ$132）から最大80時間（NZ$545）まで使用できるパスがある。時間が足りなくなった場合には3時間（NZ$35）、10時間（NZ$95）の追加購入が可能。時間内は乗り降り自由だが、事前に乗車区間の予約は必要。

トラベルパス Travel Pass

トラベルパスには、北島・南島をまたがった南北周遊コースが3種類（NZ$775〜1045）、北島内の周遊コースが6種類（NZ$125〜405）、南島内の周遊コースが6種類（NZ$125〜549）用意されている。1日でまわれるコースから6日以上かかるコースまであり、追加料金でオプションコースを組み込むこともできる。

■ トラベルパスのコース例

北島　Bay Escape：オークランド→ホールインザロックス・クルーズ→パイヒア→オークランド（1日、NZ$114）

南島　Scenic South：クライストチャーチ→クイーンズタウン→ミルフォードサウンド→フランツジョセフ氷河→ネルソン→ピクトン→クライストチャーチ（6日間〜、NZ$509）

国内線追加料金

日本からのニュージーランド航空国際線チケットに追加して、国内線往復チケットを購入する場合のオークランドからの往復料金は下記の通り。片道の場合は、往復料金の65%。

クライストチャーチ、ウェリントン、ブレナム、ロトルア、ケリケリ（ベイ・オブ・アイランズ）、ギズボーン、ネイピア、ネルソン、ニュープリマス、パーマストンノース、パラパラウム、タウポ、タウランガ、ファンガレイ：1万円

ダニーデン、ホキティカ、インバーカーギル、クイーンズタウン、ティマル：2万円

国内周遊パス予約先

トラベルパス予約センター
☎ 09-583-5780（NZ国内）
詳細は www.intercity.co.nz/bus-pass/travelpass/

株式会社ワールドブリッジ
ニュージーランドへの個人旅行やグループ旅行企画に強い旅行会社。専門スタッフが豊富な経験を活かして、オーダーメイド旅行企画の相談にのってくれる。観光旅行からトレッキングツアーやワイナリー巡り、ホームステイ体験など「テーマのあるツアー」企画が好評。
☎ 03-3562-7878
URL www.world-bridge.co.jp

現地の観光スポットを調べたり、宿泊や交通手段の手配をすべて自分でやろうとすると、時間がかかってしまうもの。日本や現地の旅行会社の中には、予算と日程、希望を伝えればオーダーメイドの旅を作ってくれるところもあるので、相談してみよう。

NZで利用できるレンタカー

ハーツ☎0120-489-882
URL www.hertz.com

エイビス☎0120-311-911
URL www.avis-japan.com

バジェット☎0120-150-801
URL www.budgetrentcar.jp

ヨーロッパカー☎050-3786-0056
URL www.europcar.jp

現地ツアー主催旅行会社
●クライストチャーチ
ビッグファンツアーズ
Big Fun Tours
URL www.bigfuntours.co.nz

●クイーンズタウン
リアルジャーニーズ
Real Journeys
URL www.realjourneys.co.nz

●オークランド
グレイトサイツ
Great Sights
URL www.greatsights.co.nz

■ レンタカーは事前予約が安心

　世界的な支店網を持つ大手レンタカー会社は日本にも支社があり、ニュージーランドへの出発前に日本で予約を入れることができる。現地でレンタカーを借りる手間や不安がなく、しかも会社によっては、出発前予約に割引料金を設定しているところもある。申し込みは、各社の日本オフィスまたは旅行会社で受け付けている。

　レンタカーを利用する場合は、国際運転免許証とクレジットカードが必要。現地でレンタカーを利用する予定がある人は、出発前に国外運転免許証を取得しておこう。南島のクイーンズタウン近郊のスキッパーズキャニオンや、北島ベイ・オブ・アイランズ北端の90マイルビーチ、コロマンデル半島北端など、レンタカーの乗り入れを禁止されている区域があるので、考慮して旅の計画を立てよう。

　ニュージーランドには、ホリデーパークと呼ばれるキャンピングカー利用者向けのキャンプ場が点在しており、快適な滞在ができるように施設が整備されている。アウトドアスタイルの旅がしたい人は、キャンピングカーを借りて各地を巡るのもいいだろう（交通ルールについてはP.285を参照）。

キャンピングカーでの
旅行も楽しい

■ 現地の日本語ツアーをネットで予約

　個人旅行なら、思い出に残るオリジナルな旅をしてみたい。インターネットを活用すれば、日本に居ながらにして現地発着のツアーやアクティビティの情報を入手し、予約を済ませることができる。

　英語に自信があれば何も問題はないが、たとえ英語ができなくても、ニュージーランドには日本語ガイドが付くアクティビティや現地ツアーがたくさんあり、そうした会社のほとんどは日本語での予約が可能。なかには、現地在住の日本人による、日本人旅行者を対象にしたオリジナリティあふれるツアーも少なくない。しかもこの方法で予約をすると、日本の旅行代理店を通さないから手配料がかからず、料金は現地価格なので、かなりおトクだ。

　現地ツアー会社の情報収集は各社のwebサイトで。メールでの問い合わせも可能なので、インターネットをフル活用し、パッケージツアーでは実現できないような自分らしいプランを立てて、旅の達人を目指そう！

パスポートとNZeTA

◾ パスポート（旅券）

　パスポートは「全世界共通の身分証明書」だ。外国を旅行したり滞在するときに、本人の国籍や身分を証明し、滞在国に便宜供与と保護を求める公文書の一種で、「旅券」のこと。出入国に必要なのはもちろん、旅行中はホテルのチェックインやレンタカーを借りるとき、また不測の事態が発生したとき必要になる、重要な旅の必需品だ。パスポートには有効期限があるので、旅行の日程が決まったら自分のパスポートをすぐにチェックし、必要なら切替発給を申請しよう。

　ニュージーランドに入国するには、滞在日数期間プラス3カ月分の残存有効期間が必要になる。パスポートには5年用、10年用があり（20歳未満は5年用のみ）、5年用は11000円、10年用は16000円。12歳未満は5年用（以前は認められていた子どもの併記はできず、大人も子どもも1通づつ必要）のみで、6000円の手数料がかかる。

●新規パスポートの申請　申請は住民登録をしている各都道府県の旅券課で行う。新規申請の場合、一般旅券発給申請書に必要事項を記入の上、必要書類（右記参照）を揃えて提出する。申請してから受け取るまでに6日から10日前後の日数がかかるので、余裕を持って申請したい。

●パスポートの切替発給　残存有効期間が1年未満になった場合、パスポートの切替発給ができる（切替申請）。ニュージーランドに3カ月以上滞在を予定している人は、この残存有効期間が少ないとビザが取れない場合があるので注意。現地でパスポートを紛失した場合はP.295参照。

◾ NZeTAの申請が必要

　2019年10月1日以降に、ビザ免除国からニュージーランドに渡航する者には、NZeTA（New Zealand Electronic Travel Authority、電子渡航認証）の取得が必要となった。日本はビザ免除国なので、日本から渡航する場合はNZeTA取得が条件となる。NZeTAがないと、搭乗できないので要注意。NZeTAの申請はスマートフォンアプリまたはWebサイトから行う（下記参照）。有効期間は2年間で、期間内は複数の渡航が可能。申請料はスマホアプリの場合NZ＄9、Webサイトの場合NZ＄12。申請は渡航3カ月前から可能で、ビザ申請者は不要である。

　なお、NZeTAの申請と同時にIVL（International Visitor Conservation and Tourism Levy、観光税）の支払いも必要となった。料金はNZ＄35で、NZeTA申請料と同時に支払うことになっている。

【参照先】NZ政府観光局HP→基本情報→入国に際して

申請に必要な書類

　パスポートは有効期限が5年（紺色）と10年（赤色）があり、いずれか選択できるが、20歳未満は5年用のみ取得可。年齢にかかわらず1人1冊必要。残存有効期間が1年未満になると更新できる。

　新規発給の申請には、以下の書類を揃えて住民登録をしている都道府県の旅券課へ。
①一般旅券発給申請書1通（各都道府県旅券課で入手可能）。
②戸籍抄（謄）本1通（6カ月以内に発行されたもの）。
＊ただし、すでにパスポートを持っている場合、記載事項に変更がなければ不要。
③写真1枚（縦4.5cm×横3.5cm、6カ月以内に撮影されたもの）。
④本人確認の書類原本（運転免許証等の公的証明書など）
＊③、④については細かい規定があるので、詳細は外務省ホームページ（下記参照）や、旅券課にある資料を参照のこと。
＊申請料（5年用1万1000円、10年用1万6000円、12歳未満6000円）は領収時に支払う。受け取りは本人のみ。代理不可。受領まで6〜10日。
＊姓の変更などの訂正申請、住民登録地以外での申請、紛失による再発行などは、各旅券窓口へ問い合わせを。

サイトで申請手続きを確認

　外務省のウェブサイト「パスポートA to Z」が参考になる。
URL www.mofa.go.jp/mofaj/toko/passport

ニュージーランド大使館

〒150-0047　東京都渋谷区神山町20-40　☎03-3467-2271　FAX 03-3467-2278
URL www.nzembassy.com

※日本在住者のビザ申請及び問い合わせ（永住ビザを除く）は、下記まで。
VFSニュージーランドビザ申請センター
☎050-5578-7759
URL www.vfsglobal.com/NewZealand/Japan

保険と証明書

256

主な保険会社

損保ジャパン日本興亜 ☎0120-666-756
URL www.sjnk.co.jp
AIG損保会社 ☎03-5611-0874
URL www-429.aig.co.jp
ジェイアイ傷害火災 ☎0120-877-030
URL www.jihoken.co.jp
エイチ・エス損保 ☎0120-937-836
URL www.hs-sonpo.co.jp

保険加入のメリット

日本で海外旅行傷害保険に入っておくと、契約証を現地の病院に提示するだけでキャッシュレスで治療が受けられたり、24時間日本語で病院の紹介や救急医療の手配をしてくれる日本語救急サービスが受けられる。

国外運転免許証申請に必要なもの

❶現在使用している運転免許証❷写真1枚（縦5cm×横4cm、6ヵ月以内に撮影されたもの）❸パスポート（パスポート申請中の場合はその引換書、ビザ申請中の場合はコピーでも可）❹国外運転免許証交付申請書❺手数料2350円

日本ユースホステル協会

〒151-0052東京都渋谷区代々木神園町3-1国立オリンピック記念青少年総合センター内
☎03-5738-0546
URL www.jyh.or.jp

国際学生証申込先

郵送の場合は、必要書類にカード代金と送料、手数料分の合計（カード代金1750円＋簡易書留返送料と手数料550円：合計2300円）を郵便定額小為替か現金書留で送付。10日ほどでカードが届く。
※発行所窓口で申請する場合は1750円。

国際学生証申込先

〒162-0843 東京都新宿区市ヶ谷田町3-24-1大学生活協同組合事業連合2F 国際学生証係
☎03-5261-4611
URL www.univcoop.or.jp/uct/

■ 海外旅行傷害保険

　万が一のことは誰にでも起こりうる。その時のために保険には必ず加入しておこう。保険には基本契約と特約契約がある。基本契約とは、不慮の事故で医師の治療を受けたり、死亡した場合に補償が受けられるもの。特約契約とは、携行品を破損してしまったなど、基本契約ではカバーできない時に補償が支払われるもので、特約のみの加入はできない。海外旅行傷害保険には、旅先での病気やケガの治療費や入院費はもちろん、長期入院した場合に親族を呼ぶ渡航費用、持ち物の破損・盗難などの補償や第三者への賠償の補償などがセットになっているタイプが多いが、特約契約の項目の中から必要なものだけを選び契約する方法もある。自分の旅行行程や予算などを考え、どの項目に加入するかを検討したい。webサイトからオンライン加入もできる。自宅から空港までの補償はないが、出発直前に国内空港で加入手続きすることもできる。

■ 各種証明書の取得

●**国外運転免許証**　ニュージーランドで自動車を運転をする場合は国外運転免許証が必要。申請は住民登録をしてある都道府県の運転免許センターや運転免許試験場へ行けばよい。シーズンによっては混みあっているので申請手続きに時間がかかるが、その日のうちに発行してくれる。国外運転免許証の有効期間は1年間。現在使用している免許証の残存有効期間が1年未満の場合は、日本の免許証の期限前更新をする必要があることもある。

●**YHA（ユースホステル協会）会員証**　各交通機関をはじめ、観光施設やツアーなど、さまざまな場面で割引の特典が得られる。登録はユースホステル協会または全国にある入会案内所で受け付けている。氏名と住所の確認できるもの（運転免許証、健康保険証など）を持参すればその場で発行。有効期限は発行日から1年間。登録会費は年齢などによって異なるが、満19歳以上が対象となる成人パスは2500円、19歳未満の青年パスは1500円。近くに登録機関がない場合は郵便やオンラインでも受け付けている。スマホが会員証になるデジタルメンバーシップもある。ニュージーランドのインフォメーションセンターでも入会できる。

●**国際学生証**　ISIC（International Student Idenity Card）世界各国で使用できる学生身分証明証があれば、さまざまな学割がニュージーランドでも適用される。種類は、STUDENT（大学生・短大・大学院生など）とSCHOLAR（中学校・高等学校生、高等専門学校1～3年生・高等専修学校・専修学校一般課程の本科生）など。大学生協プレイガイドもしくは委託の発行所で申請する。

持ち物と服装アドバイス

■身軽に出かけよう

行き先や旅の目的によって違いはあるが、荷物はできるだけ少なくするのが、旅の鉄則。あれもこれもと荷物を増やすときりがない。思いきって必要最小限にしても、現地では案外不自由しないものだ。また、飛行機に乗る際には、荷物の重量制限があり、制限を超えると超過料金がかかるので、注意しよう。

持参する衣類はシワになりにくく、丸められるものにするとパッキングが楽。下着などは日数分を持って行くのではなく、現地で洗うようにすると、荷物はかなり小さくなる。とにかく帰る時には、お土産で大きな荷物になる。行きのスーツケースの中身は半分にする位の気持ちで荷作りした方がよいだろう。

●機内持ち込み荷物の注意

国際的な保安強化の流れを受けて、飛行機内への液状物の持ち込みが制限されている。化粧品や歯磨き粉を機内に持ち込む際は、100㎖以下の容器に入れ、さらに容量1リットル以下の透明で再封できるビニール袋（1人1枚まで）に入れなければならない。この袋にぴったりなのがジッパー付きの保存パック。なお乳児用品や必要とされる医薬品は制限に含まれない。

●日本にあるものは現地にもある

実際、現地に着けばほとんどのものが手に入る。それに現地でしか売ってない日用雑貨などを買うのも、旅の楽しみのひとつ。知らない土地に行くのだから、その土地にあるものを使ってみると旅の楽しみの幅が広がるかもしれない。

■持っていくと便利なもの

ニュージーランドを旅する時に持っていくと便利なものとは何だろう。まず、雨具。ニュージーランドでは冬期に雨が多いが、それ以外の季節でも、晴れていたのに突然雨が降るということはよくある。折りたたみ傘やウインドブレーカーは必需品だ。次に、日焼け止め。オゾンホールが大きな問題となっているが、ニュージーランド夏は紫外線の量が多い。晴れている日に外出する場合は、日焼け止めやサングラス、帽子を持っていこう。また、日本に比べて空気が乾燥しているニュージーランドでは、現地に滞在して1週間も経つと、肌荒れが気になる人もいる。自分の肌にあったフェイスクリームなども持参するといい。

●ニュージーランドの電源電圧

ニュージーランドの電圧は230〜240ボルト、周波数は50ヘルツ。ホテルなどでは110ボルトのコンセントがあるが、これは電気ひげそり専用なので、日本のものを使うには変圧器が必要になる。コンセントの差し込み口は3極式なので、専用のプラグを用意しておこう。

手荷物の重量制限等

受託手荷物

縦、横、高さの合計158cm以内、重量23kg以内（超過手荷物料金を払えば32kgまで可）
エコノミークラス：1個
プレミアムエコノミー：2個
ビジネスクラス：3個

持ち込み手荷物

縦、横、高さの合計118cm以内、重量7kg以内
エコノミークラス：1個＋ハンドバッグやノートパソコンなど手回品1個
プレミアムエコノミー、ビジネスクラス：2個＋ハンドバッグやノートパソコンなど手回品1個
（上記はニュージーランド航空の例）

持ち込みに注意が必要なもの

ニュージーランドは農業国であるため、動植物や食品の持ち込みには、非常に厳しい規定がある。基本的にすべての食品は機内配布の申告書に書き出し、検疫でチェックを受けなければならない。生もの（はちみつを含む）の持ち込みは原則として不可。食品以外では、土の付いているアウトドア用品（トレッキングシューズやテント）などの申告が必要だ。免税範囲についてはP.271を参照。

現地でも使える携帯電話

ニュージーランドでも日本国内で使っている携帯電話がそのまま使えるのがauのグローバルパスポートや、NTTドコモのWORLD WING、ソフトバンクの世界対応ケータイサービス。音声通話料金の目安は、日本への発信が1分180円、日本からの着信が1分80円程度、NZ国内での通話が発信1分80円、着信1分80円、SMS送信1通80円（受信は無料）で、機種、キャリアによって異なる。データ通信には、別途データ定額サービスなどの契約が必要。事前の申し込みが必要な場合もあるので、詳細を確認しよう。
NTTドコモ
URL www.nttdocomo.co.jp
ソフトバンク
URL www.softbank.jp
au
URL www.au.kddi.com

薬は、現地調達より自分の体に合ったものを持参した方がいいだろう。現地でかかった病気には現地の薬が一番効くというが、日本人には薬が効き過ぎてしまうことも。下痢止めや解熱剤なども常備薬を持参した方がいいだろう。

NZでネットを利用する

　スマホやタブレット端末を持参して、現地で頻繁にインターネットに接続したい場合は、出発前に海外用Wi-Fiルーターをレンタルする方法がある。レンタル料金は利用できるデータ容量や通信速度によって異なるが、ニュージーランドの場合、1日1000～1600円程度。出発空港で受け取り、返却するのが一般的だが、宅配便で受け取り、返却する方法もある。事前予約すると割引される場合もある。
グローバルデータ
www.imotonowifi.jp
グローバルWiFi
townwifi.com
テレコムスクエア
www.telecomsquare.co.jp

■行き先別の服装アドバイス

　1日の中に四季があるといわれるニュージーランド。暑くてTシャツを着たかと思えば、急に寒くなってジャケットが必要になるということもある。服は重ね着ができるものを持って行くのが一番だ。また、日本のように南北に長い国土であるため、訪れる場所によって気候や気温がかなり違う（→P.244）。旅行の行程に応じた服装を用意して行こう。

オークランド　年間を通じ穏やかな気候だが、冬は雨が多く気温より寒く感じることがある。ジャケットやセーターなどは必携。夏は30℃近くまで気温が上昇することもあり、薄手の格好でよいだろう。カーディガンやパーカーはどの季節もひとつは用意しよう。

ウェリントン　風が強く吹くので、冬はかなり寒く感じられる。厚手のジャケットやコートがあるとよい。また、雨も多いのでレインコートは必需品。風が強いので、折り畳み傘よりレインコートの方がおすすめだ。夏は薄手の服でOK。やはり、カーディガンなど1枚あると便利。

クライストチャーチ　カンタベリー平野のほぼ中心にあり、ほかの地方より乾燥している。気温は割と低く、夏でもジャケットが必要な時がある。冬は厚手のコートやセーターを持って行った方がよい。手袋や帽子があれば心強い。

持ち物チェックリスト

機内持ち込みにする物

- ☐ 貴重品
- ☐ パスポート
- ☐ 航空券(eチケット控え)
- ☐ 日本円
- ☐ ニュージーランドドル
- ☐ クレジットカード
- ☐ 他のカード類

- ☐ 旅程表
- ☐ ホテル予約確認書
- ☐ 海外旅行傷害保険契約書
- ☐ 国外運転免許証
- ☐ 身分証明書
- ☐ 筆記用具
- ☐ ガイドブック

- ☐ 携帯電話／PC
- ☐ デジカメ／ビデオ
- ☐ 充電器／予備バッテリー
- ☐ ハンカチ／ティッシュ
- ☐ 常備薬
- ☐ 電卓
- ☐ メモリーカード

受託手荷物に入れる物

- ☐ パスポートのコピー
- ☐ 衣類
- ☐ 下着類
- ☐ くつ下
- ☐ 寝間着
- ☐ 水着
- ☐ ビーチサンダル

- ☐ 洗面用具
- ☐ 歯ブラシ
- ☐ 化粧品
- ☐ 日焼け止めクリーム
- ☐ 生理用品
- ☐ ウェットティッシュ
- ☐ ドライヤー

- ☐ サングラス
- ☐ 帽子
- ☐ 雨具
- ☐ ビニール袋
- ☐ タオル
- ☐ 変換プラグ
- ☐ 変圧器

日本での情報収集

■ニュージーランド政府観光局

　ニュージーランドへの旅行を思い立ったら、まずはニュージーランド政府観光局のウェブサイトをチェックしてみよう。基礎知識はもちろんのこと、現地の見どころやアクティビティ、宿泊施設の情報などが入手できる。ニュージーランド政府観光局のツイッターやフェイスブックなどでも、随時、最新情報を発信しているので、興味のある人はフォローをおすすめする。

　政府観光局のウェブサイトから、ニュージーランドマップをリクエストし、自宅に郵送してもらうことも可能だ。サイト上のフォーム（右記のURL）に、氏名と送付先、電話番号などの必要事項を記入して申し込む。

「ニュージーランドマップ」

■現地の情報誌を日本で入手する

　現地で発行されている情報誌を見れば、最も新しい情報を知ることができる。日本ではあまり知られていない現地発着ツアーやユニークなスポット、最新グルメ情報などもしっかりと入手できるので、旅の計画段階でぜひ目を通しておきたい。現地在住の日本人スタッフが取材したニュージーランドのトレンドやカルチャーに関する話題を掲載しているものもあり、NZ産ワインやスキー、温泉など、興味深い特集が組まれることも多い。

　日本語情報誌のほとんどはフリーペーパーで、現地の観光案内所や日本食レストランで無料配付されている。

■インターネットで情報収集

　いつでもどこでも世界中の情報をキャッチできるのがインターネットのよいところ。旅の下調べにこれを利用しない手はない。

　ニュージーランドに関するサイトはさまざまあるが、どれを見たらよいのかわからないという人にまずおすすめしたいのが、ニュージーランド大使館やニュージーランド政府観光局が開設しているウェブサイト。わかりやすく正確な情報が得られ、政府関係のリンクも多数貼られているので、その中からほかのサイトにネットサーフィンして行くと、自分の求めている情報を見つけることができるはずだ。右ページに紹介したサイトも参考になる。

ニュージーランド政府観光局
URL www.newzealand.com/jp/

現地の基本情報から観光案内など、詳しい情報が入手できる。

マップリクエストフォーム
URL www.newzealand.com/jp/utilities/request-a-map/
リクエストフォームは、上記政府観光局サイト内。地図はPDFファイルをダウンロードすることも可能。

ほかにもあるこんなサイト
Welcome to NZCityの Weatherページ
URL home.nzcity.co.nz/weather/

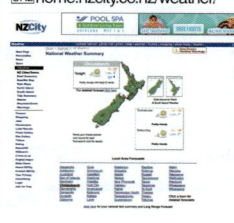

ニュージーランド全土の天気がわかる。都市別の細かいチェックや3日間の天気予報を見ることもできる。

Welcome to Education New Zealand
URL www.enz.govt.nz/

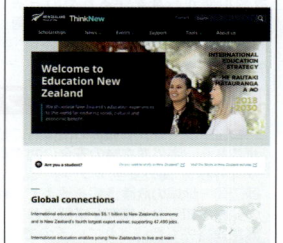

ニュージーランドに留学を考えている人に最適。ニュージーランドの基本情報も満載のサイト。

check point
webサイトの中には、画面上で観光情報の問い合せや宿泊の予約などができるサイトもあり、時間のない人には非常に便利な情報収集法。ただし、これらの問い合わせや予約は英語でしか受け付けないところも少なくない。

ニュージーランド大使館
URL www.mfat.govt.nz/jp/countries-and-regions/north-asia/japan/new-zealand-embassy/
大使館ニュース、ビザの取得方法や経済、文化の紹介などの情報満載。大使館への行き方は地図ページをチェック。

ニュージーランド航空
URL www.airnewzealand.jp/
日本とニュージーランドを直行便で結ぶ唯一のエアライン。最新運賃情報はもちろん、機内サービスについて詳しい情報が得られる。

Qbook
URL jp.qbooknz.com/
クイーンズタウンにある日本語スタッフ常駐観光案内所のサイト。現地発着ツアーやアクティビティが予約できる。

ニュージー探検
URL www.nyuujitanken.co.nz/
現地で配信している日本語の旅情報サイト。アウトドアや観光、宿泊施設の予約ができる。

リンクニュージー
URL www.linknz.com/
現地滞在に役立つ情報満載のコミュニティサイト。現地発着の各種ツアーがオンラインで予約できる。

ニュージー大好きドットコム
URL nzdaisuki.com/
現地の最新ニュース、主要観光都市のエリアガイド、クラシファイドなどから構成されるサイト。

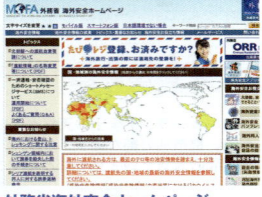

外務省海外安全ホームページ
URL www.anzen.mofa.go.jp/
外務省開設のサイト。海外での事故や犯罪から身を守るための方法が細かく記載してあり、旅の計画段階でチェックするのに最適。

ビッグファンツアーズ
URL www.bigfuntours.co.nz/
日本人による現地の旅行会社。クライストチャーチを中心に各種ツアーや滞在サポートをオンラインで予約できる。

世界遺産オンラインガイド
URL worldheritagesite.xyz/
世界遺産を紹介するサイト。トンガリロ国立公園、テ・ワヒポウナム南西ニュージーランドなどの3つの複合遺産、自然遺産も写真で紹介している。

外務省「海外安全アプリ」をダウンロード

ニュージーランド旅行の出発前にぜひダウンロードしておきたいアプリがこちら。海外滞在時の安全に関する情報を提供するスマートフォンアプリ「外務省 海外安全アプリ」だ。GPS機能を利用して現在地を取得し、周辺国・地域の危険情報を教えてくれる機能や、プッシュ通知で渡航情報の発出を知らせる機能が搭載されている。現地の警察や日本大使館などの緊急連絡先も登録されているので、いざという時に役立つ。外務省には、ほかに「たびレジ」というサービスがある。これは、渡航国、地域、渡航期間などを登録しておくと、その地域の安全情報が携帯メールに送信されるサービス。外務省では3カ月未満の海外渡航者に登録をすすめている。

Google Play、App Storeから無料でダウンロードできる

お金の準備

現地にお金を持って行く方法は、現金、クレジットカード、トラベルマネーカードなど。ニュージーランドに到着後、現地の空港でも両替できる。

通貨と両替

ニュージーランドの通貨は、ニュージーランド・ドル（NZ＄）だ。紙幣は5、10、20、50、100の5種類で、コインは10、20、50セント、1、2ドルの5種類がある（→P.286）。出発前に日本円からニュージーランド・ドルへ両替するなら、外貨両替コーナーのある銀行で事前に準備するか、出発前に空港の銀行窓口か外貨両替店で交換することになる。しかし、一般的には日本国内のレートは現地に比べるとよくないので、最小限度にしておくのが賢明だ。また両替には手数料がかかるので、両替回数は少なくする方がよい。

現地に着いてからなら空港の両替店や、市内の銀行、両替店、ホテルで両替ができる。しかし、銀行は平日のみの営業なので、No.1 Currency、e-Transなどの両替店の利用が一般的だ。手数料も両替店のほうが安い場合が多い。ホテルでも両替してくれるがレートはよくない。

クレジットカード

海外では、多額の現金はできるだけ持ち歩かず、クレジットカードや下記のデビットカードを積極的に活用しよう。手持ちの現金がとぼしくなった時、クレジットカードで現地通貨をキャッシングできるし、ホテルで宿泊する時やレンタカーを借りる時は、クレジットカードを利用することで社会的信用が伴い、手続きがスムーズに済む。現地で使った分の支払いは、一括して日本円に精算されて引き落とされるので、日本円からドルに換えるときの手数料、旅行後に残ったドルを日本円に換える時の手数料を支払わずに済むというメリットもある。

クレジットカードには海外旅行傷害保険が付帯していたり、現地で困った時に日本語のサービスシステムが充実していることもある。このように便利なクレジットカードだが、クレジットカードのみで国内を旅行するのは難しいかも知れない。多少の現金を所持し、クレジットカードと併用するとよいだろう。

デビットカード

カードでの買い物はもちろん、海外のATMで自分の銀行口座から直接現地通貨で現金が引き出せるのがデビットカード。VISAデビットカードで知られるが、現在は多くの銀行がVISAデビットやJCBデビットと提携したデビットカードを発行している（→右記）。カードで買い物をした時には、直接自分の口座から引き落とされるところがクレジットカードと異なる。

日本でニュージーランド・ドルの現金が入手できるところ

三菱UFJ銀行
☎0120-860-777
三井住友銀行
☎0120-563-143
みずほ銀行
☎0120-324-286

各銀行とも空港などの外貨両替専門コーナー、および同コーナーのある店舗で。三菱UFJ銀行には、系列に両替専門店ワールドカレンシーショップがある。
銀行名、外貨両替で検索すると外貨両替コーナーの所在地がわかる。

主なデビットカード発行先

VISA系デビットカード
●三菱UFJ-VISAデビットカード
URL www.bk.mufg.jp/tsukau/debit/visa/
●りそなVisaデビットカード
URL www.resonabank.co.jp/kojin/visa_debit/
●ソニー銀行WALLET（Visaデビット付きキャッシュカード）
URL moneykit.net/lp/sbw/daily/
●デビットカード（SMBCデビット）
URL www.smbc.co.jp/kojin/debit/
●ジャパンネット銀行（VISAデビット）
URL www.japannetbank.co.jp/service/payment/cardless/
JCB系デビットカード
●セブン銀行デビット付きキャッシュカード
URL www.sevenbank.co.jp/
●楽天銀行デビットカード（JCB）
URL www.rakuten-bank.co.jp/card/debit/jcb/

成田国際空港

成田国際空港インフォメーション
☎0476-34-8000
URL http://www.narita-airport.jp/

日本最大の国際空港で、東京都心から60kmの千葉県成田市にある。第1〜3の3つのターミナルからなり、鉄道もバスも下車駅が異なる。東京寄りが第2ターミナルの空港第2ビル駅、終点が第1ターミナルの成田空港駅。両ターミナル間は無料連絡バスが日中約7分おきに運行している。

成田国際空港へのアクセス

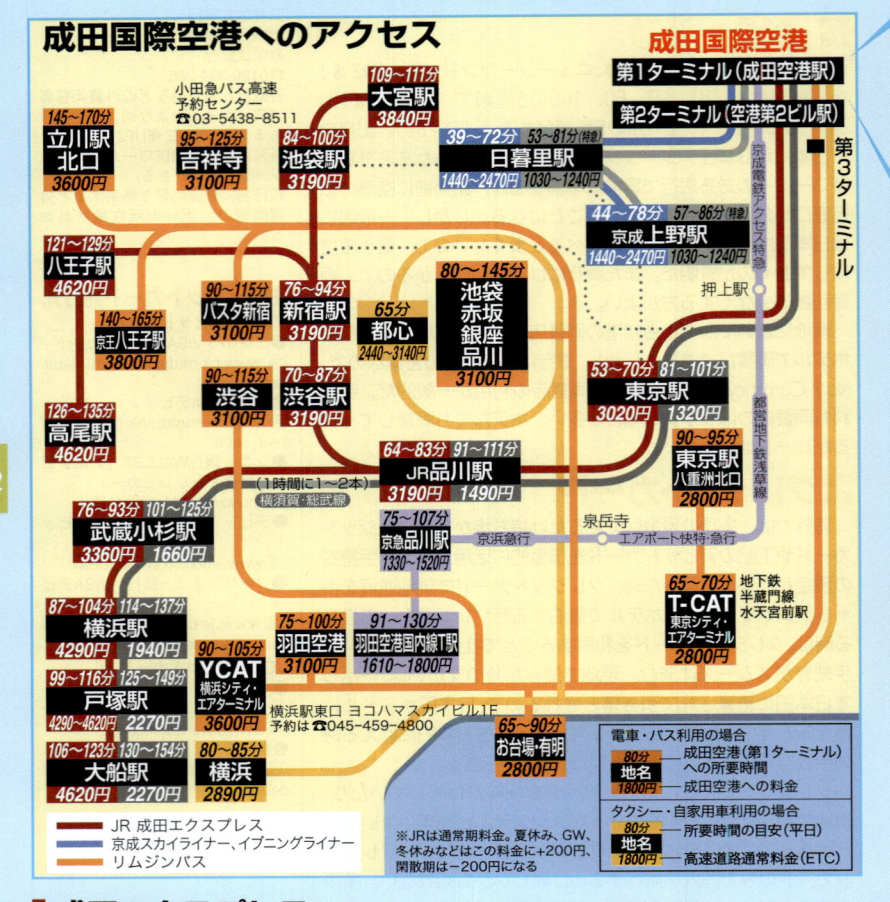

成田国際空港

- 第1ターミナル（成田空港駅）
- 第2ターミナル（空港第2ビル駅）
- 第3ターミナル

京成電鉄アクセス特急

- 大宮駅　109〜111分　3840円
- 立川駅北口　145〜170分　3600円
- 吉祥寺　95〜125分　3100円
- 池袋駅　84〜100分　3190円
- 日暮里駅　39〜72分／53〜81分（特急）　1440〜2470円／1030〜1240円
- 京成上野駅　44〜78分／57〜86分（特急）　1440〜2470円／1030〜1240円
- 八王子駅　121〜129分　4620円
- バスタ新宿　90〜115分　3100円
- 新宿駅　76〜94分　3190円
- 都心　65分　2440〜3140円
- 池袋・赤坂・銀座・品川　80〜145分　3100円
- 京王八王子駅　140〜165分　3800円
- 渋谷　90〜115分　3100円
- 渋谷駅　70〜87分　3190円
- 東京駅　53〜70分／81〜101分　3020円／1320円
- 高尾駅　126〜135分　4620円
- JR品川駅　64〜83分／91〜111分　3190円／1490円
- 東京駅八重洲北口　90〜95分　2800円
- 武蔵小杉駅　76〜93分／101〜125分　3360円／1660円
- 京急品川駅　75〜107分　1330〜1520円
- 横浜駅　87〜104分／114〜137分　4290円／1940円
- 羽田空港　75〜100分　3100円
- 羽田空港国内線T駅　91〜130分　1610〜1800円
- T-CAT 東京シティ・エアターミナル　65〜70分　2800円　地下鉄半蔵門線 水天宮前駅
- YCAT 横浜シティ・エアターミナル　90〜105分　3600円　横浜駅東口 ヨコハマスカイビル1F 予約は ☎045-459-4800
- 戸塚駅　99〜116分／125〜149分　4290〜4620円／2270円
- お台場・有明　65〜90分　2800円
- 大船駅　106〜123分／130〜154分　4620円／2270円
- 横浜　80〜85分　2890円

（1時間に1〜2本）横須賀・総武線

小田急バス高速予約センター ☎03-5438-8511

押上駅　泉岳寺　エアポート快特・急行　京浜急行　都営地下鉄浅草線

凡例：
- ■ JR 成田エクスプレス
- ■ 京成スカイライナー、イブニングライナー
- ■ リムジンバス

電車・バス利用の場合
- 80分 地名 — 成田空港（第1ターミナル）への所要時間
- 1800円 — 成田空港への料金

タクシー・自家用車利用の場合
- 80分 地名 — 所要時間の目安（平日）
- 1800円 — 高速道路通常料金（ETC）

※JRは通常期料金。夏休み、GW、冬休みなどはこの料金に+200円、閑散期は−200円になる

■ 成田エクスプレス

時間に正確、大きな荷物も安心！

東京、神奈川、埼玉の主要駅と成田空港を結ぶJRの特急で、荷物を置くスペースも完備。1日27本。八王子や大宮からは少なく1日2本のみ。夏期には横須賀、鎌倉からの臨時便も運行。全車指定席で座席指定特急券が必要だが、乗車日と乗車区間のみ指定の「座席未指定特急券」もある。料金は指定特急券と同額。

■ 横須賀線・総武線でも

特急にくらべ時間はかかるが、JRの普通列車でも成田空港に行ける。横須賀・総武線直通運転の快速エアポート成田は、日中ほぼ1時間に1〜2本の運行。特急券は不要で、乗車券のみで利用できる。ただし車両は普通の通勤用なので、大きな荷物があると不便。
JR東日本お問い合わせセンター ....
☎050-2016-1600

 空港への交通機関の所要時間、料金は2019年3月上旬現在です。

262

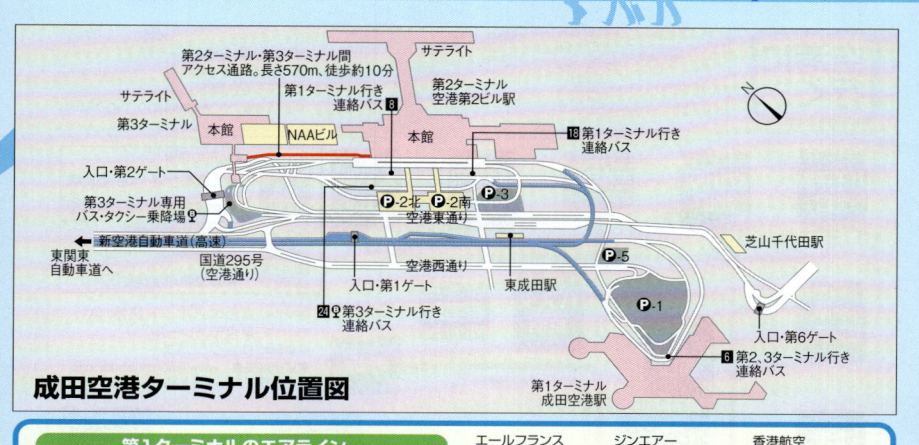

成田空港ターミナル位置図

第2ターミナル・第3ターミナル間
アクセス通路。長さ570m、徒歩約10分

サテライト
第3ターミナル

第1ターミナル行き
連絡バス 8

サテライト

第2ターミナル
空港第2ビル駅

本館

NAAビル

本館

18 第1ターミナル行き
連絡バス

入口・第2ゲート

第3ターミナル専用
バス・タクシー乗降場

P-2北 P-2南
空港東通り

P-3

P-5

芝山千代田駅

新空港自動車道(高速)

東関東
自動車道へ

国道295号
(空港通り)

空港西通り

入口・第1ゲート

東成田駅

P-1

入口・第6ゲート

24 第3ターミナル行き
連絡バス

第1ターミナル
成田空港駅

6 第2、3ターミナル行き
連絡バス

第1ターミナルのエアライン

南ウィング

 ニュージーランド航空　　ANA 全日本空輸

シンガポール航空

IBEXエアラインズ	エジプト航空	スカンジナビア航空
アシアナ航空	エチオピア航空	ターキッシュ エアラインズ
ウズベキスタン国営航空	エバー航空	タイ国際航空
ヴァージンオーストラリア航空	LOTポーランド航空	中国国際航空
エア・カナダ	山東航空	Peach
エア・ジャパン	ジェットエアウェイズ	MIATモンゴル航空
エアソウル	深圳航空	南アフリカ航空
エアプサン	スイスインターナショナル	ユナイテッド航空
エアベルリン	エアラインズ	ルフトハンザドイツ航空

北ウィング

大韓航空

アエロフロート・ロシア航空	厦門航空	エアカラン
アエロメヒコ航空	アリタリア-イタリア航空	エティハド航空

エールフランス	ジンエアー	香港航空
オーロラ航空	タイ エアアジアX	ヤクーツク航空
ガルーダ・インドネシア航空	デルタ航空	ロイヤルブルネイ
KLMオランダ航空	中国南方航空	
四川航空	ベトナム航空	

第2ターミナルのエアライン

日本航空　　カンタス航空　　キャセイパシフィック

アメリカン航空	スリランカ航空	ファイアーフライ
イースター航空	セブパシフィック航空	フィージー・エアウェイズ
イベリア航空	タイ・エアアジアX	フィリピン航空
エアアジアX	タイガーエア台湾	フィンランド航空
エア インディア	チャイナエアライン	ブリティッシュ・エアウェイズ
エア タヒチ ヌイ	中国東方航空	ベトジェットエア
S7航空	ティーウェイ航空	香港エクスプレス
エミレーツ航空	ニューギニア航空	マカオ航空
海南航空	ノックスクート	マレーシア航空
カタール航空	ハワイアン航空	マンダリン航空
スクート	バンコク・エアウェイズ	ラタム航空

第3ターミナルのエアライン

ジェットスター航空	Spring Japan	バニラエア
ジェットスター・ジャパン	チェジュ航空	

スカイライナー

世界標準のアクセスタイムを実現

　成田スカイアクセス線経由のスカイライナーは、日暮里と成田空港駅（第1ターミナル）間を最速38分で結ぶ。料金は2470円。18時以降は京成本線経由のイブニングライナーが1440円と安くて便利。特急料金不要のアクセス特急は青砥から所要約45〜50分、1120円。上野からだと京成本線経由の特急が1時間2〜3本運行、1030円。

京成電鉄上野案内所 ……………☎03-3831-0131

京急線、都営地下鉄からでも

　京浜急行、都営浅草線からも直通のエアポート快速特急とエアポート急行などが成田スカイアクセス線及び京成本線経由で毎日17〜18本運行。20分近く時間短縮となり便利。

京急ご案内センター ……………☎03-5789-8686

リムジンバス

乗り換えなしでラクチン

　JRや京成電鉄の駅に出るのが面倒なら、自宅近くからリムジンバスや高速バスが出ていないか要チェック。都心や都下の主要ポイントを運行する東京空港交通（リムジンバス）のほかに、京王バス、小田急バス、神奈川中央バス、京成バスなどが関東や静岡などの主要都市から数多く運行している。

リムジンバス予約・案内センター…☎03-3665-7220

……………………… www.limousinebus.co.jp/

京王高速バス予約センター（聖蹟桜ヶ丘、多摩センター、調布など）……☎03-5376-2222

小田急バス予約センター（たまプラーザ、新百合ヶ丘など）………………☎03-5438-8511

神奈中高速バス予約センター（茅ヶ崎、相模大野、町田など）……………☎0463-21-1212

 東京駅八重洲口、銀座、大崎から成田空港まで900〜2000円（深夜早朝便）の格安バスが運行されている。詳細は東京シャトル HYPERLINK www.keiseibus.co.jp、THEアクセス成田accessnarita.jp、成田シャトルtravel.willer.co.jpへ。

東京国際空港
（羽田空港）

東京国際空港ターミナル
インフォメーション
☎03-6428-0888
URL www.haneda-airport.jp/inter/

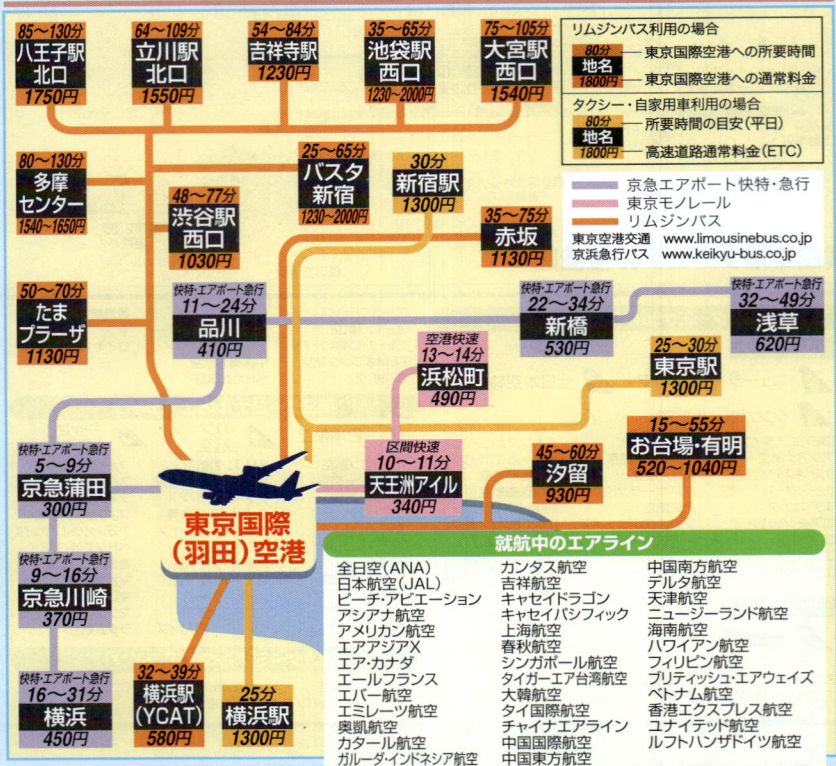

リムジンバス利用の場合
| 80分 | ← 東京国際空港への所要時間 |
| 地名 1800円 | ← 東京国際空港への通常料金 |

タクシー・自家用車利用の場合
| 80分 | ← 所要時間の目安（平日） |
| 地名 1800円 | ← 高速道路通常料金（ETC） |

　京急エアポート快特・急行
　東京モノレール
　リムジンバス

東京空港交通 www.limousinebus.co.jp
京浜急行バス www.keikyu-bus.co.jp

就航中のエアライン

全日空（ANA）	カンタス航空	中国南方航空
日本航空（JAL）	吉祥航空	デルタ航空
ピーチ・アビエーション	キャセイドラゴン	天津航空
アシアナ航空	キャセイパシフィック	ニュージーランド航空
アメリカン航空	上海航空	海南航空
エアアジアX	春秋航空	ハワイアン航空
エア・カナダ	シンガポール航空	フィリピン航空
エールフランス	タイガーエア台湾航空	ブリティッシュ・エアウェイズ
エバー航空	大韓航空	ベトナム航空
エミレーツ航空	タイ国際航空	香港エクスプレス航空
奥凱航空	チャイナエアライン	ユナイテッド航空
カタール航空	中国国際航空	ルフトハンザドイツ航空
ガルーダ・インドネシア航空	中国東方航空	

羽田空港へのアクセス
●電車
　京浜急行と東京モノレールを利用。京浜急行の場合は品川からエアポート快特・急行で11〜23分、410円。横浜駅から16〜31分、450円。新橋から都営浅草線直通のエアポート快特・急行で22〜34分、530円。

　モノレールの場合、山手線浜松町駅から13〜21分、490円。日中は3〜5分間隔で運行。
京急ご案内センター …………☎03-5789-8686
東京モノレールお客さまセンター ……☎03-3374-4303
●空港バス
　都内各方面、神奈川・埼玉県など各地からリムジンバスが運行している。新宿・渋谷・横浜などでは深夜・早朝便を割増料金で運行。
リムジンバス予約・案内センター…☎03-3665-7220
京急高速バス座席センター……☎03-3743-7220

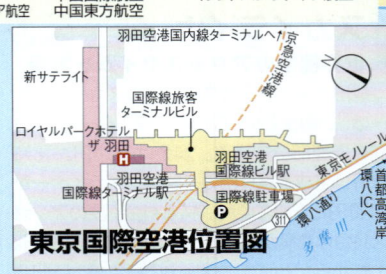

東京国際空港位置図

クルマ
　首都高速湾岸線湾岸環八出口から国際線ターミナルまで約5分。国際線ターミナルの南側に国際線駐車場（24時間2100円。以後24時間ごと2100円、72時間超えた場合は1日の上限1500円）がある。ハイシーズンは満車の場合が多いので予約がベター。予約料1400円。
国際線駐車場 ………………………☎03-6428-0121

※2020年3月末より「国際線ターミナル」の名称が「第3ターミナル」に、「空港第1ビル」「空港第2ビル」が「空港第1ターミナル」「空港第2ターミナル」に変更される。東京モノレール、京急電鉄の駅名も変更になる。

空港に行く 関西国際空港

関西国際空港総合案内所
☎072-455-2500
URL www.kansai-airport.or.jp/

関西国際空港へのアクセス

電車・バス・船利用の場合
80分 地名 — 関空（第1T）への所要時間
1800円 — 関空への料金（JRは通常期）

タクシー・自家用車利用の場合
80分 地名 — 所要時間の目安（平日）
1800円 — 高速道路通常料金（別途空港橋税100円が必要）

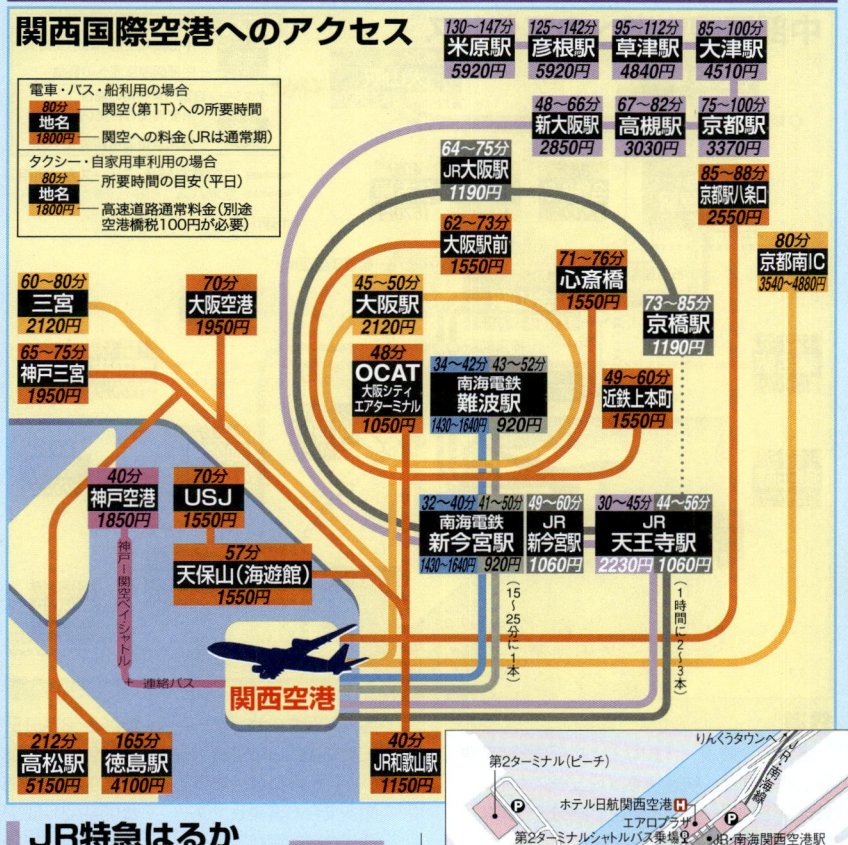

130～147分 米原駅 5920円	125～142分 彦根駅 5920円	95～112分 草津駅 4840円	85～100分 大津駅 4510円

48～66分 新大阪駅 2850円
67～82分 高槻駅 3030円
75～100分 京都駅 3370円

64～75分 JR大阪駅 1190円

85～88分 京都駅八条口 2550円

62～73分 大阪駅前 1550円

80分 京都南IC 3540～4880円

71～76分 心斎橋 1550円

60～80分 三宮 2120円

70分 大阪空港 1950円

45～50分 大阪駅 2120円

73～85分 京橋駅 1190円

65～75分 神戸三宮 1950円

48分 OCAT 大阪シティエアターミナル 1050円

34～42分 43～52分 南海電鉄難波駅 1430～1640円 920円

49～60分 近鉄上本町 1550円

40分 神戸空港 1850円

70分 USJ 1550円

57分 天保山（海遊館） 1550円

神戸・関空ベイシャトル

連絡バス

関西空港

32～40分 41～50分 南海電鉄新今宮駅 1430～1640円 920円

49～60分 JR新今宮駅 1060円

30～45分 44～56分 JR天王寺駅 2230円 1060円

〈15～25分に1本〉

〈1時間に2～3本〉

212分 高松駅 5150円

165分 徳島駅 4100円

40分 JR和歌山駅 1150円

JR特急はるか

京都、大阪と関空を結ぶJRの特急。一部、米原、草津始発の列車もあるが、ほとんどは京都駅が始発。日中ほぼ30分に1本の間隔で運行。急いでいなければ京橋または天王寺始発の関空快速もおすすめ。所要時間は特急より＋15分くらいだが、普通料金で利用できる。
JR西日本お客様センター…☎0570-002-486

南海電鉄ラピートα・β

難波から新今宮、天下茶屋、泉佐野、りんくうタウン停車で関空に行くのがラピートα、平日早朝4本運行。ラピートβは堺、岸和田にも停車し、合わせて31本運行。
南海テレホンセンター…☎06-6643-1005

関西空港ターミナル位置図

りんくうタウンへ
第2ターミナル（ピーチ）
P
ホテル日航関西空港 H
エアロプラザ
第2ターミナルシャトルバス乗場 P
JR・南海関西空港駅
関西空港第1ターミナル（ピーチ以外）
P
N

空港バス

関西から一部四国まで路線が充実しており、上図以外にも、JR・阪神尼崎駅、京阪守口市駅、JR・近鉄奈良駅発などがある。2週間有効の往復乗車券が割引率がよくておすすめ。予約が必要な便もあるので、要問い合わせ。
関西空港交通リムジンバスセンター…☎072-461-1374
www.kate.co.jp/

! 京都・神戸・芦屋エリアから関空まで乗合タクシーが走っている。料金は京都から1人4200円、神戸・芦屋2500～4200円など。予約は、MKスカイゲイトシャトル（京都☎075-778-5489／神戸・芦屋☎078-302-0489）、ヤサカ関空シャトル（京都☎075-803-4800）へ。

中部国際空港（セントレア）

セントレアテレホンセンター
☎056-938-1195
URL www.centrair.jp/

中部国際空港へのアクセス

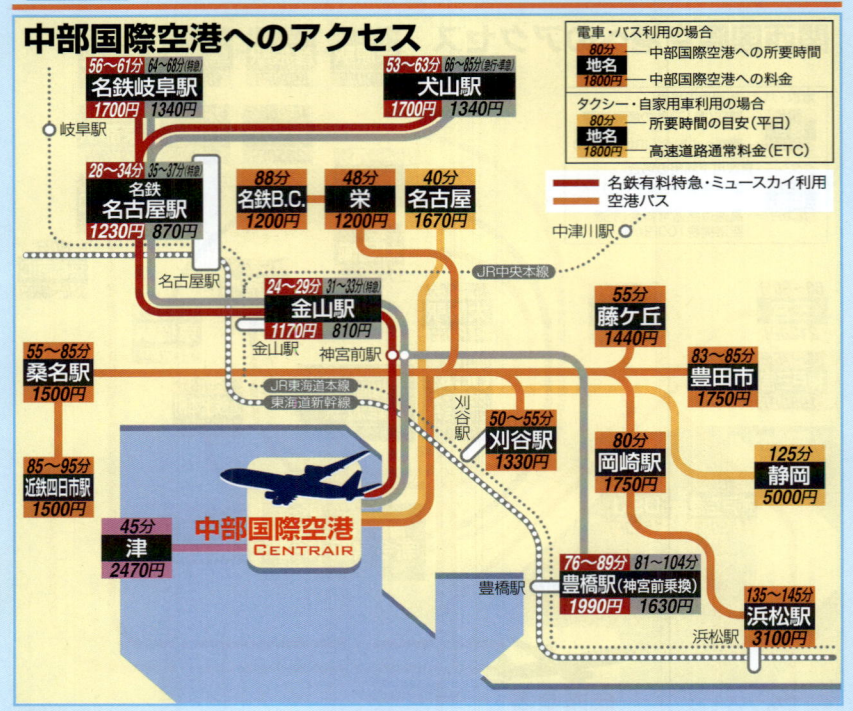

電車・バス利用の場合
| 80分 地名 | 中部国際空港への所要時間 |
| 1800円 | 中部国際空港への料金 |

タクシー・自家用車利用の場合
| 80分 地名 | 所要時間の目安（平日） |
| 1800円 | 高速道路通常料金（ETC） |

名鉄有料特急・ミュースカイ利用
空港バス

名鉄岐阜駅 56〜61分 64〜68分（特急） 1700円 1340円
犬山駅 53〜63分 66〜85分（新行・準急） 1700円 1340円
岐阜駅
名古屋駅 28〜34分 35〜37分（特急） 名鉄名古屋駅 1230円 870円
名鉄B.C. 88分 1200円
栄 48分 1200円
名古屋 40分 1670円
中津川駅
JR中央本線
金山駅 24〜29分 31〜33分（特急） 1170円 810円
藤ケ丘 55分 1440円
桑名駅 55〜85分 1500円
豊田市 83〜85分 1750円
近鉄四日市駅 85〜95分 1500円
刈谷駅 50〜55分 1330円
岡崎駅 80分 1750円
静岡 125分 5000円
津 45分 2470円
中部国際空港 CENTRAIR
豊橋駅（神宮前乗換） 76〜89分 81〜104分 1990円 1630円
浜松駅 135〜145分 3100円
豊橋駅
浜松駅

鉄道

名古屋、岐阜、犬山などと中部国際空港間は名鉄を利用。快速特急（ミュースカイ）を使えば名古屋からだと最速で28分で空港に。料金は指定席料金360円込みの1230円。
名鉄お客さまセンター……☎052-582-5151
www.meitetsu.co.jp/

空港バス

名古屋市内や近郊、愛知県各所、四日市、桑名、浜松、掛川ICなどから高速バスが運行している。乗り換えしなくてすむのが便利だ。

名鉄お客さまセンター……☎052-582-5151
三重交通四日市営業所……☎059-323-0808
　　　　　　桑名営業所……☎059-422-0595
知多乗合お客様センター……☎0569-21-5234
遠州鉄道空港バス係……☎053-451-1595

船

三重県の津から高速艇が中部国際空港まで運航。通常ダイヤで1日13便。定期整備のため減便ダイヤあり。料金2470円。
津エアポートライン……☎059-213-4111（津）

福岡空港

福岡空港国際線案内……☎092-621-0303
www.fuk-ab.co.jp/

仙台空港

仙台空港総合案内所……☎022-382-0080
www.sendai-airport.co.jp/

新千歳空港

新千歳空港総合案内……☎012-323-0111
www.new-chitose-airport.jp/ja/

出国手続きの流れ

空港に着いてから飛行機に乗るまでの所要時間は約2時間。Webチェックインの場合は1時間。

チェックイン 10～20分

利用航空会社のカウンターに行き、パスポートとeチケット等を示して、搭乗券と預けた荷物の預かり証（クレーム・タグ）をもらう。込んでいる時は自動チェックイン機を利用しよう。座席指定も可能だ。

⚠ スーツケースはここで預ける。貴重品、壊れ物は入れないこと。ハサミ等の危険物はスーツケースに入れる

荷物検査

荷物の重量オーバーには気をつけたい。成田をはじめ、関空、中部などでは、チェックイン後に検査する高性能のインライン検査方式。このため荷物検査の時間が省略されている。

⚠ ノートパソコン、予備のリチウム電池は機内持ち込み手荷物へ。持ち込み制限対象の化粧品類は、あらかじめスーツケースに

両替、買い物、旅行保険 15～30分

時間に余裕があれば、現地通貨に両替したり、レストランやショップへ。GWや夏休みなどは、この後の手続きにも時間がかかるので、早め早めに行動しよう。

⚠ 空港でも、海外旅行傷害保険に加入できる。掛け捨てになるが、もしもの時のために必要

セキュリティチェック 10～15分

機内持ち込み手荷物のX線検査と、金属探知器での身体検査がある。コインや時計、ベルトのバックルが反応することもある。

⚠ セキュリティチェックを受けた後は、出発ロビーに戻ることはできない。ショップやカフェは出国審査場の先にもあるが、店数は多くはない

税関申告 10～15分

100万円を超える現金や小切手などを持ち出す場合は「支払手段等の携帯輸出・輸入申告書」、時計など高価な外国製品を所持の場合は「外国製品持出し届」を提出すること。未申告だと帰国時に免税範囲の超過分に関税が課せられる。

⚠ 高額の現金や外国製品を持っていない人には必要のない申告なので、出国の人の流れをそのまま追って行くと忘れがち

出国審査 10～20分

出国審査場の窓口にパスポートと搭乗券を提出しチェックを受ける。夏休みなどの旅行シーズンは自動化ゲートを利用すると出国審査が迅速にすむ。

⚠ 空いている時期ならあっという間にすむが、夏休みなど混雑期には長蛇の列になる。こんな時は自動化ゲートの利用がおすすめ。利用のための事前登録は簡単に当日空港内でできる

搭乗ゲートへ 10～20分

出国審査が終わったら、搭乗券に記されている搭乗ゲート番号と時刻を確認する。電光掲示モニターの最新情報も確認した上で、利用するゲートに向かおう。なお搭乗ゲートでもパスポートチェックがある。

⚠ 利用するゲートによっては移動に時間がかかることも。買い物やトイレなどは、利用するゲートの場所を確認してからにしよう

空港利用の裏ワザ

荷物は空港宅配サービスで

スーツケースなど重い荷物を空港まで運ぶのは大変。宅配便を利用すればそんな苦労も無縁。帰りも空港から自宅に荷物を送ることができる。航空会社と提携したサービスを使えば、マイレージが付くなどのメリットも。2日前までに荷物を出し、空港の配送会社カウンターで受け取る。

●ヤマト運輸空港宅急便（国内17空港）
0120-01-9625
050-3786-3333（IP電話から）
www.kuronekoyamato.co.jp
（ネット申し込み可）
（料金例）関東から成田空港へ。160サイズ（3辺合計160cm以内、重さ25kgまで）2678円。復路も空港カウンターから発送可能。

●主要空港宅配便連絡先
JAL ABC（成田・羽田・関空・中部）
0120-919-120　03-3545-1131（携帯から）
www.jalabc.com/airport/（ネット予約可）
ANA手ぶら・空港宅配サービス（成田・羽田・関空）
0570-029-333
www.ana.co.jp/int/ground/baggage.html

Webチェックインで時間を有効活用

パソコンやスマホからチェックインができるサービスがWebチェックイン。eチケットがあれば誰でも可能。出発の72時間前からでき、座席指定も可能。搭乗券を印刷するかモバイル搭乗券をスマホで受け取れば完了。その代表例がANAの「オンラインチェックイン」や日本航空の「QuiC」。当日預ける手荷物がなければそのまま保安検査場へ。ある場合は手荷物専用カウンターで預けてから。空港には搭乗60分前までに着けばいいので楽だ。詳細は各航空会社のHPで。

手ぶらサービスで荷物を現地空港まで

日本航空と全日空は、成田・羽田・関空・中部（中部は日本航空のみ）発の国際線（グアムやハワイを含む米国路線、米国経由便、共同運航便を除く）の利用者に対して、自宅

で宅配便に預けたスーツケースを渡航先の空港で受けとれる手荷物チェックイン代行サービスを行なっている。前述のWebチェックインと併用すれば、空港での手続きがなく楽。料金は、日本航空が従来の空港宅配便と同額、全日空がプラス324円。

申し込みは日本航空はwww.jalabc.com/checkin/または0120-919-120。全日空はwww.ana.co.jp/int/ground/baggage.html。

定番みやげは予約宅配で

旅先で限られた時間を、みやげ探しに費やしたくない。そんな場合に活用したいのが、海外旅行みやげの予約宅配システム。成田にある海外おみやげ予約受付（第1北4F）では、チョコレートやお酒など、世界各国の定番のおみやげを豊富に揃えており、全国一律972円で指定の日に配達してくれる。出発前に商品カタログを自宅に取り寄せて（0120-088-275）申し込むか、空港の受付で注文しておけば、身軽に海外旅行が楽しめる。羽田、関空、中部にも同様のサービスがある。

成田空港までマイカーで行くなら

成田空港までのアクセスに車を使う場合、問題になるのが駐車場。空港周辺の民間駐車場をネット予約すれば、空港までの送迎付きで4日間3000円、7日間で5000円くらい。高速代を加味しても、複数なら成田エクスプレス利用よりは安くなるが、時間がかかる。

成田空港の駐車場を利用すると利便性は高まるが、民間より料金は高くなる。第1ターミナルならP1かP5駐車場、第2・第3ターミナル利用ならP2かP3駐車場が近くて便利。このうち予約ができるのはP2とP5のみ。料金はP1、P2駐車場の場合、5日駐車で1万300円。それ以降は1日につき520円加算となる。GWや夏休みは混むので、予約は早めに。

成田空港駐車場ガイド（民間）
www.narita-park.jp/
成田国際空港駐車場案内
www.narita-airport.jp/jp/access/

トラベルインフォメーション
NZ編

Travel Information

入国の手順

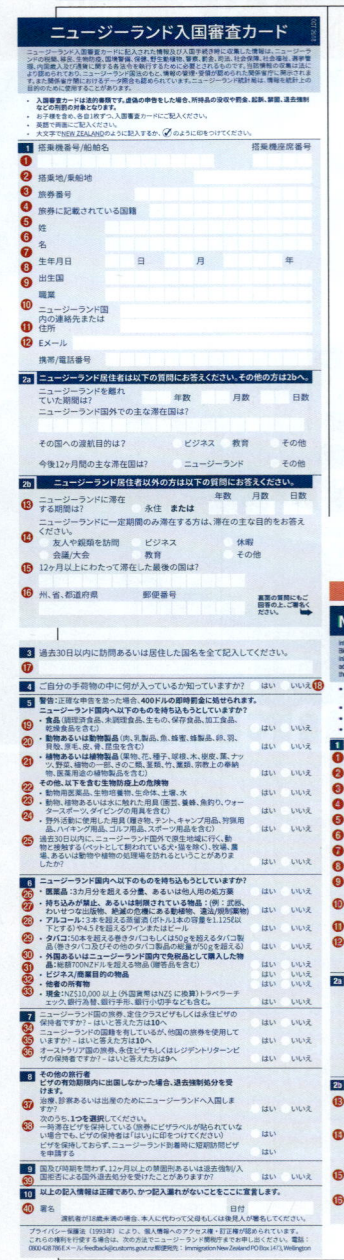

■日本からニュージーランドへ

　日本からニュージーランドへの定期直行便を運行しているのは、ニュージーランド航空と全日空の2社。ただし全日空はニュージーランド航空との共同運航便のみである（→P.251）。直行便は日本時間の午後～夜に出発し，現地時間の午前中～昼に到着する。

　機内でPassenger Arrival Card(入国カード)が配布される。正式名称は「入国審査カード」で、表が入国カード、裏面が税関・検疫申告書になっている。項目が多いので、機内で記入しておくとよい。入国カードは英語で書かれていて、アルファベットの大文字で記入する（E-mailアドレスは小文字でも可）。

　ニュージーランド税関のWebサイトから日本語翻訳版がダウンロードできるので、事前に印刷するかスマホに画像を取り込んでおくと安心だ。

● 「入国審査カード」日本語翻訳版ダウンロードサイト
URL www.customes.govt.nz/personal/travel-to-and-from-nz/travelling-to-nz/on-your-arrival/

入国カードの記入例 （左は日本語翻訳版）

■いよいよニュージーランドに到着

入国審査

　飛行機を降りたらパスポート・コントロール（Passport Control）の表示に沿って入国審査カウンターへと向かう。窓口はニュージーランド人またはオーストラリア人（New Zealander or Australian）とそのほか（Other）に分かれているので、間違えないように「Other」の窓口に並び、順番がきたらパスポートと入国カードを提出する。係官によっては復路の航空券を確認する場合もあるが、入国カードの記入に不明点がなければ特に難しい質問もされず、パスポートに入国許可スタンプが押されて審査終了となる。

荷物の受け取り

　入国審査カウンターを抜けたら荷物受け取り所（Baggage Claim）で、出発空港で預けた荷物を受け取る。どのベルトコンベアーから荷物が出てくるかは、電光掲示板で案内されている。似たようなバッグが多いので荷物を取り違えないよう、また複数のバッグを預けた場合は、取り忘れのないように気をつけよう。すべての荷物を受け取ったら、再び入国カードを手元に用意して次に進む。荷物が多い人は、ここで無料カートを利用すると便利。

税関と検疫

　税関・検疫に進む道は「NZパスポート保持者」と「その他」とに分かれているので「その他」の方へ進み、税関・免疫カードの記入事項を係官に確認してもらう。他国に比べて検疫システムが厳しく、X線を使って食料品や民芸品の持ち込みが厳重にチェックされる。違反行為が発覚した場合には、罰金や逮捕といった措置がとられることもあるので、入国カード裏面（税関・検疫項目）の記入は正確に。税関の職員に連れられた探査犬が常時巡回し、禁止物の持ち込みを防止している。

●日本から持ち込む食品は申告を

　タバコや酒類など、免税範囲を超える商品の持ち込みに対しては、超過分の関税支払いによって持ち込みが許可されるが、検疫で許可されなかったものは、すべて放棄しなければならない。日本製のお菓子、インスタント食品、ビン詰や缶詰といったものは、開封されていなければほとんど没収されることはない。果物や食べ残しのお菓子などは、税関・免疫カウンターの手前にある専用のゴミ箱に捨てるのが賢明だろう。またキャンプ道具や釣り道具、マウンテンバイクなどを持ち込む際には、事前に泥や汚れなどをしっかり落としておくことが大切だ。

入国手続きの手順

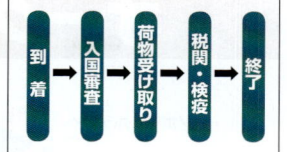

到着 → 入国審査 → 荷物受け取り → 税関・検疫 → 終了

ニュージーランドの免税範囲

　ニュージーランドの国際空港では、入国時にも免税品を購入できる。免税店は到着ゲートから入国審査カウンターに行くまでの間にある。免税範囲は、ワインまたはビールが4.5ℓ（ワインまたはビールの大瓶6本分）まで、ウィスキーなどのスピリッツ類や日本酒は1125mℓまで。タバコは50本まで。そのほかの物品は合計金額NZ$700まで。

空港でのトラブル

●ロスト・バゲージ

　荷物がターンテーブルから出てこなかったら、近くにある航空会社の荷物紛失窓口に届ける。通常、搭乗券やチケットに荷物を預けた時の控えが添付されているので、その番号、荷物の特徴などを伝え、係官の指示に従おう。

●どこに行けばいいかわからない

　バスの乗り場やレンタカーの手配など空港内で迷った時、または荷物がなくなったなどのトラブル時は、制服姿の空港スタッフが力になってくれる。

ニュージーランドの空港

オークランド国際空港

URL www.aucklandairport.co.nz/

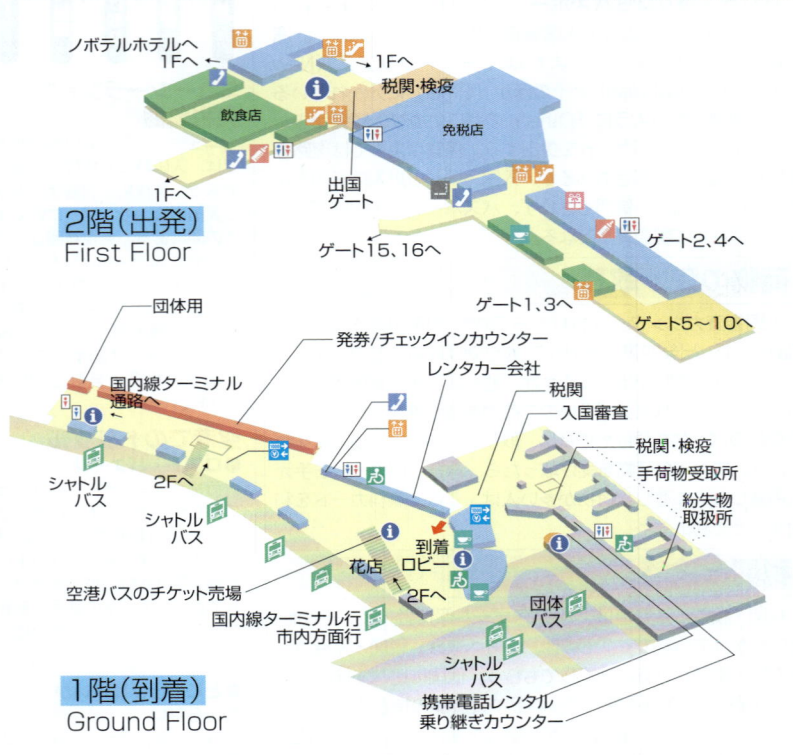

2階（出発）
First Floor

ノボテルホテルへ
1Fへ　　1Fへ

飲食店

税関・検疫

免税店

1Fへ

出国
ゲート

ゲート15、16へ

ゲート1、3へ

ゲート2、4へ

ゲート5〜10へ

1階（到着）
Ground Floor

団体用

発券/チェックインカウンター

レンタカー会社

国内線ターミナル
通路へ

税関

入国審査

税関・検疫
手荷物受取所
紛失物
取扱所

シャトル
バス

2Fへ

シャトル
バス

空港バスのチケット売場

花店

到着
ロビー

2Fへ

国内線ターミナル行
市内方面行

団体
バス

シャトル
バス

携帯電話レンタル
乗り継ぎカウンター

オークランド空港内のサービス施設

観光案内所
1階の到着出口横にある

両替所
1階は到着出口左側と、チェックインカウンター
向かいに3カ所。2階は免税店エリアにある。

レンタカー窓口
1階の到着出口の右側に、エイビス、ハーツ、
バジェットなどのカウンターが並んでいる。

レストラン、カフェ
1階到着出口付近にマクドナルドやカフェが3
カ所。2階の出国ゲート前、搭乗ゲート近く
にもある。

インターネット
ターミナル内は Free Wi-Fi エリア。

郵便ポスト
1階到着出口右側のレンタカーカウンター前
と、2階の免税店エリアにある。

ショップ（免税店）　エスカレーター　エレベーター　レストラン　コーヒーショップ　両替所　公衆電話　トイレ　授乳室　車椅子用トイレ　タクシー乗場　バス乗場

クライストチャーチ国際空港

URL www.christchurchairport.co.nz/

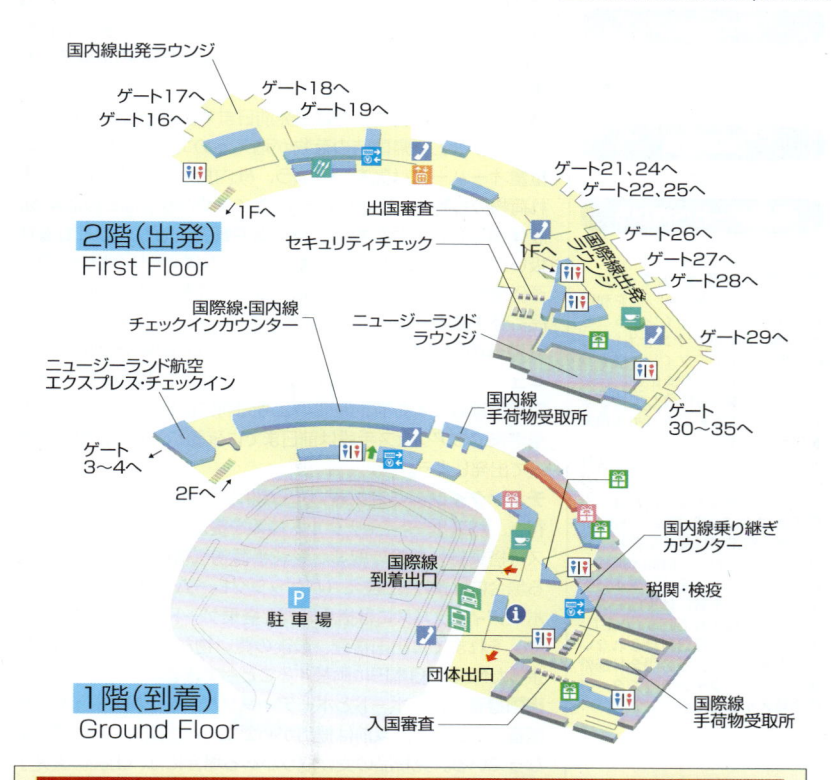

国内線出発ラウンジ

ゲート17へ
ゲート16へ
ゲート18へ
ゲート19へ

ゲート21、24へ
ゲート22、25へ

ゲート26へ
ゲート27へ
ゲート28へ
ゲート29へ

1Fへ

2階（出発）
First Floor

出国審査
セキュリティチェック

1Fへ

国際線・国内線
チェックインカウンター

ニュージーランド
ラウンジ

ニュージーランド航空
エクスプレス・チェックイン

国内線
手荷物受取所

ゲート30～35へ

ゲート3～4へ

2Fへ

国際線乗り継ぎカウンター

国際線
到着出口

駐車場

税関・検疫

1階（到着）
Ground Floor

団体出口

入国審査

国際線
手荷物受取所

クライストチャーチ空港内のサービス施設

観光案内所
1階の国際線ターミナル到着出口近くにある。

銀行、両替所
国際線ターミナルは1階の到着出口手前と出発ラウンジ横、2階の26番ゲート前にある。国内線ターミナルは1階ニュージーランド航空チェックインカウンター向かいにある。

レンタカー窓口
国際線ターミナル、国内線ターミナルとも、1階の各観光案内所近くにエイビス、バジェット、

ハーツなどのカウンターがある。

レストラン、カフェ
国際線ターミナル、国内線ターミナルとも、到着出口や搭乗口の近くに数軒のカフェがある。

インターネット
ターミナル内はFree Wi-Fiエリア。

郵便局
1階国内線ターミナルの観光案内所横にある。

帰国の準備と手続き

楽しい旅もいよいよ終わりに近づいてきたら、帰国に備えて早めに準備を整えておこう。

出国の手順

2〜3時間前に空港へ

▼

チェックイン

オンラインチェックインや自動チェックイン機を利用しよう

▼

出国審査

▼

搭乗ゲートへ向かう

オンラインチェックイン

　出発前にインターネットを利用して自分でチェックインすることで、Webチェックインともいう。座席指定、チェックイン、搭乗券の発行をWe上ですませることができる。搭乗券は印刷して持参するか、スマホなどのモバイル端末を代わりにする。オンラインチェックインができる時間は航空会社によってまちまちだが、ニュージーランド航空日本便の場合は、出発予定時刻の24時間前から60分前まで。空港では受託手荷物を預けるだけですむので時間が節約できる。オンラインチェックインをすませている乗客には専用のカウンターが用意されている。ただし、条件によっては受け付けられない場合もあるので、その場合は通常通り、チェックインカウンターでの手続きが必要だ。

リコンファーム　ニュージーランド航空をはじめ日本便の航空会社は、基本的にリコンファームは不要だが、リコンファームが必要な航空会社の場合は、出発72時間前までに航空会社窓口に直接出向くか電話で、リコンファーム（予約の再確認）をする。

パッキング　荷物の整理は出発前日までに終わらせておこう。おみやげなどで帰国時の荷物が増えるので、スーツケースの重量オーバーには気をつけよう。機内持ち込み荷物と預け入れ荷物の規制にも注意が必要だ。ナイフやハサミなどの危険物、液体類は預け入れ荷物に。ジャムや蜂蜜、ゼリーなども液体扱いだ。一方、リチウム電池（モバイルバッテリーやカメラの予備電池）は機内持ち込みに。税関で免税証明を受ける免税品も必ず機内持ち込みにすること。

空港へのアクセス　搭乗手続きの開始は搭乗3時間前から。ニュージーランドの出国は、入国より簡単な手続きですむが、空港には遅くとも搭乗時間の2時間前には到着しておきたい。空港までのアクセス手段は前日までに確認し、時間に余裕を持って出発しよう。

チェックイン　空港に着いたら利用航空会社のカウンターへ行き、パスポートとeチケット控えを提示してボーディングパス（搭乗券）を受け取る。受託手荷物（機内預け荷物）がある場合には預けて、控え（バゲッジクレームタグ）を受け取る。ボーディングパスには搭乗時間と搭乗ゲートが記されているので、それまでに出国審査、最後の買い物などを済ませておく。余ったNZ＄は日本円に両替することもできる。

出国審査　パスポートとボーディングパスを係員に提示し、出国審査を受ける。以前は提出が必要だった出国カードは廃止になっている。免税品の受け取りがある場合には、出国審査完了後、商品受け取りカウンターへ。込み合う場合があるので、時間に余裕をみておきたい。

搭乗ゲートへ　出国審査後、待ち時間に免税店での買い物ができるが、ボーディングパスに記してある時間までに必ず搭乗ゲートに着いておこう。搭乗の案内までゲート前で待機することになるが、出発時刻の遅延などがある場合もあるので、アナウンスにも耳を傾けておきたい。

CHRISTCHURCH AIRPORT

出国時、入国時の税関手続きや免税範囲、持ち込み禁止品目等の詳細は、日本税関のサイト内「海外旅行の手続き」ページで確認できる。
URL www.customs.go.jp/kaigairyoko/

日本到着後の手続き

検疫 日本に到着する前に機内で「携帯品・別送品申告書」が配布されるので、必要事項を記入しておき、提出する。旅行中に体に異常があった場合は、係員に申し出て空港内で健康診断を受ける。

入国審査 日本人用または居住者用と書いてあるカウンターに並び、順番がきたらパスポートを提示。

荷物を受け取る 搭乗便名が表示してあるターンテーブルへ行き、自分の荷物がまわってきたらピックアップする。もし、荷物が見つからなかったら、係員にバゲージクレームタグを見せて、調べてもらう。

税関 動植物を持ち帰っている人は、検疫カウンターへ行って検査を受ける。それ以外の人は税関カウンターへ進むが、免税範囲内の人は緑のランプの列へ行く（免税範囲内でも携帯品・別送品申告書は必要）。免税範囲を越えている人や別送品のある人は赤いランプの列へ行き、申告書を提出。支払い用紙を受け取って所定の窓口で税金を支払う。

日本帰国時の免税範囲

　携帯品あるいは別送品（入国、帰国後6カ月以内に輸入するものに限る）のうち、個人で使用すると認められるものに限り、成人1人あたり、下記の表の範囲内で免税が適用される。携帯品と別送品の両方がある場合には、両方を合算する。

免税範囲

品名		数量／価格	備考
酒類		3本	1本760mℓが目安。
紙巻きタバコのみの場合		400本	2021年10月から、紙巻きタバコ200本、葉巻きタバコ50本、加熱式タバコ10個に変更される。
葉巻きタバコのみの場合		100本	
加熱式タバコのみの場合		個装等20個（1個紙巻きタバコ20本に相当）	
香水		2オンス	1オンス＝約28mℓ
その他	1品目ごとの海外市価の合計が1万円以下のもの	全量	たとえば1着5000円のセーターは2着まで免税
	その他の品目	20万円	上記以外の物品で海外市価の合計が20万円以下なら免税（1品目ごとの合計が1万円以下のものは合計額に含めなくてもよい）。20万円を超える場合は、超えた金額に対して課税される。1品目で20万円を超える場合は、その全額に対して課税される。

持ち込み規制品目

　ワシントン条約によって、規制の対象となっているおもな動植物とその加工品は次の通り。生きている動植物（サル、オウム、ワニ、リクガメ、カメレオンなど）、じゃこう鹿エキス、クマの胆等を含む漢方薬など、トラやヒョウなどの皮製品、象牙製品、ワニやトカゲ、ヘビなどの皮革製品。また個人で使う医薬品や化粧品にも数量制限がある。

持ち込み禁止品目

　麻薬類、銃砲や拳銃（部品含む）、通貨や証券の偽造品、ブランドもののコピー商品、風俗を害する書籍その他のもの。

別送品の受け取り

　別送品の有無に関わらず、機内で配布される「携帯品・別送品申告書」は記入する必要がある。
　別送品がある場合、税関で申告書を2通提出し、うち1通は本人が保管しておく。別送品は所轄中央郵便局でチェックの上、無税品なら受取人のところへ配送される。課税品の場合は「通関のお知らせ」が送られてくるので、保管しておいた申告書を持って郵便局へ行き、確認の後、受け取ることになる。

簡易課税率

品名	税率
ウィスキー、ブランデー	1ℓにつき600円
ラム、ジン、ウォッカ	1ℓにつき400円
リキュール、焼酎	1ℓにつき300円
ワイン、ビール	1ℓにつき200円
紙巻タバコ	1本につき11.5円
その他の品	15%

国内交通―空路

航空会社連絡先

ニュージーランド航空 NZ
☎0800-737-000（NZ国内）
URL www.airnewzealand.co.nz
ニュージーランド航空日本支社
☎03-5521-2770
URL www.airnewzealand.jp
ジェットスター航空 JQ
☎0800-800-995（NZ国内）
URL www.jetstar.com
ジェットスター航空日本支社
☎0570-550-538

主要都市間の所要時間と料金

ニュージーランド航空の最安値の座席の価格の目安。曜日や時間帯によって価格が大きく変わるので注意。

●オークランド～クライストチャーチ
所要1時間25分
料NZ$49～
●オークランド～ウェリントン
所要1時間
料NZ$49～
●オークランド～クイーンズタウン
所要1時間55分
料NZ$79～
●オークランド～ロトルア
所要45分
料NZ$69～
●ウェリントン～クライストチャーチ
所要45分
料NZ$39～
●クライストチャーチ～クイーンズタウン
所要1時間
料NZ$39～

インターネットで国内の航空券を予約すると、オークランドやクライストチャーチなどの大きな空港では、自動チェックイン機を使って簡単にチェックインできる。クレジットカードを機械に挿入し、タッチ式画面の指示に従う。

■国内路線

ニュージーランド国内各地を結ぶ空の便は、ニュージーランド航空とその提携航空会社によって運営されている。路線は国内20都市に就航しており、ほぼ全土を網羅しているといえる。1日のフライト数は500便を超える。

ニュージーランド航空以外には、ジェットスター航空が国内主要都市を結ぶ便を運行している。

国内線の乗り方

国際線からそのまま国内線に乗り換える場合は、入国手続きをすませた後、各空港にある航空会社の乗り継ぎカウンターで手続きを行う。オークランド空港は国際線ターミナルと国内線ターミナルが離れており、無料シャトルで移動する（所要5分）時間が必要だ。乗り換えには約2時間の余裕を持とう。

観光地から観光地への移動で国内線を利用する場合は、出発の30分前までにチェックインカウンターで搭乗手続きを完了させておこう。ここで搭乗券と、荷物を預けた場合は預かり証を受け取り、指定されたゲートから飛行機に乗り込む。ニュージーランドでも、国内線も全フライト禁煙となっているので注意しよう。

ニュージーランド航空の主なルート

ケリケリ
ファンガレイ
オークランド
ハミルトン
タウランガ
ロトルア
タウポ
ニュープリマス
ギズボーン
ネイピア
パーマストンノース
ネルソン
ブレナム
ウェリントン
ホキティカ
クライストチャーチ
ティマル
クイーンズタウン
ダニーデン
インバーカーギル

チケットの購入

現地で国内線チケットを購入するには、ニュージーランド航空のWebサイトから予約をするのか一般的な方法となるが、フライトセンター(Flight Centre)やSTAトラベル(STA Travel)といった旅行会社は、全国の支店で格安チケットを取り扱っている。また、オークランドやクライストチャーチ、クイーンズタウンなどには日本語が通じる旅行会社も多いので、宿泊がセットになったツアーなどの相談にものってもらえる。

国内航空運賃は、出発日や出発時刻による料金の幅が大きい。Webサイトでは便ごとの料金を比べながら見ることができるので、とても便利だ。出発前にニュージーラント国内の移動計画がはっきりしているなら、国際線のチケット購入と合わせて国内線チケットを購入することも可能だ。

割引運賃について

ニュージーランド航空国内線には、「seat」「seat+bag」「flextime」「flexdate」という4タイプのチケットが用意され、料金にも違いがある。「seat」は荷物は機内持ち込みの7kg以内のみ、「seat+bag」は手荷物のほかに23kg以内の受託手荷物が可能、「flextime」は搭乗当日なら早い便、遅い便への変更が可能、「flexdate」は搭乗日の変更が可能で、料金は順に高くなる。また、同じ日でも出発時刻によって料金に違いがあり、例えば、ある日のオークランドからクイーンズタウンへのチケットは、19:20発だとNZ＄79〜134だが、9:30発だとNZ＄389〜444となっている。タイプによってキャンセル条件やシート選択が可能かどうかなどの条件も異なっているので、旅行スタイルに合わせて購入するのがよいだろう。

ニュージーランド航空の自動チェックイン機

チケットのキャンセル

基本的に割引料金チケットは変更できず、キャンセルしても料金は戻ってこない。購入時にチケットの制約条件を確認しておこう。

全国に支店を持つ格安チケットの店、フライトセンター

国際線からの乗り継ぎ

オークランド国際空港の場合

税関・検疫を済ませたら、案内板にそって乗り継ぎカウンターに行き、国内線の搭乗手続きを行う。乗り継ぎカウンターは到着ロビーの手前にあるので行き過ぎないように。国内線ターミナルは別なので、移動する時間を考慮して手続きは早めに済ませる。両ターミナルを結ぶ無料のシャトルバスは、国際線ターミナル到着口正面から20分ごとに出発している。所要5分。

オークランドの国際線と国内線ターミナルを結ぶ無料のバス

クライストチャーチ国際空港の場合

国際線と国内線は同じターミナル内の端と端に位置している。国際線の到着ロビーを出たら反対側に移動し、国内線の搭乗手続きを行う。

国内交通─長距離バス

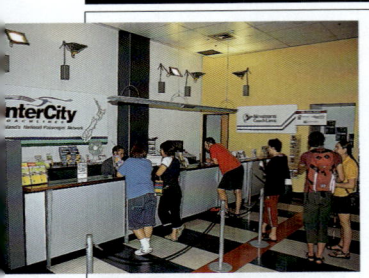
インターシティの予約窓口

長距離バスの予約・問い合わせ先

●インターシティ InterCity
☎09-583-5780（オークランド）
☎04-385-0520（ウェリントン）
☎03-365-1113（クライストチャーチ）
☎03-471-7143（ダニーデン）
[URL]www.intercity.co.nz

●アトミックシャトル
Atomic Shuttle
☎03-349-0697（クライストチャーチ）
[URL]www.atomictravel.co.nz

●ボトムバス Bottom Bus
☎03-477-9083
[URL]travelheadfirst.com

▼インターシティのバス

▼ニューマンズのバス

■ニュージーランドの長距離バス

ニュージーランド国内を移動する手段として、もっとも有効なのが長距離バスの利用だ。バスのネットワークは主要都市や観光地だけではなく、全国すみずみまで行きわたっており、料金も比較的安くおさえられている。

バス会社は各地にあるが、最大手のインターシティ（Inter City）は全国600以上の町を結んで路線展開しており、本数も多い。

インターシティと提携し、オークランド以南の北島および南島の一部地域に対応しているニューマンズ（Newmans）やノースライナー（Northliner）、南島の主要都市と観光地を結ぶアトミックシャトル（Atomic Shuttle）も、便数が充実している長距離バスだ。

●特定エリアで運行するバスもある

南島の南端を周遊するボトムバス（Bottom Bus）など、特定エリアを走るバスのほとんどはバンや小型バスを利用しており、本数が少ないので輸送能力が高いとはいえない。また、現地以外では情報が入手できないという不便さもある。しかし、乗車してしまえば、車内はアットホームでサービスはきめ細やか。料金も手頃な上に、ほかの旅行者との交流を楽しむことができるので、機会があればぜひ利用してみたい。

■チケットの予約と購入

　長距離バスは基本的に予約制。特に、夏期の旅行シーズンや人気路線は満席になることが多いので、利用する2〜3日前までには予約・購入しておこう。全国をカバーしているインターシティはWebサイトから予約が可能だ。料金設定には幅があり、場合によってはNZ$1で売り出されることもある。旅行会社や観光案内所、ターミナル窓口などでの予約・購入も可能。観光ツアーバス会社のグレイトサイツと提携しているので、この両社でほぼ全国の主要観光スポットがカバーできる。バスは自由席で座席指定はできない

　Webサイトで予約しようとすると、チケットに2種類あることがわかる。正規料金（Fully-Refundable）チケットと返金不可（Non-Refundable）チケットだ。正規チケットは出発2時間前まで変更、キャンセルが可能。返金不可チケットはキャンセルは全額負担、出発2時間前までの変更は可能だが手数料がかかる。また、シーズンによってはかなりの割引があるので、旅行スタイルにあったチケットを選ぶとよいだろう。

バスの周遊パス

　長距離バスを乗り継いで旅行する人には周遊券がおすすめ。インターシティ（提携バス会社も含む）には2種類の周遊パスがある。時間単位で購入する乗り放題パスのフレキシパス（Flexi Pass）と、決められたコースを周遊するトラベルパス（Travel Pass）で、どちらも事前に乗車区間の予約が必要となる。（→P.253）

バスの乗り方

　長距離バスの発着所にはいくつかの種類がある。オークランドやクライストチャーチといった大都市では長距離バス専用のターミナルがあるが、地方都市の場合は観光案内所前や鉄道駅前広場など、また田舎町ではスーパーマーケットやガソリンスタンドの前がバス停になっていることが多い。出発時刻の15分前までには発着所に到着するよう心がけ、バスがやってきたらドライバーにチケットを見せる。チェックイン窓口が別にあるターミナルの場合は、そこで乗車手続きを済ませる。大きな荷物は乗車前に預け、貴重品などが入った小型バッグのみを車内に持ち込む。バスは約2時間おきにトイレ休憩のため停車する。車内は禁煙。

オークランドの長距離バスターミナル

長距離バスの割引チケット

　インターシティの場合、路線によって下記の割引がある。

●バックパッカー割引
正規料金の15％オフ（YHA、BBHなどのカードを提示）

●学生割引
正規料金の20％オフが目安（国際学生証を提示）

バスツアーに参加しよう

　移動と現地でのアクティビティ、宿泊などがセットになったバスツアーは、手続きが簡単な上に、それぞれを個別に手配するより割安とあって人気が高い。コース設定は豊富で、アクティビティの選択幅も広い。旅行計画を練る時に一度チェックしてみたい。

●グレイトサイツ Great Sights
☎09-583-5790
☎0800-744-487
URL www.greatsights.co.nz

◉ 本音でガイド

バスと鉄道、どっちにする？

　どちらを選択するかは旅のスタイルによって変わってくるが、のんびりとちょっとリッチな旅をしたいなら鉄道、精力的にあちこち見てまわりたいならバスをおすすめする。というのも、鉄道とバスでは車内の過ごし方が全然違うからだ。鉄道の場合は食事をしたり、お酒を飲んだりしながら車窓の風景を楽しめるが、バスの場合は基本的に車内では水以外の飲食は不可。乗車自体がひとつのアトラクションとなっている鉄道に対し、バスはあくまでも次の目的地までの移動手段なのである。

国内交通—鉄道

■ニュージーランドの鉄道

　ニュージーランドの鉄道はキウイレールという会社によって運営されているが、貨物輸送が中心である。長距離旅客列車はグレートジャーニーズ・オブ・ニュージーランドの名の下に、ノーザンエクスプローラー（北島縦断コース）、コースタルパシフィック（南島東海岸コース）、トランツアルパイン（南島横断コース）の3路線があるのみで、運行本数も1日1〜2本と極端に少ない。しかし、観光用に運行されるこれらの路線の車窓を流れる景色は雄大で美しく、バスや車の旅とは一味違った思い出になるはずだ。

チケットの購入

　列車に乗るには予約が必要だ。チケットはWebサイトや最寄りの観光案内所、旅行会社、鉄道駅で半年前から購入できる。ネットで購入するとeチケットが発行されるので、印刷しておくこと。

　早めに予約を入れると、料金が大幅に割引されるスーパーセーバー（Super Saver）など、期間や席数限定の割引サービスが受けられるメリットがある。また学生割引やユース会員割引、シニア割引もある。

列車の乗り方

　長距離列車はすべて座席指定。発車の20分前までにはホームで乗車手続きを済ませておく。大きな荷物は1人1個（30kgまで）預けられるが、30kg以上の荷物は超過料金がかかる。

　注意が必要なのは、予約リストにある乗車客の乗車手続きが終了すると、発車予定時間前でも出発してしまうことがあるので、手続きが終わったら列車からあまり離れないようにしたい。

　ラウンジ車では軽食や地元産ビール、ワインなどを販売しており、それも楽しみのひとつ。ガラス張りの展望車付きの路線もあり、景色を存分に楽しめる。なお、車内はすべて禁煙。

主要鉄道路線と料金の目安

列車名	ルート	所要時間	運行本数	片道料金
ノーザンエクスプローラー	オークランド〜ウェリントン	10時間40分	月・木・土曜。1日1本。ハイシーズン（10〜3月）は毎日	NZ$199〜
コースタルパシフィック	クライストチャーチ〜ピクトン	6時間15分	ハイシーズン（10〜3月）のみ毎日。1日1本	NZ$199〜
トランツアルパイン	クライストチャーチ〜グレイマウス	4時間50分	毎日上下各1本	NZ$199〜

国内交通—フェリー

■北島と南島を結ぶフェリー

ニュージーランドの北島と南島間には橋やトンネルがないため、フェリーが両島を結ぶ主要な交通手段となる。北島のウェリントンと南島のピクトンを結ぶフェリーは、インターアイランダー（Interislander）社と、ブルーブリッジ（Blue Bridge）社が、それぞれ1日4〜5便のフェリーを運航している。別料金で車も運べるが、船によってはレンタカーは不可の場合もあるので、フェリー発着所のレンタカー窓口で乗り換える。所要時間は、船の種類によって3時間30分前後だ。

北島と南島を隔てるクック海峡は、風が強く荒れやすいことで知られているが、航路の南半分はマールボローの複雑に入り組んだ海岸線に沿って進むため、揺れも少なく、美しい景色を眺めながら快適なクルーズを楽しめるだろう。

チケットの予約と乗船手続き

予約は6カ月前から旅行会社、観光案内所、フェリーターミナルなどで受け付けている。夏期の旅行シーズンは非常に込みあうので、早めの予約を心がけたい。インターアイランダー、ブルーブリッジともそれぞれ1日4〜5往復就航している。

乗船当日は出港時間の45分前までにフェリーターミナルのチェックインカウンターに行き、大きな荷物を預ける。乗船を知らせる案内があるまでは、ターミナル内のレストランや休憩室でくつろごう。預けた荷物は、到着ターミナルのターンテーブルで受けとることになる。

車やバイクで乗り入れる場合は、出港時間の1時間前までに指定された場所に行かなくてはならない。専用窓口でチェックインを済ませると、係員が車両の大きさごとにフェリーへと誘導してくれる。フェリーに乗り込み、車両が固定されるまでは、運転手はもちろんのこと、安全のために同乗者も車から降りないように。

公共交通機関への接続

ウェリントンのフェリーターミナルは市街から少し離れた場所にあるため、インターアイランダー社が送迎バスを鉄道駅まで運行している（所要5分、無料）。送迎バスはウェリントン駅のプラットホームから、各フェリー出港の50分前に出発する。ウェリントン駅のプラットホームはインターシティなど長距離バスの発着所にもなっている。

一方、ピクトンでは、フェリーを降りてから鉄道駅まで徒歩5分程度で行ける。また、フェリーターミナル周辺に長距離バスの発着所、観光案内所などの施設が集まっており、街の中心部も徒歩圏内だ。

ピクトンのフェリー乗り場

フェリーの予約先
●インターアイランダー
☎0800-802-802
URL www.greatjourneysofnz.co.nz
●ブルーブリッジ
☎0800-844-844
URL www.bluebridge.co.nz

所要時間と料金
●インターアイランダー
所要 3時間30分
料 NZ$65〜（1名）
料 NZ$208〜（1名＋普通車1台）
●ブルーブリッジ
所要 3時間30分
料 NZ$54〜（1名）
料 NZ$174〜（1名＋普通車1台）

インターアイランダー

その他のフェリー
●スチュワート・アイランド・エクスペリエンス
Stewart Island Experience
☎03-212-7660、0800-000-511
URL www.stewartislandexperience.co.nz
　南島最南端の街、ブラフとスチュワート島をつなぐフェリー。
所要 約1時間、料 片道大人NZ$85

●フラーズ-360 Fullers-360
☎09-367-9111、0800FULLERS
URL www.fullers.co.nz
　オークランド周辺のワイヘキ島、やシティ対岸に見える街、デボンポートなどに複数のコースを就航。オークランド〜ワイヘキ島
所要 約40分、料 往復大人NZ$40

●フラーズ・グレートサイツ
Fullers Great Sights
☎0800-653-339
URL www.dolphincruises.co.nz
　北島北部のベイ・オブ・アイランズのパイヒア〜ラッセル間（乗客のみ）、オプア港〜オキアト港間（車両は片道NZ$13）をフェリーが結んでいる。前者は、所要約5分、料金は往復大人NZ$12.50

国内交通—市バス・タクシー

市バスの料金体系

●オークランド／リンクバス
シティリンク NZ$1
1ゾーン　　　NZ$3.50
2ゾーン　　　NZ$5.50
3ゾーン　　　NZ$7.50

●ウェリントン／ゴー・ウェリントン
ゾーン1　　　NZ$2
ゾーン2　　　NZ$3.50
ゾーン3　　　NZ$5

●クライストチャーチ／メトロ
ゾーン1　　　NZ$4
ゾーン2　　　NZ$5.50

市バスWebサイト

　各市バスには割引パスなどが用意されている。長期滞在には便利なサービスだ。詳細はWebサイトで。ルートマップ、料金、運行時間などの情報もある。

●オークランド／リンクバス
URL https://at.govt.nz/bus-train-ferry/bus-services/link-bus-service/

●ウェリントン／メットリンク
URL https://www.metlink.org.nz

●クライストチャーチ／メトロ
URL http://www.metroinfo.co.nz/Pages/default.aspx

■市バスを乗りこなそう

　オークランドやウェリントン、クライストチャーチといった大都市では、市内中心地だけでなく郊外にも見どころが多い。周辺の観光地に出かける時には、市バスを利用してみたい。市バスは、市民の足として通勤や通学、買い物などに使われているため路線が充実しており、料金も安い。ニュージーランド人の普段の生活がかいま見られるなど、長距離バスとは違った楽しみもある。主要路線は市内中心地のバスターミナルが発着場所となるので、観光客でも迷わず乗車できるはずだ。

路線図と時刻表を入手しよう

　各都市の市バスの乗り方は基本的に同じ。バス案内所や路線図で行き先とバスの番号を確かめ、停留所から乗る。通常、バスターミナルには案内所が併設されているので、行きたい場所を告げ、何番のバスに乗ればいいかを教えてもらう。時刻表もここでもらえる。日本同様、走行距離によって値段が加算されていくが、料金は先払いとなっている。料金設定は都市によって微妙に違うので、運転手に確認するのがいいだろう。路線図や時刻表などは、観光案内所でも入手できる。

市バスの時刻表

① バスの正面に表示された行き先、番号を確認する

② 乗車は前から

③ 行き先を告げ、料金を払う

市バスの乗り方

⑤ 停留所が近づいたらボタンを押し、下車を知らせる※ロープを引っ張ってブザーを鳴らすタイプもある

④ 車内はこんな感じ

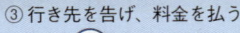

■ 都市別の公共交通機関について

オークランドでは、オークランド・トランスポート（Auckland Transport）が、バス、フェリー、鉄道の総合案内をしている。ウェブサイトの「Journey Planner」に出発地と目的地を打ち込むと、何通りかの行き方と料金が表示される。平日は朝6時から夜9時、土曜は朝7時から夜8時、日曜と祝日は朝8時から夕方6時30分まで、電話での問い合わせにも対応している。ウェリントンではメットリンク（Metlink）、クライストチャーチならメトロインフォ（Metroinfo）が、総合案内サービスを行っている。各種の割引きパスについても、各社に問い合わせよう。

■ タクシーの乗り方

早朝や深夜に移動しなければならない時や荷物が多い時、バスの乗り継ぎが悪い時などは、24時間営業で目的地まで運んでくれるタクシーが便利。ニュージーランドのタクシーも、車体の屋根に目印となる看板を付けていたり、車体に大きなロゴが入っているので、ひと目でわかる。

タクシーに乗る時は、街なかのタクシー乗り場から乗車するか、電話で呼び出す。日本のような流しのタクシーはないので、走行中の車に手を挙げても止まってくれないことが多い。

電話で予約をする時は、自分の名前と現在位置、目的地を告げ、どのくらいで迎えに来てもらえるかを確認する。自分以外にタクシーを待っている人が周囲にいる場合には、乗り込む前に、予約者の名前を確認しよう。

なお、ニュージーランドのタクシーは自動ドアではないので、自分でドアを開けて乗り込む。降車時も自分でドアを閉めるのを忘れないように。ちなみに、地元の人は1人でも後部座席には座らず、助手席に座ることが多い。

ホテルやモーテルに宿泊しているなら、フロントでタクシーを呼んでもらうこともできる。また、大きなホテルであれば、前で待機しているタクシーが数台あるはずだ。ホテルと契約しているタクシーは、一般のタクシーに比べ料金設定が若干高い場合がある。

屋根に表示灯をのせたニュージーランドのタクシー

● **オークランド／オークランド・トランスポート**
☎ 09-366-6400
URL at.govt.nz
● **ウェリントン／メットリンク**
☎ 0800-801-7000
URL www.metlink.org.nz
● **クライストチャーチ／メトロインフォ**
☎ 03-366-8855
URL www.metroinfo.org.nz

オークランド／メトロリンク

クライストチャーチ／レッドバス

タクシー乗り場の表示

タクシー料金の目安

タクシーの初乗り基本料金はNZ$3前後。電話で予約しても送迎料金はかからない。その後1キロ走るごとに、およそNZ$2〜NZ$2.80ずつ加算されていくが、料金は都市や時間帯によって異なる。レストランなどと同様、タクシーでもチップを払う必要はない。タクシー料金はメーター式なので、不当な金額を要求されるようなことはほとんどない。

国内交通—レンタカー

レンタカー料金の目安

コンパクトカー5ドアハッチバック
1日　NZ$170〜（オートマチック車、4日）

フルサイズ4ドアセダン
1日　NZ$194〜（オートマチック車、4日）

プレミアム4WD（SUV）
1日　NZ$373〜（オートマチック車、4日）

上記は大手レンタカー会社の例。料金は会社、借りる日数、貸し出し条件、シーズンなどによって異なるので、詳しくは各レンタカー会社に問い合せを。一般的に長く借りた分だけ割安料金になる。また、乗り捨てだと料金が高くなる。

空港貸し出しを行っているレンタカー会社

エイビス　☎0800-655-111
バジェット　☎0800-283-438
ハーツ　☎0800-654-321

日本人経営のレンタカー会社

サザンレンタカー
☎09-217-9012、
携帯021-153-4859
URL www.rentalsouthern.co.nz

■ レンタカーを借りる

オークランドやクライストチャーチの空港内には、エイビス（Avis）、バジェット（Bu-dget）、ハーツ（Hertz）といった大手レンタカー会社の窓口がある。これらのレンタカー会社は、全国の主要都市や観光地に営業所があるので、たとえば北島のオークランド空港でレンタカーを借り、南島まで旅行をした後、クライストチャーチ空港で乗り捨てるといったことも可能だ。また、市内には、こうした大手会社よりも割安な料金で貸し出しをしているレンタカー会社が多数ある。

レンタカーを借りる時には、国外運転免許証とクレジットカードが必要。出発前に国外運転免許証が用意できなかった場合は、ウェリントンの日本大使館、オークランドの総領事館、クライストチャーチの駐在官事務所で、日本の運転免許証とパスポートを提示すれば、英文運転免許証抜粋証明を出してもらうことができる（NZ$27。所要3営業日。レンタカー会社によっては不可）。

レンタカーを予約する際には、出発日と返却日、希望する車のタイプ、クレジットカード番号と有効期限を伝える。貸し出し当日は、保険が適用される範囲を明確にし、必要なら任意保険に加入しよう。返却時にはガソリンを満タンにするのを忘れずに。なお、北島北端の90マイルビーチ、オークランド南東のコロマンデル半島先端部、クイーンズタウン近郊のスキッパーズキャニオンなど、ほとんどのレンタカー会社が乗り入れ禁止区域に指定している場所があるので、事前に確認しておこう。

ガソリンの入れ方

①ガソリンスタンド。地元ではペトロールステーションという。スナックや飲み物、新聞などを売る店が併設されていることが多い。基本的にセルフサービスなので給油は自分で行う

②給油ポンプ上のボタンで数字を打ち込む。20と押すと20リットルではなく、NZ$20分のガソリンが給油できる。満タンの場合はFullのボタンを押す

③ガソリンの種類を間違えないようにノズルを上げ、車の注入口に差し込んでハンドルを握る。一定量が給油されたら自動的に止まる仕組みは日本と同じ。ディーゼルやレギュラーなど、給油ポンプが別々の場合もある

④給油が終わったらノズルを元の位置に戻し、車の注入口のふたをきちんと閉める。金額とリッターを確認したら、レジに行って給油ポンプのナンバーを告げ、支払いを済ませる※

⑤ガソリンの種類は日本のレギュラーに相当するのがUnleaded 91、ハイオクがPremium Unleaded、ディーゼル（軽油）は変わらずDiesel

※料金先払いのスタンドもある

■交通ルール

ニュージーランドは日本と同じ左側通行。道路も整備されており、交通量も少ないので車の運転はしやすい。ただし、なじみのない交通ルールもあるので注意が必要だ。

横断歩道の手前で人が待っている場合は、車両は停車し、人の横断が完了するまで待たなければならない。横断する人は、車が必ず停車するものと思って渡ってくるので、停車しないとぶつかってしまうことになりかねない。

ラウンドアバウトのルール

日本ではあまり見かけないラウンドアバウト（Round-about）システムも普及している。これは複数の道路が交わる場所をロータリーとし、信号機を使わずに交通整理する方法。手前で一旦停止し、右側から走ってくる車がいなければロータリーに進入、そして目指す道路へと抜けていく。ロータリー内は時計回りの一方通行となっているので、目的地が右側にあったとしても、ロータリーをぐるっと回らなければならない。

制限速度は市内や住宅地が通常、時速50km、郊外や自動車専用道路（Motor Way）が70、80、または100kmとなっている。郊外では羊や牛が道路を横断していることも多いので、スピードの出しすぎに注意しよう。また後部座席もシートベルトの着用が義務づけられている。

現地では、大きな交差点はラウンドアバウトになっている

■都市部の駐車事情

都市の中心部や人気の観光地では、駐車場が不足気味で駐車違反の取り締まりが非常に厳しい。特にレンタカーを借りている時は、パーキングメーターにはきちんとお金を入れること、路上の駐車スペースが見つからない場合は駐車場を利用するなど、常識的なマナーを守るように。

もしも違反切符を切られた場合は、すみやかに罰金を支払うこと。ちなみに駐車違反の取り締まりは警察ではなく、市町村の役所が管轄している。

パーキングメーターの使い方

パーキングスペースごとにメーターがある場合は、コインを入れてダイヤルを時計回りに回す。チケット式のメーターの場合、最低金額以上のコインを投入し、OKボタンを押してチケットを受け取る。チケットはダッシュボードの上に見えるように置いておこう。

ニュージーランドの交通標識

一旦停止の上、相手の車を優先

前方にラウンドアバウトあり

停車禁止

前方にカーブあり

鉄道と交差

進入禁止

サイクリングの交通ルール

基本的に自転車は車道を走るのがルール。歩道を走ることは禁止されている。しかし、現地の交通ルールに慣れていないツーリストが、交通量の多い車道を自転車で走ることはおすすめしない。危ないと思ったら、自転車をおりて歩道を歩くのがベター。場所によっては自転車専用道路があり、快適にサイクリングできる。自転車専用道路には、下記の写真のように道路上には自転車のマークがあり、自転車マークの標識も掲げられている。人のマークと自転車のマークが表示された標識の道路では、歩行者も通行する。ジョギングをしている人も多いので、スピードの出し過ぎには注意しよう。

両替とクレジットカード

レート表の読み方
●**Note We buy at**
日本円の現金をニュージーランド・ドルに両替する場合の換金率
●**We Sell at**
ニュージーランド・ドルを日本円に両替する場合の換金率

地方での両替
両替は銀行や両替店で行うのが一般的だが、それらが見あたらない地方で、どうしても現金が必要になった場合は、ホテルや旅行会社、観光案内所に問い合せてみよう。

■ 現地で両替する

●銀行を利用する
ニュージーランドには5つの主要銀行があり、全国の都市や観光地の多くに支店やATMを設置している。ほとんどの支店で日本円の両替を扱っているが、換金レートは銀行によって微妙に違うので、店頭のレート表をチェックするようにしたい。

両替する場合はパスポートの提示が必要となる場合もあるので、窓口へ出向く際はパスポートを持参するのを忘れずに。銀行の営業時間は月〜金曜の9〜16時ごろ。支店によっては土曜に営業しているところもある。ATMは365日、24時間利用できる。

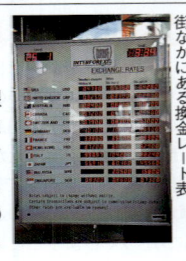
街なかにある換金レート表

●両替店を利用する
大都市や主要な観光地では、民間の両替商が店を構えている。換金レートは通常、銀行より少し悪いが、土・日曜や夜遅くまで営業しているのでいざという時に助かる。また銀行より取り扱っている通貨の種類が多いので、ニュージーランド経由で南太平洋の島国に足を延ばす場合などにも重宝する。

街の両替所

ニュージーランドの通貨
ニュージーランドの通貨単位はニュージーランド・ドル（NZ$）とニュージーランド・セント（¢）で、100¢＝NZ$1となる。通貨の種類はコインが10¢、20¢、50¢、NZ$1、NZ$2の5種類、紙幣はNZ$5、NZ$10、NZ$20、NZ$50、NZ$100の5種類。紙幣は色と大きさが違っているので区別しやすい。コインは10¢が銅色、20¢と50¢が銀色で、NZ$1とNZ$2は金色。金額が高くなるほど大きくなる。

両替をした時は、窓口で現金を受け取ったらその場で金額を確認すること。銀行や両替所、ATM機の付近にはスリがいることも考えられるので、充分に気をつけること。

銀行の両替窓口

■クレジットカードの利用

　ニュージーランドはカード社会。ホテルやレストラン、旅行会社、免税店はもちろんのこと、ガソリンスタンドやスーパーマーケットでもクレジットカードを使える。最近では、都市部のタクシーもカード支払いに対応するようになった。VISAまたはMasterカードには多くの店が加盟しているが、American Express、Diners、JCBカードは使えないこともある。

　クレジットカードで支払うときにはレシートにサインするか端末にPINナンバーを打ち込むかを選べる。店の人に「Sign or PIN number?」と聞かれるので、どちらかを選び、レシートの指定された場所にカードと同じサインをするか、PINナンバーを端末に打ち込めばよい。

マスターカードのネットワークCirrus（シーラス）のマーク

●キャッシングもOK

　街なかで頻繁に見かける24時間営業のATMならば、クレジットカードやデビッドカードでのキャッシングにも利用できる。ただしATMから引き出せる現金は、1回の操作で最高NZ＄2000（銀行や地域によって異なる）まで。それ以上必要な場合は、金額に応じて必要回数だけ操作しなければならない。ATMから出てくるのはNZ＄10、20、50札だけなので、金額の割には大量の紙幣が出てくることを覚悟しておこう。

VISAカードのネットワークPlus（プラス）のマーク

ATMは24時間営業

ATMの使い方

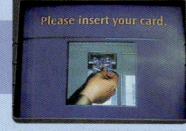
Please insert your card.
①Please insert your card. カードを挿入する

Please enter your PIN.
②Please enter your PIN. 暗証番号を入力する

Please select a transaction.
③Please select a transaction. 希望のサービスを選ぶ。引き出しの場合はWithdrawalを選択

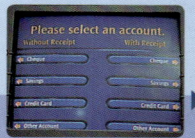
Please select an account.
④Please select an account. 口座を選択。クレジットカードの場合はCredit Card、国際キャッシュカードで日本の普通預金から引き落とす場合はSavings

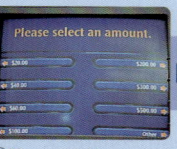
Please select an amount.
⑤Please select an amount. 金額を入力する。表示された金額以外の場合はOtherを選択

Key in amount in dollars and cents.
⑥Key in amount in dollars and cents. 金額を入力する

Please Confirm
⑦Please Confirm. 金額を確認する。正しければOKかCorrectionを押す。間違っている時はCancelを押し⑥からやり直す

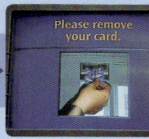
Your transaction has been accepted.
⑧Your transaction has been accepted. 手続成功

Please remove your card.
⑨Please remove your card. カードを取る

Please remove your money.
⑩Please remove your money. お金を取る

電話と郵便・インターネット

携帯電話・スマホ

　ニュージーランドでも携帯電話やスマホを自由に使えたらとても便利。現在は、現地でプリペイドタイプのSIMカードを購入して使用する方法が主流になっている。例えば、8GBで国内通話とSMSは無制限、海外への通話200分、200通までOKのSIMカードが30日有効でNZ$49。しかし、これには自分の端末がSIMフリーであることが条件。

　この解決策に、現地で使えるWi-Fiルーターをレンタルして持っていく方法がある。スマホやタブレットを持参するなら便利な方法だ。料金は1日1000円が目安。もう一つが、現地で携帯電話をレンタルする方法。通話とショートメールが使えればいいなら、便利な方法だが、日本語入力ができない端末が多い。
Vodafone（オークランド空港）
☎09~275-8154

オークランド空港の携帯電話レンタル窓口

テレホンカード

　テレホンカードはNZ$5、10、20、50の4種類。空港や鉄道駅、観光案内所、ガソリンスタンド、スーパーなどで購入できる。

クレジットカード式公衆電話

　クレジットカード式の公衆電話を利用する時は、普通のテレホンカード式と同じように挿入口にクレジットカードを直接差し込みダイヤルする。最低使用料はNZ$1、1通話につき70¢の手数料がかかる。

■電話の利用方法

　旅行に出かける前に電話でホテルの予約状況を確認したい、旅先から日本にいる家族に電話をかけたい、こんな時に迷わないよう、日本からニュージーランドへ、またはニュージーランドから日本への電話のかけ方を確認しておこう。

日本からニュージーランドへの国際通話

　001、0033、0061などの各電話会社の番号（マイラインに登録していれば不要）、国際電話識別番号010、その後にニュージーランドの国番号64、次に頭の0を抜いた市外局番、相手先の番号の順でダイヤルを押す。

ニュージーランドから日本への国際通話

●ダイヤル直通

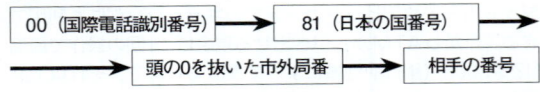

00（国際電話識別番号）→ 81（日本の国番号）→ 頭の0を抜いた市外局番 → 相手の番号

●クレジットカードを利用する直通ダイヤル

KDDIスーパージャパンダイレクト

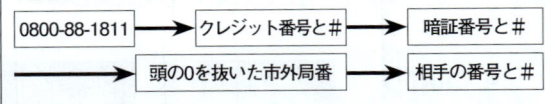

0800-88-1811 → クレジット番号と＃ → 暗証番号と＃ → 頭の0を抜いた市外局番 → 相手の番号と＃

●日本人オペレーターを通す

KDDIジャパンダイレクト

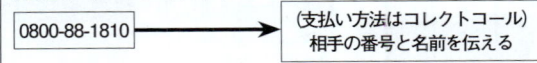

0800-88-1810 →（支払い方法はコレクトコール）相手の番号と名前を伝える

国内通話

　公衆電話は青色で、コインとカードが使えるものと、カード専用の2種類ある。スパーク（Spark）のテレホンカードは、売店やガソリンスタンドで購入できる。また、カードの裏に記載された番号に電話して利用する、割引率の高いテレホンカードもある。カード式の公衆電話は、ボタン操作すると液晶画面に日本語のガイダンスも表示される。

　ホテルやモーテルの客室からかける場合は、まずそのホテル等での外線番号、続いて市外の場合は市外局番、相手の電話番号の順でダイヤルする。

■郵便局の利用

　ニュージーランドの郵便局は、手紙や小包のやりとりだけでなくファックスの送受信、文房具の販売、公共料金の支払いな

どを取り扱っている。

手紙・小包を送る

　ニュージーランドから日本へ郵便物を送る際、宛先は日本語で書いても大丈夫だが、国名と郵送方法はJapan、Air Mailと必ず英語で書くこと。郵便番号も忘れずに記載したい。航空便なら3〜10日で日本へ配達される。ポストに投函する時は、航空便および速達の投函口へ。

　小包を送る時は、郵便局に出向いて手続きをする。郵便局では大小さまざまな大きさの箱、クッション入りの大型封筒やテープなどの梱包材料を売っている。料金は重さ、どんな方法で送るかによって変わってくるが、30kg以上のものは小包としては送れないので、国際宅急便を利用する。

　郵便局の営業時間は通常、平日の午前9〜17時前後。支店によっては土・日曜も営業しているところがある。

日本への郵便料金の例

はがき　NZ\$2.20
封書　NZ\$2.70〜
小包（25x18.5x17cmの定形 Size 2 Box、重量10kg、内容品の価格合計N\$1000相当の場合）
航空小荷物　NZ\$100.30（3〜10日）
国際宅配便　NZ\$130.67（2〜6日）
※船便の扱いはない

■インターネットと Wi-Fi

無料Wi-Fiを利用する

　ニュージーランドでは、多くのホテルやカフェ、レストラン、空港、観光スポットや観光案内所などの公共施設で無料Wi-Fiを提供している。接続方法にはいくつかあり、公共施設の場合にはメールアドレスなどのユーザー情報を要求されたり、接続時間が制限されている場合がある。カフェなどではパスワードなしで接続できるところも多いが、その場合はセキュリティが脆弱な場合があるので、重要な個人情報の入力は避けるのが無難だ。パスワードが必要な場合にはホテルならフロントで、カフェやレストランなら店のスタッフに聞いてみよう。大手のファストフードチェーンでは、ほんどの店で無料Wi-Fiが可能になっている。

　ホテルでも客室内での無料Wi-Fiが可能なところが増えているが、有料だったり、無料Wi-Fiがロビーなどの公共スペースに限られているところもある。ホテルの公式Webサイトやホテル予約サイトにはWi-Fi環境が載っているので、1日の行動が終わってホテルに戻ってブログを書いたりSNSで旅の様子を発信したい人は、予約の時にしっかり確認しておこう。

パソコンを利用する

　仕事などでパソコンが必要な場合もある。パソコンを持参する時に気になるのが、電圧、コンセントの形状だ。ニュージーランドの電圧は 230〜240V、周波数は50Hz。日本で発売されている電子機器の多くが対応している。しかし、コンセントのプラグは端子が平らな3極式なので、変換プラグは必ず持参しよう。モジュラージャックは、ほとんどの客室に備えられている。

電話と郵便／インターネット

レストランアドバイス

屋内のほとんどが禁煙

バーやレストラン、スポーツクラブやカジノなどの娯楽施設を含む公共の屋内では、喫煙が禁止されている。現地で喫煙できる所は、喫煙者用ホテルルームとライセンスを持っているオープンエリアのみ。

料金の目安

高級レストランではフルコースはNZ$50ぐらいから。中級レストランでは1品NZ$20から、経済的レストランではNZ$15前後が一般的な料金だ。フードコート、テイクアウェイ（持ち帰り）専門店ではNZ$10前後とリーズナブル。

ニュージーランドの味とは？

酪農王国であるこの国では、肉や乳製品は高品質で値段も手ごろ。日本では高価なカキやイセエビも比較的安く味わうことができる。またフィッシュアンドチップスなど、イギリスの食文化が強く影響している。

チップは不要

ニュージーランドのレストランでは、チップは基本的に必要ない。ただし料理やサービスに満足しチップを渡したいと思ったら、レジ横の小銭が入った容器にチップとしてお金を入れることもできる。もちろんウェイターやキャッシャーに直接渡してもよい。

ハッピーアワー

パブによっては、ある時間帯のみビールなどのアルコール類を安く楽しめる「ハッピーアワー」というシステムがある。基本的には17時から19時くらいまでの間。高級ホテルのバーラウンジでもハッピーアワーがあるところが多い。

■レストランでの食事

レストランの種類

●高級レストラン

一流のサービスを受けながら、最高級の食材を使った料理を楽しみたいのなら、やはり高級レストランが一番。料理もさることながら、店内の豪華なムードも楽しめる。そんなレストランでの食事は普段よりド

店内のインテリアが豪華なレストラン

レスアップして出かけたい。店によっては、オーシャンビューや夜景を楽しめるところも。

●シーフードレストラン

海に囲まれたこの国では、一年中新鮮な魚介類が堪能できる。代表的なシーフードにはクレイフィッシュ（イセエビ）、オイスター、ムール貝などがある。調理法はさまざまだが、刺身、寿司などの日本食は低カロリーであることから、ダイエットや健康管理をしている地元の人々にも大人気。

●ステーキレストラン

酪農が盛んなこの国では、良質な肉類が手ごろな値段で味わえる。大きな街や観光地には、たいていステーキ専門店があり、ラム、ビーフ、チキンなどを好みの焼き方（よく焼いた順にWell-done、Medium、Rare）で楽しむことができる。ベニスンと呼ばれる鹿肉は脂分が少なく、さっぱりとした味わいでぜひ試してみたい一品だ。

●各国料理レストラン

多くの移民を受け入れてきた背景から、都市部ではヨーロッパやアジア各国の料理が楽しめるレストランが揃っている。値段の手ごろな店から高級レストランまで、選択肢は幅広い。中でも中国料理は、小さな街でも見つけることができる。

●フードコート

ショッピングセンターなどにある飲食コーナー。中国料理、日本食、イタリアン、カフェなどが1カ所にかたまっていて、各カウンターで注文し、料金を支払うセルフサービス方式。NZ$5〜10と手ごろなため、ランチタイムにはいつも多くの人でごった返す。

 check point ニュージーランドではランチは12時から14時、ディナーは18時から22時が基本的な営業時間。ただし観光客の多いレストランやフードコートでは、この時間帯以外も営業している。

人気の高いレストランは要予約

■予約を入れる

高級レストランや人気のレストラン、また席数の少ないレストランにはあらかじめ予約を入れておこう。予約方法は電話、Eメール、webサイトなどがある。

予約する際は、自分の名前、連絡先、日時、人数を告げ、喫煙する場合は喫煙可の場所があるか聞く。オーシャンビューなど眺望がいいレストランであれば、テーブルの位置も指定しておくといいだろう。当日は受け付けで自分の名前を伝えれば、席まで案内してくれる。

●服装とマナー

ニュージーランドでは基本的にカジュアルな服装で入店できるレストランが多い。ただし、高級レストランの一部ではドレスコードがあり、男性はジャケットにスラックス、女性はドレスやスーツなどフォーマルな服装を要求されることもある。また、最近では全席禁煙席のレストランがほとんど。屋根のないオープンテラスでは喫煙可能なこともあるが、同席する人にひと言断ってから喫煙するのがエチケットだ。

●支払い方法

テーブルで支払う方法とレジで支払う方法の2つがある。高級レストランの場合はほとんどがテーブルで支払う。その際は店員に「チェック・プリーズ」と声をかければ、勘定書を持ってきて「キャッシュ・オア・カード？（現金ですか、それともクレジットカードですか？）」と聞かれる。多くのレストランではクレジットカードが使える。支払いの際に「レシート・プリーズ」と言えば領収書がもらえる。

メニューの読み方

中級、高級レストランでは前菜、サラダ、メイン、デザートと、コースメニューのように種類別に表記してあるところがほとんど。食べ物と飲み物のメニューは別になっている店が多い。

メニューに出てくる用語

appetiser/starter　前菜
beverage　飲み物
catch of the day　本日の魚
chef's special　シェフのおすすめ
course　コース料理
cuisine　料理
dessert/sweet　デザート
entree　主菜の前の料理
light meal　軽食
main　主菜
vegetarian　野菜料理
GF　グルテン（小麦や大麦、ライ麦などに含まれるたんぱく質の一種）抜き料理

調理方法

baked　焼いた
boiled　ゆでた
fried　揚げた
grilled　直火で焼いた
roasted　オーブンで焼いた
smoked　薫製にした
steamed　蒸した
stewed　煮込んだ

食材の名前

Beef　牛
Chicken　鳥
Cod　タラ
Crab　カニ
Crayfish　イセエビ
Duck　鴨
Eel　ウナギ
Lamb　仔羊
Mackerel　サバ
Mussel　ムール貝
Mutton　羊
Oyster　カキ
Pork　豚
Prawn　クルマエビ
Salmon　サケ
Scallop　ホタテ貝
Seabass　スズキ
Shrimp　小エビ
Snapper　タイ
Trout　マス
Tuna　マグロ
Turbot　ヒラメ
Veal　仔牛
Venisson　鹿

B.Y.Oって何？

B.Y.O(.W)とは「Bring Your Own(Wine)」の略で、アルコール類を店に持ち込めることを意味している。ニュージーランドでは、レストランでアルコール類を販売するにはライセンスが必要で「Licensed」の表示がある店は、アルコールを置いていることを表している。だが、B.Y.O（またはB.Y.O.W）表示のあるレストランでは自分でアルコールを持ち込んで飲むこともできる。この国では、レストランに行く前に、近くのリカーショップでワインを選ぶのは当たり前の風景。通常、持ち込み料やグラス使用料として、1人NZ$3〜5ほどかかる。

レストランの看板

ショッピングアドバイス

営業時間と休業日

免税店や大手ギフトショップを除いて、通常ショップはだいたい月～金曜は9:00から17:00、土曜は10:00から16:00の時間帯で営業している。日曜は休みの場合が多い。ショッピングセンターやスーパーは多少営業時間が平日よりも短くなるが、週末でも開いていることが多い。

観光案内所でショッピングガイドを入手しよう

大都市の観光案内所i-SITEや一部のホテル、日本食レストランなどでは、観光客向けに作られたショッピングガイドや日本語情報誌が無料で配付されている。見どころスポット、人気ショップ案内など、地元ならではの最新情報が満載。割引券がついているものもあるので大いに利用したい。

バーゲンの時期

12月末から1月初めにかけて、クリスマスプレゼント用に商品の在庫処分のバーゲンが行われる。店によっては50％から80％オフのところもある。また、季節の変わりめではファッション関連の店で、セールが行われる。化粧品店では口紅や化粧水などの容器がモデルチェンジされた場合に、ワゴンセールを行っている。

G.S.T.について

Goods & Services Taxの略で、物品やサービスなどに課せられる売上税。税率は15％だが、表示価格に内税として含まれているため、自分で計算をする必要はほとんどない。

■ニュージーランドでのショッピング

オークランド、クライストチャーチなどの大都市には免税店、デパート、ギフトショップ、ブランドショップ、ショッピングセンターが揃っており、心ゆくまでショッピングが楽しめる。ロトルア、クイーンズタウンなどの地方の観光都市では、その土地ならではのハンドクラフトや、特産物を入手できる楽しみもある。大手の免税店、ギフトショップには日本人スタッフが常駐しているケースが多いので、彼らにアドバイスしてもらっておみやげを決めるのもいいだろう。

衣類や靴、下着などを購入する場合は、ニュージーランドと日本のサイズ表示が違うため、店員に尋ねるか、試着してみた方がいい。レストラン同様、ほとんどのショップでクレジットカードが使え、免税店には店内に両替所があるところもある。

ニュージーランドの特産品

人間よりも羊の数の方が多いこの国では、高品質の羊毛製品を入手することができる。セーターやカーディガンなどの衣類や、シープスキンを使った敷物、室内ばきなどが人気がある。

変わり種の羊毛グッズといえば、ラノリンクリーム。これは羊毛の脂を使ったスキンクリームで、肌への吸収力が高く、しっとりとする。そのほかにも先住民マオリの工芸品として、彼らの神の木彫りや、伝統的なデザインを用いてグリーンストーン（翡翠）を加工したペンダントも人気がある。ハチミツ、ワイン、キウイフルーツの加工品やパウア貝のアクセサリー、オールブラックス、チーム・ニュージーランドなどのスポーツチームのオフィシャルグッズもある。

ショッピングスポットのいろいろ

ショッピングセンター

スーパーマーケット、衣料品店、電化ショップ、書店、雑貨ショップなど、地元の人の生活用品を販売している店が同じ建物内に立ち並んでいる。そのため免税店やギフトショップとは異なった趣があるが、地元の人の生活をかいま見ることができる。フードコートやカフェなどもあり、いつも週末の昼時は家族連れでにぎわっている。オークランドやクライストチャーチなどの大都市では、中心部だけではなく、郊外にもいくつかショッピングセンターがあり、市内中心部にあるものよりも規模が大きい傾向にある。

クイーンズタウンのオコーネルズ（P.105）

免税店

デューティーフリーショップはオークランドやクライストチャーチ、クイーンズタウンなどの大都市や観光地、また国際空港内にある。ニュージーランドにはG.S.T.と呼ばれる売上税があるが、免税店を利用すればG.S.T.は免除される。

免税店で買い物をする際は、パスポートと帰りの航空券が必要。化粧品、バッグ、衣類などのブランド品は日本では未発売のものや、入手が難しいものが購入できる場合もある。そのほかにもアルコール類やニュージーランドメイドのおみやげ品など、品揃えが豊富なので、時間の節約にもなる。ほとんどの免税店には日本人または日本語ができるスタッフがいるため、言葉の心配もいらない。

免税の手続き

大手免税店では、購入した品物を客にそのまま渡さず空港に運び、帰国する際にニュージーランドの空港内にある免税品の手続きカウンターで引き渡すシステムをとっている。購入した品物を預ける際に、名前やパスポートの番号などが書かれた引換用紙を受け取ることを忘れずに。

また免税店以外の店で購入しても、その品物を日本まで発送してもらうと、免税価格になるシステムがある。ギフトショップなどで品物を購入する際は、そのようなシステムがあるのか、問い合せてみるといいだろう。

ブランドショップ

ルイ・ヴィトンなど日本でもおなじみのものから、ニュージーランド発のブランドまである。ニュージーランドや日本代表のラグビー公式ユニフォームをデザイン・製作している「カンタベリー」は、カジュアルウェアも扱っている。世界的に有名なニュージーランド発のファッションブランドには、「ザンベジ」「ワールド」「カレン・ウォーカー」などがある。いずれも各都市中心部やショッピングセンター内に店を構えている。

マーケット

物を大切にする人が多いニュージーランドでは、中古品を売買できるマーケットが大人気。週末になるとあちらこちらでマーケットが開催される。中古品といっても、まだ充分使えるものや、アンティークとしての価値が高いものなどさまざま。マーケットによっては新品の衣類やおみやげ品、野菜や果物を売っているところもある。現地の人々と値段を交渉するなどして、交流をすることもできる。ニュージーランド各地のマーケットデータは右欄外を参照。

アンティーク市場の様子

**全国の代表的な
フリーマーケット**

**リカートン・マーケット
（クライストチャーチ）**
🏠Riccarton Park Racecourse,
165 Racecourse Rd.
🕐日曜9:00〜14:00
🚍市中心部からバスで20分
🔗riccartonmarket.co.nz/

サイロ・マーケット（オークランド）
MAP P.150-B
🏠Silo Park, Wynyard Quarter
🕐夏期（12〜3月）のみ開催。
金曜17:00〜深夜、土・日曜
12:00〜18:00
🚍ブリトマート駅から徒歩5分
🔗www.silopark.co.zn

**シティ・ファーマーズマーケット
（オークランド）**
MAP P.151-C
🏠Gore St.,Britmart
🕐毎土曜8:30〜12:30
🚍ブリトマート駅前

**アート＆クラフト・マーケット
（クイーンズタウン）**
MAP P.99 🏠Earnslaw Park
🕐毎土曜、9:00〜16:30（冬
期は9:30〜15:30）🚍観光案
内所から徒歩7分（→P.107）
🔗www.queenstownmarket.com

**サウンドシェル・クラフト・マー
ケット（ロトルア）**
MAP P.203-B 🏠Lake Front
🕐第1・3日曜、その他不定期
で土・日曜開催9:00〜14:00
🚍観光案内所から徒歩5分

トラブル対策──実例と予防

町歩きの注意点

レイプや強盗犯罪のほとんどが夜間に発生していることから、男性、女性に関わらず夜の1人歩きはしないように心がけたい。繁華街はにぎやかでも、1本裏の路地に入ると街灯も少なく、人通りも途絶えてしまうので特に注意が必要。バスターミナルや公衆トイレなど、不特定多数の人が集まるような場所は避けるのが賢明だ。遅くなった時はタクシーなどで帰ろう。

ATMでの注意点

町中のATMでお金を引き出す時は、まわりにあやしい人がいないか確かめてから利用する。いくら引き出したか見えないように、友人などに後ろに立ってもらうのもいいだろう。引き出したお金はすぐ財布にしまうこと。24時間営業なので、特に夜間は注意が必要だ。

宿泊施設での注意点

料金が安く、世界各地から来た旅行者と知りあえるバックパッカーズは若者に人気の宿。しかし複数の人が同じ部屋に寝泊まりするため、置き引きなど盗難事件が多発している場所でもある。貴重品は常に携帯するか、オフィスのセーフティーボックスに預けることを忘れずに。またお酒を飲み過ぎたり、深夜に騒いだことが原因でケンカになることもある。トラブルに巻き込まれないよう、マナーを守って宿泊したい。

緊急時の連絡先

111　警察、消防、救急と、緊急の場合はすべて111に電話しPolice、Fire、Ambulanceのどれかを指定する。

日本での情報収集

外務省海外安全相談センターでは、最新の治安状況などの情報を提供している（→P.260）。
URL www.pubanzen.mofa.go.jp
☎03-5501-8162

■ニュージーランドの治安

人よりも羊の数の方が多い酪農国、人々は気さくで優しいといったイメージが先行しているニュージーランドだが、もちろん犯罪や事故と無縁なわけではない。特に、最近はオークランドやクライストチャーチなどの都市部周辺での犯罪が多発しており、ワーキングホリデー中の日本人が殺害されるという事件まで起きている。

アウトドア系のアクティビティに参加し、事故に巻き込まれるケースも少なくない。また車を運転する際には、くれぐれもスピードの出し過ぎに注意したい。崖の上に作られた車道にガードレールがないことも多く、この国の交通事故死亡率は非常に高いことを肝に銘じておこう。

■トラブル実例集

トラブル事例① 町中の路上で

パレードを見に行った時のこと。人混みの中を歩きまわった後に写真を撮ろうとしたら、リュックの中に入れておいたカメラと財布がなくなっていた。

トラブル事例② ナイトクラブで

女性2人でナイトクラブに出かけ、お酒を飲み踊っていると2人連れの男性に声をかけられた。英語がわからないのと、音楽がうるさいので適当に相づちを打っていたら外に出ようといわれ、ついていったら暗がりに連れ込まれそうになった。

トラブル事例③ ヒッチハイカーを乗せて

レンタカーを借りて新婚旅行している最中、道端でヒッチハイクしている男性を車に乗せた。最初は自己紹介などをしてなごやかな雰囲気だったが、そのうちにタバコをねだられたり、食料を買うからお金を貸して欲しいと言い出す始末。しぶしぶNZ＄20貸すとお釣りは自分のポケットに。目的地まで着くと愛想よく別れを告げ、さっさと消えてしまった。後部座席を見ると、床もシートも泥だらけ。お金を取られた上、掃除までする羽目になってしまった。

トラブル事例④ 知人宅のパーティで

友人の家でパーティがあるから行こうと誘われ、若者たちが集まる家に行ってみると、すでに数人のニュージーランド人が酔っぱらって大騒ぎ。挨拶をするといきなり抱きついてきたり、キスをしようとされ閉口。そのうち何人かがタバコの回し飲みを始めたと思ったら、それがマリファナ。隙を見て友人と逃げ帰った。

万が一に備えて、パスポート（旅券番号、発行年月日、発行地）、クレジットカード（カード番号と有効期限）のコピーを持参しよう。

■盗難と紛失

　旅行者が被害をうける犯罪で報告件数が多いのが、置き引き、スリなどの盗難だ。貴重品は必ず携行するか、ホテルのセーフティーボックスなどに預ける。トイレ休憩などで乗り物から一時的に離れる時も貴重品は持ち歩く。レンタカーの後部座席など、外から見えるところにバッグを置いておくのも危険だ。

　バックパッカーズなどの宿泊施設でも気を抜かないように。世界中からの旅行者が集まる場所で、しかも見ず知らずの旅人同士が同じ部屋に寝泊まりする状況を考えれば、慎重に構えるにこしたことはないだろう。フリーマーケットやパレードなどの人混みに出かける時は、リュックやショルダーバッグへの注意も忘れないようにしたい。

■紛失したらどうすればいいの？

●パスポートを紛失した

　直ちに現地の日本公館（ウェリントンの日本大使館、オークランドの日本総領事館、クライストチャーチの日本駐在官事務所）に出向いて、新しいパスポートの発給を依頼する。しかし、パスポートの発給には6日営業日以上の日数がかかるので、帰国に間に合わない場合は、代わりに「帰国のための渡航書」を発給してもらう。必要な書類は、渡航書発給申請書、紛失一般旅券等届出書、写真2枚、警察署発行の紛失届提出済報告書、戸籍謄（抄）本または日本国籍を有することを証明する書類、航空券または予約確認書など。手数料はNZ$32で、原則帰国の前日に交付される。

●クレジットカードを紛失した

　気づいた時点ですぐにクレジットカード会社に電話をかけ、使用停止手続きをとる。再発行には3週間程度かかる。出発前には、カード番号と有効期限、現地の連絡先を控えておこう。

●eチケット控えを紛失した

　今では、航空券の発券はeチケットとなり、手元に送られてくるのはeチケットの控えの印刷物となった。航空券はパスポートを元に管理されているので、控えを紛失してもパスポートさえ所持していれば搭乗券を発行してもらえる。

●携行品を紛失した

　カメラやビデオ、携帯パソコンなどを紛失した時は、まず警察に届け、盗難紛失届受理証明書を発行してもらう。海外旅行傷害保険に入っている場合は、商品の種類や購入日、紛失した時の状況などを申請用紙に記入し、警察からの証明書と一緒に所定の場所へ送る。書類に不備がなければ、保険規約で定められた範囲の金額が返金される。

日本公館所在地

●**日本大使館（ウェリントン）**
住Level18&19 1,The Majestic Centre, 100 Wills St., Wellington
☎04-473-1540　営9:00〜17:00（月〜金曜）（13:00〜14:00は昼休み）

●**日本総領事館（オークランド）**
住Level 15, AIG Building, 41 Shortland St., Auckland
☎09-303-4106　営9:00〜17:00（月〜金曜）（12:00〜13:00は昼休み）

●**日本駐在官事務所（クライストチャーチ）**
住12 Peterborough St. Christchurch
☎03-366-5680　営9:00〜17:00（月〜金曜）（12:30〜13:30は昼休み）

警察での盗難紛失届け

　最寄りの警察署に出向き盗難または紛失があった旨を伝え、紛失届提出済の証明書を発行してもらう。いつ、どこで、何が、どのようになくなったのかを正確に伝える。

警察署での会話例

パスポート（クレジットカード）をなくしました
I've lost my passport（credit card）.
財布（カメラ）を盗まれました
My wallet（camera）has been stolen.
盗難証明書を作成してください
Could you make out a report of the theft.
連絡はいつ頃もらえますか？
When can you let me know the result?

健康に旅するために

公立病院の通訳システム

ニュージーランドの公立病院では、移民や外国人患者のために通訳システムを取り入れている。患者の状態や治療過程で通訳が必要と判断された場合、また患者が通訳を希望した場合は、各病院が契約している通訳を手配してくれる。旅行者は有料。

海外旅行保険加入者対応日本語医療サービス

24時間対応の医療情報提供サービス。オークランドでは、医療通訳、病院手配、医療費キャッシュレスなどのサービスにも対応してくれる。
イーストウィンド・メディケア
☎0800-528-825(国内通話無料)

ACC問い合せ先

☎0800-222-822
URL www.acc.co.nz

英文診断書を持って行く

持病のある人は、いざという時のために、英文診断書を持参するといい。現地の病院にかかる時に対応がスムーズになる。
●旅の医学社
〒151-0051東京都渋谷区千駄ヶ谷1-20-3-203
☎03-5414-7100
URL www.obm-med.co.jp/

■ニュージーランドでの健康管理

旅先で事故に遭ったり、病気になったりするほどいやなことはない。医療システムの違いや言葉のハンディによって不安な思いをすることは間違いないし、なにより楽しみにしていた旅行が台無しになってしまう。快適に旅を続けるためには、いつも以上に健康や安全に気を配ることが大切だ。

朝晩の気温差が大きいニュージーランドでは、ジャケットやフリースで上手に体温調節をしよう。

気温とは裏腹に、日差しと紫外線は1年中強いので、いつの時期でも日焼け止めとサングラスが必要。またサンドフライと呼ばれる、ニュージーランド固有の虫にはご用心。蚊よりも数段小さいわりに、刺されたらその数十倍はかゆく、3～4日はかゆみが引かないというタチの悪い害虫だ。ひどい場合は刺された箇所が腫れ上がり、歩行困難になることもある。予防策はスーパーなどで売っている虫除けスプレーを頻繁に使うこと。刺されたらアンシサンクリーム（Anthisan Cream）という虫さされ薬を薬局で求めよう。

長距離移動の注意点

南島から北島まで周遊する旅の計画を立てると、長距離バスやレンタカーなどでの長時間移動が余儀なくされる。たとえば、ウェリントンからオークランドまでを長距離バスを利用して行く場合は約10時間の長旅になる。長距離バスならその間に数回のトイレ休憩があるので、外に出て体を動かすことを心がけたい。レンタカー移動などでも、こまめに休憩を取ろう。

■医療システム

ニュージーランドにはACCという事故補償制度がある。これはニュージーランド国内で起こった事故に対して、国が治療費や手術代を負担してくれるシステムだ。ニュージーランド国民だけでなく、短期の旅行者にも適用されるありがたい制度だが、事故の発生状況などからすべてのケースが補償されるわけではない。申請できるのは医師だけで、補償が適用されるかわかるまでに数週間待たなければならないなどの不便さがある。病気の場合は、救急車の代金も含めすべて自己負担となるので、出発前に海外旅行傷害保険に加入しておくのが安心だ。

ニュージーランドでは、病気になったらまずGPと呼ばれる一般開業医に診察してもらう。軽い場合は処方箋をもらい薬局で薬を買って終わりとなるが、専門医の診察が必要と判断したらGPが適切な医者を紹介してくれる。

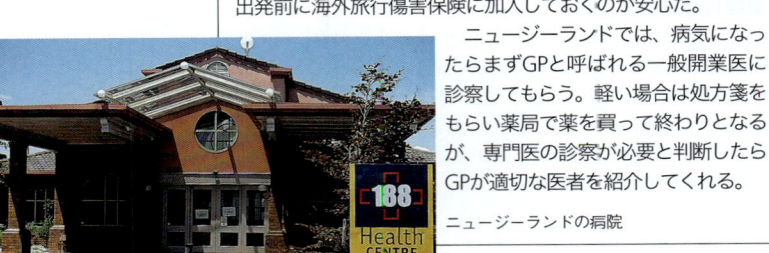

ニュージーランドの病院

check point 国立公園や観光地周辺といえども、ニュージーランドの自然は日本ほど過剰に整備されていない。立ち入り禁止などの看板が出ているところはもちろんだが、注意書きがなくても、自分の体力では無理そうだと思ったらいさぎよく引き返す勇気を持ちたい。

具合が悪くなったら

　旅行中に具合が悪くなったら、無理をせず休養をとることが大切。回復しない、または症状が悪くなるような時は、ホテルやモーテルのフロントに連絡して症状を伝え、薬があればそれを服用する。それでもなおらない時は、近くのGPまたは救急病院を手配してもらう。大きなホテルなら契約している医者が客室まで来てくれ、診察してくれることもある。いずれの場合も、できるかぎり正確に医者に症状を伝える努力をする。英語で表現するのは難しいが、辞書の単語を指さすだけでも医者の助けになるはずだ。

　持病がある人は常備薬や英文診断書（P.296参照）を用意し、旅行中も携帯を忘れずに。アレルギー体質の人は、薬を処方してもらう前に伝える。医療費のおおまかな目安は、GPでの初診料がNZ＄50〜80、処方箋代NZ＄15〜20、救急病院に入院した場合は1日NZ＄700〜1000。

ケガをしたら

　レンタカーなどの運転中に事故に遭い、ケガをした場合はすぐに救急車を呼ぶ。ニュージーランドの緊急ダイヤル番号は111。救急、警察、消防を一括している番号なので、オペレーターが出たら「アンビュランスAmbulance（救急車）」と告げ、場所、状況や症状を伝える。

　病気の場合もケガの場合も、必ず医者に診断書を書いてもらうこと。この診断書がなければ海外旅行傷害保険の請求は行えない。もちろん治療費の領収書もきちんと取っておこう。

いざという時の英会話

具合が悪いので医者に連れて行ってください
I'm not feeling well. Can you take me to a doctor?
吐き気（めまい）がします
I feel nauseous（dizzy）.
下痢をしています（便秘です）
I have diarrhea.（I am constipated.）
おなかが刺すように痛みます（鈍痛がします）
I have a gripping pain（a dull pain）in my stomach
胃がズキズキ（キリキリ）します
I feel throbbing pain（tingling pain）in my stomach.
処方箋（診断書）を書いてください
Can you give me a prescription(a medical certificate)?
ACCは適用されますか？
Can I take compensation from ACC?
交通事故が起きました
There's been an accident.
重傷のけが人がいます
There's a serious injured person here.

保険会社のアシスタントサービス

　海外旅行傷害保険を扱っている会社の多くは、病院の手配など緊急時に対応した日本語サービスを提供している。ニュージーランドに窓口がある場合と、オーストラリアのオセアニア地区担当窓口が対応する場合の2通りあるが、いずれも24時間年中無休で対応してくれる。アシスタントサービスの概要は以下のとおり。

> 保険加入者が緊急サービスセンターへ連絡

> 事故等の模様を伝え保険契約内容を確認

> 緊急手配の必要があると判断されたら、医療機関、医療通訳などの手配。費用の立て替え

> 事故処理および治療手配

アクティビティは自己責任

　バンジージャンプやジェットボート、ラフティングなどの人気アクティビティは、自然相手だけに100％安全とはいえない。実際に年に何回かその種のニュースが聞かれる。こうしたアクティビティのほとんどは、予約時に誓約書を書く。内容は事故があっても会社側はいっさいの責任は持たない、などの一文が記されているものが多い。誓約書はきちんと内容を把握し納得した上でサインするようにしたい。また通常の海外旅行傷害保険はアクティビティによる事故には対応していない。心配な場合はオプションで保険内容を追加しておくといいだろう。

処方箋なしで買える薬

胃薬・腹痛薬	Mylanta Liquid
風邪薬	Coldres / Cordal
虫さされ	Anthisan Cream
下痢止め	Imodium
鎮痛・解熱剤	Panadol
生理痛	Naprogesic
便秘薬	Coloxyl with Senna
乗り物酔い	Sea-legs

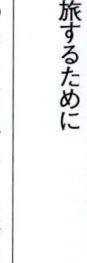

INDEX

298

ショップ

レストラン＆ナイトスポット